武汉文库·日译文献辑

武漢文庫

中国中部事情：汉口

(日) 水野幸吉／著　武德庆／译

WUHAN
PUBLISHING HOUSE
武汉出版社

(鄂)新登字 08 号

图书在版编目(CIP)数据

中国中部事情:汉口/(日)水野幸吉著;武德庆译. —武汉:武汉出版社,2014.9
(武汉文库. 日译文献辑)
ISBN 978—7—5430—8461—2
Ⅰ. ①中…　Ⅱ. ①水…　②武…　Ⅲ. ①武汉市—地方史
Ⅳ. ①K296.31
中国版本图书馆 CIP 数据核字(2014)第 182717 号

著　　者:(日)水野幸吉
译　　者:武德庆
选题策划:彭小华
责任编辑:杨建文
装帧设计:刘福珊
出　版:武汉出版社
社　址:武汉市江汉区新华路 490 号　　邮　编:430015
电　话:(027)85606403　85600625
http://www.whcbs.com　　E—mail:zbs@whcbs.com
印　刷:武汉市首壹印务有限公司　　经　销:新华书店
开　本:787mm×1092mm　1/16
印　张:21.25　　字　数:300 千字
版　次:2014 年 9 月第 1 版　　2014 年 9 月第 1 次印刷
定　价:38.00 元

《汉口》原书图片[①]

揚子江沿岸寄航地の風景（其三）

漢口支那街沿岸

同地江中なる大阪商船會社の客船

在漢口大阪商船會社の前面

① 上图:汉口中国街沿岸,中图:长江中的大阪商船会社的客船,下图:汉口大阪商船会社的正面图。

目录

目录

一、追寻朦胧久远的东方芝加哥的传说

1992年前后这几年，围绕湖北省UNDP项目国际评审，我在湖北省政府发展研究中心担任涉外日语口译工作。这期间，接触了国内外很多对湖北省及武汉市颇有研究的专家学者。在课题研讨、会后闲聊时，不时听到将汉口比喻为东方芝加哥，并得知这句被广泛流传的评价，就记述在水野幸吉所著的《汉口》一书中。由此，《汉口》印入我的脑海。

翻开中国近代史，各列强国纷纷利用自己的优势，对中国进行渗透，如果说英国靠海洋优势，沙皇俄国靠陆地优势的话，那么，日本除了利用地缘关系之外，在“同文同种”的幌子之下，最起作用的优势就是情报优势。以日本人与生俱来的“情报癖”的民族性格，能够感觉得到《汉口》一书所具有的史料价值。在我多年寻找未果之后，一次偶然的机会，让我发现了这本尘封已久的书。

尽管对《汉口》早已耳熟，且知晓书中的一些内容，但当我花了两个月的时间，将780页的原文通读后，还是感到震惊。《汉口》与其说是一部方志，毋宁说是一份实验报告，即：把百年前的汉口绑上手术台、装进试管里加以精细解析和检验的实验报告，这样说毫不为过。张择端从视觉上以“清明上河图”这一艺术形式，生动地再现了北宋汴京的盛景；而水野幸吉则从实证的、客观的角度，通过运用大量的数据揭示了晚清汉口的实况。本想借助此书资料写点什么，但后来考虑：如此宝贵的历史史料，不宜过多加以烹制，还是像吃日本的生鱼片一样，保持原味儿地生吃最好。即采用翻译的方法，如实地将《汉口》的内容介绍给关心近代汉口的读者朋友们。我的这个想法得到了武汉大学出版社王春阁主任、湖北省图书馆戴波主任的支持，很快将翻译计划送到了武汉出版社邹德清总编辑的案头，在武汉出版社社长彭小华亲自过问和责编杨建文先生具体指导下，很快进入了翻译程序。

二、对显在的语言文字处理的几点说明

《汉口》是一部珍贵的历史史料，我想阅读此书者，大多是研究晚清汉口的一些研究人员和关心老汉口的读者。为此，在翻译上忠实原文乃自不待言之事。下面简要谈《汉口》一书的语言特点及在翻译中对一些语言文字的处理。

从语言表达上来看，《汉口》不是完全用日语文言文所撰，但也不是与文言文相对的现代日语所写，而是在文言文向白话文转化期所使用的语言。为此，存在着大量的古语表达方式，且“清浊音”混淆不清，给判断文章的意思带来了困难。在翻译过程中虽小心求证，估计还会有一些不妥之处；只能敬请方家指正，待再版时修改补充。

为使译文保留晚清的时代痕迹及近代日语的表达特色，对一些不妨碍理解其意的日语词汇及专业技术词汇，例如：积势、利权、官宪、企划、弊害、敏活、智识、商圈、火轮、汽罐、天长节、厘金、禀请、部帖、受领、墨银、钱平、云齐织、神代木等，基本上使用了日语原词；对从字面上无法理解的日语原词，同时又没有合适的现代汉语可以对译的日语原词，则采用脚注等方式加以说明。此外，对诸如马里（mari）、古尔利号（gurori）、科库利尔（kokuriiru）之类的没有相对应译名的日语词汇，则采用音译加日语发音的方法来表示，其所注的日语罗马字可供懂日语的读者核对用。

为了保持原书的原貌，对书中所涉及的地名，例如：牛庄、德安府、偃城、卫辉、直隶、广水等，还有涉及金融用语及金融机构名称，例如：票庄、钱庄、公估局、银炉、马蹄银等，在能够理解其意的前提下，也没有改变原名称。之所以如此，是因为考虑到：如果不是单纯的词汇，而是与某些词汇产生连带性的语义关系时，改变名称有时会造成理解上的混乱。例如：日本的货币单位“匁”，这个字来源于我国“泉”的简化字，“泉”相当于“钱”的意思。现代汉语里没有这个字，如果把“匁”翻译为“钱”，就会与日本明治时期以前的货币单位“钱”和中国的货币单位

“钱”相混淆；为此在译文里照原样保留“匁”这一货币单位。

在译文里有202多处脚注，其中124处为译者所加注，用“（译者注）”来加以说明，以此与原书原注相区别。此外，译文里还相应地配置了一些图片，同脚注一样，凡译者所加的图片都进行了说明。为了忠实原文，对原书里的统计数字均不加改变，即使有明显的印刷错误的数字也不擅自改动，只通过脚注提醒读者注意核对。

三、对潜含的著者思想动机的几点探索

翻译家严复说：“译事三难信达雅。”[①]严复的翻译标准大致说了三个层次：其中的“雅”相当于“审美”层次，因为本书不是日本诗歌和文学作品，为此，涉及“雅”的层次不是很多。所谓“信”，从语义学的角度来看，“信”是寻求两种不同语言符号之间的同义或等值，也可以理解为显在的忠于原文。所谓的“达”就是挖掘原文中的潜含在字里行间的深层内涵，这个内涵，包含着历史背景、著者观点、行笔风格、写作态度、研究方法等多方面的潜在内容。严复非常重视“达”的标准，认为：“顾信矣不达，虽译犹不译也。”本人对“达”倾注了一些力量，对书中的潜含着的意思进行了一些探索，并将这些探索之后的感觉融入到翻译之中。在此之所以不揣浅陋地再罗列出来，主要是想为读者在阅读译文时提供一点儿背景材料。

1. 著者的政治观点及写作动机

根据比较可靠的史料记载[②]：作者水野幸吉1873年12月出生在日本旧尾张国（现爱知县西部）的一个武士家庭，其父亲名叫水野桑树。早年水野受日本俳坛大家指点，打下良好的文学基础。1897年春，日本东京帝国大学政治科毕业，9月份通过国家日本外交官及领事官考试，10月份被任命为外交官补，由此踏入日本外交生涯。经在日本驻朝鲜汉城使馆工作之后，

① （英）赫胥黎著，严复译·天演论，北京：科学出版社，1971年3月，第9页。

② 内田佐和吉著·武汉先觉者列传，汉口：思明堂书药房，昭和十九年（1944年）七月，第84～86页整理。

1899 年 5 月,被调到日本驻德国柏林公使馆工作,在此晋升为公使馆三等书记官。1901 年 12 月,又被调到日本驻中国芝罘(烟台)领事馆担任领事工作,翌年 5 月到任。当时 29 岁的水野领事与北京的内田康哉公使、天津的伊集院彦吉总领事并成为日本华北外交三杰。1905 年 9 月,升调到汉口领事馆担任领事工作。在此工作期间,广泛踏查,著述了被日本外务省褒扬的《汉口》。1907 年 9 月,任日本驻美国大使馆一等书记官;12 月,任日本驻纽约总领事馆总领事。1911 年,再度来华,担任日本驻中国公使馆一等书记官。于 1914 年 5 月去世,时年 42 岁。

值得一提的是 1904 年,日俄战争爆发,因为水野有效地传递了战争情报,配合日军旅大登陆有功,被日本帝国授予勋五等双光旭日章并受年金待遇,在日本明治时期,被授予旭日章的人并不是很多,因为授此章的条件是要对日本帝国做出杰出贡献。由此可见此人利用使馆人员身份搜集情报方面的才能。

20 世纪初是日本帝国主义的扩张期,水野幸吉在此书里所说的"政治"可置换为"利权"二字,其政治观点,或曰政治方向可置换为"为日本帝国服务"。作者在自序里说:"汉口乃是长江之眼目,清国之中枢,制中国中部于死命之地,由此,帝国必须要染指于此、经营于此;此乃帝国不可回避之使命。……"这就是作者著书的最根本的动机。为了达到这个著书的目的,其著书风格简洁明了、叙述问题就事论事、资料取舍详略得当,通篇没有对晚清中国的猎奇性的描述,对晚清的诸如"男子的发辫和女子的裹足"之类的日本人甚感兴趣的问题,也只是一笔带过没有多述;此外,《汉口》通篇杜绝文学性的描述,只是在少数几处有关联的地方略作铺展。

2.《汉口》一书的信息价值

《汉口》是日本外务省领事馆系统的踏查成果。这因为日本外务省及在其背后的日本政府赋予领事馆最重要的任务就是搜集情报,这是领事馆舍此无它的任务。毋庸赘言,以期能对日本政府制定对华政策起到参考作用的情报,不可能是肤浅、杂乱无章的情报。《汉口》比较完美地达到了日本外务省及日本政府对情报的要求，此书的信息价值体现在信息的全面性（通过目录可以看到）、信息的系统性（信息之间的关联）、信息的深入性（对同一事物的章·节·款·项的有序递进）、信息的准确性（通过具体的数字和表格）上。

再述一下准确性：水野幸吉所采用的数字均是第一手资料，并说明资料来源，如果间接从中国人处得来的资料，除注明来源之外，都无一例外地附上“可能”、“大概”等表示不肯定、不确切的意见。正因为此书能严肃认真对待统计数字，直到百年之后的当今时代仍有研究和利用价值。可以预料此书再过二百年、三百年，也不会减损其价值，因为那个时代的人也想要准确了解三百年前、四百年前的汉口。

再说一下书中的表格：在百年前，日本的排版技术已经达到了较高的程度，但对于复杂的表格的排版还略显吃力。本人认为：表格最具说明效果，为此在翻译时，能用表格表示的尽量用表格表示，因为所加的表格没有改变原文的意思，所以没有注明哪是原书表格和译文所加的表格。因为读者的需求不同，对译文中的数字和表格利用度，肯定也会有所不同，但有一点是一致的，对于学术研究来说，准确无误的数据是不可缺少的研究要素。

3.《汉口》一书研究的侧重点

简言之，在长达780页的原文里，围绕“帝国利权”主要谈了两个问题：其一，为日本商工企业人士从经济上渗透汉口提供具体的信息，并使日本商工企业人士在投资、起业得到具体的运作指南。其二，为日本帝国染指、控制以汉口为中心的华中地区提供可靠资料。第一个问题通过本书目录就可大致明了，为了说明第二个问题，先补充一点有关著者及当时国际形势的资料。

从当时的国际形势来看：水野调任汉口领事馆的1905年，正是日本帝国情绪高涨期，日本先后在10年内，打赢了甲午海战、日俄战争这两场战争。通过战争日本大发横财，得到了巨大的利权。但在抢到巨大的利权的同时，也将日本拖入更深的利权争夺的漩涡之中，为巩固已得到的利权，日本必须开拓更大的市场，进而需要更高层次的信息，《汉口》一书恰逢其时地回答了当时日本帝国急需要考察的一些问题。

1）对长江及长江水系的研究

日本效法西方列强，染指长江。1885年（明治十七年）被称为日本战神的东乡平八郎驾"天城号"战舰来汉，这是日本最早的对武汉的武力亮相。"天城舰"来汉翌年，即1886年（明治十八年）日本在武汉设立了领事馆。《汉口》一书具体而翔实地记述了长江航道深浅、丰水与枯水的时间、长江的水位落差、长江水系与洞庭湖及湖南水系的关系、其他列强国在长江的态势、炮舰动态及趸船设置、码头设施等与长江的相关内容。当然，这些资料既可用于商业渗透，亦可以用于军事进攻。

2）对粮棉麻重点考察

"粮棉麻"既是重要的民用物资，也是重要的军用物资。日本自古以来就是一个缺粮国，近代以来多次发生粮食恐慌，粮食安全是日本重要的国策之一。西山荣久《支那经济地理》[①]以专门章节论述两湖地区的粮棉油麻的资源情况。在日本，所有的《支那经济地理》都必然会谈到两湖地区的富足物产[②]。然，《汉口》一书对以汉口为中心的粮棉油麻的论述，不同于日本书斋学者的静止观察，而是多方判断，《汉口》一书有这样一段叙述："……湖北省的田亩总额为：594，400余顷，湖北省向北京政府所上交的田赋贡米为：每年143，830石。另外，湖北省人口约3，500万，如果以其口粮的1/2为食米计算，再以每人每日一升计（1升相当于日本五合四勺），一年间的食米总量至少在63，775，000石。……"水野的分析，似乎比当时的中国官宪当局还要清楚。对棉花也是如此，并附有湖北棉花物产地图，

① 西山荣久著·支那经济地理，东京：大阪屋号书店，昭和十六年（1941年）六月，446页（关于中部两省）。

② 在《汉口》里也谈到"湖广熟、天下足"。后来的侵华日军的指挥者毫不怀疑地认为：攻下武汉、打下长沙等于拿到了中国粮仓的钥匙。

日本的三井、日信、中桐、东兴，这些洋行都涉足棉花业。

3)武汉产业动态及矿产资源

《汉口》一书非常关注武昌织纺丝麻四局及铁政局、汉阳兵工厂、包括规模较大的民营燮昌火柴厂等企业动向。详述了这些企业的创业过程、企业位置、生产状况、管理方式、工资待遇、原料来源、产品销售、产量产值、财务收支等诸般情况。特别对与重工业密切相关的煤炭、矿石等原料资源进行了跟踪式的调查。《汉口》里的关注点，在近代日本与中国签订不平等条约里也可看见其影子：在《对华 21 条》里，第三部分的两条：要求把汉冶萍公司改为中日合办，中国不得自行处理，附近矿山不准公司以外之人开采。实际上，是要由日本一手操纵和控制中国当时这个最大的铁矿山和炼铁企业。第五部分：中日合办兵工厂且必须聘用日本技师；将武昌至南昌、南昌至杭州、南昌至潮州之间的铁路修筑权让与日本等。[①]毋庸赘言，在这些条款的背后，无一例外，都有详细周密的情报资料作支撑。

4)列强领事馆动向及日本领事馆建设

日本在汉口的租界地虽是后来者，但无论在租界地的面积和发展上，都显示出极大的野心。日本在与其他列强国展开竞争的同时，也希望其他列强国不断取得在华利益，因为日本已将“与其他国利益均沾”的条款写入租界地条约里。此外，通过日本领事馆对汉口进行渗入，较之其他列强国更为广泛：从企业、医院、医药、航运、气象站、展示场、集会所、铁路勘测、煤炭矿山到证券印刷乃至墓地开发都能看到日本人活动的影子。

4. 宏观着眼微观留意的观察方法

1)宏观着眼

《汉口》在争夺中国利权上急于与各列强国比肩，为此，国际视角是本书的第一个宏观观察的层次。例如：美国的石油、英国的租界地建设、俄国的砖茶厂、法国香水、德国的马口铁工艺、西洋的棉布、南洋的海产、装作老实而获得实利的比利时等，都在书中有所阐述。此外，在观察问题上也尽量体现深邃

① 横山英 · 中国近代史 · 亚纪书房 · 1975 年，第 156 页。

于西方的观点，有这样一段话："汉口类似于美国的芝加哥，这种称呼肯定不是出于偶然，而是基于某一观察……恐怕大都从地理位置及交通状况出发，得出这样一个漠然的概念。本报告不从这一漠然的概念出发，而通过具体的问题点，即从工业基础上，换言之，不着重以转运发货的中心点的汉口，而是以远比转运发货及商业贸易更有价值的工业基地的汉口为考察对象来评价汉口；这样就可得到具体的、非笼统的相似于芝加哥的认识……"通过这样的论述口吻来体现日本优于西方观察家的自负。以全球视角来看待汉口市场，无疑在客观上加深了本书研究问题的深度。

次层次比较是中国国内的比较，例如：水产品与广东汕头的比较，货物集散地与北方牛庄、南方上海等的比较，在此基础上详细论述了中国各地的产品特点。再次层次是以汉口为圆点的同属于华中经济圈的湖南、河南、江西等省的比较。此外，除上述宏观性的观察外，对汉口各商帮的起源、组织结构、商业运作、经营技巧等也都进行了详细的论说。

2）微观留意

从文化人类学的角度来看，在稻作文化基础上发展起来的日本民族具有着细腻、善于观察的民族文化特质；然而作为日本外交官的水野幸吉其注意细节的观察习惯更有深层次的原因。对此先做简要剖析，然后再谈后面的问题。

福泽渝吉说："明治维新的确给日本带来很多新鲜事物，但大多是表层的、物质层面的一些东西。"日本知识人的深层的知识结构仍以儒学为中核的汉学为构架。儒学在日本经过一千多年的吸收与变貌，主要变成了三块内容：孔子时代的原典儒学（主要用于修身及商业信条）、朱熹的朱子学（建立起日本纵向社会的结构）、明清代的考证学（建立了考证学派[①]）。在我国近代以后的考证学几乎成了钻故纸堆、思维僵化的代名词，而

① 高田真治·日本儒学史·地人书馆，昭和十八年（1943年）十一月，第196页。（日本的儒学考证派有：山本北山、皆川淇园等，阅读了清初的毛奇龄、顾炎武等著作。）

日本的考证学派吸收了乾嘉学派、明末顾炎武的新鲜思想，提倡"经世致用"，将考证学用于禹域踏查（收集中国情报），这实在是日本的一大创造。汉口的"乐善堂"及"同文书院"，都是著名的日本涉华情报机构，而这些机构都将考证学作为培养情报人员的重要课程。衡量情报人员的踏查成绩的标准之一就是"细致入微"的观察事物的方法。

回到前面的问题，水野幸吉注意细节的观察习惯不仅是日本民族性格所使然，而是来自于规范的专业素质，而其所谓的专业素质就是建立在明清儒学基础上的考证学的严谨。现略举书中的几处考察实例：

纺织类：对中国服装颜色、图案花纹、喜好缘由、布料质地、季节特点、布料尺寸、购物心理及消费者的经济能力等进行了细腻的分析。企业部分：对燮昌火柴厂的管理模式、职工工资、销售渠道、产品成本、原料来源、生产过程、火柴包装、产品商标、每小盒的火柴根数及无火药附着的根数和划不着火的根数（哪怕一根都不放过），都不厌其细地进行了叙述。民众生活：长江的水质状况、污染情况、过滤方法、过滤工具、过滤工具的制作与使用等。其他方面的叙述也与此大同小异，都是不厌其细，如此细致的考察，并非炫耀其观察问题的眼力，而是与日本在汉口的经济活动息息相关。日本纺织产品在汉口市场处于劣势，日本火柴几乎被燮昌火柴逐出汉口市场，不得不对中国市场进行仔细研究。至于长江水质及其他日本踏查书籍所详细叙述的蔬菜的虫卵等问题[①]乃是妨碍日本向汉口移民的主要障碍，由于长江水质不洁及蔬菜上的虫卵，致使很多日本人由于水土不服而多发肠炎（阿米巴痢疾），将汉口视为畏途。总之，《汉口》一书，包括其他踏查武汉的日文资料，原本都不是为中国人所撰，凡书中反复强调、详细论述的事情，其中必有隐情，有着某种告诫和警醒作用。

---

① 虫卵问题：内田佐和吉著·续新武汉风物志，汉口：思明堂书药房，昭和二十年（1945 年）六月，第 92 页。（每到夏天霍乱侵入，日本租界地常贴出告示：严禁购买铁路外面的蔬菜，因为蔬菜上有大量的虫卵。……）

5. 注重客观避免臆断的著述态度

《汉口》一书里有很多对中国负面的评述，如：乱伐森林（不注意保护资源）、不会利用资源、农业经营粗放、市民不注意卫生、街道狭窄脏乱、不注意保护长江水质、瘟猪肉上市、农作物掺假、官办企业人浮于事、效率低下等，应该说这些都是符合当时情况的评价。在负面评述的同时，《汉口》也有很多正面论述：汉口民众着衣谨严、举止文雅，商人自律、帮会有力、商业道德纯朴、中国大商人有投资魄力，张之洞开发产业、兴办教育、维护中国利权等也得到充分的论述。

著者无论是正面论述还是负面谈论，都能注重事实、尊重客观、避免臆断。当然，著者的著述态度不仅来自其修养，如前所述，更主要的是其写作动机。作为对日本外务省及日本政府的汇报资料，没有必要考虑到文章的趣味性以及张扬的情感。例如：同是武汉天气，作为记者的内田佐和吉这样叙述："武汉夏天炎热异常，通常麻雀不敢出来，如贸然暴露在太阳下，马上会烤熟。掉在地下后，猫也不能马上吃，如迫不及待进食，猫舌将会烫坏。"[①]而《汉口》只提供这样的具体数字："1906年—1907年汉口降雪共计：16天，初雪12月22日夜半；终雪2月26日。积雪达一尺余。最冷的天气是1月27日，零下9度。最热7月中旬达36.6度"。

著者的立场虽然与我们背道而驰，然而，在著者想揭示真实的汉口和我们想了解真实的汉口是相一致的。翻开中国近现代史，日本帝国主义是对中国最大的、也是最残忍的加害者。中国近现代史是中国人的一道伤疤，为了中华民族的强盛，我们不能忘记这道伤疤，要从过去沉痛的历史中反省自己、认识对手！

武德庆

2010年11月15日

① 内田佐和吉著·武汉巷史，汉口：思明堂书药房，昭和十九年（1944年）七月，第4页。

满洲[1]事虽已决。然，剑影尚未从眼中离去；炮声仍犹如在耳。值此之际，长驱直入、以图扩大利权之范围，乃是自不待言之事。观当今之时局，不可忘记：满洲只是支那[2]问题之局部，并非全局。其最大且尚未完全解决的清国问题乃是争夺中国腹地即扬子江[3]流域的利权之问题。此乃对于帝国最终解决中国事情，宿命性地占有极其重要的一席之地。

汉口乃长江之眼目，清国之中枢，制中国中部于死命之地，由此，帝国[4]必须要染指于此、经营于此；此乃帝国不可回避之使命。仅数年间，各列强国已有积势和根基，若介入此经济割据、利益争夺之地，并最终赢得利权竞争胜利之格局，还有赖于我商工企业人士之奋起。著者之所以将此书公诸于同仁，其动机实乃存于此。

对本书若不能精读之，最好通读之，此乃著者之希望也。

明治四十年[5]五月上浣归任长江溯航中。

领事·法学士　水野幸吉识

---

① 满洲即伪满洲国。是1931年“九一八事变”后，日本侵略者利用前清废帝溥仪在我国东北建立的一个傀儡政权。（译者注）

② 支那：过去日本以“汉”、“唐”、“明”等方式称呼中国，自明治维新、特别是在甲午战争后，“支那”一词在日本广泛使用，具有对中国蔑视之意。此后书中所出现的“支那”这一历史词汇，均用“中国”来替代。（译者注）

③ 扬子江：此后书中的“扬子江”均用“长江”代替。（译者注）

④ 帝国即日本所说的“大日本帝国”是1889年到1945年之间所使用的国号。（译者注）

⑤ 明治四十年：明治元年为1868年，明治四十年就是1907年。（译者注）

前言

著书之动机在自序里已述，再叙撰稿之过程。明治三十八年（1905年）秋，笔者自奉调到汉口始，就开始酝酿此书。对各方材料收集已一年有半，但由于公务繁杂，一直未得闲暇付诸于笔。时值京汉铁路开通、长江航运日益发达，对于汉口之将来，常成为本邦人不绝于口之话题；为此，日益感到撰写此书之迫切和必要。正当此时，笔者患病，不得不回国养病，不知是幸还是不幸，由此，笔者得以小闲；在热海之滨、箱根山中，违背医嘱，终成此书。此书虽是病中之笔、羁旅之作，无论是书中内容还是体裁格式还不能求其万全，就书中内容而言，笔者也认为尚有补充之余地；但若将此书作为病中的退屈聊赖之笔或做一般的踏查手记来看待，笔者则要大声叫屈了。

书中数据，尽可能采用最新统计，基于海关报告的部分，只能到明治三十八年（1905年）止。另外，在执笔中，游船、商船两会社的长江航线与湖南、大东两轮船会社的合并已有结果，为此，对日清轮船会社多少有些需要修正之处，这些都是上月之事；迫于出版时间，来不及补入，甚觉遗憾。

商业学士山崎馨一君（汉口领事官补）、八木双一君（前汉口领事馆书记生）、宫村季雄（长沙外务翻译生）就相关材料收集，文学士樋口秀雄君及文学士德谷丰之助君就出版校正，都费尽心力给与援助，在此深表谢意。还需言明的是：本书有不少资料拔萃于领事馆报告、清国海关、通商汇撰及一些西洋书籍。

笔者著述宗旨及编目之设想，简言之，若能细读此书固然很好，如若不能细读，择其与自己利害相关部分阅读亦可。

在重印之际计划准备做大幅度修正，为此，读者在阅读中，若有存疑之处，尽情告知，笔者将不胜感激。

著者述

明治四十年五月

第一章

地理

东方芝加哥 船离吴淞，沿长江上溯 600 哩[①]，到达与武昌、汉阳鼎足而立的汉水朝宗之处汉口。汉口年贸易额达 1 亿 3,000 万两，夙超天津、近凌广东，现今已成为清国第二要港，几欲摩上海之垒。鉴于此，机敏的视察者言：汉口乃东方芝加哥。毋庸赘言，汉口之发达明显由于前不久京汉铁路开通所助成，然，也不仅如此，大凡大都会之兴，必有地利之便。过去汉口以四大名镇之一而闻名天下；现今又以中国腹地之中枢受到重视。欲知汉口必需从地理上先知湖北及与湖北相交界的河南、江西邻省之状况。

第一节 地势

第一款 湖北省[②]

汉口附近低洼 湖北省西部是高地，由西向东渐次降低。长江大体由西向东流动。汉水由西北流向东南，最后汇入长江。以汉口为中心，在东西 200 哩、南北 100 余哩的范围内，地势低洼，多有湖泊散在其间。如：黄盖湖、斧头湖、梁子湖等不可胜数。此地方，每到夏季由于长江及汉水水势上涨乃至泛滥，低洼之处连成一片皆成浩淼之湖水，农作物多受水害。与此相对，西部地方就整体而言，是高燥之大平原，土地肥沃、气候和顺，尺地寸土皆可用于耕作或畜牧。

长江 长江穿巴蜀的三峡之险，进入湖北省，到宜昌（距吴淞 1,000 余哩的开港地）段；此处，长江水面平流滔滔，可载千吨之火轮。长江经沙市（开港地）沿省南部地域，集洞庭湖（在湖南省境内）水之后，向东北流去；在新堤处，受于与洪湖、汉水相贯通的新兴河之水；继之，长江又受于沿途湖沼之水，流过宝塔州、嘉

---

① 1 哩＝1.609 公里，记号为 mil。（译者注）

② 湖北东部归汉口日本领事馆管辖，西部归沙市日本领事馆管辖。此注为作者“原注”，以下对“原注”不再另行说明，以此与“译者注”相区别。

鱼之地，在金口附近，收纳来自南方的斧头湖、黄塘湖、赤城湖及鲁诸湖的湖水，在沌口之地，复与贯通汉水的沌水汇合，直流汉口。

长江与汉水汇合之后，仍向东北流去，在收纳沦水、捞鸡河、武湖等河泊之水后，方向一转，向东南流去；在黄州、黄石港[1]附近，接受发源于黄州府境内的倒水、干沙河、易家河等的河川水流后，直到樊口。樊口以后，又收受梁子、汤家、吴塘诸湖，接纳巴河、浠水白马河；在富池口附近，交汇于灌溉兴国州地域的富水后，稍许转向东南方进入武穴（轮船泊港地）、九江（开港地，归汉口领事馆管辖）。经九江流入江西、安徽两省境内。

汉水　汉水又称襄水或襄河，发源于陕西省西南部境内，由湖北省西部入境，向东南方向流动。汉水经郧阳、襄阳、安陆三府流入汉阳府，进而在偏东方向的仙桃镇附近，分出三四个支流；在上游与长江主流相贯通，又在汉川县与从曹湖、及由德安府北境山地而来的郧水合流；稍许转其方向，向东流去。此段的汉水流经蔡甸（或蔡店）与下十湖、官湖等水汇合，于汉口处，注入长江。从汉口到仙桃镇的水路长约百余哩。

山岳　湖北省北境一带是北岭之主脉，省的西北部山峦叠嶂、东北部则山势偏缓。沿德安、汉阳、黄浠三府北境走向的山脉成为河南、湖北诸水的分水岭。其中有紫金山、大石包山、花山、鸡冠山、大孤山、大魁山、清香山等山，其海拔均在2～3千尺。由此主脉向南，分出许多支脉，其中较知名的有：云台山、崎山、林泉山、风火山、大乙山、大悟山、双尖山、狮子山、龙山、云梦山、三角山、龟峰山、天台山、白羊山、虎盘山、虎头山等山。不过，其山势皆不太高。在武昌府南境有幕阜山、黄龙山、云盖山、富山耸立其间，成为江西、湖北两省诸水的分水岭，其山势均在2～3千尺之内。位于武昌府中部的山势亦不甚高。

第二款　河南省[2]

东平原西多山　河南省东半部多平原，西部多山岳；北部地形沿东北方向渐次低下，黄河流过其间。黄河由此省西部的阌乡入境，向东流去，其间，南方的伊、洛、瀍、涧四流，北方的泌、济两水汇入黄河；再由兰仪县折向东北，进入直隶省。黄河所经过的两岸，间或望去，常有5华里～10华里的不毛砂地，特别是由开封府到卫辉府之间的160华里，极目所见，宛如沙漠，唯有稀疏的杂草散现其间。西部平原大体上沿东西而低下，此地由于有淮河上游的河水灌溉，为此，土地肥沃。淮河发源于本省西南面的桐柏县，由固始县进入安徽省。

凡黄河以南，嵩县、南召县、泌阳县、桐柏县以东的河流，无论其流量大小均

---

① 黄石港：轮船泊港地，在有名的大冶铁山附近。

② 河南省：此省的西北一小部归沙市领事馆，其他皆归汉口领事馆所辖。

注入淮河。其省内注入淮河的有：汝河、洪河，外省注入淮河的有：浍河、涡河及颍河。贾鲁河、溱河、洧河、汝河、沙河都是颍河的支流。位于本省西南面的南阳府多山，此地带的唐水、丹水等河流皆向南奔，最后注入湖北省的汉水。

黄河以北的山脉，属太行山余脉，蜿蜒在彰德府、卫辉府的西面。黄河以南的山系，其主脉起于位于西境的秦岭，沿东西走向，将本省划出西部的一块地域。此山脉经卢比县南，向东，过南召县、泌阳县，渐次转南；再过桐柏县，进而折向东面；至光州南境，谓夷陵；由此出境进入安徽省。此山脉成为淮河支流以及汉水支流的分水岭。此山系的支脉在尹水、洛水之间向东又转北，一直延续到登封县间。

第三款　江西省[1]

赣江·鄱阳湖　江西省东、西、南三面环山，北接长江。省内河流皆流向赣江，经鄱阳湖注入长江。赣江发源于广东省，向北流动，经峡江入省。赣江在新淦地域与袁江、在丰城附近与瑞江、抚河汇合。由西部入鄱阳湖称饶江、乐江、鄱江，由东部入鄱阳湖称龙江、秀江。鄱阳湖附近及赣江、饶江、乐江流域的土地平整且宽阔。

省内山脉来自于南岭支系，这些山脉主要连亘于东西方向；西北部的山岳将本省与湖北、湖南两省分开，其分脉有：清溢山、百家山、云居山、梅岭、百丈峰等。位于东部浙江、福建两省境内的山系稍许高峻，其中乌石岭、天官山、白马山等山尤其显著，沿其山路有大平关、梅溪关、马铃关、云际关、蝉夹隘、茱萸隘等很多关隘。在其分脉上还有紫云山、金凤山、罗山等山，大约都不超过 3 千尺。

第二节
面积及人口

第一款　面积

关于中国各省的面积，一直没有确切的统计数字，很难知道其具体详情。为了对此有一个整体的概念，现将较为可信的调查数字罗列在此：

	湖北省	河南省	江西省
东西	440 哩	340 哩	280 哩
南北	210 哩	340 哩	350 哩
面积	71,410 平方哩	67,940 平方哩	69,480 平方哩

① 江西省：西部归长沙领事馆，北半部由汉口领事馆所辖。

如果仅从一省的面积来看，大致稍小于我国的本州。

第二款　人口

此前，湖北、河南、江西三省人口的精确数字不得而知，根据1906年的家政年鉴，其数据如下：

湖北省:35,280,685人

河南省:35,316,800人

江西省:26,532,125人

也就是说，人口密度为:湖北省每1平方哩492人、河南省520人、江西省382人。另外，作为参照系，在《世纪人口百科统计》上所刊载的人口数据揭示如下：

湖北省:33,365,005人

河南省:22,115,827人

江西省:24,599,000人

第三款　外国人

根据1906年末的调查结果显示，在汉口附近居留的日本人如下表：

地点	汉口	武昌	汉阳	大冶	南昌	总计
男	549	134	17	8	4	719人
女	265	65	6	3	3	343人

日本居留民最多　近来，在汉口的日本居留民急剧增加。5年前，也就是1901年，汉口、武昌、汉阳三地相加也只不过60人左右。尔后，特别是日俄战争后，日本在汉的居留民的人数呈快速上升趋势，现今在汉口的日本人占在留外国人数的第一位。以下是上面所提到的汉口等五个地方的人数增加的状况。

1901年	1902年	1903年	1904年	1905年	1906年
74人	106人	270人	347人	528人	1062人

从表格中可以看出:近5年来，日本在汉口的居留人数大约增加了10倍，仅根据1906年的下半年统计，来汉的日本人几乎以每天1/4人的速度增加。

近年来，随着武汉商工业的发展及交通发达，英、美、德、法等诸国的在汉口居留民数也在大幅度增加。下面是日本人与其他在汉口的外国人数的比较表：

国别	日本	英国	美国	法国	德国	俄、比[①]等	总计
34年	74人	195人	194人	82人	87人	358人	990人
38年	528人	504人	500人	123人	162人	325人	2,142人

① 俄、比:俄国和比利时。（译者注）

根据以上数据得知：1901 年，在汉口日本居留民，远落后于其他诸外国人，仅 4 年之后的 1905 年，就凌驾英国而居第一位。可以想象在 1906 年，来汉口人数更会有所增加。表中的美国人数几乎与英国相同，远超法、德，其大部分美国人是牧师，以传教为目的来到汉口，基本上居住在美国总领事馆内。当然不能仅据此来分析美国在汉口的利权消长的状况，不过，从当前情势来看，从事商业的美国人数还不及法、德、俄的人数。

第三节
职业

第一款　中国人的职业

务农为主　汉口附近的中国人同中国中部地区的其他地方一样，以农业为主要生计。由于缺少数据，很难知道其确切的务农人口，可大致推算，其人口七八成从事农业较为妥当。本地农民多使用牛、马进行耕作，此外，在山野间，还放养家猪，以此为畜牧业。在冬季，稼穑闲散之时，纺线、织布；总之，所谓从事农业，也并不是专以农耕为业。

大商人来自外省　在汉口这样的商业集中之地，有财力的商人主要来自广东、宁波等地，湖北本地人反而经营的商业规模较小。工业尚处于幼稚阶段，虽有煅冶、染色、木工、瓦工、纺织、家具制作，但几乎都处于手工程度。在武汉三市(汉口、武昌、汉阳)的各种工场所工作的职工人数，大约不会超过 3 万人。在汉口这样的百货辐辏之地，其劳动力多为搬运夫(苦力)，在各工场或仓库前，排成行列等待搬运货物。仅汉口一地，其搬运夫的数量可以 10 万计。

汉口的水路四通八达，可谓“水上之都”。除农工商外，也有很多人家，不在陆上定居，举家在船内起卧(自家专有的舢板船)，专营航运业。由于汉口临江，从事渔业并不鲜见，猎业乃至矿业仍处于不振之状态。

第二款　外国人的职业

从商最多　居留在汉口的外国人士大多从事商业，此外，还有几十名外国的技术者受聘于华人所办的工场从事技术指导工作。截止到 1905 年底，汉口的外国商家数如下所示：

英国(包括印度)：33 家

美国：12 家

德国：35 家

其他国家(俄国、比利时等)：27 家

总计:124 家

以下是汉口日本领事馆所管辖内的日本居留民职业一览表。

◎日本居留民职业一览

地名 职业	登记件数	男	女	计
汉口				
官吏官属	12	25	11	36
被中国官厅雇用者	1	1	1	2
农商务省实业练习生	1	3	—	3
医师	4	18	11	29
公司职员	17	115	40	155
船员	4	21	9	30
贸易商	12	63	7	70
和服店	1	3	—	3
杂货商	14	69	16	85
各种机械商	1	4	1	5
煤炭商	1	2	—	2
保险公司出差员	2	4	3	7
药品商	3	25	2	27
药品及杂货商	3	19	—	19
玩具杂货商	2	7	2	9
照相原料及钟表商	1	6	—	6
食品商	2	11	3	14
糕点商	3	8	4	12
禽蛋商	1	2	—	2
鞋业制造	2	11	7	18
土木工程承包业	5	12	4	16
理发业	2	11	4	15
木工职业	3	8	3	11
日式草席(榻榻米)	1	3	—	3
马具业	—	1	—	1
西洋洗涤业	2	5	3	8
缝纫业	3	1	8	9
女发理发业	—	—	1	1
产婆职业	1	—	1	1
日式料理店	2	7	17	24
旅店业	4	15	19	34
荞麦店	1	6	11	17
日式火锅店(鸡锄烧)	1	6	11	17
鱼类及鱼糕类	1	2	2	4

照相师	1	2	2	4
药品商行	3	27	—	27
杂业	3	13	14	27
艺妓(大多寄留在料理店内)	—	—	17	17
被外国人雇用者	—	10	38	48
洋伞洋帽制造业	2	5	2	7
僧侣	1	2	—	2
合计	123	553	275	827
武昌				
被中国官厅雇用者	35	121	58	179
学生	—	5	—	5
僧侣	—	1	—	1
杂业	1	7	3	10
被外国人雇用者	—	—	4	4
合计	36	134	65	199
汉阳				
被中国官厅雇用者	5	17	6	23
合计	5	17	6	23
大冶				
官属	3	8	3	11
合计	3	8	3	11
九江				
杂货商	1	5	—	5
合计	1	5	—	5
南昌				
被中国官厅雇用者	4	4	3	7
合计	4	4	3	7
总计:	172	717	343	1,060

截止到1906年6月末,登记的件数为142件,共有866人(其中男性570人,女性296人)。同年下半季间,增加28件,人数为195人。没有向领事馆申报的临时居留者,估计有50~60人。作为社交团体,在汉口有日本人俱乐部、在武昌有日本人娱乐部。较大的日本会社有:三井、三菱、大仓、日本棉花、半田棉行、金正银行、东亚公司、东亚制粉、富士制纸、大阪商船、湖南汽船等。

第二章

衣·食·住

第一节

衣

第一款　服制

最完善的服装　暂且不去追寻服装与治乱兴亡之关系，总而言之，具有四千年之历史的中国服装经过选择、淘汰，已趋于稳定，达到现今礼服、官服、便服等固定的样式。站在客观的立场来评价：中国服装无论在装饰上，还是在实用上以及从卫生的角度来看，可以说是比较完全和完美的服装。从其上下衣的样式、颜色搭配、图案的嗜好，无不透露出绵密细致之意匠构思。唯有其男子的发辫和女子的裹足，在我等外人眼中看来，甚觉奇特和滑稽，由此，大损服装完善之美，甚为憾事。然，据说发辫乃清朝天下政治图治之必需，裹足乃往昔家庭伦理之必要，是耶非耶无法评论，只能随其自然变化。

优于和服洋服　中国男女皆以筒袖、大襟、宽襟为着衣法，由于衣襟严谨，即使是男子也不露胸、颈。女子、妇人皆着裤或裙，男子外着长衫，由于长衫覆盖腰部以下，坐卧之时，也不易露出脚趾。与和服相比，和服虽有宽松优雅之优，行动起来也不无自由之处，但中国服装是最符合人体自然状况的着衣法。此着衣法既无洋服之拘谨，又无和服系带之约束，由于在服装上没有紧缩部分，为此，有利于肢体自由发育。

再举例说本地着装符合卫生的方面，在汉口除从事土木建筑的劳动者和下层的流动商贩外，几乎都穿鞋。无论男女老幼一年四季均穿长袜，在类似于我国“贴身裤”的上面穿上裤子或套裤，以裤子或套裤的裤脚压住长袜[1]的上部，然后在其上用缎子的绑腿裹住，以此达到“头寒足热”的卫生法。这或许是因为清国人大多坐在椅子上，或由于房屋建筑之关系，预防寒从脚起之故。

---

① 长袜：长袜犹如袜子，与日本的“足袋”在其形状上有所不同。

服装附件　有关清国着衣法还有一点值得注意，清国固定服装之具，不像和服用“带”或“绳”，而是用“纽”或“纽扣”。若从商业的观点来看，在研究中国服装材料的同时，最好不要忘记也将“纽”或“纽扣”置为一科。此外，帽子的样式、颜色和妇人的首饰等，也常随着装而改变，有关这些问题，可另设主题专项研究。

第二款　衣料

第一项　概说

往昔用麻　据说往昔中国没有棉花，一般服装材料几乎都是用麻。估计汉口的住民无论冬夏都以麻为衣服的材料。自从学得棉花栽培法及习得养蚕法以来，绸布的使用几乎普及全国。麻的使用退居到仅做炎暑之时的衣服材料，当严寒之际，衣服内里置以狐、羊之毛皮，以此御寒。汉口住民不像日本或欧美人用暖室、暖炉、火盆御寒，可能是由于燃料缺乏之故，为此，直接通过改变衣服的材料来御寒。《史记·商鞅传》记载：“赵良曰：千羊之皮，不如一狐之腋。”由此可见，中国人在很久以前就有使用、重视毛皮的记载。

第二项　麻布

麻布种类[①]　在汉口所产的麻，实际上就是我国“苎麻”(Ramie)的一种，英国人特地将此麻命名为“China Grass”。中国四川的青麻、山西的片麻、湖南的原港麻或粗线麻都是“苎麻”的一个种类，作为宿根性草本植物的“苎麻”，其宿根一年间可收获 3～4 次。湖南浏阳、江西广昌以及广东用此“苎麻”手织夏布(其线亦用手工纺)，此夏布类似于日本的“奈良晒”。中国此类麻布除有用线粗细之异和漂白布与浅色之别的特点之外，未曾见过染有图案的布面纹饰。汉口地方，夏季颇为炎热，为此，夏衣越轻薄越好，在习惯上麻布倾向于向“轻罗薄纱”方向发展。从生活习惯来看，夏季饮茶，会出很多汗，夏衣每日要 2～3 次地洗涤，由此，布料需要结实且不褪色乃是不言而喻之要点。

夏布的尺寸　夏布的幅宽根据产地的不同而有所不同，大体上，一般幅宽为 1 尺 3 寸～1 尺 4 寸，一匹布有 4 丈 8 尺～5 丈。价格依据布料的粗细而定，一般的夏衣用料，每尺 70 文至 150 文之间；也有每尺 300 文以上的上等货，当然，其需求量不会很多。假设，每尺为 100 文，做一长衫需要 2 丈 4 尺的材料，这样就是 2,400 文。当然，也可做成“对接”的长衫，所谓“对接”就是：用此麻布做上半部，以浅色纱罗为下半部。总之，顾名思义，所谓夏布就是作为夏季平常所穿的衣服的布料。出门穿的盛装或曰行头，多用浅色的纹罗、纺绸等轻薄的绸布衣料制

---

① 有关麻的产地、产量及栽培法将在后章详说。

作。也有穿葛布之人，此布乃多为老人及雅士所爱用。葛布的产地在湖南的浏阳、湖北武昌的葛田等地。

第三项　棉布

土布与西洋棉布　棉布四季皆需，为此，对其需求量甚大。据说在汉口附近地区所产的棉花每年有40～50万担的程度。汉口本地人所生产的布被叫做手工棉布或土布。另外，还有一种土法制作的产量很多的白棉布，英语称谓为Nankeen，这种白棉布的工艺是：将进口的日本或印度的棉纱（机纺纱）与本土农民自制的手纺纱混在一起使用[①]。这样的手工织作的土布，幅宽为1尺3寸～1尺4寸，其经纬纱均为平织的14～16支纱。此布虽外表粗陋，却质地结实，为下层劳动者所喜爱，作为便衣随时穿用。然而，在欧美各国大量输入的以机械织制的宽幅细棉布的冲击下，其土布的销路逐渐受到蚕食。不仅如此，由于西洋纺织技术精巧细致，能纺制出"仿绸布类"的细棉布，此类棉布能投合中国实用主义之风气，为此，其供应量每年都有增加之趋势。这其中，英国曼彻斯特的棉布、美国的花纹棉布（Drill）以其经纬纱的组织匀称齐整、布料结实牢固为优势，远远超过中国本土的土布。此外，可以印染天蓝、二蓝、鱼白、玉色、深蓝、天青等颜色，由于具有这些优势，渐渐成为中等以下的一般民众所需的常用衣料。

分析起来，这些西洋棉布之所以能迅速打入市场，主要是在布料设计之初，首先考虑了结实，其次是布料表面比土布光鲜，并且其价格与土布区别不大，这是被中国中等以下民众接受的主要因素。

日本方向是仿土布　目前日本纺织业所织造的纺织品尚处于幼稚阶段，暂且无法与英美的细棉布类相竞争，今后日本可使用动力机械，织出有特色、优于中国土布[②]的产品，即织造出能胜过中国传统土布的产品，以此赢得市场销路。

棉布的用途非常广泛，甚至将涉入传统的丝绸服装面料的范围。被称作西洋仿丝绸的"棉羽绸"（Cotton ltalian）、"棉羽绫"（Cotton Lasting）等棉织品，由于价廉，很有竞争力，汉口民众开始用此面料制作裙子、背心、套裤等，而这些服装的面料原本都是以丝绸来做的。换句话说，西洋人之所以开发仿丝绸面料，其目的就是想以此来取代中国传统的缎子及丝绸面料市场。由于价格与质量上的优越因素，西洋的仿丝绸面料被汉口中产以下男女民众所看中，逐渐成为常用的服装面料。

第四项　罗纱和天鹅绒

金枪黑与银枪黑　罗纱和天鹅绒也是中国人衣料之一。在秋末冬初以及初

---

① 也有用机纺线所织的土布，有关土布在织物的部分里还要详说。

② 中国的土布都是"平织"。

春之时，很多中国人的装扮是：在穿着被称为“大呢”的薄的罗纱的同时，还要穿上以天鹅绒或长毛绒为面料的马褂、背心。妇女、儿童多用朱红、桃红色，而男子服装为纯黑、银鼠、茶黄等颜色。在长毛绒的面料里有“金枪黑”[①]和“银枪黑”，所谓的“金枪黑”就是：在纯黑的丝线里配以一些金色丝线，由此在绒面上泛出带有黄色的黑色底光；“银枪黑”，在纯黑的丝线里配以一些纯白色丝线，由此在绒面上泛出带有银色的黑色底光。面向男子销售的天鹅绒或长毛绒主要来自德国和英国。此类面料与丝绸相并列成为受市场欢迎的服装面料。

第五项　丝绸

衣锦还乡的理想　在世界上恐怕没有哪个国家能比中国人更重视服装，无论是小店铺的伙计，还是仆人、杂役，如果能有所积蓄，必需先要制一套衣服，成为拿命都不愿意置换的宝贵财产。每当节日来临，他们身着丝绸服装，浑然不觉是否与身份相符之事。“锦衣还乡”之古语充分表达了商旅之人的宿愿，三千年来，此宿愿矢志不渝，未曾改变。他们所认为的“锦”，实际上就是丝绸。丝绸之所以能成为上等服装面料，其原因之一就是丝绸能经得住 10 年乃至 20 年的时间考验。当然，他们作为“锦”而保存下来的丝绸，都是出产于苏州、杭州以及南京附近。一般很少用便宜的外国货。对于外国产品来说，不管是纯丝，还是丝棉混纺，都只是外表光鲜好看，因为存在着质地欠致密和易褪色的缺点，将这样的面料作为奢侈品来保存，从保值和实用的角度来看，即使是下层民众一般也望而却步。底层民众尚且如此，中产以上者对服装面料的考究程度更可想而知。在苏州地方只要有了新花样、新样式，由相互介绍宣传，很快便成为流行趋势，其随众心理会带来极大的销售市场。外商一方面研究各种棉制品，另一方面，又以极大的注意力研究缎子、丝绸类，其目的当然是看好有前景的缎子、丝绸类的市场。当前，首要的问题是中国人喜欢什么样的颜色和纹饰，对于此，后文还将叙述。

第三款　通常衣料的颜色和纹样

第一项　夏冬季节的服装颜色

轻纹样重颜色　服装颜色因季节而异，在夏季多喜好蛋青、水色、雪青、荷花色、蜜色、大紫、宝蓝、天蓝、白色、黑色、灰色、银鼠、米汤娇色、出炉银色之类的淡静、素雅之冷色色调；与夏季相反，冬季则喜用天青、二蓝、品蓝、玉色、红枣、朱砂、虾青[②]、油绿、墨绿等厚重、浓艳的暖色来搭配。从中国人的传统审美来看，原本不重纹样而重颜色，对颜色之嗜好无论社会地位之高下，均有一致之共识。其

① 金枪黑的“枪”代表天鹅绒或长毛绒的“毛”，中国将“毛”叫枪。

② 虾青：像蟹壳一样的颜色。

配色及调色的进步程度、对颜色的鉴别以及有关对颜色方面的智识，远非我邦人以想象所能达到的程度。尽管如此，从其颜色的名称来分析，其中大多数都是采用来源于自然之物色。从中国人的习惯上来看，纹饰、图饰及浓绿、浓红等不自然的颜色都被认为是“俗色”而加以排斥；与此相对，天然的颜色被视为“正色”，亦称“素雅之色”而受到青睐。此外，颜色与季节变换有关，当颜色和色泽能充分表达出时令特色时，此颜色往往成为首选。还有一点非常有趣，颜色还能表现人物性格，米汤娇色和银色的轻盈、优雅，用于少女的春衣最为合适；出炉银色的那种春曙般的空明与凝重，往往用于高官的夏服。

外国商人察得中国人对颜色的喜好状况，输入很多绸布、混纺布、罗纱等布料，无疑都在被认为所谓上品的素雅颜色的染色上下功夫。

第二项　男女老幼对颜色的嗜好差别

通而观之，在平常穿的便装上，无论男女老幼并无太大的区别，在如前所述的颜色中，一般较为通用的是品蓝、蛋青、雪青之类，成年男女共用，甚至妇人也穿此颜色。这类颜色也可以用于年幼者，虽然没有年龄区分，但在颜色的色泽上有所差别。有比较鲜亮一些和暗淡一些的差别，年少者着比较鲜亮，年长者的颜色相对要老成暗淡一些。从妇人的角度上来看，喜爱荷花色、银白、桃红、朱红、等泛红的颜色，比较忌讳油绿、黑绿、虾青等色，一般来说，男人可用的颜色妇人皆可用。男子除妇人喜爱的红色外，其他颜色皆可用。

第三项　朝服、吉服和其颜色搭配

喜事满堂红　文官穿外褂，武官着马褂；都是天青色（深蓝色）。其打扮是：肩上有披肩、胸前有补服（方形的龙纹）、颈上挂朝珠（五品以上）、身上穿蟒袍、脚上蹬朝靴（一种方形鞋）、头上戴朝帽。在家族祭祀时，以普通官帽代替朝帽，不穿朝靴、不戴披肩。高官的妇人头上戴着有珠子的冠，身上穿着红色的有纹样衣服和刺有蟒蛇的裙子，每临出席朝廷仪典等，还要穿朝裙。官员以外之人除免去朝帽、朝珠、朝靴外，衣服颜色与官员无异。即：男子为天青、二蓝，女子以红绿为吉服之色。当一家有婚庆喜事之时，家内万端之装饰都要符合喜庆之意，无论帷幔、帐子等皆用红色所布置，其家具也用红色，尊崇鲜亮的“满堂阳”之感，此谓“喜事满堂红”。

第四项　丧服及其颜色搭配

丧事满堂白　办丧事的情况是，男子穿元青（黑色）的褂子、马褂，来到“考堂”[①]磕头，有官者脱去官服，摘去官帽上的花翎，礼毕，来到前室之后，官服、官帽才能复原如初。服丧者要穿丧服[②]，即：在七七四十九日间，所穿粗麻布制的单衣[③]（原色），以此谓之“披麻”。在头七日间，胸前还要挂“擦泪布”、戴粗麻布制的帽子，衣服的袖口及下摆均不缝制，随其毛边散落。每逢七，还要穿白衣；此间结发辫亦用粗麻。过了四十九日之后，还要穿三年“考服”，实际上大约有二十七个月，不能穿红绿之衣物，且发辫用白绳编结。但不禁穿外国产的羽绸、罗纱之类，认为穿此布料对孝道无妨碍。总之，中国认为：红绿为吉服颜色、丝绸衣料易导致奢侈，将使服丧失去意义。

在服丧的四十九日间，不光服装与平时相异，室内装饰都用暗色，帷幔、扎花墙[④]皆用暗色，较多用白色，以此称之为“丧事满堂白”。

第五项　衣服的纹样

十四五岁的少女及孩童，包括部分妇女有时穿用带有染色的纹饰的布料（包括条纹状），而中年以上男女无论便装或盛装均是单一色。上衣下裤的颜色虽不一定要统一，但要考虑其颜色搭配是否合适。作为盛装穿用的丝绸（或仿丝绸）多是与质地相符的提花织或色织花纹的布料。本地风俗嗜好衣着光鲜，虽然已到中年，仍喜爱穿着华丽夺目的色织花纹的衣服。

如将中日服装颜色作一下比较就可得知：汉口本地比日本人穿着要醒目，也就是说，本地人较注重服装面料的颜色及面料表面的光泽。服装面料的光泽，不但不损害着衣者的品位，而且还能增加对着衣者的外表印象。

纹饰多样　中国的缎子、丝绸或湖绉[⑤]的色织花纹大体上是 2 寸～5 寸直径大小的花纹，恰到好处地呈松散分布状，很少有纹饰相联的情况。从缎子样本的花色品种来看，灵芝、水仙、佛手、仙桃这四种纹饰组合相配较多，如果是四季花草则要配以蝴蝶，常见的是，菊花配蝴蝶、佛手柑配仙桃，也有牡丹花、卍字等纹饰。在丝绸上面常出现的是，祥云八宝、团龙（直径在 4 寸～6 寸）、灵芝配水仙、蝙蝠配寿字（篆字的寿字）、洋三秋、洋牡丹、兰花配水仙等。在湖绉上常出现的纹饰是，八结菊花、双鱼牡丹、荷花（多用在红色纹饰的衣料上）、菊蝶八宝、空心牡丹、竹梅、兰菊、团菊八结、菊花飞莺、竹枝、卍不断、大四季花（梅兰菊竹四种）组合相配等；此外，还有其他很多种类，不过都大同小异。总之，纹饰的寓意要喜庆、吉利，视觉上要显得高雅、高贵。

① 考堂：死后四十日期间的尸体安放之处。
② 丧服：失去父母中一人，所穿的孝服。
③ 粗麻衣：类似于日本蚊帐之类的粗纱布。
④ 扎花墙：4～5 尺宽的长形条幅挂于室内通道的两侧，其状如墙。
⑤ 产于浙江省湖州的丝织品。（译者注）

纹饰审美 从纹饰风格来说，与其古雅毋宁朴拙。由于其种类及变化都比较稳定，外国的本业人士，若有心模仿，可谓轻而易举。只要将缎、绸、绉的样本买上二三十种，大致就可了解中国纹饰之状况。或许有这样的疑问："中国纹饰基于中国审美，大概中国人只对本国纹饰情有独钟，而对外国货可能会不屑一顾。"其实并不尽然，中国人既有因循守旧之习，又有喜好新奇之癖；既有顾全传统之心，又有矫饰外表之意。中国人审美并非独趣，而是多趣。为此，如若西洋有致巧之纹饰，自不待言，自然会涌现很多喜好者。也就是说，外来的仿丝绸，在模拟中国纹饰的同时，亦可开发欧美独特之纹饰，但要掌握一些总体原则。中国纹饰有这样几个特点：其一，讲究对称，即，不可单边独立。其二，讲究规整，无论方形或圆形，都不能不正。其三，就是纹饰，纹饰的纹样一般不连续相接。一般不喜欢条状纹饰，喜欢点在的、徽章状的纹饰。

第二节 食物

第一款 日常饮食

第一项 米饭及面食

汉口这个地方的民众大多吃早晚两餐饭，早饭在 9～10 点间食用；晚饭在 4～5 点钟吃。如果是商家也有在夜里 10～12 点喝粥夜宵的习惯。这里的习惯与中国北部早晨喝粥、吃点心（果子）正好相反。偶尔也有早晨喝粥、吃点心的南方人，这恐怕仅限于南京人。汉口两餐饭食都是米饭，晚上喝粥当然也使用米，但不像中国其他地方用小米。在汉口的两餐饭及一餐粥的饮食结构里，也有其中一餐与面食相交替食用的情况。

第二项 米饭与面食的调理法

米饭的做法基本与日本相同，只是本地的料理法是将米煮沸，并出现米汤时，将米汤全部弃之这一点与日本相异，而大致与印度的咖喱米饭的做法相似。面类的调理法有很多种类，其中的"切面"与日本的"饂飩[①]"相似。汉口的"馒头"与日本的"饅頭[②]"相同，都是蒸制品。但本地的"馒头"有放入肉馅的，也有不放的；也有放入砂糖的，因放置内容不同，其名称也各异。

① 与中国大致相同的面条。在唐代时传入日本。（译者注）
② 日本的"饅頭"一般都有馅。（译者注）

第三项　米、小麦的产地及产量

下层民众多食面　如上所述，商家很少食用面类，与此相对，对于下层民众来说，面类的食用量远远超过米的食用。此外，所有点心类都是以面粉为原料，为此，由于面粉在实际饮食生活中的大量需求，决定了对小麦的需求量。汉口的小麦的供应源，主要来自湖北平原，随着汉口对小麦（也有少量的大麦）的需求增加，其产量也连年上浮。如果小麦供应在汉口市场过剩，其剩余部分经汉口转手销售到上海等地。下面是近些年来，经汉口市场，向外输出的小麦情况：

◎近 8 年来经汉口转手输出小麦的情况

年号	单位	数量
1898 年	担	67,036
1899 年	担	321,940
1900 年	担	271,180
1901 年	担	3,859
1902 年	担	219,738
1903 年	担	144,288
1904 年	担	441,949
1905 年	担	557,558

如上所示，平均每年都有二十二三万担的输出余地。由此可以断定：在湖北小麦是继豆类、芝麻之后又一高产农作物。有关汉口的制粉业的情况，将在工业部分的条目里说明。湖北小麦的产地集中在长江、汉水、涢水等流域及河南的平原地带。

第二款　副食品

第一项　蔬菜与肉类及其料理法

肉类以鸡、猪、牛、羊肉为主，此外，还有一些如鸽类的鸟肉。牛肉以孝感、黄陂、汉阳诸县所产为佳。生牛宰杀一般都在汉口进行，其屠杀法不是打死，而是以专用的牛刀杀之。在金口地方产水牛，其水牛肉味道欠佳，当地的牛肉料理法主要有两种：将牛肉放在芝麻里炒，然后佐以盐、酱油入味；还有一种，将切成小块的牛肉与萝卜块一起炖，当地在料理牛肉时很少放糖。

羊以河南运来为佳，一般将羊肉与胡萝卜、葱放在一起，佐以麻油调理。湖北各地均产生猪，河南所出产的生猪，猪皮皮厚，且味道欠佳。本地的猪肉调理法与牛肉大致相同，只是不放油。鸡算河南最好。鸽肉在上流社会多食用，在料理鸽肉时，加以酒、醋、酱油等多种调料。蔬菜主要以白菜、白萝卜、胡萝卜、大葱为主。蔬菜可与肉一起料理，也可用麻油单独料理。

第二项 鲜鱼

汉口本地居民所需鲜鱼均来自长江、汉水以及长江附近的湖泊，其鲜鱼种类甚多、产额甚高。现介绍其主要的鲜鱼种类：

○鲤鱼　汉口鲤鱼与日本的鲤鱼无异，多有长达 4 尺以上之鲤鱼。但此鱼小刺很多，有泥腥味，本地多在冬季腌制后食用。此鱼在市场上，可分割出售，每斤市价 60 文。

○鳊鱼　此鱼其鳞类似于日本海产的“鰱魚”(tanago)[①]，头小、鱼身宽阔。长则不过 8～9 寸，每斤市价 50 文。

○鲭鱼　类似于鲤鱼，颜色稍黑。其头状如日本的“鯔魚”(bora)，大的长可达 4 尺，每斤市价 60 文。

○鮠鱼　其形类似于日本的“鱶魚”(fuka)，无鳞，口为一字形，有下鳃，鳃的两鳍及背鳍有硬质骨刺。此鱼长 3 尺余，每斤市价 60 文。

○鲍鱼　切不可将汉口的鲍鱼与日本的“鮑”(awabi)相混淆。汉口的鲍鱼其形相似于日本的“甘鯛”(amadai)，比“甘鯛”稍长。此鱼鳞片细小，从腹部到尾部为黑色。如日本“鮒魚”(funa)，有金色的光泽，长达 3 尺，每斤市价 60 文。

○乌鳢鱼　其状如产在日本安房地区的“鈍甲魚”(donnko)，鳞片细小，全身黑土色，有蟒蛇一样的斑纹，长约 1.2～1.3 尺，外国人喜食之，每斤市价 30～40 文。

○鲚鱼　与日本的“鮒”(funa)为同一种鱼。长约 1 尺余，每斤市价 50 文。

○居[②]鱼　其形状与日本的“伊佐木・鶏魚”(isaki)相似，稍带黄色，柔软、刺少、味美，是上等料理的食材。每斤市价 50 文。

○甘鱼　其形类似于日本的“鱚魚”(kisu)，大且长，一般长达 3 尺，腹部有鳍，呈黄色，全身有淡黄色的光泽。每斤市价 50 文。

○鲶鱼　同日本的“鯰”相同，其形颇大，长及 4～5 尺。由于脂肪过多，味道不是很美。每斤市价 40 文。

○鳗鱼(鳗鲡)　与日本的相同，有黑色的，但更多的是黄褐色，全身有斑纹。初看如同日本产的海蛇，口尖鳃大，形态怪异。

○甲鱼　与日本的“鼈”相同，在本地产量高，价格廉。

○行[③]鱼　其色为鼠色，背鳍和尾鳍类似于“沙魚”(haze)，嘴角甚长，几乎等长于身体的长度。整条鱼长一般约为 2 尺，春夏时候少，秋冬时多。

夏季的汉口的鲜鱼市场一般为淡季，冬季鱼市鲜鱼很多。其原因大概是由

---

① 括号内是日语“鱮鱼”的发音，可供查对，其他处的表示法与此相同。(译者注)

② 在原文里“居”字，还有个“鱼”字旁，请读者查对此鱼的名称。(译者注)

③ 在原文里“行”字，还有个“鱼”字旁，请读者查对此鱼的名称。(译者注)

于涨水期打鱼困难之故，当枯水期来临，河湖水量减少，成为捕鱼的好季节。为此，咸鱼、干鱼的销售季节主要在夏季。

第三款　输入的海产品

第一项　对海产品的需求

汉口地方对海产品的需求已成为普遍的现象，无论社会地位尊卑高低，在日常生活的食膳上，海产品几乎等同于猪肉不可缺少。海产品市场巨大，其交易额达 120 万两，每年还有不断增加的趋势。输入汉口的海产品主要来自日本、中国的其他港口（宁波、福州、汕头、广东、牛庄等）及南洋、朝鲜等地，俄国所产的海带以及美国的产品尚未进入汉口市场。根据 1901 年的关税报告书，其输入总额及需要额的相关数据如下：

◎输入总额及需要额的相关数据

品种	单位	外国输入额	国内输入额	内地转港输出	纯需用输入额
鲍鱼	担/两	102/4,516	—	29/1,256	73/3,260
黑海参	同上	2,602/145,712	—	742/41,552	1,860/104,160
白海参	同上	283/6,368	—	6/135	277/6,233
干竹蛏	同上	793/14,255	102/18,561	55/935	1,749/31,881
江瑶柱	同上	299/12,629	—	68/2,843	231/9,786
干鳗	同上	8,056/100,700	9,529/119,113	5,412/67,561	12,173/152,162
鱼肚	同上	221/18,885	115/10,293	146/13,067	180/16,111
干鱼及咸鱼	同上	—	773/6,880	149/1,326	624/5,554
寒天（洋菜）	同上	1,280/78,800	—	686/41,160	594/35,640
淡菜	同上	158/3,053	—	23/380	162/2,673
虾米	同上	795/19,875	60/16,680	853/22,857	542/13,698
海带（日本）	同上	190,627/571,882	—	29,353/88,059	161,274/483,821
鲨鱼翅（黑）	同上	36/1,908	—	—	36/1,908
鲨鱼翅（白）	同上	291/51,216	—	12/2,112	279/49,104
海蜇	同上	—	4,363/19,021	1,465/,6987	2,907/12.034
螺壳	同上	—	975/2,438	85/213	890/2,225
合计	两	1,027,798	192,986	290,533	930,251

通过以上报告书得知，输入的海产品主要有：海带、海参及干鳗（包括墨鱼）、洋菜等项。通过汉口市场再转手输出到四川、湖南等地的海带数量，仅是输入到汉口量的 1/6。即：其余的 5/6 都被汉口本地住民食用。本地住民之所以喜好海带，除价格低廉外，还因为它如同日本的鲣鱼一样成为本地居民的料理不可缺少的调味材料；另外，本地居民还认为，海带有除湿、消肿之功效，由此，大量消费海带也就不足为怪了。本地还非常喜好干鳗和墨鱼，其输入的干鳗与墨鱼（宁波产）的两项数量大致相当。从汉口转手输入到长江上游四川、湖南、贵州等地的

干鳗，实际上，较之墨鱼所占比重更大。从对汉口以西的销售价格来看，墨鱼虽然比不上干鳗价格高，但从汉口的需用额来看，墨鱼却高于干鳗的需用量。

此外，干竹蛏、江瑶柱、虾米、鱼翅都有相应的需求量。唯有干鱼和咸鱼只占总输入额的1/170，并不是湖北省民不喜欢吃咸鱼，只是汉口市场有相当多的鲜鱼，其鲜鱼产量高完全可以满足当年市场供应之需。特别是在阴历11～12月这两月间，有大量的鲜鱼上市，本地居民一般将鲤、鲭等鱼用酒、酱汁浸腌后保存，作为正月的待客之肴。唯有夏季三四个月的时间，由于江湖水量增加，捕鱼不便，由此，鲜鱼价格上涨。如将鲜鱼的价格与咸鱼相比，鲜鱼只是咸鱼价格之半，为此，咸鱼的需求量不大。

干鳗　一般都是将干鳗捆成捆运到汉口，每捆大致数量相同，大约15～19条的样子。其捆扎的方法是：头尾相抵（先摆好两条，再加一条挤在中间）三条一层，以3的倍数增加（6条、9条、12条、15条……），然后在外面分三段用草绳扎紧。对于干鳗来说，有表里之区分，一般将干鳗的腹部，即腹内的一面朝上（显露在表面）。这因为，干鳗在干燥时，腹内的一面先干燥，之后才是干鳗的表面部分，先干燥的腹内部分较之后干燥的表面部分色泽油润，故此，将腹内的部分朝上，以此示购买之人。这样的捆扎法既有看相，又能防窃（因为在捆扎时，干鳗相互压住，很难抽出）。

海参：汉口的海鲜市场，海参除日本产的之外，还有朝鲜产、南洋产等。俄国产的海参尚未进入汉口市场。朝鲜产其名叫“红奇矢”，其颜色大致如日本函馆所产的海参，颜色不是很黑，而是带有灰茶色（灰色和茶色的混合色）。其味道甚佳，由于价格偏高，需用者稀。南洋所输入的海参一般都无肉刺，当然，不能以肉刺的有无来判断是否叫“开参”。“开参”主要指以下甲、乙、丙三种情况：

（甲）开乌参：产于印度，纯黑无肉刺，没有凹凸，参体有缩皱，长约3～4寸，虽是“开参”中的上等货，但在当地市场需求并不大。

（乙）石港参：也叫“大开参”（长约4～5寸），由印度输入。参体呈暗灰色，在两侧两寸左右的地方，有触角，肉质厚实。主要由料理店使用，其需求量比甲要多。

（丙）大白开参：由印度输入，长达6寸，参体淡褐色，横向有很多棱纹，在料理店大量使用。

根据无肉刺、不开口，又可分下面两种：

（甲）青虫参：由香港输入，暗黑色，长度3寸左右。价格较之前者要贵，作为食材较为广泛食用。

（乙）鞋参：无肉刺，近圆筒形；与前者大同小异，赤褐色，其形状犹如中国人穿的鞋子，故此而得名。在价格上较之前者要廉。

海参的价格一直很高，加之调理法非常繁复，并不是普遍的食材。由此，大多被上流社会及料理店所使用。懂此道的嗜好者认为：南洋的开参味道最佳，然，其价格也相当高，几乎是日本参的一倍。出于价格考虑，用日本参比较普遍。

贝柱：汉口的贝柱主要由日本及宁波输入。宁波的产品，呈白色、肉软。

干竹蛏：汉口海鲜市场上市的干竹蛏除日本的产品外，还有宁波、福州、广东等地的产品，这其中宁波的产品较之日本的要小一些，呈褐色，最适合汉口住民的口味。目前，中国各港的产量还不甚高，为此，日本能以产量维持住高价格，如果中国宁波等港，提高产量，价格也会随之下降，此项产品很可能会落在宁波的产品之后。

干虾米：干虾市场竞争较激烈，除日本产品外，还有广东、潮州、宁波、福州等港的产品。美国产及苏州产的淡水虾因价格高，而转入上海，尚未进入汉口市场。汉口居民嗜好广东和日本的产品，特别是广东产的中虾米（长 8 分左右），呈红色、皮壳不附着、粉屑少、虾肉比宁波产的要厚，市场走势好。此外，还有广东潮州产的大虾米（有食指粗细）、长崎产的虾米（有皮壳与无皮壳两种）。

海带：海带包括海带丝其输入额占海产品输入总额的一半，几乎都是日本产品。俄国产的很少。海带丝也几乎都是日本产品。

鲍鱼：在市场上可见少量的韩国产品，其十之八九乃日本产品。

淡菜（珠菜、壳菜）：汉口市场除日本的产品外，还有宁波产、福建产。这其中，宁波的淡菜，其大如蚕豆，且柔软，味道也佳。

鲨鱼翅：输入汉口的鲨鱼翅大体上可分为白色和黑色两种。本地商人将白色的称之为“银翅”、黑色称之为“金翅”。六江地区输入的为白色，将此称之为“玉节”，南洋输入的也多为白色，叫南洋来品。日本输入多是黑色，银翅用于高级料理，一般料理主要采用日本的黑翅。主要是日本产的价廉，而南洋等地所产价格高之故。

罐装：日本曾尝试性地生产过罐装的海鲜产品，如：鲍水煮、沙丁鱼、蛏、鲑鱼等，由于市场滞销而停止生产。大致分析一下，其滞销原因主要有：汉口居民还不知罐装海鲜之功效，加之，如前所述，汉口可得廉价之鲜鱼，海产品供应又特别丰富，罐装品较之本地鲜鱼或输入的海产品价格要高出得多，故此无人问津。罐装的消费人群主要是一些居留在汉口的日本人及一些外国人。罐装海鲜就整体来说，还未达到市场销售程度。近来，有些快餐料理店，为图便利而使用鲍鱼等罐装产品的情况。

第二项　日本海产品输入明细

◎最近三年间日本海产品输入明细

品名	单位	1903 年		1904 年		1905 年	
		数量	价格	数量	价格	数量	价格
海带	担	184,479	487,024	48,673	163,055	—	—
长海带	担	—	—	100,210	300,630	113,007	282,518
海带丝	担	—	—	16,048	64,192	21,204	72,093
板海带	担	—	—	628	6,280	1,021	10,108
鸡冠菜	担	—	—	1,500	6,000	1,894	8,144
鲍类	担	270	12,609	98	4,464	44	1,852
黑海参	担	3,275	168,990	2,838	127,710	1,959	78,300
干蛏	担	1,499	31,929	2,194	39,492	1,207	22,149
贝柱	担	408	19,421	324	14,952	145	6,649
干鳗	担	8,567	134,502	11,549	173,235	5,654	84,810
干鱼	担	160	1,484	108	1,000	130	1,391
鱼肚	担	197	18,990	152	15,603	155	16,562
鲛皮	担	—	—	114	1,790	—	—
寒天	担	—	77,380	1,418	77,990	670	34,606
干虾	担	844	23,464	935	935	513	9,747
鲨翅	担	17	1,190	46	1,840	63	2,300
淡菜	担	248	3,410	227	3,405	227	2,463
栋洋鲨翅	担	363	60,621	280	39,466	211	28,938
合计		—	1,041,014	—	1,059,804	—	662,530

海带：输入到汉口的海带主要有函馆、大阪、横滨、长崎等地的产品，而转运到四川、湖南等地的海带主要以函馆的产品为多。从目前来看，函馆的产品最能保持其身价，对于汉口居民来说，喜欢宽、薄、软的海带，本地人对长崎、横滨的海带的评价是：其海带肉厚、幅窄、并且偏硬。

海带丝：日本函馆、大阪、东京有一部分海带丝输入汉口，对其中函馆所产的产品评价最好，函馆的产品虽然没有东京切得细，但由于味道好，几乎占销售量的一半。

海带丝的出口包装方法虽因地方不同而情况各异，但大体上其包装都是高1.2～1.3尺、宽1尺、长1.5尺的运输箱。东京的运输箱在其箱的两端，有7分左右的铁带；大阪的仅有两道粗绳系之，多有鹤、牡丹的商标；函馆产的运输箱在纵向有1条、横向有2条束带，在侧面及板的接缝处都贴以黑色纸片，以求提醒注意；大阪、东京皆无以上考虑。商人评论：横滨的运输箱最坚固，函馆的运输箱考虑最细致。

鲍鱼：鲍鱼几乎都是日本产，其明鲍的需求量多于灰鲍。两者都以中度（直径 1.5 分左右)的产品走俏。小于中度(直径 5～6 分)及大于中度的大鲍,相对销售量要少,其产品均是函馆来品。

此外,罐装的鲍鱼有三个种类:①大阪的 Osaka Wine & Co. 会社,在其表面的纸上写有"あはび"[①]三个假名,在里面有"大日本隐歧产"6 个字。②有神户吉川"㊫"这样的商标,在纸的表面有一个"鲍"字。③写有"青森製鲍水煮"这样的字样。在三者中大阪产销售最畅,零售市场的价格为:每罐 40 仙(分)[②]左右。与干鲍相比其价格偏高,未能成为普遍之需求。罐装鲍鱼主要通过海产品商店销售,其主要为西洋食料店所需。

干鳗:由日本输入到汉口的干鳗,其运输的包装非常粗放杂乱。一般都是用草袋包装,将略加捆扎的干鳗置于袋中,然后用草绳把袋口扎紧。这种包装法,运到上海尚可,然,通过长江火轮转手运到汉口时,这样的包装就很成问题了。首先,草袋很容易破损,为中国船员、挑夫"顺手牵羊"拿取袋中之物创造了机会。为除此弊害,货物未到上海之时,应在草袋的开口及底部再盖上麻布,之后再装入麻布袋中,如果不进行这两道手续,恐怕难以保证产品安全到达汉口。

日本的干鳗大多产自函馆、对州、隐歧等地,这其中,汉口民众喜好函馆产的干鳗,因为函馆的产品具有肉柔软、味道美的特点。此外,函馆的产品注意加工程序,较之隐歧等地的产品,外表处理得好、有光泽,看上去就能给消费者以好感。在函馆之后,需求量较大的是对州的产品,可居第二,这两地干鳗的销售行情看好。就味道而言,由于对州的鳗肉稍硬,略逊于函馆的产品,但要比隐歧的味道佳,受市场的定评的影响,日本产品各有其各自的市场走势。

因隐歧的产品有竹串孔,外表看上去感觉不好,在味道上较之函馆、对州的要差一些,如果在价格上再实惠一些,估计也会有很好的销路。

海参:在日本产的海参里,函馆的最好销,就味道来说,函馆产的虽差韩国一步,但因为在价格上有优势,市场的走势也很好。

贝柱:日本输入汉口的贝柱主要产自函馆、横滨、因州等地,函馆产最适合汉口居民口味,为此需求量很大,尤其对直径 5 分左右的贝柱求货最多。

干蛏:日本产的干蛏的颜色为淡褐色,虽品质稍劣,但由于产量高、价格廉,销售量较之宁波产的要好。

寒天:寒天即洋菜,主要来自日本的大阪。原来在日本用红色棉绳在寒天的两端双重捆扎,棉绳里还有金线,现在,这种捆扎法在市场上已绝迹。大约从七八年前开始,多用棉绳或草绳将其束结。

寒天有很多种商标,例如:"一△信"、"三△"、"喜△"、"一△旭日"、"一△

① あわび:是鲍鱼的意思。(译者注)

② 仙:晚清的西洋货币单位,英文为"cent",译为"分",是"$"的 1/100。(译者注)

明"、"一△喜"、"一△光明"、"△晃"等商品名。

干虾：日本产的干虾有大小各个种类，除了长崎的大虾米之外，多少都有些附着的皮壳，并且多粉屑，劣于广东产品。

淡菜：日本所产的淡菜虽有品形过大、稍硬等不尽如人意之处，但由于价廉及高产，其供应量仍高于宁波产。日本产每担：19两～21两，宁波产每担：23两～25两。

第四款 汉口的主要的副食品价格

◎汉口的主要的副食品价格表

食品	单位	价格	食品	单位	价格
萝卜	每斤	14文	生姜	每斤	64文
白菜	每斤	10文	大蒜	每斤	24文
芹菜	每斤	32文	韭菜	每斤	48文
菜薹	每斤	18文	竹笋	每斤	96文
葱	每斤	36文	芋艿	每斤	36文
襄阳葱	每斤	40文	山药	每斤	80文
豆芽	每斤	20文	羊肉	每斤	160文
茭笋	每斤	48文	洋葱	每斤	80文
猪肉	每斤	160文	洋薹	每斤	56文
牛肉	每斤	80文	豆腐	每块	4文
鸡	每斤	160文	辣菜	每斤	18文
鸭	每只	160文	芥菜	每斤	12文
鹅	每斤	140文	款冬	每斤	96文
鸡蛋	每个	9文	麻油	每斤	148文
茄子(个)	大·小	9·6文	辣酱	每斤	56文
冬瓜	每斤	18文	茶油	每斤	128文
南瓜	每斤	16文	豆油	每斤	128文
黄瓜	每斤	28文	生油	每斤	148文
瓠子	每斤	36文	盐	每斤	70文
大胡椒	每斤	64文	上海米	每担	6串[①]800文
红萝卜	每斤	24文	黄豆	每担	4串
黑白菜	每斤	28文	丝豆	每斤	4串200文
黄阳白	每斤	28文	涝豆	每斤	3串400文
莲藕	每斤	48文	红豆饭	每斤	4串
蚕豆	每担	3串600文	腐乳	大·小	24·16文
芝麻	每担	6串400文	胡椒	每斤	240文
荞麦	每担	3串200文	红糖	每斤	84文

① 1串：1串＝1000文。

粟	每担	3 串 600 文	白糖	每斤	120 文
高粱	每担	2 串 600 文	酱油	每斤	96 文
小麦	每担	3 串 600 文	米醋	每斤	48 文
大麦	每担	2 串 400 文	汤粉	每斤	128 文
线粉	每斤	96 文	木耳	每斤	640 文
米粉	每斤	164 文	黄花菜	每斤	480 文
茶干	每块	5 文	花生	每斤	56 文
甲鱼	每斤	120 文	柿饼	每斤	56 文
火腿	每斤	480 文	鲶鱼	每斤	80 文
蝦蟆(蛤蟆)	每斤	64 文	核桃	每斤	64 文
蜻干	每斤	420 文			

第三节 住

第一款　房屋的构造

木造瓦葺　汉口的房屋，如官衙、商家、农家等根据其身份、职业都有所不同，其建筑法各异。官衙及农家都是一层楼的平房，商家多是二层楼的建筑。无论哪种，都是木造瓦葺，很少以草葺顶；墙壁多以砖或粘土隔断，为此比较坚固。天井多以松或杉的粗圆木及其粗杂材料构成，并覆之以粘土。除入口外，还设置二三扇窗，以此流通空气和采光。由于光线不充足，室内极其昏暗。其建筑材料所用的木料都相当粗糙，立柱和门楣几乎使用杉木的原材，只是将木材的外表粗略加工，在其外表刷上质量很差的颜料或油漆；以此，掩盖木节及木材的缺陷之处。不像日本的房屋那样对于立柱、脊檩多用加工后的白茬木的角材。汉口官衙的建筑一般多用良好木材。住户的地面多是沙土地，也有在此地面上铺上地板的住户。房屋内摆放一套座椅，房屋中央放置桌子，一般是围桌而坐。当夜晚睡眠之际，必定另有睡觉之处。在汉口中流以上水平的家庭，其风俗是，男女分开、各在自己的房间就寝。汉口的官吏都在所属的衙门内居住，商家的妻女一般多在店铺之外另居别处。

第二款　木材市场情况[①]

鹦鹉洲木材市场　汉口地方所需的木材或通过武汉市场输向外地的木材，主要产自湖南、贵州两省。通常，通过沅江进入洞庭湖，再横跨洞庭进入长江到

---

① 请另外参看第 11 章第 2 节第 15 款的相关条目。

达汉口。汉口的木材集散地主要在汉阳上游的鹦鹉洲。进入鹦鹉洲的木材的输入量每年价值大约在600万两左右。

近年来,日本及北美的木材输入量虽然渐次增加,但有山岳优势的湖南、贵州两省木材的出货量,还仍有可观的前景,鹦鹉洲木材市场的大宗交易仍是湖南、贵州两省的木材。输入汉口的木材主要有:杉、松、柏、樟、栗等材木。杉、松、柏主要用于建筑、土木及造船(主要用于民用的舢板船材料);此外是家具及生活杂具用材。每年用于建筑的木材的销售额在300万两内外,用于家具杂项每年150万两左右。

通过长江运到汉口的木材,主要是砍伐之后未经加工的原材。通过船或将木材做成木筏运来。也有通过改造的舢板船将木材运来的情况。例如,湖南湘潭的材木就是采用搭载萍乡煤矿的运煤船的运输方式。其方法是:事先将舢板船造成尽可能不改变木材原形的、便于拆卸的、只要不漏水即可的箱体形式,在其箱内装入煤炭。这样的"舢板船"到汉口后,先将煤卸掉,再将"舢板船"解体,将板材卖给木材商。然后,运送人员乘轮船回湖南。

湖南·贵州林产的前途 中国林政荒废由来已久,产出木材的地方,大致都是交通不便之地,换言之,是否出产木材与生长木材的土地无关,而是与交通状况相关联。虽然不能断言,交通不便之地都盛产木材,但可以说,交通便利的地方不管其土质状况如何,都不可能有林业。如前所述,湖南、贵州的林产支撑起大部分需要量很大的汉口木材市场,此外,每年还有价值100万两左右的木材量运到芜湖、南京等地;湖南、贵州的林产之所以能持续供应木材,并不完全是其土地适合生产木材,而是由于地势僻远、运输不便,在某种程度上抑制了滥伐之故。可以预料,将来,随着铁路开发、航运进步,湖南、贵州两省的林木将不复存在,将到处都是赭山,如同今日湖北、河南之丘陵地带一样。

如果湖南、贵州两省木材供应不足,必有外地进行补充,可能有福建、鸭绿之木材进入汉口市场,然终究不敌中国以外的木材产品。近年来,在汉口市场,特别是俄勒冈州的松树有增加的趋势就是事实,此外,台湾[①]有大森林,林产也丰富,且台湾到汉口能比俄勒冈州近几千哩的航程,此商业价值应引起我国业内人士的注意。

---

① 1895年4月17日清朝政府和日本政府签署《马关条约》据此将台湾割让日本,此后,日本把台湾作为自己的国土进行经营。(译者注)

第三款　汉口木材市场的价格

◎汉口木材市场价格明细

材木种类	规格	尺寸	价格
杉材	三分板(每张)	长1丈宽1尺	2串500文
同上	四分板(同上)	尺寸同上	3串100文
同上	八分板(同上)	尺寸同上	5串100文
松材	四分板(同上)	尺寸同上	3串文
同上	六分板(同上)	尺寸同上	4串文
同上	1寸板(同上)	每长1丈宽1尺	680文
杉材	小圆木(每根)	长12尺·径2寸5分	150文
同上	中圆木(每根)	长13尺·径3寸	200文
同上	中圆木(每根)	长20尺·径4寸5分	400文
同上	大圆木(每根)	长25尺·径6寸	800文
同上	大圆木(每根)	长35尺·径7～8寸	1串～5串
松材	圆木(每根)	长20尺·径4寸	700文～1串200文
洋松	洋家具材料(每吋)	1尺四方厚	6分3厘[1]
马里木[2]	洋家具材料(每吋)	1尺四方厚	6分5厘
松材	北海道松	1尺四方厚	5分5厘

第四款　土地的买卖及赁、贷、借价格

土地买卖价格　汉口中国街[3]的土地买卖价格及土地使用费根据地段不同而有所不同。其大致分为汉口中心区的主街道的正街、沿江岸的河街、后方的夹街、后堤附近这样几种地段。

在河街地段其价格1方[4]最少在300两～500两，其具体价格要根据地段的具体情况而定。地价每年的租金根据地价的买卖价格的40/1,000～50/1,000来确定。正街，例如从花楼街到黄陂街一带的繁华地段，一般租地的人少、买地的人多。在临街最好的位置每方要400两～500两。然而，稍许偏离正街，进入背街，就要便宜很多，每方只要200两～300两，租地的价格与河街相同。夹街的地段最高每方200两～300两。从后堤到玉带门一带，便宜的地段每方40～50两，价高的地段每方100两左右。

房屋的买卖价格　房屋的买卖价格，在河街地段，像仓库一样的建筑每方

---

① 6分3厘：1仙＝墨银1＄的1/100。（此部分为著者原注）“1仙”在此译为“1分”，“厘”不变。（译者注）

② 马里：日语发音为“mari”，一种外国木材。（译者注）

③ 中国街：相对于外国租界地而言的中国人居住的地方，这是日本人的提法。（译者注）

④ 1方：晚清的土地尺寸，1丈见方，相当于日本的3坪8合。

500 两～800 两这样一个程度。小一点的房子，花 300 两～500 两就可买到一栋，正街的房屋价格与此大致相当。在夹街小一点的房子，花 100 两～200 两就可买到手。每年的房租的价格大致是房屋买卖价格的七八分、或一成一二分的样子。

汉口的地价特别是租界地附近的地价，较之二三年前成倍增长。例如：在日本租界地附近，几年前，每方只要 30 两～40 两银的地段，现今已喊出百两高价。由汉水沿岸、玉带门外硚口到罗家墩一带，估计要成为工厂勃兴、铁路铺设之地，由此地价猛增。玉带门外附近，在四五年前，每方只要 19 两价格的地方，现今已增到 40 两。不过，距玉带门外大约 1 里[①]左右的地方，其价格每方尚在 6～7 两的程度。

外国租界地的地段越接近中国街道或越接近江岸，其地价就越高。英国租界地在江岸地段，每方 500 两。德国租界和与德国租界相隔的俄、法租界的江岸地带每方 90～120 两。租界内的建筑物，在近几年来，材料与价格激增，现今砖瓦结构的二层楼建筑每方的建筑费，上等的 400 两、普通的 200 两左右。房租价格，当然也随此而上扬。在日益发展的汉口租界地，房屋租赁业也是一个很好的投资方向。

第五款　奴婢及劳动者的薪金

本款所述之事，本不应写在“住”的这部分里，因与衣、食、住有连带关系，为此记录在此。汉口本地的劳动者的薪金非常低廉，木工、瓦工、石匠等一日的劳动薪金在 200 文～300 文[②]，一般的劳动者均在 300 文以内。汉口中国人所使用奴婢的薪金，男工每个月 2 圆[③]，由主人供给饭食，如果是 4 圆则饭食自理。女工每个月 1 圆，由主人供给饭食。如果是十二三岁的女孩儿，每月仅付 800 文即可。如果奴婢被外国人雇佣，则价格要高出很多。雇主如果是西洋人，一般日工资 6 圆～8 圆；如果是日本人，其日工资为 4 圆～6 圆。当然，其饭食由奴婢自理。下面将与衣、食、住相关的日用品价格罗列如下：

◎与衣、食、住相关的日用品价格

物品	数量	价格	物品	数量	价格
柜子	1 个	8～9 圆	椅子	1 把	2～3 圆
桌子(四方或圆形)	1 张	4～5 圆	凳子	1 条	1～2 圆
书箱	1 口	5～6 圆	衣箱	1 口	4～5 圆
茶桌	1 张	3～4 圆	签牙桌(长方形)	1 张	5～6 圆
灯	1 座	2～3 圆	茶壶(铜锡铁瓷等)	1 把	1～2 圆

① 这里的 1 里是日本里，1 里＝3.927km。(译者注)

② 相当于日本的 20 钱～30 钱。

③ 这里是指 2 日圆，大约相当于当时的 2 串文，即 2000 文。

酒壶(铜锡铁瓷等)	1把	1～2圆	茶杯	1个	10～20钱
茶盘	1个	30～40钱	菜碟	1个	20～30钱
筷子(乌木类)	1双	10～20钱	火炉(铜质)	1架	1～2圆
小刀子	1把	50～60钱	水壶	1把	40～50钱
水缸	1个	70～80钱	碗柜(有四脚)	1个	2～3圆
纸	1张	2～3厘[①]	笔	1支	10～20钱
墨	1锭	20～30钱	砚台	1方	30～40钱
床	1架	7～8圆	褥子	1床	3～4圆
被面(附着棉被表面)	1床	5～6圆	被絮	1床	2～3圆
蚊帐	1床	7～8圆	毛毯(毛纺物)	1床	4～5圆
袍子	1件	80～90圆	福褂	1件	5～6圆
领褂	1件	3～4圆	套裤	1件	3～4圆
袜套	1双	4～5角	帽子	1顶	1～2圆
眼镜	1副	5～6圆	木梳(梳理胡子)	1把	40～50钱
头梳	1把	—[②]	带子	1条	1～2圆
镜子	1面	3～4圆	屏	1架	3～4圆
钱包	1个	50～60钱	烟袋	1支	2～3圆
帽盒(装帽用)	1个	1～2圆	衣架	1挂	1～2圆
洗脸盆	1个	1～2圆	手巾	1面	10～20钱
帽筒(放帽用)	1个	2～3圆	马桶	1个	1～2圆
衣箱(皮制)	1只	2～3圆	轿子	1顶	4～5圆

① 日本钱的单位，1厘=1/10钱。(译者注)

② 原文没有注明。(译者注)

第三章

气候和卫生

第一节

气候

第一款　概说

与种子岛大致相当　汉口的地理位置位于北纬33度15分，虽然与我国的种子岛的纬度大致相当，但是由于距海岸有600哩之遥，气候变化之激烈不可避免。汉口周边没有高山峻峰，冬季严寒虽不峻烈，但夏季却酷暑难耐。夏季经常保持在摄氏30度乃至37、38度这样的高温天气。另一特点是昼夜间的温差很小，到了晚上还几乎等同于白日的气候，基本没有凉爽的夏日傍晚的感觉。夏日实在是酷热难过。汉口的春季虽有烟霞叆叇的好天气，但常常多雨。汉口的秋季比较长，金风飒飒是一年之中难得的好季节。

第二款　空气的温度[①]

第一项　平均温度

日本气象观测所　根据日本气象观测所对1905年的跟踪报告：汉口此年的年间平均温度为摄氏15.82度，2月份平均温度为2.80度，是一年之中最寒冷月份；最炎热的月份在7月，平均28.55度；由此推算出一年间的寒暑差为25.75度。秋季比春季要温暖，晴朗的天气多，降雨也比较少。以上仅以一年间的气象观测而得出的数据，还不能说是准确的平均温度。如果要得出准确的平均温度的数据，至少需要二三十年的时间。1904年，我日本国在汉口设立中央气象观测所，在此，所得出的天气数据只根据一年间的气候而得，不可能没有遗憾之处。

---

① 温度的测定是根据摄氏温度测量仪而确定。

第二项　最高及最低温度

在1905年中,温度最低的月份在2月份(这个月份的最高温度为8.9度);温度最高的月份在7月份(其最高温度为36.6度)。依据此,7月份是汉口最高温度的月份,这一年的7月份,最高平均温度为32.19度。这一年,最低温度是1月27日,其温度在冰点以下6.9度,而最低平均温度以2月份为最低。

第三项　一年中的温度变化

年内的温度变化情况如前所述,其平均温度以2月份为最低,而后,每月大约以6～7度的比率,温度逐渐上升;到6月份后,增温变缓,仅以1.5度的比率增温。到7月份达到最高温度,由7月向8月移动时,以1.5度的比率降温。到9月份以后,温度下降速度加快,大约以4～5度的比率下降,一直减到12月,再以6度的比率骤减,由1月到2月气温达到最低点。总之,温度上升活跃的月份是6、7、8三个月;此后气候仅以1～2度的降温温差向后推移。为此,炎热季节大致可长达3个月。从全年来看,温度减温的比率虽然没有增温的比率那样过激,但当到12月以后,气温会急剧下降。

第四项　昼夜的寒暖之差

汉口地方一天之内的较差[①],也就是昼夜的寒暖之差,并不是很大。变化最激的5、6、11月这三个月,平均气温之差,在8度左右。变化差最小的12、2、3月这三个月,平均气温之差,只有4度左右。当然,观察汉口之气候不能仅根据平均气温,仅就其一天之内的较差来看,也有激烈的时候,例如:1905年4月17日这一天,昼夜温度相差就达14度。当然,这可以作为特例来对待。

第五项　寒候

气温最早降至冰点以下这一天是1905年12月20日,一直到1906年3月6日结束。在此77天内,时而其温度降至冰点以下。其连续在冰点以下,持续寒冷的时间是这一年的12月20日至24日,长达5天时间。依此数据,汉口的寒候的时间段从12月下旬至次年的3月上旬为止。

第六项　暑候

气温上升最早达到30度这一天是1905年5月16日,最终结束在9月25日。在此130天内,持续30度高温,最长的时间是1905年6月11日到28日,长

① “较差”亦称气温日振幅。是一天中气温最高值与最低值之差。(译者注)

达18天。总之，汉口地方的暑候从5月中旬到9月下旬。

第三款 湿度以及降水量

第一项 湿度和降水量

有关汉口的湿度问题，未得详细之数据，大致以平均80%前后为平均数进行观察，可以兼顾干湿之情况。一般来说，夏冬两季干燥、春秋两季湿润。1905年，降水量较少，其总量仅有1083.77毫米，在此年内，降水量最多是5月份，186.12毫米，最少的月份是11月，31.75毫米。

第二项 降水天数和雨期

在1905年这一年中，降水量在0.1毫米以上的天数138天，从其具体的降水的月份来看，3月19日最多，2月7日最少。到1906年2月，已有18天降水，与前年的3月大致相同，但具体到哪月哪天降水量最多，还未得具体之数据。以上之数据仅根据一年半的观测所得，仅根据所观测到的降水量，来确定进入雨季的月份，未必可靠。为此，走访本土的故老，再结合已有的数据，大致推测：3、4、5、6这四个月为降水量最多的时期。但还不能将此推定为"霖雨"或"梅雨"季节，只是说这几个月的降水量较之其他月份多一些而已。

第三项 降雪

1905年至1906年之间，降雪的天数如下：12月里有5天、1月有3天、2月有8天，共计有16天。初雪起于12月22日夜半，终雪在2月26日，其间共有68天。1904年起至1905年期间，初雪12月12日，终雪2月11日；其间的天数为63天。以此推算，12月上旬起至2月下旬止，这三个月为降雪期。一般地上积雪不太深，1905年以来，积雪深度未达1尺。在气温寒冷时降雪，一般在3～4天内，积雪消融。

第四项 降霜

根据武昌农务学堂调查：1905年，11月初旬见霜，至12月以后，其次数逐渐增多，大约7次。到1906年1月，其降霜次数达12次。进入2月，减少到4次；进入3月大约降霜2次，一直到降霜终止。假设往年的降霜情况与此没有太大差别的话，那么，可以这样认为：每年的11月到翌年3月为降霜期。

第五项 雷电与地震

雷电大致发生在每年的3月至8月这6个月的期间内。到1906年2月，已有 2 次雷鸣。基本不存在地震，只是在 1906 年 9 月，有一次微震。我国在汉口的气象观测所认为：研究汉口地震很有价值，有必要加强对汉口地震的监测，为此，在不久前增加了监测地震的仪器。

第四款　雨量及风量

第一项　阴晴的天数

就汉口地方整体而言，阴天较多。1905 年阴天的天数多达 250 天。如果将此分散在各月来看，从 12 月到 4、5 月份的 5～6 个月期间，几乎每月的阴天都在 20 天以上。严重时，甚至整月都是阴天。然而，在 8、9、10、11 这四个月，相对来说，阴天较少，晴朗的天气多在夏秋。汉口地方阴天多、晴天少，其全年的分配比例是，阴天：1/3、晴天：0.5/3、晴朗：0.5/3。

第二项　风力及风向

从 1905 年以来所观测到的风力来看，汉口地方风力微弱。即使说是无风之地区也不过言。一年之中风力之强弱，无太大的差别。这其中 7、8、9 月风力最弱，就风向而言，一年四季大约都是东风、东北风或者北风，西南风最少。另外，从其风位的变化来看，在 6、7 月多东南风，从 8 月开始转东北风，一直到翌年 5 月都没有太大的变化。

第三项　暴风次数

仅从 1905 年来看，刮 1 秒 10 米以上的风，仅有 7 次。其中最强的风力也只是在 1 秒 20 米左右的程度。在此地没有发生过像日本那样拔起树木、吹倒房屋那样的飓风。

第四项　黄沙

所谓的黄沙主要是春夏之际，由北方吹来的沙土粒。当黄沙袭来时，漫天黄灰色，长则持续一二天，这期间，草木的枝叶都沾满细细的沙粒，甚至这些细沙粒还可吹入密闭的房屋里，很难有对此防御的办法。总体来说这些黄沙来自遥远的戈壁沙漠地带，近处则来自汉口附近的干燥的沙尘，这些沙尘重量轻、数量大，随风而扬；当升入上层气流后，随气流流动，流向远方。这些沙尘在流动中遇有湿气的云层，湿气与沙尘相混合，加重其重量，落到下层的气流中，由此产生此现象。

第五款　汉口气象统计表

1905年1月下旬，我日本国在汉口建立气象观测所，下面是观测所的技术人员所观测到的数据。

◎1905年汉口气象明细表

	1月	2月	3月	4月	5月	6月	7月	8月	9月	10月	11月	12月
雨量(毫米)	72.80	43.80	133.78	98.53	186.12	72.03	96.36	111.16	93.12	62.30	31.75	81.93
平均湿度	5.56	2.80	7.51	13.73	19.90	27.29	28.55	26.87	22.44	17.29	12.01	15.98
均最高温①	—	5.22	9.96	17.41	24.08	31.45	32.19	30.21	25.81	21.02	16.46	8.20
均最低温②	—	0.50	5.37	10.59	16.56	24.01	25.97	24.35	20.02	24.36	8.32	3.91
最高温度	14.4	8.9	18.3	26.5	31.1	35.6	26.6	35.2	33	27.5	23.9	17.1
同上白天	4	17	29	18	31	26	25	—	—	10	12	2
最低温度	—	—	1.5	2.1	9.5	20.7	21.2	19.4	13.3	8.6	4.2	—
平均风速	—	1.01	1.99	1.87	2.40	1.55	2.28	1.53	1.80	1.73	1.59	1.87
风向最多	—	NNE	NNE	NNE	NNE	SE	SSE	NNE	NNE	NNE	NNE	NE
暴风天数	—	—	1	1	—	3	1	—	—	1	—	—
地震回数	—	—	—	—	—	—	—	1	—	—	—	—
降水天数	11	7	19	16	13	6	9	11	11	13	9	13
晴朗天数	—	—	3	3	5	4	5	6	5	5	12	—
阴天天数	—	28	27	24	22	19	20	18	19	19	11	25
雷电天数	—	—	2	7	4	5	3	5	—	—	—	—

第二节
卫生

第一款　汉口的气候与卫生

在我国一直有这样的评价，汉口这个地方不利于身体健康。然而，根据在汉口的我国医生的实验调查来看，并非如此。汉口之所以给人以不利于健康的印象，主要是由于此地的居民的生活设施还不太完备，加之，如前所述的气候增减剧烈所致。在5、6、7及12这几个月，由于我邦人未能适应汉口之气候，易罹患疾病。可以设想，随着本地住民的生活不断改善，在气候变化激烈的季节注意调节，将大大减少患病几率。总体而言，汉口之地除夏季酷热之外，并无危害身体健康之因素，大体可以称之为利于身体健康之地。

① 均最高温：平均最高温度。
② 均最低温：平均最低温度。

第二款 疾病

第一项 风土病(汉口地方的本土病)

所谓的风土病也就是中国人所说的“风病”,即长江沿岸居民所容易得的一种皮肤病。这种病一年四季都容易得,此病多发于上肢、胸部、颜面等处。其症状是,皮下组织浮肿、患部呈紫红色(也有少数情况,不出现紫红色)。此病感觉痛痒,患部时常转移。该病的症候大致如此,基本就是止于上述情况。虽然对身体内脏没有什么侵害,但多少有些阻碍肠胃运动。此病多发于青年男女,小孩儿患此病很少。由于此病不危及生命,为此,很多人放弃治疗,任其发展。此外,还有一种既不是伤寒也不是疟疾的变种热病,这种病主要流行在初夏季节,性质不甚激烈。

第二项 传染病

作为传染病,主要有霍乱、白喉、伤寒等,在 1902 年的夏季流行,很多人患此病而死亡。赤痢疾也就是“阿米巴痢疾”,即在中国流行的轻症痢疾。虽是轻症痢疾,但感染后,往往成为慢性痢疾,并持续很长时间。伤寒虽然四季不断,但尤以秋季为甚。汉口之地的伤寒病较之日本内地的病状,要平缓一些,为此,病状延续时间也要短一些。大约其发热期间为三周左右,很少超过四周。在中国人之间,在冬季往往易患白喉疾病。

在 1906 年的春夏之时,在中国人之间流行过痘疮,日本人也有感染此病者。肺结核在日本人中感染者甚少,其原因是日本人都居住在外国租界内,外界的空气清洁且干燥。与此相对,在中国人中间,之所以多患肺结核,主要是由于其居住不洁,空气流通不畅之故。另外,肺结核的患者,毫无顾忌地将痰咳到地面,由此造成传染。在患病的人群中,男女相比较,女性患此病的人数为多。对在汉口的因传染病去世的日本人进行统计,其结果是主要因罹患伤寒而死。

第三项 罹患最多的疾病

在汉口之地,患病最多的是花柳病。由于医术未有进步、民众缺乏卫生意识,在中国人中间,花柳病成为较之其他疾病更为普遍的一种疾病。特别在汉口人口稠密、商业密集、劳动力集中之处,梅毒病患者更为显著。在日本人中间,也有很多患此病者,都是由于中国女子传染所致。

第四项 日本人最容易患的疾病

初来汉口的日本人,最易患的疾病是肠胃病。主要是由于突然食用多油、多脂肪的食物，另外由于饮用水的缘故，汉口的饮用水一般都用大量的明矾来澄清水质，这点日本人很不适应。这其中患大肠炎的患者最多，此病容易转成慢性，即使痊愈也易再发。转成慢性肠炎以后，排泄糊状便或血样便，继而成为阿米巴痢疾。此病在中国人之间、西洋人之间都存在，但尤以日本人为甚。

第五项　门诊患者记录[①]

以下所列出的表格是汉口同仁医院在1905年8月～1906年7月一年间的门诊记录表。

◎汉口同仁医院在1905年8月～1906年7月一年间的门诊记录表

	8月	9月	10月	11月	12月	1月	2月	3月	4月	5月	6月	7月	计
肠伤寒等	3/1	3/0	—	2/1	2/0	2/1	2/0	3/0	1/1	1/0	4/2	7/2	30/9
痢疾	4/1	5/1	1/1	—	—	0/1	1/1	—	1/0	0/1	—	1/0	13/6
痘疮麻疹	—	—	—	—	—	0/2	—	—	1/0		—	1/1	2/4
麻剌利亚	2/1	5/1	2/0	—	—	1/0	—	—	—	—	—	2/1	12/3
脚气	2/1	1/0	—	—	—	1/0	—	1/0	—	1/0	4/0	3/0	13/1
关节诸病	1/0	—	—	—	1/2	—	0/1	4/1	1/1	2/0	1/2	0/2	10/9
心脏病	—	1/1	—	—	—	—	—	0/1	1/0	2/0	—	—	4/2
气管炎	3/3	1/2	0/3	2/2	3/2	1/5	2/1	4/2	5/0	3/3	5/4	3/1	32/28
哮喘	—	1/0	1/1	1/0	0/1	1/0	3/1	1/0	1/0	0/1	—	—	9/4
肺炎	0/1	0/2	—	—	—	—	—	—	1/1	—	0/1	0/1	1/6
肺结核	0/1	0/2	2/1	0/2	0/2	1/1	0/1	0/2	1/0	0/3	2/0	0/1	6/16
肋膜炎	—	—	—	—	1/1	1/1	—	1/0	—	1/0	—	1/0	5/2
呼吸疾病	—	—	—	1/0	0/1	1/0	0/1	—	—	1/0	—	0/1	3/3
咽喉炎等	2/3	16/0	8/1	8/1	3/0	15/1	27/0	32/1	14/0	9/3	8/1	8/1	159/12
胃病	3/0	10/2	4/3	9/0	4/3	4/1	7/4	6/5	6/1	5/4	4/1	7/1	69/25
肠炎	43/5	27/7	11/3	8/1	4/1	6/1	11/0	11/6	6/2	6/0	15/2	28/7	176/35
胃肠炎	3/0	—	2/0	—	1/0	—	—	3/0	3/0	4/0	7/0	6/1	29/1
肠胃病	3/1	3/1	2/0	—	3/1	2/1	1/2	6/1	3/0	1/1	2/0	0/3	26/11
肝脏病	—	—	—	—	—	—	—	2/0	0/1	—	—	—	2/1
淋病等	4/2	4/0	0/1	5/0	2/5	1/5	2/2	3/0	2/1	2/1	2/0	3/1	30/18
下疳等	0/7	—	1/1	1/1	2/2	1/1	0/1	2/0	3/3	1/3	1/1	2/3	14/23
梅毒	5/3	—	0/1	1/0	1/1	—	0/3	0/1	1/1	0/2	0/2	1/2	9/16
睾丸炎	1/0	—	2/1	1/1	—	—	1/0	3/0	—	2/0	—	1/1	11/3
子宫病	0/1	1/2	0/2	1/0	0/1	1/0	1/0	1/3	0/2	2/0	—	0/1	7/17
分娩	1/0	—	2/0	—	—	1/0	—	2/0	5/0	2/0	—	0/1	13/1
肾脏病	—	—	1/0	—	1/0	—	—	—	0/1	—	—	0/1	2/2
脑脊髓病	4/2	—	—	—	0/1	2/0	—	—	—	1/0	—	1/1	8/4
神经衰弱	3/0	3/0	—	1/0	0/1	—	—	1/0	2/0	2/0	—	—	12/1
歇斯底里	3/5	2/3	2/3	1/1	0/1	1/3	1/1	3/0	1/1	—	1/0	1/1	15/20

① 表中所记录的"3/1"为人数，"3/1"的3为日本人，"3/1"的1为中国人，其他与此同。统计数字相加时，稍许有误，使用本表时请核对。（译者注）

神经痛	1/2	0/1	—	—	1/0	1/1	2/0	4/0	1/0	0/1	3/1	1/1	14/7
外伤	4/2	6/1	2/6	3/4	2/1	3/1	4/0	5/0	7/2	8/2	4/2	4/4	52/25
外科疾患	7/13	8/3	8/3	5/6	4/2	3/7	3/2	8/3	3/3	4/4	1/2	1/5	50/58
皮肤病	6/8	4/3	2/0	1/2	2/0	1/2	0/3	7/1	5/2	2/4	0/4	6/5	36/34
眼病	4/2	3/3	5/1	2/2	1/1	3/3	2/3	7/3	5/3	4/2	2/2	4/0	42/24
耳病	1/1	3/0	1/0	2/1	2/2	1/1	3/2	3/0	3/0	3/0	2/0	0/3	12/12
牙病	8/0	5/0	5/0	5/1	1/0	3/1	0/1	2/1	2/0	1/0	1/0	0/1	33/5
风土病	2/1	1/0	1/0	—	0/1	—	—	1/0	1/0	—	—	0/1	6/3
鸦片中毒	—	—	0/1	0/1	—	—	0/2	0/1	0/1	—	—	—	0/6
不明症	5/3	4/6	1/1	2/0	2/0	10/0	7/0	7/3	8/6	3/4	10/8	12/8	71/39
总计	139①	113	65	61	51	65	79	126	86	79	79	98	1040
	69②	43	73	30	32	42	33	43	33	45	38	53	498

第三款　城市的卫生设施

第一项　供水

在汉口这一地方有日本人从事钻井业，但是效果不佳。所打出的井不是不出水就是出水量很少，有使用价值的水井并不多。为此，汉口本地住民自不必说，居住在汉口的外国人，都不得不用长江的浊水，但，并不是直接饮用长江之水。汉口的本地人，一般采用的方法是：把长江的浊水装入大约口径 2 呎、底 1 呎 3 吋、深 1 呎 5 吋的水桶（水缸）里，然后，把明矾放入搅拌工具，这个搅拌工具就是口径二三吋、长二尺四五吋的，在下面大约穿有两排十几个小孔的一根竹筒，把这个竹筒插入水桶五分钟后，开始搅拌，这时，水中的有机物在明矾的作用下，向桶底沉淀，大约再经过十几分钟，桶里的浊水就变成半透明的清水，中国人就是用这样的水作为饮用水，或作为洗涤器物用水。这样的水虽然洁净一些，但作为可以饮用的清水还相差得很远，还有一些不洁物或有害物质潴留其中。外国人在此基础上，使用一种精巧的"水滤器"（外国产）的装置过滤之后再使用。

在中国人中，能使用上述的过滤装置，大多为中产以上阶层；在下层社会，大多是在水桶里投入明矾，然后，用竹片或木片搅动，沉淀后使用。还有更下层的人，没有明矾投入，只是将水中的土砂自然沉淀后使用。近来，汉口将成立水电公司，向市民供给水及电，这样就可将浊水变为清水，汉口的中国居民饮用清水为期可能不会很远。不过长期以来，汉口居民缺乏卫生观念，即使，在饮用上使用了清水，在洗涤方面能否习惯使用清水还存有疑问。

---

① 此行为日本人患者的总计。

② 此行为中国人患者的总计。

第二项　污水处理

汉口的污水处理方式，大多采用暗渠式的下水沟。其构造是：深五呎左右，用砖瓦垒起后涂泥灰，然后用花岗石的石盖覆盖其上，其污水全部排入长江。由于下水沟不加修缮，流通之处多有破坏、壅塞，甚至已经不能作为排水沟渠之用。特别是进入夏季，潴留的污水、污物臭气冲鼻，实在不堪忍受。在汉口新建的街道两侧，都筑有下水沟，然，如果仍是此现状，则不出数年必然成为污水随意排泄之处。

粪便处理最不完备，便所屎尿充斥，其臭气远散屋外。汉口还有些地方没有便所设施，长江成为唯一的废物丢弃场，汉口居民将一切废物均抛入江中。

第三项　道路

不光是汉口，汉阳、武昌亦是如此，基本没有主干道与背道之区别。街道狭窄，马车通行极为困难，大概只有两辆人力车勉强并行之间距。在汉口中国街，除自用的人力车外，其他交通工具似乎都不能用。道路两侧的商铺的招牌在道路的上空相连接，甚至形成类似天桥的奇观。街面道路多以花岗岩的石板铺就，由于不加修缮，缺损、磨蚀、凹凸之状随处可见，在其低洼处或道路边隅，藏垢纳污、腐败物质堆积，不光储存了大量的病菌，也成为外来细菌的绝好培养地。

第四项　房屋

汉口街市的房屋，出于节省地面面积，房屋与房屋之间栉比鳞次都挨得很紧，房屋高、街道窄，并且在高房后多建狭长的筒屋，为此，采光差、通风不足、充满阴气，到了夏季暑热难当，成为多发疾病之根源。

第四款　医业

第一项　医生及医术

医生等同商人　不光在汉口，在整个中国都将医生与商人同等看待，由此可窥见医业之状况。并且，没有医师、医术开业考试制度；大多数医生仅凭研习一篇《伤寒论》，就开始开处方。全无讲究学理、根据寒暑进行判断，调整水火、血气之不足的方法。初开业的医生，一般通过招待友人、举行开业宴、挂牌或在报纸上登广告告知众人。医生专以诊病为业，调制药剂属于药铺的行业。在自宅诊病，其诊病费大概每次 300 文，或 400～500 文不等。去病家治病，病家一般要支付 400～500 文或 700～800 文的诊病费，这其中大多含有医生的车费或轿子的费用。

在三年前，日本已在汉口开设了同仁医院，近来又增设了牙科。此外，在汉口还有三四家外国医生的诊所和教会所办的医院。现今这些医院还未呈现踊跃求诊之状。在整个武汉，中国医生总共只有一百二三十人。

第二项　药铺

对于药铺来说，有三种情况：

1. 外国人办的药铺、秘制的特药的药铺、根据医生药方抓药的药铺。中国人虽然较少到外国医生处就医，但对外国药品的需求每年都有增加的倾向。日本的杂货商兼卖药品取得了很好的效益；另外，日本的医药商在汉口开业以来，也取得了很好的销售业绩。如此看来，中国人已认识到了外国药品的效能。以秘药为业者，一般规模都不大，其中兼业者多。这些药品一般通过僧人、道士贩卖。在迷信思想很深的中国人中间，购买此类药者也占一定的比例。根据医生药方抓药的药铺在这三种药品的销售方式中，所占的比例最大，这样的药铺一般在销售药品的同时，也在药店坐堂看病。以下是汉口主要的药铺：

2. 中国人所办的药铺：

◎中国人所办的药店名称和所在地点

药店名称	所在地点
1. 郑福兰堂	河街
2. 叶开泰	大码头
3. 朱兰泰	大码头
4. 彭和泰	大码头
5. 老德记	夹街
6. 相君阁	夹街
7. 奇中华	新码头
8. 资生堂	新码头
9. 人和轩	集家嘴
10. 致中和	集家嘴
11. 宝芷林	集家嘴
12. 保保堂	正街
13. 草鹤龄	正街
14. 刘天保	正街
15. 香山堂	正街
16. 归乾泰	正街
17. 乙海春	黄陂街

3. 外国人经营的药铺：

◎外国人所办的药店名称和所在地点

药店名称	所在地点
1.日华药铺(日本人办)	河街
2.若林药铺(日本人办)	河街
3.丸三洋行(日本人办)	河街
4.谷回春堂分店(日本人办)	河街
5.华英药房(英国人办)	新码头
6.屈臣氏药铺(英国人办)	新码头
7.梁记洋行(比利时人办)	法国租界内

第三项　日本的药铺及行商

日本的药品贩卖业在中国取得了长足的进步和发展,此乃可喜可贺之事。在汉口,丸三洋行、日华药铺、若林洋行及谷回春堂分店开业;特别是丸三洋行现今已将27位药品商人派到汉口以外的其他地方销售药品,以谋求日本药品销路之扩张。目前,销售最畅的药品乃是,清凉剂、滋养药、打虫药、感冒剂等药品。但在日本药品商所销售的药品里,也有一些粗制的产品,这无疑会给好不容易打开的在中国销售药品的局面带来顿挫,加之一些日本商人舞刀弄枪、强行推销,成为中国报纸痛骂之话题。鉴于一些恶德商人的行为,汉口帝国领事馆于1906年,制定了药品行商管理规则,其内容如下:

第一条　凡欲在汉口帝国领事馆管辖范围内,进行药品销售之商人,必须要填写"愿书"(申请书)。在愿书上除登记族籍、身份、住所、氏名、年龄等诸项内容外,还要有身份可靠的、在汉口居住的、有担保能力的担保人(一人)签名。此外,还要附录上销售药品的名称。由此获得领事馆颁发的药品销售许可证。药品销售许可证自签发之日起,6个月内有效。如果期满后,行商者还欲销售,在有效期之前,遵照前项要求,提出续签申请。

第二条　如果行商者的族籍、身份、住所、氏名有所异动,须在异动后的5日内,提出变更申请,并将变更的内容记入药品销售许可证的记事栏里备查。

第三条　药品的商品名变更或数量发生增减,均须在变更发生后的5日内,向领事馆提出变更名录进行报告。

第四条　在进行药品买卖时,必须要携带药品销售许可证;此证既不可借给他人,他人也不可借用此证进行药品买卖活动。不许使用过期的许可证行商。

第五条　许可证遗失或水、火、盗等致使证件失去时,可申请补办,但要提出申请,并说明实际情况。

第六条　进行药品买卖的行商人员不可采取任何强迫手段,或借慈善施舍等名义强行推销商品,不可给他人带来困扰。

第七条　进行药品买卖的行商人员如果不携带护照,不可到汉口、武昌、汉阳、九江以外中国之地行商。

第八条　领取销售许可证须交纳手续费1圆(日元),此外,在许可证上改正、记载有关事项或补办许可证须交纳手续费50钱。

第九条　如果违背第一条乃至第四条、第六条及第七条之规定,处以10圆罚金或处以拘留。

以上之规则多少能对行商人员有所约束。如果放任现在的现状,不光会对日本药品产生不信任感,甚至会影响日本药品在中国之销路,可谓其弊害极大。我国在中国的商业行为,可利用广告这一既迅速又准确的宣传利器。在广告宣传方面,我国与其他外国人相比,日本所作的广告更容易接近中国人。不仅限于药品,其他商品亦可用此法宣传。此乃战胜欧美诸国之重要因素。当此之际,我日本商人更应该采取稳妥的行商手段,以谋求稳定的商业之效果。

第四章 汉口的过去、现在及将来

第一节 过去

第一款 武汉的沿革

近世文明之潮流不可阻挡地以政治或军事之需要而流动，在此潮流之下，原来的繁华都市逐渐衰落，而与此相对，在另一方面，某僻壤穷村又因经济发展之需要，改变其原有的山村水郭，成为大都市。汉口、汉阳、武昌这三足鼎立之都城，虽然都有在经济上成为大都市之要素，但武昌和汉阳自隋唐时代起，或作为省垣或作为州府所在地，以经济以外的政治原因而发展起来。汉口虽说有天下四大名镇之名，但其繁荣程度大致相当于江夏县的一个渔村，自然不能与武昌、汉阳相提并论。这种情况犹如门司村相对于下关、神户村相对于兵库，或者横滨村相对于江户一样。

因与外国贸易的机遇促进了汉口开港，由于开港的原因，其繁荣程度远在武昌、汉阳之上。为此，如果论及汉口之地的过去，自然当以从开港前后时间谈起。公元 1860 年以前，应该说汉口没有更多的历史可述。如果要谈开港以前，只能谈武昌及汉阳的历史沿革。

湖广之名　早在夏代，以现今在汉阳铁政局境内的大别山麓为中心的武汉一带，实乃三苗之故地。其三苗人大致与日本的“阿伊努人”[①]相类似，随着都市发展三苗人渐次远离文化中心，由湖南南境进入贵、云两省，其遗裔就是现今之苗族。在周代，中国建立九州，荆州就是其中的一州。周代末期，天下大乱。武汉并入七疆国最大的一国的楚国。秦代，天下统一，此地又成为“郏”的辖地；到

① 阿伊努人：对于阿伊努人，日本在 18 世纪以前的史书记载中是将之归于“异国人物”、“外夷人物”范围的。日本古代一直称阿伊努人为“虾夷”，并根据其地理分布分为东虾夷、西虾夷、渡岛虾夷、渡觉虾夷等。“虾夷”一词带有贬义，直译是“毛人、囚俘、蕃人”的意思。（译者注）

了两汉之际，武汉被编入江夏郡，直到现今在汉口的行政区划里仍有“江夏厅”之名称。三国时，此地接近吴魏之分野，乃是英雄豪杰横槊之地。临近汉口的长江赤壁，留有遗篇；刀光剑影多少度，惊破长江浮鸥之梦。刘备、孙权联手，一举破曹，将荆州三分，江夏遂落入孙权之手。其后，将都城迁到武昌，其地点大概在当今湖广总督张之洞督鄂府邸之地武昌的稍许偏南的地方。此后，鄂之地利之地成为华中腹地之要衢。经两晋南北朝至隋代，设江夏郡；唐代初期，根据其地方建制，将现今的武昌归属于江南西道，称之为鄂州；汉阳、汉口则归属于淮南道，称之为沔湖。到了五代武汉三都均归属于鄂州，而宋代又将鄂(现今的武昌)、汉阳(现今的汉阳)改由荆湖北路辖治。元代十一年[①]，在武昌(鄂州)置荆湖省；元代十九年，又将省改为湖广。武昌由此成为现今湖北、湖南、广东、广西四省之首都。现今仍在督鄂的总督张之洞的官名上加以“湖广”两字。

明代洪武二年，设广东、广西两省；然，湖广之省名依然存在。实际上，武昌统辖范围已缩小，作为湖北、湖南两省的首都而存在。清康熙六年，又将湖广分为湖北、湖南，将长沙作为湖南省之首邑，并在湖南设巡抚；湖广总督统辖两湖，以此建制延续到今。

第二款　开港以后

数千年前，在黄河沿岸，已开人文；并将此人文之地谓之“中原”。河南省就是“中原”之腹地。开封、洛阳乃几朝之故都，其故墟旧迹述说着历代之兴废。致使文人雅士感伤徘徊于此，不忍离去也。

往昔，有相当长一段时间，“中原”交通频繁、工商业发达。自从唐代在长安(现今的陕西省西安府)建都以来，与外洋沿岸各地的交通主要由江苏、浙江进入长江，又由汉口右折转入汉水，经汉水上溯进入陕西。其后，明代在江宁(现今的南京)建都，由此，河南省的经济更加陷入不振，与此相对，长江各主要口岸，在经济发展上得到长足进步。

经济振兴　公元1843年，上海开港；继之南京、镇江、芜湖接踵与外国进行贸易。于1861年，汉口开港，此后九江也成为开港城市。在经济的迅速勃兴的背后，必然有政治及军事上的原因。在武汉一直处于末位的汉口在经济上一跃超过武昌和汉阳，人口也达到80万。进而，由于日清战争[②]之结果，重庆开港；名满天下的四川之富产通过世界上无与伦比的长江航运输送到汉口。令人预想不到的是，义和团事变促进了长沙、岳州开市；使固陋自尊、以锁国引为自豪的湖南

① 原文为“元代十一年”，年号不明。(译者注)

② 1894年7月25日～1895年4月17日，日本侵略中国和朝鲜的战争，史称中日甲午战争。(译者注)

人士接触到自由、文明的新鲜空气。湘、沅两条大河通过火轮与汉口相连，不断有日本的日章旗、英国国旗飘舞在洞庭湖上。

京汉铁路 京汉铁路已于1905年全部开通，此铁路与长江水路相交叉，横断中国大地。这条铁路全长725哩，为颓废沉睡中的河南省带来了生气。由于运输的便捷，增加了地方物产的价格，价格之增加进而又刺激了物产的生产者。在长期以来，作为荒芜之地而放弃的土地上重新种植了豆、棉、麦等农作物。低洼的沼地也得到开垦，成为稻米生产用地。

第二节 汉口的现在

如果不谈过去和将来，仅就现今的汉口而论，似乎要论述的事情不是很多。其实不然，正因为如此，本书才认为有必要把全部重点内容放在现今，或者说本书就是为现今的状况而写。本节考虑到目次的顺序，应该有这样一个连接过去、承接现在的部分，通过这个部分补充一些事项，成为下一节提出结论的前提。

航运状况 从航运来说，当今发展势头良好，以汉口为中心下达上海、上通宜昌，其火轮的航路均已通畅(在其他章节里还要详述)；开通到湖南长沙、湘潭的航路也已有三年，现今诸情况已基本就绪；横断洞庭湖联络沅江之航路与常德开市相并举渐次发展起来。

铁路状况 京汉铁路已开通。由张之洞主持、指挥之下的粤汉铁路(由汉口起经岳州、长沙至广东的910哩的线路)、川汉铁路(由汉口起经沙市、宜昌至四川省重庆、成都的1300哩的线路)这两条大铁路，由日本原口工学博士勘测，现已完成了部分勘查任务，将在不久开始施工。

纵观当前情势，清国上下、官民并举，倡导恢复中国之利权，由此对外国资本及技术采取排斥态度；尽管一些有识者清楚认为排斥外国资本及技术之固陋观念并不可行，然而，要排除众愚之见，也颇费周折，其中必遭受很多蹉跌。但从中国的发展大势来看，这两条铁路或许可以建成也未必可知。

河南湖南农产 虽然河南之农产、湖南之稻米有歉丰之年景，汉口贸易市场也随之有消长增减之状况；但是，从整体来说，每年产量还是在不断增加。为此，地方农民的购买力也会随之增加；与此同时，对外国产品的需求也会相应的增加；由此，带来贸易的发展。随着九南线(九江、南昌间)、京汉铁路支线(开封、河南府间)、襄阳线等线的铺设及汉水航运的奖励举措的实行，邻近诸省的物资集中于汉口将会更加方便。

张之洞之威望 多年来湖北省蒙受“长毛贼之乱”[①],惨祸多发。最近几十年,其他地方依然外患匪乱交叠,世道不稳;然,张之洞氏,以其德望威信,尚能慰抚民心、纠正不逞之徒、防止祸乱,如果能持续讲究厚生之道,重视商工业均衡之路,平顺发展必然有望。江西、河南经常苦于匪乱教案[②],前不久,湖南又成为革命运动之起点。有张之洞这样的重望人物督鄂,加之具有战斗力的新式常备军,在近期内估计不会有大的凶乱,至少眼下湖北境内可维持平静。

两湖熟天下足 时事如以上所述,大致如此。现今汉口作为物资集散地与相邻地方关系密切,以下综述汉口周边物产之状况。湖北省的主要物产有:米、茶、棉花、桐油、芝麻油、豆类、牛皮、烟草、兽皮、麻、生丝、木蜡、铁、药材、小麦等。河南省:棉花、小麦、豆类、粟、米、生丝、漆、葛布、药材、纸、桐油、蜜、绸等。江西省:茶、烟草、麻、豆类、竹席、陶类、纸、小麦、芝麻、西瓜籽、药材、扇、葛布等。这其中茶是湖北、江西、湖南三省的主要物产,湖南主要产米,湖北次之,因此有“两湖熟,天下足”之谚语。江西省北部及河南省的东南部也产米,但其米的产量不是很大;这一带也是棉花的主要产地。豆类的产量河南最多,湖北、江西次之。近年来,随着日本需求量增加,这些物产也有随之增加之倾向。牛皮、麻、漆、油类、烟草、制铁等业有发展前景。江西省作为陶瓷产地景德镇最有名,其陶瓷制品供应中国各地。

第三节 汉口的将来

近年来,汉口商工业的发展真可谓称得上迅速。其贸易总额在1896年,只有6,000万两,而到1905年,已达到1亿2,200万两;较之过去10年,增加一倍还有余。汉口之发达,已有过去的发展事实可鉴,更有将来以长足进步之望。汉口之地必将左右中国腹地之商权,终将获得凌驾于上海之地位,此乃汉口发展之必然。以下从商业的汉口和工业的汉口这两点出发,再加以论述。

第一款 汉口商业的将来

为证明将来汉口商业有望,特分项举证以下原因加以论述。

一、有着广阔区域的商业贸易圈

九省通衢之都 首先让我们打开地图稽查汉口之位置,汉口位于湖北省东

① 作者站在反动立场上将1851年—1864年的由洪秀全等领导的反对封建统治和外国资本主义侵略的太平天国运动叫做“长毛贼之乱”。(译者注)

② 晚清与基督教相关联的事件的总称,这是日本当时的提法。(译者注)

部，北邻河南省。河南省的黄河以南的大片地方的商业均经汉口与外洋保持联系。在西北有甘肃、陕西两省，均通过汉水仰仗汉口供给外洋货物。在西面有天府之国四川，依靠长江将货物运到汉口。在西南面有贵州和云南两省，这两省有无尽宝藏，通过长江或沅江（湖南省境内）流域可与汉口相通。南面有湖南、江西两省通过洞庭湖及长江与汉口相接。汉口自古以来被称为“九省通衢”之地，主要源于此。商圈如此之广阔，在中国的十八个省中，如果舍去汉口，还有何地可以堪当！无论天津还是广东，其商业区域虽大，但还未能与汉口相匹敌。九省之物产汇集于汉口，然后被配布流动；外洋来的货物，亦经汉口之港，进而转输上述各地。汉口商势之所以隆兴，且逐年盛大，并非偶然之事，乃是其地利所使然。

二、商业圈内还有很多未拓展之富源

未拓展之富 四川、云南、贵州之地不光出产丝绸、药材、鸦片、兽皮、白蜡、麻、羊毛等物产，还藏有金、银、铜、铁、煤炭等矿藏。如果进一步讲究勘测、采矿之法，其财富实在是多不可测。从现今情况来看，只能说，由于机运尚未成熟，致使原野尚未得到很好开垦，矿山未被深入踏查。这其中，四川、贵州依稀可见开拓维新之曙光，至于云南仍处于酣睡之状。河南、湖北之富源的状况较之前三省，虽然稍微多被世人所了解，但文明之春风仍然未度这两省之地。当今现状，由于中国热衷于利权回收，由此壅塞了外国资本开发之途；其实，就现今中国之现状，热议利权回收为时尚早，此做法实在堪悲。然而，此乃一段时间之内的小逆流；文明大潮其势滔滔，不可阻挡[①]。以上五省的未展之富源，将会由已铺设和将要铺设的铁路，使未展之富源得到开发。而由此必将波及汉口市场，这绝不是遥远的将来之事。

三、交通至便

水上交通 上海至汉口的长江航路有 600 哩，即使在冬季的枯水季节，也可通行二三千吨、吃水八呎的火轮。至于夏季，可通行吃水二十七八呎的大船乃至巨舰。事实上，几年前，英国支那舰队的旗舰古尔利号[②]（12,400 余吨），轻而易举地溯航到了汉口。另外，汉口至宜昌间的航路有 400 哩，终年吃水 6 呎，可以通过 1,500 吨左右的轮船。如果由宜昌再上溯，可达四川，进川必然要遇到三峡之险；与火轮相比，当然吃水浅的炮舰占有优势，可沿江上下通行无碍；除炮舰外民船也占有航运优势，现今民船来往如织，将惊人数量的四川货物运到汉口，大批的舶来的洋货也是通过民船运进四川。

西北的陕西省及湖北省西北部的郧阳、襄阳等地的货物集散依赖于汉水，汉

① 从此段论述可知晚清官民维护中国利权所作出的努力。（译者注）

② 英国支那舰队的旗舰的日语原文是“グロリー”（gurori），本文是根据发音翻译。（译者注）

水之上可通行大型舟楫。幅宽200米突(米)[①],吃水深度与之相当的大型民船,可以很容易地溯航到郧阳。湖南的航路是自岳州经洞庭湖进入沅江、湘江。在冬季,洞庭湖上只能通过吃水浅的民船,而到了夏季,可通过吃水七八呎以上的大船,能轻而易举地到达位于湘江畔的长沙、湘潭及位于沅江畔的常德。

京汉铁路 京汉铁路的开通,主要密切了汉口与河南地方的联系。历来在商业习惯上,河南北部归属于天津商业圈,自京汉铁路开通后,由于运输便利的因素,自然进入了汉口商业圈。与北京间的交通也便利起来,由此,不光在政治上提高了汉口及武昌的地位,在经济上也密切了汉口与北京的联系。如果粤汉铁路完成,必将缩短汉口与湖南、广东的距离;川汉铁路的开通将会节省、节约货物搭载民船过三峡险滩的劳力与排除过三峡的危险;在此铁路运输的基础上,如果再铺设一条汉口到上海的铁路,那么,就有"东方芝加哥"的实质内容了。此外还要加上一条:此处芝加哥(汉口)有胜彼处(美国芝加哥)之利点,那就是:彼处缺少水利之便,而此处则水网四通八达。

四、汉口周边物产状况

以上篇章已述汉口附近盛产稻米及其他农作物之情况,除此之外,汉口周围还有丰富的煤炭、铁矿等矿产资源。将来,如果改进农作法、开拓未垦之土地,采用洋式采矿法,那么,汉口将会更加丰饶,乃自不待言。

除以上四点原因之外,还有(五)汉口附近人口比较稠密。随之消费力增加。(六)生活水平比较高。(七)过去几年间无兵乱,且在湖广总督治下将来也会没有内患外乱。这是汉口过去和将来大发展的原因。

第二款 汉口工业的将来

汉口商业的前途如前所述:其工业近年来得到长足之进步,将来也必呈隆兴之势,之所以如此断定,主要依据以下诸项要素。

一、原料丰且价格廉

汉口附近生产各种农作物,稍远之地的农作物则通过河川、铁路输至汉口,成为制造工业的原料;由于其原料供应充足、并且价格低廉,无疑会促成工业发达之势。近年来,在汉口市内,牛皮、棉、豆等各种加工厂勃兴起来,就是其事实。

二、劳动力丰富,劳银廉价

如果不谈劳动能力、劳动者素质等其他因素,仅就劳动力而言,汉口所蕴含的劳动力非常丰富,与此相关的是其劳银也非常廉价。这是促进工业发展之前提。例如,在武昌制麻局周边,平均每一男工的一天的劳银大约为20仙(分)如

① 米突:日语原文所使用的长度单位,来自于"meter",其后都用"米"来表示。原文的"幅宽200米",可能数字有误,请读者注意核查。(译者注)

有需要,召之即来的劳动者可以千计。在汉口特别是外国租界内,搬运物品不需要用搬运车,无论货物重量、大小如何,都可雇用苦力搬运,就是例证之一。

三、燃料丰富、价格低廉

在长江盈水期,日本煤炭以每吨 4 $ 的价格,运到汉口,但湖南萍乡的煤炭较之日本煤炭还要便宜,按其市价以每吨 2 $ 的价格就可购进,并且其矿脉极为丰富;可通过萍、醴(萍乡、醴陵间)铁路及水路能很便利地运到汉口。可以想象得到:如果煤炭供应不充足且价高、运输不便的话,不可能有大工业之发展。以此着眼,汉口是非常合格的工业基地。

四、交通运输之便

毋庸赘言,交通不便之地不适合制造工业。如上所述,汉口无交通运输不便之碍。凡大规模制造,必然依赖于至便的交通工具;藉此运进原料,运出产品并运输到需求之地。此外,大冶铁山就在武汉附近,有着丰富的铁矿资源,由此,必将带来汉口机械制造业的发展。当然促进工业发展,还有其他因素,如没有兵乱祸害的平和环境等。

第五章 汉口的工业

第一节 概说

第一款 作为工业地的前景

如问汉口是否具备工业地的要件，答曰：然也。作为货物集散地、交通运输中心的汉口，其地理上的状况类似于“芝加哥”，为此西洋人将汉口称为“东方芝加哥”。这样评论并非没有根据。然而，西洋人所说的“东方芝加哥”大都着眼于视觉可见的地理上的相似，本文将这种漠然的意思暂且放置，准备从实处加以考察汉口具备“芝加哥”的特征。长期以来，汉口仅作为商业地为世人所知；作为工业地的前景，往往被世人所忽略。如果细致考虑、权衡一下，作为物产转发中心的商业基地的汉口无论如何也比不上作为工业基地的汉口的价值大。

在中国作为土产货物的集散地有牛庄，有广东，亦有上海。但这些地方所收集的土产货物并非出自原产地的产品，已是经商人之手，以获利为目的所转送的产品，这些地方实际上是商品的发转地；而汉口与此不同，各种原料品很多都是由生产者集中到一处，从汇集的性质来看，送来的货物虽然经过商人之手，但货物仍是一个物产。为此，汉口的性质是物产的转发地，并不是商品的转发地。作为非商品的货物的价格，只是在纯生产原价的基础上估算其利益，其中并没有包含商人所需的利益及手续费等各项众多杂费。为此，在汉口即使坐等，也可以购得大量的、相当于生产原价价格的物产。之所以能如此，主要是汉口的地理位置所使然。

第二款 重要的原料产品

以下是制造工业所需的主要原料的种类：

品名	单位	预计年产量	产地	每担时价	工业用途
兽脂	担	50,000	川陕河南两湖	9 两	制蜡、制碱
皮油	担	250,000	川陕两湖	12 两	同上
漆油	担	200,000	川陕	13 两半	同上
芝麻	担	250,000	河南两湖	4 两	制油
油菜籽	担	—	河南两湖	2 两 3 匁[1]	制油
黄豆	担	1,500,000	河南两湖	2 两 5 匁	制油
小麦	担	300,000	湖北河南	2 两 6 匁	制粉
绿豆	担	100,000	两湖	—	制粉条
落花生	担	50,000	湖北江西	2 两 6 匁	制碱制油
棉籽	担	—	湖北	1$	制油燃料饲料
棉花	担	300,000	湖北	约 20 两	纺纱
苎麻	担	350,000	川陕两湖	14 两	麻布、麻绳
猪毛	担	15,000	湖北四川河南	120 两	刷业、肥料
鸡蛋	20 个	20,000,000	四川两湖	6～8$	—
鸭毛	担	7,000	四川两湖	20 两	织物
鸡毛(装饰毛)	斤	300	四川两湖	5 两	织物
石膏	担	—	湖北	1 两	陶器涂料、塑像
牛皮	担	200,000	两湖河南山西	24～32 两	皮带、鞋
牛皮屑	担	2,000	湖北、汉口	3～8 两	牛皮胶
铅矿	担	—	湖南贵州	—	—
锑矿	担	—	河南湖北	—	—
山羊皮	张	1,055,000	河南山西陕西	1～3$	—
棉羊皮	张	250,000	河南山西陕西	1～3$	—
各种毛皮	张	200,000	湖南四川陕西	—	毛皮
白蜡(白)	担	20,000	湖南四川贵州	60 两	制蜡药材
白蜡(黄)	担	1,500	湖南四川贵州	60 两	制蜡药材
桐油	担	300,000	湖南四川	7.5～9 两	涂料

上表所示的皮油、兽脂及白蜡产量很大，均可以成为制蜡、制碱业的原料；芝麻、菜籽、豆类、花生、核桃类可以兴起榨油业；小麦、蚕豆、莲藕乃是制淀粉业原料；棉花、苎麻、猪毛，分别是发展纺织、刷业的原料。

并非仅限于在汉口兴办制造业一条路，如果本国的同类原料在比价上有利益，其还可以以原材料的形式输出到汉口(在汉口本土加工生产)。从眼下的汉口的工业形势来看：基本上前述的各种制造业，尚未得到展开。究其原因，主要是前期起业困难、销路不畅，此外还有一个因素，如果以产品的形式销往日本，由

① 匁：日本的货币单位。“匁”是“泉”的简化字，“泉”相当于“钱”的意思。本书没有把“匁”翻译为“钱”，主要考虑：“匁”是日本明治时期的特有的货币单位，以避免与日本明治时期以前的货币单位“钱”和中国的货币单位“钱”相混淆。(译者注)

于日本的海关关税限制，会使产品价格很高；如果出口原材料，中国方面又认为价格过于低廉。对于日本的商工企业人士来说，这一期间，恰好是在汉口兴业的好时机，如果从粗加工做起，其有商机的项目岂止一二件！（然而日本的商工企业人士却裹足不前。）

近来多有耳闻：中国的国内人士及国外人士有兴业之企划，其项目多在榨油业、牛皮胶制造业、玻璃制造、毛巾制造、制粉业等方面。这些都足以证明一些先知者已发现商机，但汉口作为工业地勃兴起来，还不是现今能做到的事情，只能寄望于将来。

第二节 工场

第一款 已设立的工场

现今在武昌、汉口、汉阳三地，由中国内外、公营私营所设立的工场如下：

◎武昌、汉口、汉阳的主要工场

工场名	国籍	工场名	国籍
汉阳铁政局	清国	汉阳毛巾制造所	清国
兵工厂	清国	汉口砖瓦制造所	德国
武昌织布局	清国	福华烟草制造所	清国
武昌纺纱局	清国	英商香烟公司	英国
燮昌火柴制造所	清国	和丰面粉制造所	英国
阜昌砖茶制造所	俄国	恒丰面粉制造所	英国
新泰砖茶制造所	俄国	汉丰面粉制造所	美国
顺丰砖茶制造所	俄国	金龙面粉制造所	丹麦
武昌官丝局	清国	日信豆糟制造所(2所)	日本
亨达利锑(金属)制造所	法国	元丰豆糟制造所	清国
东福锑(金属)制造所	日本	兴盛豆糟制造所	清国
火药制造厂	清国	华昌豆糟制造所	清国
汉口制冰所	美国	和顺蛋厂	澳大利亚
玻璃制造所	清国	美最时蛋厂	德国
汉口器械制造所	德国	礼和蛋厂	德国
日信棉花轧花场	日本	元亨蛋厂	德国
美最时棉花轧花场	德国	永兴蛋厂	法国
瑞记棉花轧花场	德国	瑞兴蛋厂	比利时
丰和棉花轧花场	德国	制麻局	清国
立兴棉花轧花场	法国	—	—

说明：表中的“国籍”项仅根据法定代表人的国籍而记入。现今有很多名不副实之况，法

定代表人为外国人，实际上清国人在经营；之所以采取此形式，主要基于以外国人为法定代表人可免去清国官宪的诸多干涉。本表所列都是规模较大的工厂，由中国人所经营的棉布、制造、煅冶等小规模工场不在此统计之内。

第二款 武昌官设四局

所谓的武昌官设四局是：织布局、纺纱局、官丝局、制麻局这四局。其地点在武昌文昌门外江岸地带，均在 1893 年，由湖广总督张之洞督办下建设起来。中国的官办企业有其通弊，往往冗员过多、冗费铺张过大，为此，其经营一向很难就绪，经营业绩欠佳。张之洞深谙此情，为此，自 1902 年起，广东商人邓某（香港、上海银行买办），与张之洞数次交涉，渐成熟议，终于在同年 8 月 1 日，广东商人邓某与张之洞达成承包 20 年的承包协议，在此期间向政府缴纳承包费。自从武昌的官设工场归属广东应昌公司经营以来，已取得了相当好的效益。

第一项 织布局

织布局与纺纱局比邻，且两者经营的产品相互又有关系。按照一般通理来考虑：纺纱局所纺出的棉纱应供应于织布局使用，而实际上并非如此。织布局与纺纱局分别两立，彼此间并不流通，而是各自舍其近、选其远，另辟销售渠道。为此，织布局内，另置纺纱机，目前投入使用的有 102 台。这其中，纬纱纺纱机 36 台，每台 440 锭；经纱纺纱机 66 台，每台 376 锭。总计有 40,656 锭。此外，正在投入使用、运转着的织布机有 500 台。

产品 目前，每台纺纱机每天可纺棉纱 140 磅～150 磅，每天棉纱生产量为 16,000 磅。织布机的操作工人其生产技术还未充分娴熟，为此，每日每台每人的生产量为 32～35 码[①]左右。所生产的产品主要是经纱为 14 支、纬纱 16 支的粗棉布。其 36 吋宽、40 码长为 1 匹。根据其产品精细程度分为 5 种：

◎**种类及商标、价格**

种类及商标	单位	市场批发价格
顶牌	1 匹	4 两
天牌	1 匹	3 两 8 钱
地牌	1 匹	3 两 7 钱
玄牌	1 匹	3 两 6 钱 7 分
黄牌	1 匹	3 两 6 钱 2 分

销售 其织布局所用的原料主要来自湖北产的棉花。残余的棉纱，还可在汉口市场销售。所生产的粗棉布，由于使用粗纱，给人厚实的感觉；加之幅宽，其

① 长度单位，1 码＝0.9144 米，记号为：yd。（译者注）

产品优于本地出产的土布。原来英美所出产的"云齐织"[1]布料可作为冬季的服装面料，在汉口有很好的销路。织布局的产品进入市场后逐渐打开销路，除汉口本地外，其产品还销售到两湖、四川、云南、贵州、广东、陕西等地。

目前该织布局所雇用的工人有2,000人，其工人工资分上中下三等，上等每天每人200文、中等150文、下等100文。其工作时间三班倒：上午班从早晨6点到12点、下午班午后1点到6点、晚班7点到夜里11点。

第二项　纺纱局

该局的情况与制麻局大体相当，其生产状况逐渐趋于稳定，目前大致能做到收支平衡。该场有146台纺纱机，分别是英国的曼彻斯特和比利时制造的机器。每台有336锭，总计有49,056锭。该局使用动力机械为驱动力，有一台1,500马力的汽罐（蒸汽机），此外，该局还设有负责机械维修的辅助车间。

其生产原料使用湖北产的棉花，因为湖北棉纤维短，为此，目前几乎只能生产14支的一种棉纱。每天生产30大袋～40大袋。每大袋为400磅，每一个大袋里有40个小袋；每个小袋装有14支纱的纱锭，其重量为10磅。眼下，每一大袋的市场批发价格为80两。1905年度，其生产量为13,000袋；1906年，其产量至少要在20,000袋以上。纺纱局的生产情况大致分两个阶段：官营阶段，大部分采用通州棉，用14支、16支纱，以三七成的比例生产。应昌公司接手后，其使用生产原料的方针是：不用外地棉花，专用湖北本地棉。所生产的产品主要供应湖南及长江上游四川等一些地方。

职工人数为1,600人，工资分为三等，每天上等400文、中等300文、下等100文以上。工作时间为两班倒，早晨6点至中午12点、下午1点到6点，目前还没有夜班，据说如果开设夜班，其工资与白班相当。

第三项　官丝局

官丝局在官营四局里规模最小，该局与其他三局一样，后来由应昌公司承包。官丝局每年的承包银为9,000两。由于业务开拓举步维艰，于1903年4月，应昌公司又以年租1万两，将此局转包给宁波人（协成官号的主人）。现在使用的缫丝锅有308台，每台有5锭。另外还有300马力的蒸汽机一台。所生产的产品在12～15旦尼尔[2]之间。每天的生产量为1担左右，市场价格为800两。其原料主要来自湖北省的沔阳地区，只使用黄丝，其产品全部销往上海。

职工有470人，全部是女工。工资分三等，日工资上等180文、中等120文、

---

① 云齐织：斜纹棉布的一种，厚的可用于布袜底；薄的可用于防寒布料。（译者注）

② 旦尼尔：表示绢丝的单位。1旦尼尔为长450米、重0.05g的纤维。（译者注）

下等 90 文。工作时间为两班倒，早班 6:30～11:30，下午班 12 点～6 点。每年 1 月至 5 月，由于缺乏原材料而休业。

第四项　制麻局

本局自 1904 年 11 月，聘请日本技师及日本男女职工后，已有明显效果；预计在 1905 年着力进行工场整备及设备安装等项，准备试运转二三台机器，进行麻纺试验；1906 年，日本技师到位，中国工人达到熟练操作程度，自此年度开始，准备进行规模生产。本局的第二车间，生产麻袋，麻袋在汉口有着广阔的需求前景。下面的数据是本局的第一车间和第二车间的有关设备的配置情况：

	种类	数量	摘要
第一车间	动力机	1 台	150 马力（实马力）
	动力机	3 台	各 80 马力
	唧筒	3 台	
	汽罐（锅炉）	3 台	
	原麻漂白机械	9 台	
	铜制容器	9 个	染色用
	纺麻机械	66 台	
	转盘	5 台	
	木转盘	2 台	
	锯割机械	1 台	
	织麻机	54 台	
	倒线机及其他器械	19 台	
	化工机械	20 台	
第二车间	汽罐（锅炉）	2 台	
	动力机	1 台	
	唧筒	2 台	
	纺麻机械	38 台	
	木转盘	2 台	
	织麻机及其附属器械	42 台	

产品的原料主要采用“苎麻”[1]或以“苎麻”为主的材料，所生产的麻制品主要有：洋服布料、衬衣布料、桌布、床单、餐巾、手巾等项。其每天生产额：纺麻 300 斤（80 号～140 号），麻制布料 500 码左右。第二车间主要生产麻袋，如上所述，麻袋有很好的销路，在汉口估计每天至少需要五六万条。制麻袋的原材料来自于湖北各地，其产品主要在汉口本地及外地销售，本工场的产品现今尚未进入市场，至于在市场的名声和价格等情况目前尚不知晓。

现今本局有职工 453 人，男工 202 人、其余是女工。男工每天的劳银为 7～

---

① 苎麻：日语读音为“ラミー（rami）”，原产于东南亚的纤维作物。（译者注）

15 分、女工 6～13 分。工作时间只有一班，每天上午 7 点至下午 6 点，每月按中国旧历初一和十六休息。

第三款　汉阳铁政局

汉阳铁政局[①]

综观汉口、武昌、汉阳三地，其规模最大的制造工场当属汉阳的铁政局和兵工厂。铁政局于 1892 年 11 月，由湖广总督张之洞创立，其一切机械设备均购自比利时的科库利尔公司[②]，大约在 1894 年八九月间投入生产。创业之初，由于匆忙上马，没有得力的企业管理人才，致使生产特别是在财政上逐渐陷入窘境。这一年，铁政局向德国银行贷款，并聘请德国人托贝[③]作顾问。但由于汉口的中国当局与德国银行有财务纠纷，为此，张之洞在还清德国银行贷款之后，拒聘德国人托贝，改聘比利时技师。铁政局由于资金问题，发展困难、步履维艰。甚至一时间，有“张之洞想将铁政局转让，由于北京政府干预，未能得以施行”之传闻。后来汉口当局引进承办人盛宣怀，在 1896 年，盛氏将铁政局改为股份制的管理模式，吸纳民间资本，这样才将铁政局维持下来。在 1900 年，日本若松制铁所与汉阳铁政局签订了供应日本铣铁的合同，当年向日本出口铣铁(生铁)68,000 吨，贸易额达 82,000 两。

铁政局位置　汉阳铁政局位于大别山的东麓，沿长江由南向北，有一片 2,000 米的开阔地，也就是汉水与龟山所夹的一个狭长地带，汉阳铁政局就建场

---

① 图片为译者加。

② 科库利尔：来自日语“コクリール”(kokuriiru)的译音。(译者注)

③ 托贝：来自日语“トッベ”(tobbe)的译音。(译者注)

于此。由长江进汉江口，再由汉江口上溯 200 米就是铁政局的货运码头，铁政局所需的煤炭及铁矿石等均有货船运来，从铁厂到码头有专用的铁路，顺铁路前行 800 米左右就到了铣铁制造场。

生产状况 此铁厂的设施宏大，其安装的设备、运送的工具、建筑物的配置以及所需的必要之设备均与日本的若松制铁所大致相当。此铁厂除三栋建筑物、二座熔矿炉、二个储水池之外，还有几个煤炭储存场地和矿石储存场地。其建筑物之一为汽罐室（锅炉室），装置有 5 台锅炉，另一建筑物内为机械室，其大型机械都以锅炉为动力，锅炉的动力作用于与机械所连带的熔矿炉等制铁设备。

熔矿炉其高约 30 间[①]，直径 3 间许，以耐火砖制成。通过自动升降器不断将焦炭和铁矿石输送到熔矿炉的圆筒的顶部，定时将两者（焦炭和铁矿石）混合，并按时将其投入到熔矿炉内。铁矿石熔解之后沉淀于底层，其上的浮渣及焦炭渣则通过圆筒下部排泄出来。经此程序所得到的熔矿，再通过圆筒最下部之口，按规定路线流动到位于其前面的“造型地”，在稍许倾斜的“造型地”上，区划有众多型模，每个型模长 3 尺、宽 4 寸左右，熔矿在此固结，之后即可得到长 3 尺、宽 4 寸的立方体的铣铁块。此铁厂每日的生产量为 90 吨，现今只有一台熔矿炉投入使用。

轨条生产 所生产出来的铣铁悉数被转入北面的加工厂，北面的加工厂距铣铁加工厂大约有 2 町[②]左右的距离，到北面加工厂后，可见正面宽 80 米、纵深 300 米左右的一个长方形的加工场地。在此处，制造铁板和铁轨。从其生产状况来看：此加工厂大致可分为两个部分，在前部的一隅安装有 5 台西门·马丁炉，将在铣铁厂所生产的铣铁进行熔解，炼成“钢铁”，进而将此“钢铁”输送到轧轨机，由此轧出轨条。所生产的铁板的厚度在 5mm～1cm 之间，估计是用于造船的材料。

如进其内，可见后部，在此后部安装有 2 台大型的贝塞麦炉，贝塞麦炉与运转机械相关联；由贝塞麦炉炼出钢铁块，进而通过带滚轮的轧机将钢铁块轧成轨条。其轧轨机生产率很高，将白炽状的钢铁块压延成轨条（两根），仅需四五分钟时间，据说，每天总共可生产轨条 300 根。

熔矿燃料 熔炉所需的燃料均来自萍乡，萍乡利用本地所产的煤炼成焦炭，然后运送到铁厂供熔炉使用。锅炉用煤使用日本的“门司炭”，1900 年以来，由日本的三井、三菱会社将日本的煤炭提供给铁厂。汉阳铁厂每月燃料使用量（焦炭使用量）大约 4,000 吨。铁厂用水取自龟山山麓的溪流，以壕贮水、再以唧筒将水输入储水槽，以此供应生产用水。目前正在筹建一座新工厂（钢铁生产厂），如果这座新厂投入使用后，无疑会促进钢铁业发展。

---

① 间：日本的尺寸名称，根据日本《单位の辞典》解释，1 间＝1.818 米。（译者注）

② 町：1 町＝60 间，大约 109 米。（译者注）

第四款　汉阳兵工厂

汉阳兵工厂位于铁政局北面，亦在龟山东麓山下。其工厂为砖瓦结构的两层楼的楼房，分下面四个部分：

1. 步枪弹制造所（内部又分为弹药、弹夹制造所和子弹制造所这两部分）
2. 步枪制造所
3. 大炮制造所
4. 炮弹制造所（内部又分为弹药、弹夹制造所和炮弹制造所这两部分）

步枪　从表面上看，其步枪与日本的 30 式步枪（日本明治三十年研制的步枪）没有太大差别，无论是口径、枪身长度都与日本的产品无异；只是在标尺（瞄准器）上刻有 2,500 米的射程距离，此外作为步枪零件的保险机①和弹夹（插入 5 颗子弹）与日本的产品有异。其子弹形状、子弹的弹药的物质内容都与日本的 30 式没有区别。枪托部分使用轻质的硬木材，每月步枪产量为 3,000 支。

大炮主要为 57mm 的山炮和 53mm 的野炮，据说每月能各生产 6 门。

第五款　燮昌火柴厂

燮昌公司于光绪二十三年（1897 年）八月成立，其资本金为 30 万圆，上海豪商叶澄惠为大股东、宋炜臣是具体的经理人，燮昌公司在汉口日本专管居留地将要扩大的区域内。目前所生产的是硫磺火柴，由于硫磺火柴适合地方民众的需求，加之质量良好、有销售特权，为此，市场稳固、销路通畅。目前我日本的火柴制造业逐步被逐出市场，湖南、河南的火柴业或火柴市场几乎被燮昌公司所独占。

燮昌公司工厂内的生产设施占地大约有 5,000 坪②。分 12 类工场，180 个加工室。其主要的工场如下：

◎燮昌公司的主要加工厂

工作场地	场地数量	主要的工作内容
发货房	1	各种材料的仓库，负责向各加工地输送材料及保管加工后的成品。
炉子房	1	火柴杆的干燥室。
排板房	4	将火柴杆置于加工板上，准备装药的工场。
压板房	1	将加工板上的火柴杆，压正、齐头。
上药房	2	将火柴杆端头上药。
脱板房	1	将加工板上的上药完了的火柴脱去。

① 保险机：保证装弹安全的装置，类似于日本的十连发。

② 坪：日本的面积单位。1 坪＝3.306m²。（译者注）

切断房	1	将两端上药的火柴杆从中间切断。
装盒房	1	将成品的火柴杆装入火柴盒。
成包房	1	裱纸包装。
配药房	1	配比火柴头的火药。
和药房	1	调和配比后的火药。
押药房	1	火药试制等。

以上这12个工种,分散在180个加工间内。每个加工间有12尺宽,纵深16尺的面积。其用工制度如下:

1.工头:每室设2~6个工头,负责示范技能,提高工人劳动程度。工头有各种名目的补贴,每月在8~25元不等。

2.工长:所谓的工长就是工场的工人负责人,担任考察工人能力巧拙之任务,每月津贴大约在40元上下。

3.文长:所谓文长就是工作现场的监督,监督工人的勤惰及现场状况,燮昌公司共有文长30人左右,每月工资30~70元不等。其工作之责任与工人的生产产量相关联。除现场监督外,还负责发放附有标识的筹片[①],工人以此为据兑换现金;有时还担任产品入库时的监督等与产量相关的管理工作。

以上担任管理工作的固定员工大约有450人,非固定所使用的工人平均在1,500~2,000人之间。

产品的种类 在燮昌公司汉口工厂,现今只生产硫磺火柴,在制造过程中,不使用机械,皆用手工加工,其生产流程是:先将火柴杆排列到板上,然后用旋转螺丝将此板夹紧固定,送入装药室,在火柴杆的两端附着硫磺和磷的混合物。然后将排在板上的火柴杆由中部切断后,将切断的成品火柴杆装入火柴盒,每60盒为1包,用包装纸包好,240包为1木箱[②],运输以木箱为单位。糊火柴盒的工作通常作为家庭副业包给工厂外的贫民去做,商标纸张的印刷在工厂内的印刷机上进行。

产品种类主要有两种:硫磺火柴和安全火柴(安全火柴在日本神户日进会社生产),对其产品的种类、品质、每箱价格及每盒的价格揭示如下:

◎火柴的商标及价格等情况

商　标	1箱(100箩)[③]	每盒价	每盒火柴数	火柴杆情况
单狮商标·硫磺小盒	10两	3文	60根左右	松木杆,细软
双狮商标·硫磺中盒	12两5匁	4文	85根左右	中粗松木杆,细软
三猫商标·硫磺中盒	10两6匁	4文	80根左右	类似于象牌
象商标·硫磺中盒	11两	4文	72根左右	火柴杆比双狮牌粗

① 用于计算工作量的竹片。(译者注)

② 1木箱:内装14,400盒火柴。(译者注)

③ 1箩=12打、1打=12盒,即:每箱14,400盒。(译者注)

三鸡商标·硫磺中盒	10 两 6 匁	3 文	79 根左右	类似于象牌
双狮商标·安全大盒	16 两(50 箩)	4 文	110 根左右	白杨木、火柴杆颜色一致

燮昌火柴商标①

火柴杆的火药情况：

- 单狮商标:附药少,点火时,药容易脱落。每盒里平均有三四根无药附着。
- 双狮商标:附药少。
- 三猫商标:附药少,每盒里平均有二三根无药附着。
- 象牌商标、三鸡牌商标:附药少。
- 双狮牌(安全大盒):附药效果好。

产品名声 如上所述,燮昌公司所生产的硫磺火柴有单狮、双狮、象、三猫、三鸡 5 个品牌。火柴盒为小盒、每盒 60 根左右,火柴杆采用松木、椴木。中粗的火柴杆的颜色略黑、表面看上去不太漂亮,但不易受潮,且由于火柴头附药(硫磺加赤磷)充分,为此抗风强、火力大。由于具有这些优势,燮昌公司所生产的火柴在各地评价都很好,其销路日益扩大。除湖北之外,还销售到湖南、河南、陕西等地,并且渐次进入湖北以西的市场。

产品包装 发往汉口附近的火柴,均用木箱包装,发往陕西、湖南内地的火柴产品在木箱的内部置以角铁,或以镀锌铁皮衬里,以增强木箱的强度。每口木箱造价在 3 匁～3.5 匁,马口铁材料的包装箱每口 5 匁左右。此外铁带、铁钉、人

① 图片为译者加。

工费等项每口箱还需花费2.5匁～3匁，其综合成本在1两～1两1匁之间。

产量 如果以每天140箱（大箱100箩、普通箱50箩）计算，每年大约可生产5万箱的硫磺火柴。如果以每箱12两的批发价计算，那么，产值就要达到60万圆[①]。

原料情况 1.火柴杆主要用日本产的木材和湖南、江西等地的木材。如果加上运费等项，日本火柴杆（每根火柴杆长3寸5分，可制成2根成品火柴杆）的价格，每担为1两8匁。2.硅酸盐粉，主要从英国输入，运到的价格为2两2分。3.磷从英国输入，每担汉口市价62两。4.硫磺主要从日本输入，每担3两8分。5.木箱的材料由日本的大阪、兵库等地输入，每担到价14两。6.纸张及包装纸主要由英国输入，每担价格26两。1905年，燮昌公司所输入的原料、数量、价格如下：

◎火柴的原料、数量、价格

原材料	数量（单位：担）	价格总计（单位：两）
硅酸盐粉	1,944	4,373
纸张	307	7,982
包装纸	2,635	20,026
磷	229	14,198
火柴盒木材	12,065	27,146
火柴杆木材	44,594	78,040

从1905年中国各港口火柴的原材料的消耗情况来看，汉口占第一位，由此可以判断，汉口的火柴制造业最为发达。下面揭示火柴的原材料的消耗情况：

◎火柴的原材料的消耗情况

中国各主要港口	火柴的原材料的消耗（两）
汉口	155,908
上海	59,849
广东	41,810
重庆	40,353
福州	12,266
九江	1,373
	总计：311,559

从火柴的需求地来看，主要在湖北、湖南、四川等地，目前在河南、陕西、山西等省日本的火柴大约还占有50%左右的市场份额。

燮昌公司所用男工400余人，女工1,000人以上。对所有职工都没有“职工

① 60万圆：在此文里有时用“元”，有时用“圆”表示货币单位。据日本甲南大学青木浩治解释：在日本战前使用“圆”表示货币单位，“元”是其简化字。日本战后均将“圆”与“元”都改作“円”，在译文里根据原书情况翻译，对“圆”与“元”不做统一，其后情况与此同。（译者注）

保护法"等条规,如果职工遇到疾病、灾害也没有任何抚恤措施。唯有文长、工头如遇不幸,有少许慰问金。其"奖励法"也不完备,对文长、工头在年季有所红利,对其他工人没有任何奖赏。劳动时间为:早晨6点～晚上9点。职工的工作岗位及劳银情况如下:

◎职工的工作岗位及劳银情况

工作岗位	职工别	劳动人数	每月工资	劳银(定额)	进餐情况
炉子房	男工	5人	6元	—	包伙食
押板房	男工	100人	6元	—	包伙食
脱板房	男工	100人	4元	—	包伙食
上药房	男工	30人	6元	—	包伙食
轧刀房	男工	80人	6元	—	包伙食
装盒房	女小工	400人	—	5分(每千个)	自理
排板房	女小工	1000人	—	5厘(每组)	自理
火柴盒	外包①		—	5分(每千个)	自理
火柴匣	外包		—	5分(每千个)	自理
成包房	男工	30人	—	7分(每千个)	自理
装箱房	男工	30人	—	8仙(每千个)	自理
杂役	男工	100人	6元	—	包伙食
押药房	男工	60人	6元	—	包伙食
总计		1,965人	2,790元	—	

第六款　砖茶制造厂

俄国人所经营的顺丰、新泰砖茶制造厂均在俄国租借地内。阜昌砖茶制造厂在英国租借地内,这其中,阜昌砖茶制造厂规模最大,有1,300名职工。在汉口制造砖茶由来已久,由于建立起了信誉和稳定的贸易关系,汉口的砖茶制造与其他地方相比,其基础比较深厚。

生产砖茶的原料来自湖北、湖南、江西、安徽的粉茶。其制作过程是:先将茶日晒,然后送进干燥室进行干燥,之后用蒸汽蒸,最后将蒸过的茶放在铁制的模具里加压成型。加工砖茶的季节多在春夏这段时间,通过海运的火轮直接运回俄国。也有走中国北部及浦盐口进入西伯利亚的路线。除以上的砖茶制造厂外,现今,在玉带门外,还有中国广东商人所办的砖茶厂(广东兴商公司),占地1,600方(1方=日本3坪8合),其加工机械由英国进口,职工人数700人,预计在1907年产茶季节投入运营,产量为每天生产72箱(每箱装100片砖茶)。

---

① 外包的具体情况不详,每天大约能完成150箱的工作量,也就是说每天能完成1,153,000个火柴盒和火柴套。

第七款　毛巾生产厂

在汉阳有本地的毛巾制造厂，但其规模小、产量也不太高。如果将其产品与外国产品相比较就会看到其产品非常粗糙，且由于漂白不充分，毛巾泛黄。其产品的卖点与美观相比，毋宁说更看重质量。此毛巾由于价格低廉且经久耐用，在市场上有较好的需求。其产品有以下三种：(1)3 尺长 1 尺 4 寸宽，两端有红蓝线。(2)2 尺 4 寸长 1 尺 2 寸宽，两端有三条红线。(3)4 尺长 1 尺 2 寸宽，两端有三条蓝线。前两种是洗脸用的毛巾，后者大都为劳动者工作时擦汗之用，主要用于下层民众。下面是主要的毛巾生产厂家：

◎主要的毛巾生产厂家

工厂名称	职工人数	每月生产量	组织形式	机械台数
自新工艺厂	40 人(女工)	1100 打	合资	30 台
成章	15 人(女工)	600 打	个体	10 台
承记	15 人(女工)	600 打	个体	2 台
顺昌	15 人(女工)	600 打	个体	4 台
同康	12 人(女工)	600 打	个体	8 台
锦彪	20 人(女工)	600 打	个体	12 台

在汉口的本地居民，无论贵贱都有用毛巾擦汗的习惯。在料理店(餐馆)、戏院、茶楼也有用热毛巾擦脸之习俗。毛巾几乎和茶的作用相同，成为待客的必需之用品。其市场需求颇具潜力。在汉口这样的人口密集之处，建立大规模的毛巾生产厂势在必行。我国商人及企业人士若能从事此业，定会有利可图。

第八款　蛋白制造厂

在汉口，现今已有 6 家蛋白制造厂，皆为外国人所经营。其生产原料为家禽鸡、鸭蛋，虽说各厂都是鸡、鸭蛋并用，但总体来说，鸭蛋的消耗量要比鸡蛋多。各厂家的生产规模都不甚大，其投资的资本金大致在 1 万元上下，职工人数大约百余。各工厂每天的生产量 20 箱内外，各工厂在 7、8 两月都会休业；如此计算，年总产额在 6,000 箱左右。每箱重量为 100 斤，即：使用鸭蛋 24,640 个。除得到蛋白质之需求外，还可得蛋黄一桶(380 斤)。蛋白每箱价格 70～80 两、蛋黄价格 30～40 两。主要输出到英、法、德诸国，作为药品、染料、点心之原料。

制造方法　首先检验禽蛋是否腐败之后，由女工将蛋黄与蛋清分离(人工方式)。将蛋白置于铁锅之中，然后用棒搅之。当搅乱、搅匀之后，放入干燥室等待发酵，如果让其迅速发酵可加入酵母之类。再后，将加工品放入深 1 吋直径为 1 呎的圆形铁锅中，将几百个这样的铁锅移至烘房内，加以 120 度的温度，经 60～70 个小时之后，其水分被蒸发，呈胶状、薄片状的淡黄色的蛋白留在锅底，这就是蛋白质产品，此产品冷却凝固后就可装箱运输。蛋黄的加工程序是：将蛋黄过铁筛呈融合之状后，在100%的蛋黄里，加入10%的盐水和2%的硼酸(防腐剂)，用人工搅之，当呈现橘红色时，就可装桶。

职工工资 男工每日140～200文，女工每日80～140文(少数可达200文)。各加工厂的名称、成立日期、工厂主及国籍等诸项内容如下：

◎各加工厂的名称、成立日期等

所在地	工厂名称	成立时间	工厂主及国籍	每天产量	男工·女工
汉阳	和盛蛋厂	1892年	英商	蛋白2箱蛋黄6桶	男16女30
十大家	美最时蛋厂	1888年	德商	蛋白5箱蛋黄15桶	男26女50
三码头	元亨蛋厂	1890年	德商	蛋白2箱蛋黄6桶	男16女30
日租界	瑞兴蛋厂	1892年	比利时	蛋白5箱蛋黄15桶	男26女50
法租界	公兴蛋厂①	1894年	法商	蛋白2箱蛋黄6桶	男16女30
大智门外	礼和蛋厂	1888年	德商	蛋白5箱蛋黄15桶	男26女50

第九款　和丰面粉厂

该厂在汉口以西1里(日本里)处的叫做罗家店的地方。1905年4月开业。此加工厂虽是已在香港登记的英国公司，但其股东大多是中国人，其组织形式乃是二三英国商人和德商及中国商人合资成立的工厂。登记之初的资本金为75,000＄，其后由于计划变更，将资本金增加到100,000＄。工厂用地约1,100方，购入价格为1,500两。购入工厂、仓库、事务所及住宅等整套地面建筑设施共花费25,000两，购入整套锅炉、发电机等面粉加工机械共计金额2,500镑，其他附属机械一套10,000＄，如果在此基础上加上1,650两的杂项开支，总计共有53,000两、即：746,050＄的固定资本。如上所述，总资本金为10万两，如果减去746,050＄的固定资本金，那么，只有25,400＄左右的流动资金。

每天最高生产量(24小时连续运转)可生产400袋面粉(每袋50磅)。工厂的规模虽不算大，但原料与成品的价格差价很大，由此可获得丰厚的利润。以下是其开业的利润分析：

财务支出 一个月的小麦原料为942,800斤(其购买价格为15,610两10钱)；每165斤小麦需要2两20钱的煤炭燃料费，这样每月的燃料费总计为522两(煤炭如果以每吨5两8匁计算，大约等于90吨煤)；工厂监督技师每人每月250两，28名工人及机械、事务所、仓库等6名技术、管理人员总计每月要支出200两；其他杂费200两。总支出合计为：17,073两1匁，如果将此换算为“＄”为24,066＄62分。

财务收入 面粉一个月的成交额为25,200＄，以此推算大约60万斤，若以

① 与49页表格中的“永兴”可能是同一厂家。(译者注)

每50磅为一袋的话，就是12,000袋(每袋2＄10分左右)。壳麦(小麦原料)总额为128,571斤，即：2,571袋，若以每袋1＄40分计算，总价格为：3,599＄40分。其中大豆(原料中的混合物)其数量为128,571斤，合967袋，若以每袋2＄计算，那就是1,934＄。还有麸子等240＄的进项。据以上合计财务总收入为：30,973＄40分。按工厂初期的收支差额计算，大约要有6,926＄78分，也就是说每月大约有7,000＄的纯利。相对于投入总资本100,000＄来说，大约只用1年2个月就可全部收回投资。

竞争频出 鉴于上述利益，继和丰之后，恒丰面粉厂等也相继投入生产，恒丰与和丰比邻，每日生产量为800袋。近来，来自长江下游地区的面粉也进入汉口市场，为此，市场呈竞争趋势，现今，每袋面粉的市价已低于2＄，由于小麦歉收，造成小麦价格上涨，每担价格激增到3两。为此，很难有和丰建厂初期所取得的那样的收益，于是，于1906年末，恒丰与和丰合并共同经营，以谋取效益。其后，和丰沿汉水下游建立了汉丰面粉厂，最近其基本建设已完成，机械设备正在安装之中，其生产量预计每天1,200袋。此外，在1906年夏，在俄国租界地的后面，金龙面粉生产厂开业，但由于运输不便等原因，其生产成本比较高，且日产量也比较低，大约每日在百余袋左右。日本有两家面粉生产厂也跃跃欲试，一家是东亚制粉会社，另一家是日本制粉会社，眼下其生产尚未就绪。

小麦原料 小麦原料主要分三个种类：一般以黄麦(一石120斤，2两2、3匁)为上等，这种小麦颜色淡黄、麦粒壳薄出粉率高，其出产地在河南；黄紫麦(若以180斤计，2两2匁)、紫麦(若以120斤计，2两1匁)。品质逊于黄麦，这两种产于湖北，在小麦原料里常混有沙土，多者达到一成左右，而河南的黄麦里沙土竟意外的少。

第十款　榨油及豆糟厂

日本榨油 日信洋行(日本棉花株式会社汉口支社)在汉阳有一家榨油厂，有36台榨油机器。该机器都是半铁半木造的简单榨油机器。从外表看上去类似于“油印机”的形状，都用人工操作，最近又增加了20台。每天的产量在1,000张豆糟饼程度。另外，在汉口的日本租借地的扩张地带也有一家榨油厂，该厂有几十台机器，每天可生产3,000张豆糟饼。由于人工榨油方式所排出的豆糟饼未能充分将油榨尽，与汽压压榨机所排出的豆糟饼相比其硬度低，作为肥料使用非常合适。但汽压压榨机与人工榨油机有很大不同，汽压压榨机可以缓慢加压，可以大规模地生产，且其油质与人工榨油机所生产的油产品有很大不同，为此，汽压榨油是将来的发展的方向。

目前，每台机器每天(一昼夜)可以加工1,425斤豆制品，生产豆糟饼30张(每张47斤重)。产油率在每100斤出油7～8斤，如按此计算：在生产1,425斤豆糟的同时可得到 105～125 斤油。去年春开始试生产，产品的市价是：豆糟饼每张 6～6.5 匁银，油每百斤 6 匁银。如果以大豆为原料，大豆每石价格(130 斤)按 1 两 8 匁计算，100 斤只需付银 1 两 3 匁。以此 100 斤的大豆原料可得 1 两 6、7 匁的产品，如果包括生产杂费等项开支，最多不过 1 两 5 匁，其利益仍然可观。由于近来原料价格迅速上升，大豆每石已达 2 两 5、6 匁的价格，但豆糟饼的价格未见大幅上扬，大约每张在 8.2～8.3 匁的样子。现今制油原料价格如下：

◎现今制油原料价格

原料名称	单位：担(中国单位)	价　格
唐豆[①]	每担	火车豆：2 两 6 匁，川豆：2 两 5 匁
早黄	每担	2 两 5 匁
早青	每担	2 两 4 匁
迟青	每担	2 两 4 匁
沟豆	每担	2 两 7.5 匁
山豆	每担	2 两 3.5 匁

元丰榨油　元丰榨油厂由宁波人阮雯哀所办，其生产场所在德国租借地内。工厂占地 1,176 坪，在厂内有一栋 2 层楼的仓库和 2 栋一层楼的榨油厂房。在每栋厂房里都有一台 20 马力的汽压锅炉，2 台汽压锅炉都是英国产品，在厂房内的高台上，还安装有 10 台“滚轮式”榨油机，这些都是上海制造。其他一些榨油机器都是人工式，总计有 140 台。所榨出的成品油装在 3 个储存罐里。现有工人 140 余人，昼夜倒班工作，每日(一昼夜)生产豆糟饼 3,000 张(每张 47 斤)，生产豆油 12,000 斤。

韵生榨油　韵生榨油厂为汉口巨商韵生所经营，厂址在汉口玉带门外，使用 180 马力的日本产的蒸汽锅炉，有新式的汽压榨油机 94 台，使用蒸汽的压力榨油。每日(昼夜)生产豆糟饼 7,000 张，生产豆油 28,000 斤。其原料主要使用“火车豆”(用火车从河南运来)，在玉带门停车场附近有其自家的仓库，计划在仓库与成产厂房之间修建轻便轨道，以此运输榨油原料。

第十一款　草帽编织业

麦秆草帽　以麦秆为材料编织草帽的地方主要集中在一个叫“三里坡”的村落，这个地方距汉口 6 华里，距汉阳 3 华里。在这个村落里有陈、徐、彭、鹿、王，这五家具有编织草帽的传统，据说已延续了五代。其实，草帽编织业并非他们的主业，他们的主业仍是农业耕作，编织草帽只不过是其妻女在闲暇之时的家庭副业。为此，此地年间所生产的草帽产量并不大。其草帽的样式基本上是日本产品的仿制品，主要销往汉口、汉阳、武昌三地，购买者几乎都是下层民众。近来，

① 唐豆分两种情况：“火车豆”指用火车从河南运来，“川豆”指从湖北的西北部用民船顺汉水运来。

由河南输入的宽沿草帽渐次进入汉口市场，但三里坡所生产的草帽仍然评价比较好，眼下虽尚未和日本的草帽产品形成竞争趋势，但我商家也有关注之必要。

如上所述，麦秆草帽主要由陈、徐、彭、鹿、王这五家生产，除此外，在武昌城外的村落里也有数家编织草帽的作坊，其生产形式都是家庭副业型。草帽编织业所需资金不大，以上述的五家为例，其资金主要用于购买在河南光州地方出产的麦秆原料，各家投入资金为10两左右。陈家每年的编织量在2,000个上下，五家合计生产量在13,000～14,000个内外。其产值在300～400两左右。

草帽制法 草帽产品较为单一，主要有宽檐草帽（帽檐宽5、6寸～1尺），这种产品与传统的中国宽幅草帽有很大不同。另外，仿制日本的草帽多是帽檐宽3寸3分，帽高3寸这一种。草帽编织采用5、7、9根草的编织法，用白线缀合（与日本的编织法相同）。其原料来自河南光州，全部用手工加工。草帽的附属部分，如：起固定头部作用的束带及草帽里面的衬里都极其粗糙（甚至没有衬里）。或许由于对麦秆没有充分漂白的原因，色泽差、并且容易变色。此种草帽主要供给下层社会民众使用。这些民众对草帽的色泽并不挑剔，但对草帽的耐用程度很注意，但就目前所编织的草帽而言，其缀合粗劣且不牢固，大约只过一个夏天，就会漏出破绽。如果能在色泽及牢固程度上下功夫，改进这两方面的不足，必定可以促进销售。

儿童草帽 中国的草帽编织者也模仿日本及外国的产品，开始生产儿童草帽。原本由于日本及外国的儿童草帽价格偏高，为此销售量受到限制，现今由中国所生产的仿制品的儿童草帽虽然还不能与日本及外国的同类草帽相比，但通过对麦秆（河南产）染色或镶嵌以五色布片等创意，加之在价格上有优势，虽然比不上外国货，却也渐次受到下层社会民众的喜欢。对由河南输入到汉口的宽边草帽的行情与武汉地方草帽（仿日草帽）的行情比较如下：

◎**河南产和武汉产的草帽价格比较**

河南产			
种类	尺寸（帽檐宽度）	批发价格	零售价格
上等	6寸	960文	980文
中等	6寸	240文	260文
下等	6寸	140文	160文
武汉产			
一个品种	3寸3分	80文	100文
儿童用	1寸7分	20文	30文

原料情况 作为草帽原料麦秆的供应地主要在河南省归德府的鹿邑县、光州地区的光州、郑州的荥泽县等，购入价格每斤百文。荥泽县的麦秆是该县的重要土产，也是河南省重要的输出品之一。今光绪三十二年正月二十日，在《北京报》上刊登了一份就荥泽县知县增加草帽编税之事，当时德国驻清公使休瓦鲁斯

坦男爵的外交照会书，其中有以下这样一段内容：

请禁增加出产税。河南荣泽县土产以草帽辫为大宗，每年内外人贩运出口者为数不少，现该县令会议增抽出产税，德穆使以草帽辫为中国大宗出口货，现在日本亦有此项贸易，遽增税自阻销路，实非所宜等语告知外部，请电饬豫抚，迅速禁止，云云。

以上是河南的麦秆与国外纠葛，在中国国内，河南的麦秆重要供应地区是汉口、汉阳、武昌三地。总之，三里坡所生产的麦秆草帽，其制法尚在幼稚阶段，且产量低，眼下还不能与日本产品相竞争，将来情况如何还将拭目以待。

第十二款　轧花工厂

轧花工厂主要集中在汉阳，眼下投入运营的工厂有 42 家。规模较大的厂家有上泰和永、下泰和永、复顺恤[①]、王利记四家，每家都安装有 50～60 台机器。这些厂家的轧花机器都是购买日本“中桐洋行”的产品。工人的工资根据轧花量计算，百斤籽棉 45 文。一天的轧花量若以百斤计算：每百斤籽棉（根据籽棉的质量有所不同），大约可得 37～38 斤皮棉。轧完后的皮棉装入棉花袋中，大袋 185 斤、中袋 150 斤、小袋 75 斤，这些棉花委托公安、森记、德栈、新德栈、泰记、元裕等从事仓库业的公司中转。打包出口到日本的棉花则主要委托美最时、瑞记、立兴、礼和及日信等诸洋行的轧花机轧花。

第十三款　烟草工厂

福华烟草公司在汉口的永宁坡，1906 年 8 月开业，其产品在市场上有一定的销路。该公司的所投入的资本金大约 1 万两，主要由商务局总办孙泰折经营。其工厂的位置临近汉水，工厂用 7 马力的直立式的蒸汽机作动力。此外，还有切丝机、填料机、干燥机各一台，另有一台卷烟机，是日本大阪桝田铁工制造所制造的，每分钟能生产 240 根卷烟。眼下男女工人共计 24 人，男工劳银每月 8 元、女工每天 16 分。卷烟所需的烟草原料主要来自河南和广东，其卷烟纸及卷烟的添加剂等均从日本购入。

该工厂每天卷烟 30 万根，产品分十根装的老鹰牌、五根装的象牌、十根装的象牌这三个种类。香烟的口感类似于烟草专卖局所生产的“百合牌”，其香味儿清淡不是很强。批发价一大箱（5 万根装）的老鹰牌 100 元、象牌 90 元。现今在市场上这两个牌子香烟的零售价格都是 3 文 1 盒。这两个牌子都有卷烟松散，容易熄火，烟纸接缝不整齐、不密实，中国人感到香味儿较弱等这样一些不足之处。眼下正值天气干燥期，对卷烟品质没有太大的危害，然而不能不提出这样的

---

① “恤”可能是“恒”的误植。（译者注）

疑问:到了4、5月份的阴湿连绵的天气,不知能否继续保证其香烟的质量?

第十四款　湖北广艺兴公司

湖北广艺兴公司由程子大(候补道台)总办,其公司的主旨是:"推广手工、改良土产、维护中国利权。"公司的总号在武昌三道街,附属发售所(发行总号)在汉口一码头。该公司的造纸厂、制纸徒弟学校及石印彩色图书馆在汉口大智门外,印书馆(亦称博罗中西印书馆)在武昌大朝街,竹木漆三科十四家厂分散在武汉各地,绒绣科在三道街。综合其总类主要有六种:造纸、印刷、木工、漆工、竹工、刺绣。此外,还培养了从事上述技能的徒弟12人。

该公司之筹办起始于张之洞之设想,在张总督支持下于1906年5月开始运作。造纸厂骨干技术人员悉数来自毕业于横滨松田工厂的日本留学生,该厂的产品曾获北京商部褒奖。武昌的两湖劝业工厂于1906年4月开业,该工厂所生产的产品与广艺兴公司关系甚密,该厂的产品及收益成为武昌官场的有力后援。

第十五款　武昌善技局

武昌善技局是张之洞以振兴内地工业、改良土产工艺品为目的的官营模范工厂。善技局的经营地点选在与武昌长街两湖劝业场相对地方,在近期内就要进行地面的基础建设。其建筑预算十二三万元,内部分为三个区:第一区为陈列馆区,收集中国优质土产及外国的制造品,以供兴办地方工业者前来究查研讨;第二区为手工业模范工厂,从事蜡烛、肥皂等制造等,以图改善内地手工业状况;第三区为器械制造模范工厂,在此安装新式机械,如木工器械、煅冶器械等,通过展示达到推广、应用之目的。

以上仅是将要实行的企划,关于上述展示相关的机械购入费、工厂建设、陈列馆内的设备费等项开支,现今尚未落到实处,基础建设至少也要半年时间,估计最快也要到1907年末才能开业。

第六章

畜牧业和渔猎

第一节 畜牧业

长江流域中部一带的区域，大部分是广漠的原野，春夏之际，青草繁茂乃是天然的好牧场。尽管有此良好的自然条件，但并没有形成可以称其为畜牧业的放牧程度。仅限于作为农家副业放养家畜而已。不过近年来在汉口地方随着外国人的人数增加，对牛奶的需求量也日渐增加，最近在郊外畜养奶牛，挤奶业日渐发展。

第一款　挤奶业

饲养成本　位于汉口的外国租界地的后方，有十几家牛奶场，大约放牧 300 多头奶牛。从自然环境来看，位于汉口后方是一片原野，由春到夏青草茂盛，具有丰富的牧业饲料资源，这是中国的其他省份很难得到的发展畜牧业的优越条件。在此开展牧业成本很低，在有青草的季节只需供应一半左右的饲料即可。唯有在冬季的三四个月期间，由于草木枯凋，需增加麸皮、稻草、白菜等饲料，由于麸皮价格较高，一般多以棉油饼代替之，将此与切断的稻草相混合作为饲料使用。如果是麸皮，每日每头的饲料费为 1 角(相当于日本 10 钱)；如果是稻草，需 3 分(合日本 4 钱 5 厘)；如果是棉油饼则要 6 分。

奶牛皆本地所产，与外国的奶牛不相混。奶牛的毛色各异，比较多的颜色是橙黄色或淡褐色，也有全黑或带有黄白斑点的。母牛每年产一子牛，如果其子牛是母牛的话，将留下饲养，成为奶牛；如果是公牛，饲养一年以后将卖掉。母牛出生后三年，就可产子、出乳。牧场必定要留有一人，作为养牛者；放牧多为十四五岁的少年。下面试将一个月间的收支情况计算如下：

收入(以放牧10头奶牛计算)		支出项目	
牛奶出售收益[①]	1石8斗=45圆	饲料	15圆
		工资(送奶人员)	16圆
		牧童(1人)	4圆
收支差:45圆-(15+16+4)圆=10圆			

现在主要的牛奶场家是:义泰(美国人)、万泰(英国人)、方裕合、源兴合、王义泰、日利生、日生(印度人)、汪隆记、叶祥泰等。

第二款 养猪业

猪肉是中国人动物性食料的重要来源,在中国各地,只要是农家无不养猪,无论多么偏僻之地,都有猪出现。特别是汉口附近的中国中部地方养猪业占畜牧业的极大比例,为此,本部分对养猪业稍详加叙说。汉口之地所养的猪多为黑色,没有见到全白的猪。本地将半白半黑的猪叫花猪,在湖北天门、沔阳、簰洲等地多养这样的猪。种猪都是由湖南输入。

饲养 汉口地区的饲养方法是每日正喂二次、间喂三次,湖南产米糠,为此多喂粗米;湖北则以杂粮、野菜、小麦、米糠等物为饲料。如要将猪催肥,则把大麦炒熟后,磨成粉末喂食,若将此粉末与其他饲料混合喂之,据说效果更佳。

繁殖 母猪一年受胎三次,正如民俗所说"猪三狗四",即:在一年里,猪可受胎三次,狗可以受胎四次。母猪每胎可产六头、多则十七八头。仔猪出生后一个月就可离乳,离乳之后可进食,但多是洗米水加稀米粥之类。稍大一些后,可添加杂粮磨成的细粉。当五六个月以后,大约长到五六十斤的时候,开始自择粗食。仔猪出生后满一年,就已肥满,当地俗语谓:"当年百斤猪"。猪在汉口本地有很多称呼,把仔猪叫小猪或养猪,体重10斤以内的小猪市场价格每斤100文左右。发育快的时候叫"造子",再进一步生长叫肥猪或肉猪,此时价格在150文上下。

作为种猪的牝牡在叫法上有所区别,把牝叫做母猪、把牡叫做郎猪,总之就是没有"去势"[②]之猪。与此相反,一般供食用的猪,在没有离乳的小公猪阶段就已去势,将此去势的小猪叫"割猪",成为割猪的猪,另外圈养或放在他处圈养。小母猪离乳后,继续和亲母猪在一起饲养,当到二三个月后,同样将小母猪去势,把去势的小母猪叫"割花"或"锹猪",与小公猪一样离圈,另处饲养。为什么如此厉行去势之法,本地认为:去势之后的猪能够迅速至肥,为此,此法在湖北各地皆然,无不如此。

种猪 作为种猪所饲养的母猪,其饲养方法与肥猪有所不同。当未受孕之

① 每头奶牛的产奶量按6合(日本单位)计算。

② 摘除家畜主要生殖器官的外科手术。(译者注)

时，并不喂给良佳食物，多是让其食用藜藿、蔬菜、野草之类。受孕之后开始喂杂食，以养其胎。但此时仍慎用良佳食物，本地认为：过量佳食，使其徒增脂肪，反而有害于胎猪。产后出于催乳的原因，多喂米粥之类增加营养。作为母猪一般可饲养十多年，种猪的价格与猪龄成比例，猪龄越小，其价格就越高。大致每头种猪的价格在 3 吊～5 吊文之间。本地人不食用种猪肉，只是剥其猪皮，用于造鼓。对其剥皮之猪多是死猪，且对其剥皮者多是贫穷的养猪户。稍有资力的养猪户都不为此事，种猪死后将其丢弃了事。

前面已述，种猪与肥猪在肉质上有所差别，如果勉强将种猪作肥猪食用，那么，在受胎二三年后，和肥猪一样去势，然后畜养。在武汉乡间，养猪户多养母猪，一般在乡间二三里（中国里）的范围内，仅有一二头郎猪。养郎猪者多为贫困、孤独的生活者，郎猪与母猪交尾时，母猪的养猪户要向郎猪的养猪户交纳交尾费，每次 100 文左右。本地认为：从事郎猪交尾业，非常下贱、不体面，稍有生活能力者都不为此事。郎猪的饲料要比肥猪、母猪的饲料好，并且每餐还要在食料里加三四十匁[①]食盐，以增强其精气与肾力，在食盐的作用下，每头郎猪大约能与百余头母猪交尾。郎猪的自身的买卖价格较之母猪要便宜，每头 1～2 吊钱，只是郎猪皮比母猪皮价格要高。郎猪的肉同母猪的肉一样，无人食用。

生猪交易 生猪购入一般多在养猪户或猪行进行，买家买入小猪或“小造子”、“半大造子”。所卖的猪叫“簰猪”，生猪交易人（猪贩子）各村巡走，集中一二头之后，随水路之便将猪运到集市的猪行转卖，或在转卖过程中，随时交易。

猪毛交易 白猪的猪鬃同黑猪的猪鬃一样，从湖南等其他一些地方运来，或者由乡间零散送来集中，然后雇请男女工对猪鬃进行篦梳清理。由于白猪鬃数额较少，未能形成普遍交易，只是不定期地向广东输送。黑猪鬃在十几年前，几乎无人问津，近几年，在汉口由于有外国人收购，渐次黑猪鬃交易日盛。1905 年，汉口同中国的其他港口一样也向外国出口猪鬃，这一年，出口猪鬃 9,811 担，其交易额达 668,743 海关银。现今猪鬃的市场价格：每百斤，上等货 134 两、中等货 100 两左右、普通货 50 两上下。上等货的标准：4～6 寸长、中等 3～4 寸、普通 2～3 寸。在 100 斤的猪鬃里，说是 6 寸长的上等货，实际上，并不尽如此，其他档次的情况亦然。能称其为上等货的猪鬃多出产在河南，其次是山西，再次是四川，最后才是湖南、湖北。河南的猪叫山猪，又叫北猪，每头重量达 200 余斤，此猪随猪龄延长，其猪毛的颜色也渐次加深，仅就猪毛来说，他省之猪很难与此相比拟。如将湖北的花猪与黑猪相比较，花猪身势小巧、骨骼不大，较之黑猪容易肥满，这完全由于地势气候所使然。虽不能断言花猪没有 200 斤重的，但从整体来说，数量甚少。

---

① 1 匁＝3.75 克。（译者注）

第三款　一般家畜

除前面两款所述的家畜之外，牛最为普通。一般的农户每户大约养两头牛，贫家两家相约养一头。较为殷实的农户除养二头普通牛之外，还饲养一头水牛。水牛较之普通牛来说，其价格及所用饲料都高价，但水牛使用期长，且对于粘质的耕地非水牛不可，其他牛由于力气不足，不堪使用。普通牛和水牛都以耕耘为目的进行饲养或专门放养。在山岳地带也有一家养六七头牛的情况。此外，饲养马、驴、山羊的农户也不少，驴比较耐重，装入 5 斗米的袋子，可以驮三四个。马个头矮小，略优于驴。农家一般都养七八只鸡，每只鸡的价格在 25 分左右，鸡蛋每个七八文，一只母鸡每年产蛋 100 个上下。

第四款　兽疫

对待猪瘟　近年来，在汉口地方未见牛瘟。最可怕的家畜疫情是猪瘟，一旦猪瘟流行，其状极其惨烈，几百头猪转眼间毙命。眼下，中国人人文未开，更没有人工检疫之法，每当猪瘟来临，只能任其蔓延、坐以待毙。唯一的防御之法就是在猪瘟流行之初，将其养猪扑杀，将猪肉腌制后，卖给各店铺。如果在猪瘟流行期间，有大量的腌制的猪肉上市，此时在膳食里出现腌制的猪肉，就要引起注意。

第二节
渔猎

第一款　渔业[①]

渔业者(渔户、渔翁、渔夫)捕鱼情况及鱼类的市场贩卖状况如下所述：

渔业在长江一带是普遍从事的行业，然尤以金口地方为最盛，此地由江夏县管辖。

春季　渔翁垂钓于江边，如果鱼儿吞钩，扬竿即可捕获之。此外，也有用麻罾(类似于日本的“四手网”)捕鱼。其做法是：将麻罾沉于水中，左右沿江拉网，将其架子放在船上，适时起网捕鱼。还可使用麻撒网，其法是渔夫立于船头，撒网于水中，起网捕鱼。

夏秋季　夏秋季捕鱼之法与春季无大别，但由于夏季水丰(涨水期间)，鱼多潜于水底，故捕获困难，收获不是很多。到秋季以后，较之夏季收获渐多。

---

① 本款由清国留日学生特为本书撰稿，因为原文用日语撰写，为此不作修改，按原稿放在此篇章里。

冬季 冬季的捕鱼之法与其他季节没有太大的区别，只是冬季水清，鱼浮游于水面，捕鱼量因此而大增。渔夫捕鱼有所收获后，必定要把鱼运到鱼市场贩卖，武汉最大的鱼市交易场在汉口，汉口的鱼市买卖，主要有两种形式：

1. 基于汉口的风俗，在汉口无论旅馆、商团（号口、帮口、行、公司），还是富家、贵族皆在新年来临之际腌制年鱼，以此馈赠亲友或作家宴料理。其所腌制之鱼每尾大约50斤以上，小于腌制所需的鱼，渔夫在武昌或汉口零售卖掉。

2. 四川帮需求最多，所谓四川帮就是由四川商人所集合起来的商团，他们买鱼之后，进行腌制，之后装入木桶运回四川。在四川帮里恒裕公、同兴公等巨商购鱼量最大。

内河 沌口黄沙港、磨子石、黄沙畈、黄陵矶等都属于汉阳县的内河，一年四季都产鱼。春夏秋三季主要用的捕鱼器具有：**䲀**、钩、撒网、百带子网等，唯有冬季用麻濠，主要是因为冬季水少之故。

内湖 关湖、汤湖、茶湖、铜湖、关联湖等都是属于汉阳县的内湖，这些湖都产鱼。此外，还有些小湖也产鱼，在此不能一一赘述。对于捕鱼的器具来说，春季用卡子和小钩，夏季亦然。唯有冬季由于湖水枯涸，多用大麻网、小麻网、丝网、绳网等捕鱼。在此，仅说一下用绳网的捕鱼法，首先将铁或石等重物系于绳网的网底，上面用竹竿挑起浮出水面，然后，左右两舟携网同速前行，由于水底扰乱，鱼类受惊，纷纷逃命，在鱼儿逃跑的方向上布下麻罩，用此罩之，或用渔叉叉之，悉数将鱼捕获，所谓“鱼能跃千层网，难逃一根绳”盖出于此。属于江夏县地面还有一湖谓之东湖，其捕鱼之法等项，与前述相同。

以上各湖的渔业均由湖主管理，湖主向政府缴纳鱼税，湖主将湖面的某区域贷给渔夫，两者之间的利益关系有以下两种形式：

（甲）渔夫将所捕获的鱼的数量的一半，交与湖主，以此作为使用湖面的补偿。采用这种方式时，湖主通常派人监督渔获。

（乙）渔夫与湖主商定租用湖面的费用，此种形式，只交纳相互约定的费用。湖主不再监督每次渔获。

第二款　猎业

中国的中部地区，特别是湖北地方猎业不发达，湖北虽有鸠、雁、野雉、野鸭、鹭等很多鸟类，但没有形成专门的猎业。在春夏秋的农耕交替季节和冬季的农闲时节，本地人多用旧式土枪狩猎，作为补充农业的副业。所得之猎物大多送到汉口、武昌等地的市场贩卖。

对以上鸟类除做食膳之用外，其羽毛可作羽扇制品、寝具用的原料，其中有很多可供出口。湖北的兽类大多是：兔、鹿、獭、野狗、黄毛鼠等，猎兔、鹿为食其肉，猎其他兽类为用其皮。

第七章

航　运

第一节 火轮船航运业

第一款　概论

第一项　长江航运业的大势[①]

英中两国经营长江航路的状况已有时日，自1898年日本大阪商船会社染指长江起，长江航运进入新时期。以往英中两国的航运公司也就是英国的太古洋行、怡和洋行与中国的官办的招商局相互间竞争激烈，然，乘日清战役胜利之余勇的大阪商船会社进入长江航运之后，英中两国的三家航运公司断然结束相互间的竞争，并相互签订长江客货运协定，实行更为灵活的运输方式，进而，三公司的火轮结为联合体，确立上海—武汉航路，每日两地各有一艘火轮出航的航运格局。在此基础上又签订了三公司间的救援协议，即：当三公司中的某艘火轮遇到“搁沙”（搁浅）或“遇难”时，路过的三公司中的其他船舶有援助之义务。

日本商船会社遭排挤　上面所说的英中三家航运公司以援助过大阪商船会社的“搁沙”或“遇难”、或以大阪商船会社未援助英中三家航运公司的船舶为理由，向大阪商船会社征收巨额违约金，并利用征收“规约”等方式排挤大阪商船会社。日清战役后，日本在华经济活动，必然要遭到排挤和抵制，但是，日本的商船会社不畏环境之巨大压力，仍将自己会社的趸船码头确立在汉口沿江的最好地段。不久就有濑户内海的小火轮天龙川丸（天龙川号）、大井川丸（大井川号）等进入汉口，这些新造的火轮考虑到长江水文，专为长江航运所打造，浅吃水、大容积，客货皆宜。

五国八公司的航线格局　再过二年，随着山东局势的稳定，富甲天下的长江

---

① 1907年3月26日稿。

航运将会出现更加激烈的竞争局面。德国在经营汉口租借地的同时,也锐意进入长江航运,汉堡亚米利加线及北德的“罗意德”这两公司相继进入长江航运,准备经营上海至汉口线,大约在1900年末完成。此外,自1897年,法国以东方轮船公司的名义,也进入长江航运。日本邮船会社收买“麦边线”以英国名义,加入长江航运。至此,上海—汉口间的定期航线出现五国八公司的混战局面。竞争的结果造成客货运费降低,对乘客的待遇费用提高。进而在夏季又开始了航海火轮的直航线的运营,无疑加剧了长江航运的激烈竞争的状况。从目前的现状来看,进入长江航运业的各国公司,虽然都有各自国家的后援支持,但仍难敌目前无序竞争的自由态势。长江航运将来的趋势,必然要走向各公司相互谋求协调的大联合的形式,不过这需要一些时日。在此情势下,前不久我商船、邮船两公司以现有的在长江航运业的地位、力量,再加上解散大东、湖南两航运公司,以此为前提组成“日清火轮船会社”,在此新的旗帜下重新投入长江航运业。此大团结之局面乃是帝国利权在中国中部得到进一步发展的有力证明。进而,下一步发展将是寻求列国在长江航线上的联合。

有关德国在汉宜航线的撤退及湖南航线的盛衰等问题将在其后的章节里述说。

第二项　从事长江航运业的国别

◎长江航运业的国别表

上海—汉口线(表一)			
国籍	公司数	船只数	吨数
日本	1	4	6,040
英国	4	14	20,923
德国	2	5	5,743
法国	1	3	5,180
清国(中国)	1	5	7,960
汉口—宜昌线(表二)			
日本	1	2	2,147
英国	2	3	3,427
清国(中国)	1	2	1,183

在表一里,英国有4家火轮公司,日本邮船会社将考虑收买其中的“旧麦边线”,在英国的国旗下投入营运,尽管日本邮船会社能力有限,仍将竭力进行收买事宜。在第二表中,截止到1905年还有德国的一家公司二火轮因无政府补助而破产。

第三项　各航运公司概说

(1)大阪公司　大阪公司于1898年成立,持续到1907年。这家公司是大阪商船株式会社的分公司,投入的资本金为1,650万两。日本政府对上海——汉口航线给与补助金,年额二十四万四千九百零三圆三十八钱二厘。在上海——汉口航线有4艘、汉口——宜昌航线有2艘大火轮。在夏季另加3艘航海火轮运行在汉口——大阪之间。本公司的仓库及趸船码头在汉口沿江的繁华地段,距离汉水较近,客货运输都非常便利。最近将在临近俄国租借的地方建立新码头。大阪公司其后归属日清(日中)火轮公司。

(2)招商局 该局属于中国的半官半民的经营机构,于光绪元年(1875年)开业,其英文名是China Merchant Steam Navigation Company,招商局的资本金为1,500万两(上海两)。航行于长江航线的船舶共有7艘,招商局有汉口——上海、汉口——宜昌两条航线,最近新增1条船跑湖南航线。

(3)太古洋行 该洋行是英国人开设的公司,于1877年成立,其英文名为Butterfield & Swire,是China Navigation Company的代理店。此家公司除经营航运业外,还从事各种贸易。有汉口——上海、汉口——宜昌、汉口——湖南三条航线。投入运营的船舶共有7艘。

(4)怡和洋行 该洋行也是英国人开设的公司,于光绪三年(1877年)成立,其英文名为Jardine Matheson & Co.,是Indo China Steam Navigation Co.的代理店。有汉口——上海、汉口——湘潭两条航线。投入运营的船舶共有5艘,其资本金为120万英镑。同太古洋行一样,除经营航运业外,还从事各种贸易。另外,太古、怡和、招商局三家公司签有有关长江航运的合作协议。

(5)鸿安公司 该公司亦称华昌公司,是与英国合资的航运公司,其英文名为Greaves & Co.,于1891年投入运营。其资本金以英三、中七的比例出资。其投入运营的船舶共有4艘,只有汉口——上海这一条航线。

(6)瑞记洋行 该洋行由德国人管理,1899年开业。原名为Arnhold Karberg & Co.,是Humburg America Line的代理店。船舶数2艘,现今只有汉口——上海一条航线。

(7)美最时洋行 该洋行由德国人管理,光绪二十六年(1900年)开始营运。其名为Melchers & Co.,是Norddeutscher Lioyd Co.的代理店。船舶数3艘,此外还兼营各种贸易。现今运营汉口——上海这一条航线。

(8)湖南火轮会社 该会社是由日本人控股的股份公司,1903年开业。投入资本金为150万圆。共有3条船,有汉口至长沙、湘潭这一条航线。

(9)日本邮船会社 该会社是一家海运公司,1906年开通汉口至日本神户间的直航航线。在此之前,购买原英商太平洋行的"华利号"(661吨)、"萃利号"(663吨)两艘船,进而,在英国麾下运营汉口—上海的航线。其后,这两艘船连同正在建造的"三新号"火轮,根据合资合同,并入日清火轮会社。

(10)法国东方轮船公司 该公司由法国人管理,1906年4月开业,有2艘船。其英文名是 Compagnie Asiatique de Navigation，有汉口至上海一条航线。

(11)两湖轮船公司　该公司由中国人管理，光绪二十四年(1898 年)开业，投入资本金约 4 万两。1904 年，张之洞买进位于汉口的该公司的码头及港口设施，成为拥有该公司 1/2 股金的股东。船舶共有 5 艘，这其中有 3 艘船(20～30 吨左右)都是与长清公司合并时转让过来的小火轮。湖南火轮船营运业大致以该公司为嚆矢。

第二款　汉口至上海间的航线

汉口至上海间的航线最具营运价值，汉口——上海航线与汉口到长江上游的航线相比，此段江水深，即使是冬季的渴水期，也无胶沙之忧。在此航线上的各轮船公司的船名、吨数等项具体数据如下所示。

第一项　各公司的火轮

(1)大阪商船会社(大阪公司)·日本

船名	吨数	烟囱记号与涂色	定期
大利 Ta lee	1,315 吨	烟囱为黑色白色大字圈	每月出航 12 次
大贞 Ta cheng	1,681 吨	同上	同上
大福 Ta foo	1,758 吨	同上	同上
大吉 Ta chie	1,287 吨	同上	同上

(2)招商局(China Merchant Steam Navigation Company)·中国

船名	吨数	烟囱记号与涂色	定期(每周)
江孚 Kiang foo	1,468 吨	烟囱为黑色宽幅黄色圈	4～5 次
江永 Kiang yung	1,451 吨	同上	同上
江宽 Kiang kwang	1,451 吨	同上	同上
江裕 Kiang yue	1,490 吨	同上	同上

(3)太古洋行(Butterfield & Swire)·英国

船名	吨数	烟囱记号与涂色	定期
大通 Ta tung	1,264 吨	烟囱为黑色	每月出航 12 次
安庆 Ngan king	1,719 吨	同上	同上
沈阳 Po yang	1,893 吨	同上	同上
金陵 Kin ling	1,831 吨	同上	同上

(4)怡和洋行(Jardine Matheson & Co)·英国

船名	吨数	烟囱记号与涂色	定期
吉知和 Kat wo	1,924 吨	烟囱上部黑色下部橙红色	每月出航 9 次
瑞和 Sui wo	1,931 吨	同上	同上
德和 Tuk wo	1,355 吨	同上	同上

(5)鸿安公司(Greaves & Co)·英国

船名	吨数	烟囱记号与涂色	定期
德兴 Tehsieng	973 吨	烟囱为黑色	每月出航 12 次
长安 Chang an	789 吨	同上	同上
益利 Eili	519 吨	同上	同上
宝华 pao hua	434 吨	同上	同上

(6)瑞记洋行(Arnhold Karberg & Co)·德国

船名	吨数	烟囱记号与涂色	定期
瑞泰 Sui tai	1,145 吨	烟囱暗褐色	每月出航 6 次
瑞安 Sui an	1,145 吨	同上	同上

(7)美最时洋行(Melchers & Co)·德国

船名	吨数	烟囱记号与涂色	定期
美大 Mei dah	1,151 吨	烟囱为黑色	每月出航 9 次
美利 Mei lee	1,151 吨	同上	同上
美顺 Mei shun	1,151 吨	同上	同上

(8)法国东方轮船公司(Compagnie Asiatique de Navigation)·法国

船名	吨数	烟囱记号与涂色	定期(每周)
立大 Lita	1,727 吨	烟囱为黑色	两地一次
立丰 Lihong	1,726 吨	同上	同上
立茂 Limao	1,727 吨	同上	同上

(9)太平洋行(yangtze Steam Navigaaion)·英国(实际为日本邮船会社)

船名	吨数	烟囱记号与涂色	定期(每周)
华利 W. C. de Corce	661 吨	烟囱为黑色	出航 1 次
萃利 Sual	663 吨	同上	同上

晚清在长江上航行的小火轮①

① 图片为译者加。

第二项　上海至汉口的航程表(总里数为 602 哩)

上海															
73	通州														
89	16	张黄港													
105	32	16	江阴[①]												
125	52	36	20	泰兴											
165	92	76	60	40	镇江										
179	106	90	74	54	14	仪微									
212	139	123	107	87	47	33	南京								
264	191	175	159	139	99	85	52	芜湖							
323	250	234	218	198	158	144	111	59	大通						
370	297	281	256	245	205	191	158	106	47	安庆					
458	285	369	353	333	293	279	246	194	135	88	九江				
485	412	396	380	360	320	306	273	221	162	115	27	武穴			
528	455	439	423	403	363	349	316	264	205	158	70	43	黄石		
550	477	461	445	425	385	371	338	286	227	180	92	65	22	黄州	
602	529	513	497	477	437	423	390	338	279	232	144	27	74	52	汉口

在以上表格的各地里，镇江、南京、芜湖、九江属于开港城市，各火轮公司均可停泊 1～2 小时，此外的其他地方，根据条约的规定，只允许旅客上下的靠岸港，其停泊时间很短，大约只有几分钟，火轮只是停止行进，并不抛锚。

◎大阪商船会社上海至汉口线的出发与到达的时间表

上海至汉口线												
复航						船名	往航					
上海到后	镇江发后	南京发后	芜湖发前	九江发前	汉口发后		汉口到后	九江发后	芜湖发后	南京发前	镇江发后	上海发前
8 日	7 日	7 日	7 日	6 日	5 日	大福	4 日	3 日	2 日	2 日	1 日	1 日
10 日	9 日	9 日	9 日	8 日	7 日	大吉	6 日	5 日	4 日	4 日	3 日	3 日
12 日	11 日	11 日	11 日	10 日	9 日	大贞	8 日	7 日	6 日	6 日	5 日	5 日
15 日	14 日	14 日	14 日	13 日	12 日	大利	12 日	11 日	9 日	9 日	8 日	8 日
17 日	16 日	16 日	16 日	15 日	14 日	大福	13 日	12 日	11 日	11 日	10 日	10 日
20 日	20 日	20 日	20 日	19 日	18 日	大吉	16 日	15 日	14 日	14 日	13 日	13 日
23 日	22 日	22 日	22 日	21 日	20 日	大贞	19 日	18 日	17 日	17 日	16 日	16 日
26 日	25 日	25 日	25 日	24 日	23 日	大利	22 日	21 日	20 日	20 日	19 日	19 日
28 日	27 日	27 日	27 日	26 日	25 日	大福	24 日	23 日	22 日	22 日	21 日	21 日
30 日	29 日	29 日	29 日	28 日	27 日	大吉	26 日	25 日	24 日	24 日	23 日	23 日

① “仁阴”是“江阴”的误植。(译者注)

2日	1日	1日	1日	31日	30日	大贞	29日	28日	27日	27日	26日	26日
5日	4日	4日	4日	3日	2日	大利	1日	31日	30日	30日	29日	29日
7日	6日	6日	6日	5日	4日	大福	3日	2日	1日	1日①	31日	31日

本航线除以上的开港地之外，在通州、张黄港、江阴、天星桥、仪征、大通、安庆、湖口、武穴、黄石港、黄州也暂短停留。

本航线因为受航海情况约束，除上海、汉口的始发港外，其他沿途各港的到达和发船时间，大约有12个小时的伸缩范围。

此表采用大阪商船会社的4艘船（大福、大吉、大贞、大利）的运营表，如果在此基础上加上邮船会社（现在在英国麾下）的2艘船和正在建造中的3艘船，今后的运营情况多少会有所改变。关于日清火轮船会社的运营情势，现在还在关注中。现已确定的旅客船票价格如下所示：

●上海——汉口航线（上等以两、下等以$计算）

上海						
9两/1.1$	镇江					
13/1.55	4/0.55	南京				
16/2.45	7/1.35	4/1.0	芜湖			
20/3.40	11/2.35	9/2.05	7/1.10	安庆		
22/4.15	18/3.05	14/2.70	11/1.70	5/0.80	九江	
27/5.40	23/4.30	21/4.05	18/3.05	11/2.05	7/1.35	汉口

第三款　汉口至宜昌间的航线

第一项　概说

宜昌至重庆间的航线未开　火轮船在长江上的通航，其上可以宜昌为终点，其航行的里程堪比航海，长达972哩。由宜昌上溯400哩可至重庆，这期间有三峡之险，其水势甚激，且暗礁怪石随处横陈。此间火轮的航运业尚未成功，不过，曩时，在1898年，英人理德鲁氏曾驾小火轮“利川号”一度溯航到重庆，后因资金关系而废止。自从德国的火轮遇难后，宜昌至重庆间的商业火轮船的航运业至今未见开始。只有英国和德国的二三小炮舰能上溯到重庆。

汉口至宜昌间的航线，虽无暗礁险滩，但一到冬季的枯水期，江水骤减，到处浅滩丛生，火轮航路甚是狭窄，甚至出现两船上下相错都有困难的地带。很多地带不得不依靠推进器行进。为此，在船型上应有所改变，在长江上流航行的火轮应与汉口至武昌间的火轮在构造上有所不同。

① 本表取自1907年3月的航运表，1日为4月1日，其他如2日、3日均为4月份的日期。（译者注）

第二项　汉口至宜昌间各种航运表

(1)各火轮公司的船名、吨数

大阪商船会社	船名	大元 Ta yuang	大亨 Ta han
	吨数	1,051 吨	1,090 吨
	定期	每月 6 次	
招商局	船名	快利 Kwai Lee	固陵 Ku Ling
	吨数	879 吨	304 吨
	定期	不定期	
太古洋行	船名	洞庭 Tung Ting	沙市 Shasi
	吨数	1,264 吨	881 吨
	定期	不定期	
怡和洋行	船名	江和 Kiang wo	
	吨数	1,354 吨	
	定期	不定期	

(2)汉口宜昌间距离表(总里数 370 哩)

				汉口
			新堤	$100\frac{1}{2}$
		岳州	27	$129\frac{1}{2}$
	沙市	$161\frac{1}{2}$	$170\frac{1}{2}$	291
宜昌	79	$240\frac{1}{2}$	$269\frac{1}{2}$	370

(3)大阪商船会社汉口宜昌线出发与到达时刻表(1907 年 3 月)

汉口至宜昌线						
复航			船名	往航		
汉口	沙市	宜昌		宜昌	沙市	汉口
到后	发后	发前		到后	发后	发前
14 日	11 日	10 日	大元号	7 日	6 日	3 日
19 日	16 日	16 日	大亨号	14 日	13 日	10 日
25 日	23 日	22 日	大元号	20 日	19 日	16 日
30 日	27 日	27 日	大亨号	25 日	24 日	21 日
4 月 4 日	4 月 2 日	4 月 2 日	大元号	31 日	30 日	27 日

本线于本表寄港地之外,新堤、岳州都停船。本线因航海情况,除发汉口、宜昌外,各港出入时间在 24 小时内伸缩。

(4)大阪商船会社汉口宜昌线客运价格表(上等、下等两个价位)

〇汉口——宜昌线(上航)

			汉口
		岳州	13 两/1.47 两
	沙市	14/1.67	24/2.94
宜昌	7.50/1.92	20/2.38	30/6.64

○汉口——宜昌线(下航)

			宜昌
		沙市	7.50/1.91
	岳州	14/1.67	20/2.38
汉口	13/1.47	14/2.94	20/6.64

第四款　汉口至湖南间的航线

第一项　航线的概况

航线竞争激烈　洞庭湖之水与长江水相连，其湖水常伴随着江水而增减。即：当夏季来临江水上涨时，湖水亦涨；此时可以很顺畅地驶航到长沙、湘潭之地。当冬季来临，江水处于渴水期，湖水亦枯落，几乎水深不盈 2 呎。而眼下，运营于此航线的船舶几乎都是千吨左右的火轮，这种船虽然吃水比较浅，可以航行的季节大约只有 5 月到 11 月这七个月。由于江水减少湖水亦减少这个原因，岳州以上不能航行。计划岳州以上与民船相接，即使这样也只能勉强维持到湘潭。在这条航线上，现今日本湖南火轮会社与怡和、太古两洋行呈鼎立之势，一直处于竞争状态。

近来，怡和、太古两洋行的运载货物量，远远超过湖南火轮会社，其原因是：怡和、太古两洋行都具有连通汉口至上海及沟通中国南部的航运网络，为此可以很便捷地承接湖南、中国南部需要航运的货物；两洋行之所以如此畅通，也与我湖南火轮会社的航线仅到汉口，无法连接通向上海的货物的运输现状有关。为此，迫不得已成立日清火轮会社，以此寻求新的竞争力，但在成立的同时，我湖南火轮公司也不能独立存在。新组合的合同公司(日清火轮会社)不光可以增强与上述两洋行的竞争力，而且，随着常德开港，可横断洞庭湖连接沅江，从而建立起一条新的航线，这样一来，我湖南航线的将来就极有希望了。

眼下，在湖南航线上所运营的火轮除我湖南火轮会社的沅江号、湘江号[①]及武陵号三艘船外，还有怡和洋行的昌和号、太古洋行的湘潭号，两湖会社的湘庆号、湘泰号，再加上华安、华福、天龙、江宁及两艘小火轮；这些火轮都是以吸纳乘客为目的，其竞争状态激烈。当然，不排除有规模大的火轮公司介入此航运线的可能，有必要密切关注此段航运业的发展状态。

① 去年 8 月 14 日在长沙停泊时，由于轮机室起火，火轮后部烧毁，经在上海修缮，现已复航。

第二项　与湖南航线相关的各种航运统计数字

(1)各火轮公司的船名、吨数

太古洋行	船名	湘潭 Siangtan		
	吨数	930 吨		
	定期	不定期 8～9 天一次		
怡和洋行	船名	昌和 Changwo		
	吨数	696 吨		
	定期	不定期 8～9 天一次		
湖南火轮会社	船名	沅江 Yuenkiang	湘江 Siangkiang	武陵 Wuling
	吨数	580 吨	580 吨	新造未详
	定期	每月出航 9 次	每月出航 9 次	不详
两湖火轮会社	船名	湘泰号	湘庆号	
	吨数	113 吨	172 吨	
	定期	每 5 天出航一次	每 5 天出航一次	

(2)在湖南航线上运营的货轮船的国别表

国别	公司数	船舶数	吨数
日本	1 家	2 艘	1,160 吨
英国	2 家	2 艘	696 吨
中国	2 家	3 艘	868 吨

(3)汉口至湘潭间的距离

	长沙	靖港	湘阴	卢林潭	岳州	新堤	宝塔州	来口	汉口
来口									60[1]
宝塔州								120	180
新堤							120	240	300
岳州						120	240	360	420
卢林潭					180	300	420	540	600
湘阴				60	240	360	480	600	660
靖港			60	120	300	420	540	660	720
长沙		60	120	180	360	480	600	720	780
湘潭	70	130	190	250	430	550	670	790	850

(4)湖南火轮会社汉口至湘潭间的出发与到达时刻表

① 60:单位为中国里,其他与此同。(译者注)

汉口至湘潭间的出发与到达时刻表								
复航				船名	往航			
汉口 到后	岳州 发前	长沙 发前	湘潭 发前		湘潭 到后	长沙 发后	岳州 发前	汉口 发、夜半
5—3	5—3	5—2	5—1	沅江	4—30	4—30	4—29	4—27①
5—6	5—6	5—5	5—4	湘江	5—3	5—3	5—2	4—30
5—10	5—10	5—9	5—8	沅江	5—7	5—7	5—6	5—4
5—14	5—14	5—13	5—12	湘江	5—11	5—11	5—10	5—8
5—18	5—18	5—17	5—16	沅江	5—15	5—15	5—14	5—12
5—21	5—21	5—20	5—19	湘江	5—18	5—18	5—17	5—15
5—25	5—25	5—24	5—23	沅江	5—22	5—22	5—21	5—19
5—29	5—29	5—28	5—27	湘江	5—26	5—26	5—25	5—23
6—2	6—2	6—1	5—31	沅江	5—30	5—30	5—29	5—27
6—5	6—5	6—4	6—3	湘江	6—2	6—2	6—1	5—30

(5)湖南火轮会社客运价格表

汉口	13 两	20 两	21 两
	岳州	7 两	8 两
		长沙	1 两
			湘潭

(6)有关船票打折等项情况

〇船票打折

·日本帝国陆海军人、外交官以及外国传教士减价 2 成(8 折优惠)。

·普通客船的往复船票,去航不打折、复航减价 4 成(6 折优惠)。

·日本帝国陆海军人、外交官以及外国传教士去航减价 2 成、复航在已减 2 成的基础上再减 4 成。例如:汉口到长沙票价为:20 两。去航:16 两(减价两成),复航:9 两 6 钱(16 两减 4 成)。往复船票合计:25 两 6 钱。

〇儿童船票

·未满 12 岁半价、未满 3 岁免费。

〇中国人的仆婢乘船

·中国的每位船客可免费随行一名仆或婢。允许免费乘坐统舱(下等舱)。

〇有关泊宿情况

·当客船行进到长沙或湘潭时,有在船中泊宿的情况,此时,船主除运费外,还要征收银 5＄作为食品及住宿的费用。如果仅是就餐,除运费外,每餐收银 1＄。但对于湘潭方面的旅客,必须要在长沙碇泊之原因,由此在船中泊宿的情况不在此例。

① 4—27:为 4 月 27 日的简略表示,其他与此同。(译者注)

(7)中国人三等船客的货运费用表

·上航线

								汉口
							宝塔州	1.25 弗
						新堤	0.60	1.35
					岳州	0.60	1.20	2.00
				卢林潭	1.50	2.20	2.40	2.80
			湘阴	0.30	1.70	2.20	2.40	2.80
		靖港	0.40	0.70	2.00	2.30	2.60	3.20
	长沙	0.40	0.80	1.20	2.30	2.50	2.80	3.40
湘潭	0.40	0.80	1.20	1.40	2.50	2.70	3.10	3.60

·下航线

								湘潭
							长沙	0.30 弗
						靖港	0.40	0.60
					湘阴	0.30	0.60	0.80
				卢林潭	0.20	0.40	0.80	1.00
			岳州	1.40	1.40	1.60	1.80	2.00
		新堤	0.60	1.80	1.80	2.00	2.20	2.40
	宝塔州	0.60	1.00	2.00	2.00	2.20	2.40	2.60
汉口	1.00	1.20	1.80	2.40	2.40	2.60	2.80	3.00

·房舱(二等舱)的运费是统舱(三等)运费的一倍。

·官舱(一等)的运费是统舱的三倍(特别高等舱则是统舱的四倍)。

·未满 12 岁半价、未满 3 岁免费。

·不发行往复船票。

·一切都不打折。

第五款　汉口至日本间的直航线

第一项　大阪商船会社的汉口至大阪线

货运习惯　大阪商船会社于 1905 年 5 月开通了汉口至神户、大阪的航线，江海联运使汉口输出货物到日本、日本输入货物到汉口，都降低了运输成本。由于货物没有在上海中转装卸的麻烦，缩短了航程的时间；加之这条直航线的航运也比较安全，无疑为日本商人提供了便捷的运输渠道。商船除运输日本商人的货物外，也接受大量的清商(中国商人)的货物，商船会社本着日本商人优先的原则，在装卸船的程序上优先装卸日商的货物，为日本商人进入汉口提供了很多便利条件。商船所输入的货物有：铜块、杂货等，从汉口输出的货物有：棉花、棉籽、大豆类、豆糟、牛皮等土产。

该航线的货运码头和仓库都在新近开发的汉口日本扩张居留地界之内，距离汉口市街大约2哩，运送货物、处理货物免不了有些不便之处。商船会社为了便利货主运送货物，有一小火轮每天三次巡回于汉口的长江水面，助其商家运货。会社对货主的货物不予查问，在进入仓储前，其货物的运输费均由货主承担；之后会社免费将货主的货物存入仓库，因为，会社没有要求存储费用，为此，也不负担货物的安全。只有当货物开始装船时，其货物的安全才由会社负责。运来的货物的费用，到入库为止归会社负担，此后，均由货主负责。为此，从仓库出货或搬运到其他地方的费用，均由货主自理。

现今会社的仓库所在地与汉口市中心地的货物联系不太便利，只能靠货船转运，其转运的费用也只能由货主自理。即：每条转运船大约载物200担，一天的使用费用在4＄左右。

关税情况 该航线和关税的关系，简单地说就是，该会社直航所用的仓库及船舶码头都是关税所规定的港域以外之地。为此，有关其航海火轮的关税申报，与其他的普通的处理方法相异。日曜[①]费用（装卸的许可证费用）如果是长江内航的火轮，一天（上午6点～下午6点）一般为20两，而关税所规定的港域以外之地火轮要150两，不定时间出入港口航海火轮，也一概照关税所规定的港域以外之地的情况办理。

现今，日本租借地的管理范围逐渐扩大，其港域范围必定也会随之扩张，此不便情况，可望将在不远的将来得到解决。眼下，本会社所运营的直航海运火轮有新竹丸（新竹号·1938吨）、鹿港丸（鹿港号·1753吨），这两艘船都不搭乘三等以外的船客。

第二项　日本邮船会社的汉口至横滨线

航海船的利与弊 日本邮船会社于1906年3月，开始了汉口至神户间的航海直航。投入运营的航海运输的是伏木丸（1,140吨）、新潟丸（1,354吨）这两艘火轮。因为达到了预期的效益，进而又开通了汉口至横滨的航线。所输入到汉口的货物有：铜、砂糖、火柴、火柴杆、杂货等项，输出的货物有：小麦粉、油类。直航线的通航时间大都在每年的4月～11月，即在长江的丰水期。由于运费低廉，加之免去在上海转运的麻烦，由此吸引商家和由此取得的效益都自不待言。然而，由于航海直航线的出现，对汉口至上海间的长江航运必然构成竞争态势。我邮船、商船两会社原来在长江上都有自家的运营船，其后，长江航运都归属于“日清火轮会社”。如果邮船、商船两会社继续保持直航线，无疑对新成立的“日清火

---

① 指星期天。日本的日、月、火、水、木、金、土分别代指星期日、一、二、三、四、五、六。（译者注）

轮会社”的利益构成很大的威胁。此外，三菱合资会社专为若松制铁所运送大冶铁山产的矿石的这条海运线，当从日本往航到汉口时，必然要搭载日本输往汉口的货物。“日清火轮会社”迫于生计恐怕会自主开发这条输运矿石的航线吧，然而这主要出于推测，眼下尚未有动静。

第六款　汉口至武昌间的轮渡

汉口与武昌横隔长江南北相望，为两市的交通带来很多不便。由于汉水在汉口与长江汇流，江流处处呈漩涡状，当强风、涨水季节，由民船渡江非常危险。横隔汉口与武昌的江面，虽然大约只有 2 哩余，但需花费 2 小时。汉口与武昌两市间的渡江虽成问题，但是中国人一般没有时间观念，且对危险也比较麻木，目前只有两家民营的轮渡公司，各自以其两条小汽艇进行两岸轮渡，此外，两市有过半市民以民船摆渡为业。

二公司四汽艇　所谓二公司就是：利记公司和厚记公司这两家，利记公司在 1900 年开业，资本金 12,000 两，有小汽艇利江号(7 吨)、利源号(6.5 吨)两艘。春夏之际，每日每艘往复 22 次，冬秋季节每日每艘往复 20 次。厚记公司继承仁记公司的业务，其资本金 13,000 两，于 1896 年 4 月开业。有楚裕(6 吨)、楚盛(6.5 吨)两条汽艇。春夏，每日每艘往复 22 次，冬秋季节每日每艘往复 21 次。以上 4 艘皆为客船，乘客的运费(往复)每人 55 文。

改良困难　以上所述的渡江汽艇均已老朽，虽然每年都经港务厅年检，但其不完备之处惊人。有位邦人乘船过江看到该汽艇的锅炉已龟裂，龟裂处用水泥修补，甚感惊奇；还有位邦人听见锅炉的蒸汽外泄的声音，然而中国的汽艇工作人员完全不以为然。由此，可知轮渡的汽艇之状况。对轮渡之现状，为何不进行改良？对此以精干而著称的张之洞这样回答：“在武汉江面以摆渡为业者以几千计，如果改良汽艇之状况，势必吸引更多的顾客。这样将会夺取几千人的生活来源。”如此说来，反对电车是为了保护人力车夫，城市水道建设滞后是考虑背水的苦力的生计……在中国此种理论盛行，有谁能奈其何！

第七款　汉水航线

两岸富饶　汉水的江面的宽度虽然不能与长江的江面相比较，但由于汉水比较深，在丰水季节，五六百吨的火轮能通畅地到达襄阳附近。据当业者所述：汉江两岸之富饶，为湖北全省之冠。盛产黄豆、芝麻、油类、棉花、生漆、牛皮、木耳、烟叶等。这些产品都经汉水运输到汉口。不光汉水两岸之地，汉水也是山西陕西等地的重要的运输通路，大量农产品也都经汉水运到汉口。此外，汉口的棉线、棉布、砂糖以及杂货等亦经此水路运输到汉水的上流地方。如上所述，汉水运输业有极大的发展前途，目前，汉水上下的航运货物，多以民船运输，其民船往来的天数，根据水流的缓急以及风向的变化有所不同，大体上，上水一天能行五六十里(华里)乃至一百四五十里，下水可航二三百里。从汉口到老河口大约要花费十四五天乃至二十四五天。

客运火轮 在汉江上，虽然很早就设立了货客运输火轮公司，而真正开始汉江火轮航运业是在1898年，仅是乘客运输业。究其原因，主要有遭到民船航运业抵制以及在这条航线上不适合小火轮航行之故。眼下，在这条航线上从事航运业的公司有：泰安公司及春和公司两家。泰安公司于1899年12月中旬，由汉川的中国商人吴心九创立，其资本金为3,000两。泰安有安泰(长7丈、宽1.6丈)、安济(长6.8丈、宽1.5丈)两艘小火轮，在汉口至仙桃镇之间运送旅客。另一家是汉口的中国商人姚冠乡等人的春和公司，投入起业的资本金为2,000两，有紫云、飞云两条小火轮。上述的两家均是客运公司，其客运段在汉口和仙桃镇之间。在冬季的枯水季节，由蔡甸以上的江段，沙洲甚多，故此，在每年11月至翌年3月，蔡甸以上不能通航。

汉水乃是我湖南火轮会社预定要开发的第三条航线，由于成立日清火轮会社，湖南火轮会社遭到遣散，至于日清是否开发汉水航线，情况似乎还不能确定。不过，在前几年，经大阪商船会社详细调查，在汉江上不适合建立大规模的航运业。

第二节 火轮以外的航运业

第一款 民船的停泊处

停泊在汉口汉水的民船①

① 图片为译者加。

汉口在火轮运输业兴盛的同时，中国的民船航运业也很兴旺，在汉口民船的集中停泊地有 21 处，罗列如下：

1 小硚口	2 杨家河	3 至公巷	4 武圣庙	5 泉隆巷	6 邱家垱	7 新码头
8 老官庙	9 小新码头	10 五彩	11 沈家庙	12 保庆码头	13 流通巷	14 集家嘴
15 大码头	16 中码头	17 打扣巷	18 龙王庙	19 四官店	20 米厂	21 马王庙

总体来说，民船的停泊处是围绕江边及汉水两岸，一直到西硚口之间，其间大约延续 15 华里。凡来自湖南、湖北、江西的民船皆在这些处停泊；只有四川来的民船集中在南岸的汉阳。其民船总数大约在二万四五千上下。帆樯林立的老话亦可形容此景此状。下面择其要点介绍这些民船的经由航线及装载的货物等内容。

第二款　民船的种类

（1）鸦艄

“鸦艄”船主要来往于武昌、青山、黄陂县、孝感县、天门县及赵市与汉口之间，所载来的货物有石膏、布、芝麻、高粱、大豆油、牛皮、毛、骨等物产，返航时多载杂货、铁具、炭、茶等项。大型船可载一千担，小型船可载百余担。

（2）艑子

专门往来于襄阳附近以及黄陂一带，运来货物多为布、烟草、麻类等。

（3）抚刁子罗唐

“抚刁子”与“罗唐”都是本地的土名，主要是江西船，载来的物品有陶器、米、药材、纸、水果等，返航时多载杂货、杂谷、牛骨等，其船的大小规模相当于“鸦艄”。

（4）排子

所谓“排子”专指河南船，来航时带来羊皮、牛皮、药材、草绳、槲皮等物，其船体长大，载物可达五六百担，由此可知，由襄阳进河南的水路不一定狭小。

（5）火溜子

所谓“火溜子”指陕西船，来往于汉中与汉口之间，运来货物有：槲皮、纸、草绳等项，返航时，其载物不定。

（6）柏木麻雀尾

“柏木麻雀尾”是四川船，运来木耳、胡椒、黄花菜、鸦片、药材等，返航时多载棉花、织布、杂货、海产品等，船体较大，一般都可载千担左右。

（7）小驳

“小驳”是往来于湖南、浏阳、郴州、衡阳与汉口之间的船，运来米、木、炭、茶、纸、煤炭及莲子等。

（8）巴杆

“巴杆”船，从郴州、衡山等地运来石黄、棕榈等物。此外，在两湖各地也有被叫做“巴杆”的船，这种船载客为目的，其装饰美丽。

(9)麻阳

“麻阳”船，来往于湖南常德府与汉口之间。其他还有各种地方船，诸如：乌江子、沙窝子、锹子、倒杷子、毛板子、齐板子、长船、满江红(盐船)、车牌子、开艄、舵老、草鞋板、桐子角等各种名目。其运载量和船的形状都各有不同，大型船的运载量在二三千担至四五千担的样子。此外还有官渡船，此乃官府用的渡船，每艘可容40人。在汉口有40余艘这样的船，归官渡局管理。还有归属于“善堂”的救生船(红船)30余艘。

第三款　民船的货运商

在从事民船货运业的商家中，有“部帖”(营业许可证)的货运中介商集中在武圣庙附近，其中规模较大的有：

1 吴泰兴	2 李二方	3 刘万盛	4 沈德龙	5 进益昌	6 杨玉泰
7 卞崇发	8 金寿民	9 永兴西	10 陈庆生	11 赵新胜	

以上这11家，专营襄阳以西的航运业。没有“部帖”的中介商在沈家巷和龙王庙之间，其规模较大的有以下12家：

1 李昌顺	2 许万盛	3 万隆盛	4 万兴茂	5 万大兴	6 徐洪盛
7 康正泰	8 熊公兴	9 李永丰	10 严正友	11 正炳谦	12 万和顺

从事货运中介业务者多是湖南人，湖北人、四川人反而很少。或许由于在民船里湖南的船所占比例最大之故。货运中介业务者通过“扣钱”取得利益，一般情况为“一三”，时而涨价到“二八”。所谓“一三”其意是：假设运费是一吊钱(1,000文)，将其中的130文作为“扣钱”；“二八”是将160文(不能理解为280文)作为“扣钱”。其“扣钱”由中介商向船家收取，与客商无涉。

第四款　民船杂说

雇用民船的费用，每人每条船每日500文～1,000文；如果数人同乘则每人六七十文。最大型的民船可载4,000担，长八九丈、宽一丈七八尺至二丈。船深可达一丈七尺乃至九尺。民船的水手根据船的大小而有所不同，载500担重量的船，在下航时，要六七人；上航时需要十二三人。水主(水手长)劳银每月一吊至二三吊不等，舵主每月四五吊。船主供给伙食。关于造船费用大致如下：载500担左右的船，需600吊，此外加上船的附件，诸如帆柱、橹及一些器具等还需200吊，总造价在800吊上下，七八十天就可完工。

第五款 民船课税

民船载运货物必须要缴纳"厘金税"[1]。此外，船主还要缴纳船税，该税由位于通济门旁边的汉关和位于硚口处的宗关这两局征收，这两局统归武昌府管辖。其收税的方法以帆柱的位置为标准，丈量船的宽度，每八寸四分为一尺，每尺征收210文(在上下航时)，不论船的长短。清历10月28日至30日[2]这三天是"除岁"之日，各厘金局都免税收，为此，这几天帆樯如林，各船家踊跃来汉。

第三节 运费

第一款 各公司运费比较

各火轮公司根据下表的已确定的价格收取运费，然而根据货物集散及货主的金融状况时常有所变更，有一定的弹性。另外，各运输公司都有将一成至二成的货款回扣给货主的习惯，实际上，了解准确的运费价格实有困难。如太古、怡和、招商局这三家公司，创业已久，已确固其信誉，运费的价格较高。与我商船会社相比，大致要高出五分至一成(5%～10%)的样子。以运费价格的高低排序，在我商船会社之前是上述三家公司，在我商船会社之后是鸿安公司、美最时公司，美最时运费价格最低。从回扣给货主的返金来说，我商船会社是二成，太古、怡和、招商局这三家是一成五分，鸿安公司等则是二成五分。以下仅就下航货物而言，上航货物的运费各公司之间无太大之差异。

第二款 汉口至上海间的货运价格表[3]

序号	品名	英文名	单位	价格(两)
1	杏仁	Almonds	1担	0.390
2	青白矾	Alum	同	0.156
3	苦杏仁	Apricot Seeds	同	0.520
4	砒霜	Arsenic	同	0.156

① 厘金税：清政府镇压太平天国需要巨额资金，为此于1853年开始征收"厘金税"，开始在江苏省内，后来普及全国。本来是镇压太平天国的临时课税，但在镇压后，作为地方的财政收入一直没有取消。(译者注)

② 清历十月二十八日至三十日，原文可能有误，应是旧历的腊月二十八至三十日。(译者注)

③ 主要根据大阪商船会社的运费价格表，其他公司的情况，在前款已述，据此表可大致推算出。

5	竹笋	Bamboo Shoot	同	0.390
6	竹器	Bamboo-ware	1 吨	3.900
7	豆饼	Bean-Cake，in baga	1 担	0.156
8	豆类	Beans and Peas	同	0.195
9	硼砂	Borax	同	0.455
10	黄铜器	Brass-ware	同	0.455
11	黄铜线	Brass-wire	同	0.455
12	猪鬃、鸡鸭毛	Bristles and Feather	同	0.390
13	旧铜锣	Broken Gonge	同	0.325
14	饼料	Cake，stuff	同	0.260
15	斑毛	Cantharides	同	0.455
16	木炭	Charcoal	同	0.135
17	栗子	Chestnuts	同	0.325
18	茯苓	China-foot	同	0.650
19	细瓷器	China-ware，Fine	同	0.650
20	粗瓷器	China-ware，Coarse	同	0.650
21	图书	Chinese Books	同	0.390
22	籼米	Chaw-chow	同	0.650
23	朱砂	Cinnabar	同	0.650
24	灵柩	Coffin with Corpse	同	23.400
25	柩棺	Coffin Empty	同	7.800
26	棕榈	Coir	同	0.325
27	铜	Copper	同	0.390
28	牛黄	Cow Fazaar	1 斤	1.300
29	牛舫	Cow Sinews	1 吨	3.900
30	枣子	Dates	1 担	0.325
31	蜜枣	Dates Preserved	同	0.520
32	染料	Dye Stuff	同	0.390
33	鸡蛋	Egge	千个	0.702
34	爆竹	Fire Crackers	1 担	0.520
35	麦粉(面粉)	Flour	同	0.130
36	木耳	Fungus	同	0.650
37	白木耳	Fungus White	1 斤	0.200
38	五倍子	Gallnuts	1 担	0.260
39	山羊毛	Goats Hair	同	0.780
40	夏布	Grass Cloth	同	0.650
41	落花生	Groundnuts	同	0.260
42	石膏	Gypsum	同	0.156
43	火腿	Hams	同	0.325
44	麻	Hemp	同	0.520

45	麻线	Hemp Cord snd Thread	同	0.520
46	牛皮	Hides, Cow	同	0.260
47	牛鹿角	Hides, Cow and Deer	同	0.455
48	旧铁	Inon, Old	同	0.143
49	铁锅	Iron Pans	同	0.195
50	蠢麻	Jute	同	0.320
51	漆器	Lacquer-ware	同	0.390
52	莲子	Lotus Nuts	同	0.520
53	熟皮	Leather	1 吨	3.900
54	云石	Marble	1 担	0.650
55	药材	Medicine	同	0.520
56	西瓜籽	Melon Seeds	同	0.325
57	发菜	Mass	同	0.1300
58	麝香	Musk	1 斤	0.1300
59	土布	Nankeen	1 担	0.650
60	橡树皮	Oak Bark	同	0.260
61	桐茶油	Oil, Wood and Tea	同	0.260
62	川土南土(鸦片)	Opium, Natiye	同	3.250
63	橙皮	Orange Peel	同	0.260
64	上纸(头道纸)	Paper lst. Quality	同	0.520
65	下纸(二道纸)	Paper 2nd. Quality	同	0.390
66	薄荷叶	Peppermint leaf	同	0.910
67	红胡椒	Repper, Red	同	0.210
68	藤器	Rattan-ware	1 吨	3.900
69	大黄	Rhubarb	1 担	0.390
70	米	Rice	同	0.143
71	土酒	Samshoo	同	0.390
72	红花	Safflower	同	1.300
73	胡麻	Sesamum Seeds	同	0.195
74	黄白线	Silk, Yellow and White	同	3.250
75	屑丝	Silk, Refuse	同	0.650
76	羊皮	Skins, Sheep and Goat	1 吨	3.900
77	钢	Steel.	1 担	0.195
78	兽脂树脂	Tallow, Animal and Vegetable	同	0.195
79	茶	Tea		根据行情
80	锡	Tin	1 担	0.260
81	锡器	Tin-ware	同	0.390
82	烟叶	Tobacco Leaf	同	0.230
83	纸伞	Umbrella, Paper	1 吨	3.250
84	漆	Varnish	1 担	0.650

85	天鹅绒	Valvet, Netive	1吨	3.900
86	核桃	Walnuts, Shelled	1担	0.390
87	小麦	Wheat	同	0.143
88	木器	Wood-ware	1吨	3.900
89	羊毛	Wood	1担	0.360

以上由汉口输出的货物的运费系1900年之规定。自此规定实施以来,受金融状况、货物集散等原因的影响,不断变动,眼下,麻4匁8分、芝麻1匁6分、钢1匁8分、米1匁1分5厘,诸产品一般都要低落1分乃至5分,而太古、怡和、招商局这三家的运费如前所述,都要比此高出5分乃至一成的利益。

第三款 湖南航线的货运运费表①

第一项 上航货物(自汉口至长沙、湘潭)

序号	品名	英文名	单位	价格(两)
1	杏仁	Almonds	1担	0.20
2	鸡冠菜	Agar Agar	同	0.25
3	鲍鱼	Awabi	同	0.30
4	海参	Bicho-de-Mar	同	0.25
5	竹状钢	Bamboo Steel	同	0.25
6	书籍	Books, Chinese	同	0.30
7	洋书籍	Books, Foreign	同	0.30
8	槟榔	Betel Nuts	同	0.15
9	上等燕窝	Birds Nest lst.	同	20.00
10	中等燕窝	Birds Nest 2nd.	同	12.00
11	下等燕窝	Birds Nest 3rd.	同	8.00
12	硼砂	Borax	同	0.20
13	黄铜器	Brass-ware	同	0.45
14	竹器	Bamboo-warrs	1吨	3.90
15	理化器具	Chemical Instruments	同	2.00
16	牛胶	Cow Glue	同	2.50
17	鳗鱼	Cuttle Fish	同	0.20
18	棉纱	Cotton Yarn	同	0.54
19	棉制品	Cotton Plece Goods	同	0.54
20	水泥	Cement	1桶	0.20
21	煤炭	Coal	1吨	2.00
22	日本铜	Copper, Japanese	1担	0.25

① 此表主要依据湖南火轮会社货运情况制表。

23	茯苓	China Root	同	0.20
24	灵柩	Coffin with Corpe	1 包	12.00
25	桂皮	Cassia ligna	1 担	0.20
26	海带丝	Cut Seaweed	同	0.15
27	棉洋伞	Cotton Umbrella	1 吨	2.00
28	桂枝	Cassia Twigs	1 担	0.20
29	桂子	Cassia Buds	同	0.20
30	贝柱	Compoy	同	0.25
31	瓷器	China-ware	同	0.20
32	废棉纱	Cotton Rag	同	0.35
33	颜料	Dye	同	0.20
34	桂圆	Dried Lychee	同	0.30
35	龙眼肉	Dried Longan	同	0.30
36	冬菜	Dried Cabbage	同	0.25
37	笋干	Dried Bamboo shoots	1 担	0.25
38	干蛏	Clam	同	0.25
39	枣子	Dates	同	0.20
40	鹿角	Deer Horns	同	0.40
41	虾米	Dried Prawn	同	0.25
42	机器油	Engine Oil	1 槽	0.20
43	小麦粉	Flour	1 担	0.20
44	鲽鱼	Flat Fish	同	0.20
45	白木耳	Fungus, White	1 斤	0.10
46	鱼翅	Fish Fin	1 担	1.00
47	木耳	Fungus	同	0.25
48	鱼皮	Fish Skin	同	0.20
49	洋参	Gingseng American	同	1.50
50	日本参	Gingseng Japanese	同	1.50
51	麻袋	Gunny Bag	百条	0.60
52	山羊毛	Goat Hair	1 包	0.35
53	玻璃器	Glass-ware	1 吨	2.00
54	洋菜	Isinglass	1 担	0.25
55	铁器	Iron ware	同	0.20
56	铁丝	Iron wire	同	0.25
57	细葵扇	Leaf Tans, Fine	1 箱	1.00
58	粗葵扇	Leaf Tans, Ccoars	同	0.10
59	降香	Laka Wood	1 担	0.20
60	海带	Long Seaweed	同	0.12
61	铅块	Lead Dig	同	0.20
62	铅片	Lead Sheets	同	0.25

63	药材	Medicine	同	0.80
64	茨莲	Medicine	同	0.35
65	虫草	Medicine	同	0.35
66	厚朴	Medicine	同	0.35
67	杜仲	Medicine	同	0.35
68	杞子	Medicine	同	0.35
69	党参	Medicine	同	0.35
70	半夏	Medicine	同	0.35
71	蘑菇	Mushroom	同	0.45
72	火柴	Matchrs	1包	0.45
73	西瓜籽	Melon Seeds	1担	0.20
74	土布	Nankeen	同	0.15
75	洋针	Needles	1包	0.30
76	硝酸水	Nitric Acid	同	0.80
77	外国鸦片	Opium, Patna & Malwa	1担	2.00
78	橄榄子	Olive	同	0.20
79	旧衣服	Old Clothing	同	0.35
80	胡椒	Pepper, White & Blsck	1担	0.25
81	纸扇	Paper Fan	1吨	2.00
82	马匹	Pony	1匹	1.00
83	纸(1~5等)	Paper 1 and 5	1担	0.30
84	皮蛋	Preserved Eggs	百个	0.70
85	香水	Perfumery	1包	0.20
86	干葡萄	Raisin	1担	0.25
87	藤皮	Rattan Skin	同	0.20
88	精制糖	Sugar, Refined	同	0.20
89	白糖	Sugar, White	同	0.20
90	红糖	Sugar, Brown	同	0.20
91	冰糖	Sugar, Candy	同	0.25
92	丝绸制品	Silk liece	同	2.00
93	丝绸装饰带	Silk Ribbon	同	3.00
94	海月皮	Sea Blubber	同	0.15
95	苏木	Sapanwood	同	0.20
96	檀香木	Sandalwood	同	0.20
97	肥皂	Soap	1包	0.30
98	草席	Straw Mats	百床	32.50
99	草帽	Straw Hats	1包	0.40
100	杂货	Sundries	1吨	2.00
101	糖果	Sweetmeat	1担	0.30
102	硫磺	Sulpher	同	0.30

103	现银	Treasure	千两	2.00
104	烟草丝	Tabacco, Prepared	1 担	0.60
105	烟叶	Tabacco, Lieaf	同	0.45
106	锡箔	Tin-Foil	同	0.45
107	茶	Tea	同	0.20
108	锡	Tin	同	0.25
109	银硃	Vernilion	同	0.30
110	窗玻璃	Window Glass	同	0.10
111	白蜡	White Wax	1 包	1.00
112	木器	Wood-ware	1 担	2.00
113	黄铅(铬黄)	Yellow lead	同	0.20
114	黄线	Yellow Silk	同	2.00

第二项　下航货物(自长沙、湘潭至汉口)

序号	品名	英文名	单位	价格(两)
1	锑	Antimony	1 吨	1.35
2	砒霜	Arsenic	1 担	0.11
3	槟榔	Betel Nuts	同	0.30
4	书籍(长沙发送)	Books	同	0.28
5	书籍(湘潭发送)	Books	同	0.30
6	猪鬃	Bristle	同	0.30
7	饼料	Cake Stuff	同	0.35
8	樟脑	Camphor	同	0.70
9	牛角	Cow Horn	同	0.20
10	灵柩	Coffin with Corpse	1 包	12.00
11	空柩	Coffin with Empty	同	8.00
12	瓷器	China-ware	1 担	0.40
13	笋干	Dried Bamboo Shoots	同	0.30
14	爆竹	Fire Crackers	同	0.25
15	夏布	Grass Cloth	同	0.30
16	麻	Hemp	同	0.20
17	牛皮	Hide, Cow orBuffalo	同	0.20
18	铁板	Iron Plate	同	0.15
19	铅	Lead	同	0.30
20	莲子	Medicine, Fine	同	0.30
21	猪油	Lard	同	0.20
22	精药材	Medicine, Fine	同	0.35
23	粗药材	Medicine, Coarse	同	0.30
24	土布	Nankeen	同	0.20
25	苏打	Native Soda	同	0.15

26	旧袍	Old Clothing	同	0.30
27	皮蛋	Preserved Eggs	400～430 个	0.14
28	下等纸	Paper 2	1 担	0.16
29	薄荷叶	Pepper Leaf	同	0.50
30	纸伞	Paper Umbrella	1 包(50 把)	0.20
31	米	Rice	1 担	0.14
32	钢条	Steel Bar	同	0.12
33	茶	Tea	1 箱	0.20
34	红茶	Tea Black,	同	0.16
35	金银(湘潭)	Treasure	每千两	1.20
36	金银(长沙)	Treasure	同	1.00
37	烟叶(湘潭)	Tabacco Leaf	1 担	0.25
38	烟叶(长沙)	Tabacco Leaf	同	0.20
39	菜饼	Vegetable Cake	同	0.14
40	锌矿石	Zinc Ore, White	1 吨	1.35

就湖南航线来说，眼下还没有出现像汉口至上海线那样的激烈竞争局面，为此，各公司基本都保持大体一致的运费价格。

第四款　汉水航线的客运价格表

眼下，在此航线上运营的火轮，主要以客运为目的，其停靠港及乘客的客运费如下所示，春安、春和两公司情况相同。

○上航线

								汉口
							蔡甸	16 文
						新沟	160	320
					汉川	160	320	480
				系马口	100	260	420	560
			杨池口	120	220	380	540	680
		分水嘴	120	240	340	500	660	800
	脉旺嘴	100	220	240	440	600	760	920
仙桃镇	200	300	420	340	640	800	960	1120

○下航线

								仙桃镇
							脉旺嘴	140 文
						分水嘴	70	210
					杨池口	80	150	290
				系马口	80	160	230	380
			汉川	110	190	270	340	450
		新沟	110	220	300	380	450	560
	蔡甸	110	230	330	410	490	560	670
汉口	110	220	330	440	520	600	670	780

第四节 仓储业

第一款 火轮公司和仓储设施

仓储习惯 可以说仓储业与航运业关系密切，随着航运业的发展，仓储业也随之发展起来，然而，在汉口虽有十多家轮船公司，并未产生专业的仓储业。仓储业多由各轮船公司在运营航运业的同时兼营，这样的仓储性质与专营仓储业的性质有很大的不同。轮船公司为货主提供仓库与其说是义务，不如说是提供方便的一种善意。为此，货主对寄存在负责运输的所属轮船公司的仓库里的货物一般不缴纳仓储费，由此，运输公司对货主所托运的货物也不负担保管责任。这种出于善意而非商业的仓储状况，常常引发丢失、偷盗等危害货物安全的问题。当出现问题时，轮船公司往往不能免责，通常以赔偿货主的部分或全部损失了事。

在货运输业激烈竞争的状况下，为了争取客户不得已采取一些方便客户的善意之举，但应该看到这只是权宜之计，货运竞争越激烈就越应该完善仓储之设施从而从根本上解决问题。从目前来看，太古、怡和、招商局及其他一些轮船公司，有二三处存储仓库，其性质仍处于免费收容货主的货物的状况，如此过分地、非商业性地对货主采取奉迎的仓储方式，为仓储业带来积弊，乃是自不待言之事。轮船公司竞争的结果给货主带来利益，大体上货主所做的工作是将自己的货物运到委托运输公司所属的码头，其后，所有事务都由轮船公司负责，轮船公司要雇用很多“苦力”进行货物出入库、货物装卸等，由此增加很多费用，此外，还有相关运输手续的费用也由轮船公司负担。如上所述的汉口的长江航运业及与其相关的货物装卸业之习惯，并非到处皆然，即：汉口如此货运之状态与中国其他地方的港口有所不同。汉口的货物存储方式对轮船公司及货主所带来的影响分析如下。

(甲)给轮船公司带来的影响

通常入库的方法是:输出商(轮船公司)将地方转来的需要发出的货物及时地转入公司的仓库、或者输入商(货主)将运来的货物送入其委托运输的轮船公司的仓库,此两者的结果都一样,入库以后,如果输入商(货主)认为这些货对自己没有妨碍或不会影响自己生意的话,货主完全可以不管这些货,习惯认为,货物一旦入库,其保管责任属于轮船公司。在此不甚合理的模式下,轮船公司的仓库等同于"公共大货场",轮船公司对这个"公共大货场"的保管和整理并不是一个简单的业务,可以说其工作量非常繁重。起码要建立账册,要设入库账与出库账;还要设仓库保卫人员,防止火灾、偷盗等发生;由此所带来的仓库开支,其数目绝不可小觑。与输出商方面的轮船公司的责任相对比,货主对将要托运的货物不必缴纳入库的仓库保管费,在一个月内对到达的货物也免交库存费用,只是在提货时,开始交纳一分或一分五厘的仓储费用。

仓库的利润的计算法有以货物的价格为标准、以货物的体积为标准等各种方法,然而,在实际的运作中,并没有严格实行,其原因是仓库不以货物存储为盈利目的,只不过以仓储的便利和好意来吸引货主。总而言之,在汉口的长江货运业的存储与中国他地的货运存储有所不同,汉口的长江货运业的存储对于轮船公司来说完全成为负担。

(乙)给货主带来的影响

实际上给货主带来的负影响也不亚于轮船公司,即:不能有效地对所存储的货物进行流通。如前所述,公司对所存入的货物,只是提供便利和好意,严格地说对货物并不负有责任,在入库时没有正式的"预登书"和发行"仓储证券",为此不能有效地进行货物流通,如果遇到长江水量减少及搬运力减退,就会造成严重的货物停滞,货主只能等到长江丰水或搬运力增强之时运输。总之,汉口的货物存储没有完善的商业的存储机制,不能敏活地促进货物流动。

由于没有仓库存储证明书,因而不能以货物抵押向银行申请贷款;又由于轮船公司没有发给货主货运证明书及没有办理货物保险,货主在外国银行也不能融资,由此,给资力不足的外商及中国商人带来的不便和负影响自不待言。

第二款　中国人所经营的仓储业

在汉口传统的存储业以"堆栈"的运营形式出现,"堆栈"虽有简略的存储规则和库存价格,但其仓库多在偏僻之地,还未能成为有效的商业机构。例如,由中国人所经营的存储业规模最大的"永兴堆栈",其位置在日本租界地的下游,极不便利。除此之外的其他"堆栈"皆在汉阳,距离其泊船码头甚远,其不便之状可想而知。以下简述中国仓储业的存储费用及有关存储惯习等情况。

◎中国人经营的“堆栈”

堆栈名称	永兴(堆栈)	德昌	荣昌	裕昌	公昌	协昌	恒昌
地点	日租界下游	汉阳	汉阳	汉阳	汉阳	汉阳	汉阳

除中国人所经营的仓储业之外，在大智门外的停车场附近还有以法国人名义所开的“万顺堆栈”、在汉口硚口处还有法商立兴洋行的一家仓库。后面所说的这家仓库是货主为自家储存芝麻所用，当自家货物不饱满时，开始储存他家货物以此收取存储费，从这两家的经营性质来看都不属于专业的存储业。

“永兴堆栈”的存储费用按月为单位进行计算，假使只储存一天，也按一个月来收费。其存储、货物的装卸细则如下所示：

◎存储、货物的装卸细则表

品名	单位	仓储费	汉阳仓储费	进货出货费	期间	补充说明
棉花	1袋	1匁	6分	56文	1个月	
杂货[①]	同	1分	1分	28文	同	
桐油	1樽	4分	3分	44文	同	1樽＝300斤
桐油	1罗	2分	2分	24文	同	1罗＝百斤左右
皮油	1件	2分	2分	44文	同	1件＝100斤
苎麻	1束	2分	2分	32文	同	1束＝100斤
蠡麻	1包	1匁2分	6分	44文	同	1包＝300斤左右
棉布	1捆	2分	2分	28文	同	
茶	1袋	2分	2分	20文	同	1袋＝60、70、100斤
茶	1箱	1分半	1分半	20文	同	1箱＝50斤
湘莲子	1袋	4分	4分	32文	同	湘莲子：湖南产莲子
白蜡	1个	1匁	2分	48文	同	
火柴	1箱	6分	2分	48文	同	
石油	同	5厘	1分	14文	同	
兽皮	1千张	1匁		140文	同	

汉阳各仓库的装货、卸货的价格与汉口相同。装卸货的具体计算法如下：装卸货的主劳力10文、配手(搬运工将货物扛在肩上，在旁协助的人)2文、仓库内整理2文。进货14文、发货14文，总共为28文。棉花要二人协调装卸，为此其力资加倍。以上是存储费和装卸的力资费用，此乃中国“堆栈”之规制，而非外国洋行之定规。

风险负担方式 中国的“堆栈”虽然对所保管的货物征收存储费，但还不能视之为专业的存储业，这因为，对所保管的货物没有正式的登记证明书或仓储货物证明书，“堆栈”给与货主的证明只是简单的收据而已。若以此收据向银行融资，还需附加货物保险，而汉口的中国商人对所存储的货物均没有办理货物保

① 杂货：一般指芝麻、米、豆糟、大豆、菜籽等类。

险。为此，以货物收据不能办理资金借入。实际上，在汉口有多家外国保险公司，然而汉口的中国商人对保险业所知甚少，基本没有利用保险公司的习惯。对货物风险的处理也极为粗放简单，如果在货物保管期间发生盗失由“堆栈”方负责；如果发生火灾货，由此造成的货物损失则由货主负责；至于由保管责任所产生的问题事项，未作任何规定。

第三款　水上仓库

以船为仓库　以下谈谷、米等大宗运输货物，在汉口的存储情况。四川、陕西、湖南及湖北各省的土产货物的一部分由火轮及铁路运来，除此之外，不可忽视其中相当一大部分由从事民间航运业的帆船及舢板船运来汉口，并且其中大半停泊在汉江的江口处。各省运来的货物并非来自运输前的订货，而是到汉口后再寻买主。为此，运货到汉口的货船常在江口一带负荷停留上十天乃至二十多天。如果在谷、米出货的季节，其民船满江，致使连小火轮都很难通行。细致观察，民船停泊并非无序，也按一定的规矩，沿江设有各种交易所，运载杂谷的民船在左岸上部、煤炭船在右岸中部、粮米船在右岸下部，各有其停泊之地。作为卖家的船主每天都要到相关的交易所，寻求交易。如果与买主达成交易，船主将自己的运货的舢板船带来，将货物由舢板船卸载到较大型的集货船上，为此，根本无需上岸交易，在水上就完成了货物的转运，实际上，集货船起到了水上仓库的作用，这种交易方式亦称“水市”。

水市的利与弊　双方的交易者为何避岸而趋水市？其原因在于在汉口有“起埠厘金”和“支口厘金”两项税收。如果货物上岸就要征收“起埠厘金”，为此船家积载停泊在江中，在水上完成交易以避其税金。但由此产生很多问题，不光造成货物的种类、品种不齐全，由于同品种的货物散在江面各处，甲船的卖价与乙船的卖价都不统一，如果是来自襄河（襄阳以下汉水的别名）的民船，由于襄河的水量激增，其船家考虑到水路安全，不可能在汉江口停泊很久，为此急于寻找买主，有时甚至“甩卖”，以求迅速拔锚离去，由此，很难建立起相对标准的市场行情，其弊害在所难免。

总之，眼下的状况是，由于轮船公司兼营仓库业，这无论对于公司或货主都会有所弊害。此情况迟早会影响都市繁荣与发展，为此，大规模的仓储业应该说是势在必行。从现今来看，中国对沿江的土地逐年严加控制，不光表现在价格上，甚至出现沿江土地不准买卖之规定，这应该说是来自中国对沿江规划之考虑。

第五节
港湾的设备

第一款　趸船(浮码头)

第一项　概说

在汉口各火轮公司皆在江岸处设置趸船，趸船的作用主要有以下几点：a. 以此作为船舶的停泊所，并通过栈桥进行装卸货物。b. 同公司的二三艘船舶同时入港停泊。c. 定期船停靠之所及装卸货物或起锚待发之处。

吨位重的火轮或大火轮公司的各航海火轮在夏季丰水季节时靠近护岸停泊。此外，如俄国义勇舰队的运茶船、日本的煤炭运输船等临时入港的火轮，因为没有仓船设备，加之吨位重只能大致接近护岸地带，以小货船组成临时栈桥以此装卸货物。

第二项　货物装卸法及其费用

如上所述，在夏季的丰水季节大型航海火轮可以自由随处接近护岸，并在接近护岸处停泊，各轮船公司的货船也能充分地接近江岸，在此季节，轮船装卸非常便利，由此，装卸的费用相对降低。当由秋到冬渐次进入枯水季节时，其联系江岸的仓船也逐渐伸入江心，有的长达1町半①的距离(从江岸到江心的轮船停泊处)。为此，装卸费用相对提高。当进入正月(中国的阴历)从事搬运的劳力按照传统习惯都停业休息，此时的劳力极为匮乏，其搬运的力资自然提高。各轮船公司基于以上原因，甚为力资不稳定而棘手。由此，采取了一个简易的方法：通过“劳动力承包商”来维持搬运劳动力在一年间的平衡。这样基本可解决上述问题，在一年间随季节虽有变动，但公司能维持整体开支和稳定支出。

此外还有驳船(来往于大船与陆地之间的转运船)的费用，根据运送量的多寡也会产生不平衡的问题。如上所述，在汉口，进入正月劳动者有休业过年的习俗，给轮船公司带来极大不便，加之，货主一般将所委托运送的货物只送到趸船处，如果将货物运到位于江心的火轮，公司还要自雇驳船进行装货。各轮船公司都额外准备一二艘小火轮，将此作为驳船使用。为此，也应将驳船租用费、火轮使用费等记入运输成本。下面是商船会社有关装卸的各项开支。

(甲)输入品

---

① 1町＝109米。

◎输入品的各项开支

品名	单位	入库费	出库费	驳船费	船内装卸	1吨的货物件数和1包的工数
棉线	1包	36文	32文	30文	15厘	4包=1吨、1包=3工
和服衣料	同	36	36	30	15	同
药材	同	36	36	20	15	同
白砂糖	同	12	12	15	46	13包=1吨、1包=1工
寒天	1袋	24	24	15	12	5袋=1吨、1袋=2工
海蜇皮	1包	24	24	15	12	5包=1吨、1包=2工
纸类	同	36	36	20	15	4包=1吨、1包=3工
铜块	同	18	18	20	—	—
海产品	同	24	24	20	12	5包=1吨、1包=2工
干鳗	同	24	24	20	12	5包=1吨、1包=2工
海带丝	1箱	12	12	10	13	20箱=1吨、1箱=1工
贝柱	同	24	12	20	12	5袋=1吨、1袋=2工
湘莲子	同	24	24	20	12	—
肥皂	同	24	24	20	12	6箱=1吨、1箱=2工
麻袋	1捆	36	36	20	8.5	7捆=1吨、1捆=3工
洋木板	1张	36	36	—	15	4张=1吨、1张=3工
洋钉	1桶	12	12	—	5	12桶=1吨、1桶=1工
铁丝	1桶	48	48	—	20	3桶=1吨、1桶=4工
灯具附属品	1箱	36	36	—	15	4箱=1吨、1箱=3工
铜线	1桶	24	24	—	12	5桶=1吨、1桶=2工
铜板	1包	60	60	—	20	3包=1吨、1包=5工
苯胺	1罐	12	12	—	5	12罐=1吨、1罐=1工
镜	1箱	24	24	—	12	5箱=1吨、1箱=2工
毛毯	1捆	48	48	—	10	4箱=1吨、1箱=4工
毛巾	同	24	24	—	15	4捆=1吨、1捆=2工
针	1匡	12	12	—	6	10匡=1吨、1匡=1工
座钟	1箱	12	12	—	6	10箱=1吨、1箱=1工
轧棉机械	1件	12	12	—	—	16件=1吨、1件=1工
粉茶	1袋	12	12	—	6	10袋=1吨、1袋=1工
硫酸	1箱	24	24	—	12	5箱=1吨、1箱=2工
干鱼	1包	24	24	—	12	5包=1吨、1包=2工
银块	1箱	24	24	—	12	5箱=1吨、1箱=2工
书籍	同	24	24	—	12	4箱=1吨、1箱=2工
石油	同	24	24	—	12	5箱=1吨、1箱=2工
苏打	同	24	24	—	12	5箱=1吨、1箱=2工
锡箔	1张	6	6	—	23毛	13张=1吨、1张=1.5工
海带	1包	18	18	—	10	6包=1吨、1包=1.5工
冰糖	同	12	12	—	46毛	13包=1吨、1包=1工

灯具	1箱	24	24	—	12	5箱＝1吨、1箱＝2工
装饰带	1捆	24	24	—	10	6捆＝1吨、1捆＝2工
海参	1箱	24	24	—	12	5箱＝1吨、1箱＝2工
铜扣	同	12	12	—	5	12箱＝1吨、1箱＝1工

（乙）输出品

◎输出品的各项开支

品名	单位	入库费	出库费	驳船费	船内装卸	1吨的数和1包的工数
土布	1捆	24文	24文	—	58毛	7捆＝1吨、1捆＝2工
烟草	1袋	18	18	—	10厘	6袋＝1吨、1袋＝2工
猪羊毛	1袋	48	48	—	15	4袋＝1吨、1袋＝4工
四川大黄	1箱	36	36	—	15	4箱＝1吨、1箱＝3工
山羊皮	1包	48	48	—	20	3包＝1吨、1包＝4工
棕榈皮	1包	18	18	—	10	6包＝1吨、1包＝1.5工
麻网	1束	6	6	—	6	10束＝1吨、1束＝半工
木耳	1箱	6	6	—	75毛	8箱＝1吨、1箱＝半工
叶茶	1箱	12	12	—	6厘	10箱＝1吨、1箱＝1工
火柴	同	24	24	—	12	5箱＝1吨、1箱＝2工
皮油	1包	12	12	—	5	12包＝1吨、1包＝1工
鸦片	同	12	12	—	60	10包＝1吨、1包＝1工
鸭毛	1袋	48	48	—	15	4包＝1吨、1包＝4工
菜种糟	同	24	24	—	12	5袋＝1吨、1袋＝2工
大豆	同	12	12	—	5	12袋＝1吨、1袋＝1工
黄色生丝	1包	18	18	—	12	5包＝1吨、1包＝1.5工
牛皮	同	48	48	—	20	3包＝1吨、1包＝4工
雨伞	1束	6	6	—	6	6束＝1吨、1束＝半工
稻谷	1袋	12	12	—	5	12袋＝1吨、1袋＝半工
菜种	同	12	12	—	5	12袋＝1吨、1袋＝1工
白米	同	12	12	—	5	12袋＝1吨、1袋＝1工
麻油	1罗	12	12	—	百吨6$	—
桐油	同	12	12	—	同	—
棉花	1包	24/18①	24/18	24/18	同	3包1吨
砖茶	同	48	48	48	未详	5包＝1吨、1包＝2工
桃仁	同	24	24	—	12	5包＝1吨、1包＝3工
白蜡	1包	24	24	—	10	6包＝1吨、1包＝3工
小麦粉	1袋	12	12	—	6	10袋＝1吨、1袋＝1工
棉花器械打包	1包	48	48	48	百吨6$	5包1吨

① 24/18：大包24文、小包18文，此行其他标注与此相同。

第八章

金融通货及度量衡

第一节 金融机构

第一款 概说

汉口之地的金融机构与中国的其他地方相同，主要有：票庄、钱庄、当铺等。进入汉口的各省商人各自独立地与各店铺间相互联络，从而形成有组织的金融机构，将此叫做“帮”。由此，各省的商人在金融界处于割据状态，在汉口其总数大约百余户，其组织形式虽然有所不同，但大体上以合同的形式与大商人的资本产生联系而建立起连带关系，也可将此称之为合资组织。有别于我邦的株式会社形式。

此外，在汉口有个人经营的银行，其情况大多是官吏将闲散资金进行放资，再由朋友或有信用的商人进行经营。此形式是建立在信用的基础上。在中国，商人对银行的信用，与其说重物，不如说更重视人格的信誉。对经营者或资本主在商界的名望和信誉的考察，往往胜过对其资本金多寡的考察。为此，有些资本金比较少的银行，能胜过资金雄厚的银行，这种例子屡见不鲜。

第二款 银行的名称及种类

在汉口的中国人办的银行大致可分两类：其一是票庄，另一是钱庄；对于钱庄又有大小之分，其大者为普通的商业银行，其小者为从事银两交换的事务所。此外还有官立的户部银行。

第一项 票庄或称票号

票庄主要从事汇兑业务，由山西商人所经营，既有独资经营的形式，又有二人合资经营的形式。其开业程序是，首先由同业者对其信誉联名保证，然后以相关材料禀请道台衙门，得到允许之后才能开业。但将来有关营业情况，道台对其并不做监督。其营业主虽属“无限责任”，但如果其运营所欠债额过大，当达到无能力支付其债务时，其所欠亏空由具名保证人出资填补。票庄在营业汇兑业务的同时，也接受公、私金的存款，由此也开展借贷业务，其借贷的对象主要是官银号、钱庄、大商贾、有能力的实业家。

银行事务员所接受的俸禄一分为二，一半给本人自用，另一半给其家人，供其家族生活之用。票庄的借贷法大致分信用借贷和抵押借贷，其抵押之物为田地、家产等可靠之物，并需要有信用的人作保。至于票庄的资本金多寡不一，多则 40 万两、少则 20 万两左右。在汉口地方，主要的票庄的店号如下：

◎汉口的主要票庄的店号表

蔚泰厚	蔚丰厚	蔚长厚	新泰厚
志成厚	天成亨	协同庆	协成乾
中兴和	大德通	大德王	大德恒
存义公	三晋源	百川通	合盛元
长盛川	天顺祥	蔚生长	日升昌
恒丰预	兴隆金	永泰庆	协同信
大盛川	乾盛亨	恒盛茂	日升裕
新裕厚	永泰昌	德和永	日升发

第二项　钱庄或钱铺

钱庄的主要业务有：银两、洋银及铜钱的兑换，存款、贷款，钱票（铜钱的票据）的发行及汇兑业务。开设钱庄需五名以上同业者联名担保，以此文件向官衙申请开业，得到批准后，还要向官衙缴纳 400 两捐纳银。如若钱庄倒闭时，其赔偿责任归东家（营业主）负责。其决算每年一次，每三年进行一次大决算，分配其利益。其分配比例各庄都不尽相同，比较通行的分配方案有两种形式：其一，管事得一分、伙计得一分、东家得八分；其二，管事一分、伙计一分半、公债半分、东家七分。钱庄的资本金二三千两乃至四五万两，超过十万两的庄家甚少。下面揭示属于各帮的主要钱庄。

◎分属于各帮的钱庄

绍帮（浙宁帮）	大丰	同大	源成	大成	信成	衡源	晋昌
	德源						
江西（吉安帮）	裕厚德	义丰源	惠怡厚	阜昌隆	义名利	怡和生	聚和福
	怡和兴	生泰昌					
江西（南昌帮）	裕大昌	杨裕昌	徐春茂	徐义茂	义生厚	杨裕成	豫元章
	怡兴永	复泰	恒裕	宏昌祥	吉兴永	益昌祥	均大昌
	万裕	兴茂	永裕				
徽帮（安徽帮）	汇康	启大	恒丰	怡生	怡生隆	谦福张	

钱业本帮	益大	源茂隆	震隆	源丰	隆泰	济康	万鉴
	生茂公	晋康	祥丰	椿兴豫	晟森裕	复兴庆	仁大
	义通祥	保太	同兴裕	永昌祥	万泰公	福生恒	葆昌祥
	义康	宏大	义盛	永丰	天福	裕德	恒孚
	博泰	兴泰裕	顺昌	义祥	宏泰	同茂泰	德厚泰
	庆余	厚生	仁丰	元泰	信顺	源生	源裕
	义和源	义厚祥	厚记	晟亨	茂亨	德润生	晋泰
	全源	慎余	晋安	利生	福祥	晟泰祥	源祥
	恒康	阜祥	庆昌	有益	汇庆	德昌	晋和
	源益						
钱铺①	谦益	源顺	宏顺	聚裕	同泰	兴泰	公安
	刘祥兴	复昌	春生	协顺	仁成	协昌	阜明隆
	永昌祥	德厚福					

第三项　官银号

除前面所述的票号(票庄)及钱庄之外,还有官银号这样的金融机构。官银号虽说是私立,但要接受官衙的监督,负责出纳官衙的银两及处理海关的税务,为此,有着很高的信用度。合资人的资金在二三百万两,现今在汉口有“有成”、“协成”两家官银号。

第四项　户部银行

户部银行属官办金融机构,其总部设在北京,在天津、上海、汉口等地设置分行。分行的资本金在250万两。主要存入政府的闲散资金,并同私立银行一样向可靠的商贾放贷,此外还进行兑换、银券发行等业务。汉口的户部银行开始于光绪三十二年(1906年)八月,开业以来没有太大作为,其一,由于开业时日尚浅,其二,主要是银行内部冗员太多,不知银行业为何物,加之贪官污吏中饱私囊,致使其事业未开。眼下营业范围仅限于收取地方的“厘金税”,其营业的业绩无疑大大逊色于官银号。

第三款　银炉(炉房)

银炉特点　银炉的本业是接受钱庄及各商家的委托,改铸银两或银块,将其铸成马蹄银,然后刻上“元宝银锭量极”之印,从中收取手续费。银炉具有私铸货币之权,为中国所固有。从以汉口为中心的中国中部来看,此银炉业根据需要多兼有钱庄作用,办理存款、借贷及客户间相互转账业务,当有客户送交生银存入

① 钱铺:规模小于钱庄曰钱铺,钱铺通常兼营“炉房”(银炉)。

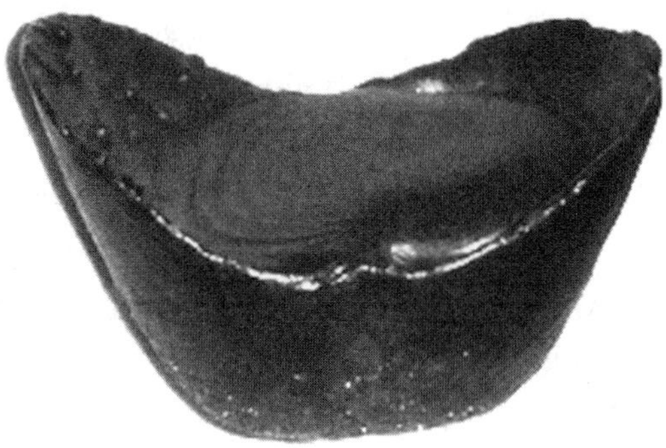

马蹄银[①]

时，将其换算成时价的元宝价格存入。从表面上看，银炉业所需资本并不是很大、且兼有二业，感到有风险，实际上，他们都有同业相帮之后援，其基础意外安固。

开业手续 开设银炉首先要得到同业者同意和认可，然后到地方官衙办理"领贴"，交纳"领贴费"600两及其他一些杂费若干。银炉的结算以5年为小结、10年为大结。存银及贷银都以年末为限来计算，如果有特定的约定日期则不在此例之内。银炉的年均纯利，大约相当于其资本金的4厘。在汉口其资本金在一万两至二三万两的银炉有13家，单纯以铸银为业的银炉只有一家，还有二家属于官银号的兼业，剩下九家均兼营钱庄业，现对其字号简要说明：

a. 协成、有成这两家的银炉是官银号的兼业，其铸银皆为自己所用，不对外营业。

b. 刘祥兴、协顺、聚泰这三家，其资本金在二三万两。

c. 复昌、兴太、源太、公安、春生、同太、谦鉴，其资本金在一万两左右，兼钱庄业。

d. 洪顺，单纯以铸银为业，其资本金在二三万两。

第四款 当铺

开业手续 中国的当铺相当于日本的"質屋"(sitiya)。在中国如要开当铺，首先要有数家同行业的人士担保，之后禀报知县衙门，知县再上报到知府，知府最后送到布政使处报批，布政使批准后，发给"部帖"(营业执照)，此乃所谓"官当"。"领帖费"(营业执照费)根据地方不同其金额也有异，在汉口要交纳：藩房规费(布政使的办公费)220两、府房规费(知府的办公费)100两、府料号费(知府挂号费)14吊、厅署请示费50两、厅料号门及签规费(厅挂号、签证费)54吊等费

① 此图引自"フリー百科事典『ウィキペディア(Wikipedia)』"。(译者注)

用。此外托人见官还要花费几百银。尽管如此花费打点，如果遭到前辈及同行老铺的干扰或掣肘还是不能顺利开业，其最终的协调结果是藉之于某老铺名下或以继承某老铺之业方能开业。

尽管开当铺如此花费和手续繁杂，由于有官方对利益的垄断，其后可保证当铺稳步获利。为此，凡殷实的富豪之家，对此大都跃跃欲试。虽然多少有些例外，但大体上其组织形式由三五人合资经营。当铺的业绩取决于业主的声望及业主对当铺业务的熟知程度，此外，采用勤勉、廉直、一心谋求业务发展的管理人员也是其重要的因素之一，汉口的当铺大多用徽州人士当管事。

中国的当铺和我邦一样是需提供抵押品才能借出现金货币的一种金融机构。但像在汉口这样的都市与乡下不同，由于其地价极贵，不可能有很大的仓库，其典当的物品主要是衣服、金银首饰之类，所占容积不大且有一定价值之物。

营业状况　当铺的资本金不一，资金较雄厚的当铺不过四五万两。营业时间是：上午九点到下午六点，抵押期限为12个月，可以延期3个月。利息每月2分(2%)，开始以35天为一个月计算，以后即使不满一个月也要按一个月交利息。当铺也从事放贷业务，在放贷时，以815文算作1,000文，即：借贷人虽然接受815文，但在还贷时，要还1,000文。当然，在借贷人接受815文时，当铺为了表示自己的善意，常让利5文，实际上当铺给与借贷人的钱数为820文。一般来说，当铺和钱庄都有交易关系，进行资本流通。在汉口本地当铺主要有以下十家。

裕丰	同丰	宏庆	裕隆	善庆
大生	万丰	泰生	泰济	升昌

汉口的当铺形式并不是中国的普遍形式，例如，在中国的北方地区，介于当铺和当主之间还有一个相当于对当物进行评估的委托机构，在上海地区成立当铺通常不与官府产生任何关系。

第五款　公估局

公估局作用　所谓“公估局”就是对银两进行秤量以及对银两成色进行检查和评定的机构。由于中国的通货的混乱和复杂，“公估局”在通货流通领域起着一个不可缺少的角色，在中国城市里普遍都设立“公估局”这一机构。在中国各地所流通的“无刻印”的银块(马蹄银)之所以能毫无障碍地在市中辗转流通，完全是“公估局”能对其银块进行实价检验及标识的结果。“公估局”对银块进行检验及标识有一定的难度，比如元宝银来自多方面，所属税关的银行可以铸银、布政使可以铸银、商家(银炉)也可以铸银，为此，对元宝银的质量与分量的真伪及识别成为一项专项技术。就“公估局”所担任工作的性质来说类似于我邦由公证人所组成的办事处，日本的办事处具有判定证书文件真伪之权利；与此相对，中国的"公估局"具有判定银块价值之权利。由此来看,日本的办事处与中国的"公估局"所判定的事务虽异,但在维护社会之信用这一点,则极具相似之处。

公估局的机制 既然"公估局"是对作为流通通货的银块进行判定的公证机构,那么,其所从事的业务就要得到民众的首肯,也就是说必须要建立在公正和信誉的基础之上。然而,"公估局"的设立并非完全建立在上述所说的严肃性上,而是意外地过于简单。其"公估局"的从业人员基本从本地的一些钱铺或钱庄的同业人员及认为可以信赖的人员中推选或选定,其被选人由推选者确定其营业的手续费的价格,之后向所辖的海关道出具申请,得到海关道的批准后,再领取道台所发放的营业许可证,附有相关的加工费细则就可营业了。

如上所述,从"公估局"的营业性质来说,与钱庄及当铺无异,都是以盈利为目的的机构。但官宪当局为了防止"公估局"陷入混乱,对其手续费作统一规定,并确定鉴定责任(不公正的鉴定等),将此鉴定责任作为告示公诸于店头,以此对"公估局"的营业进行限制。所谓的鉴定责任的告示包括两方面的内容,其一,"公估局"的营业方针,另一是为民众所认可的具体鉴定事项。

鉴定方法 "公估局"如果对各种具有流通价值的银块进行鉴定,必然要有可信的评价法,其评价法首先对银质的良否能够鉴别,另一条是正确用秤,秤量银块的重量,并算定其价值。至于检验银质的良否,也就是银块的成色,既不采取任何物质试验手段,也不用任何机械,而是全凭检验人员多年积累的经验和熟练程度,为此很难做到对银块的成色、合金的比例准确判断并没有谬误,如果能做到那实在是令人称奇之事。也就是说对纯良银与非纯良银是根据自我感觉而评定。

对纯良银(并不是纯银,只是达到所需的纯度)的重量的测定被叫做"估平",用"公估局"所具备的金秤检定其重量,以具体的银两确定其银块的价格。中国所谓的"秤"即是相当于日本的天平,所说"称"实际上就是木杆秤。"公估局"所使用的是被称其为"秤"的衡具。经秤量之后的银块,在银块的表面墨押(黑色印记)其重量,然后朱押(红色印记)"众商钱平公估图记"这八字或"当时覆看去印不认"这八字。然后在此基础上再墨押"公估老局"、"公估新局"方印,以此证明检验结果。为了将重量与价格做到一致,制造了重量为一两、价格也为一两的银块,将此叫做"直行"。

批申与批毛 比较复杂的是对元宝银块的评估,由于铸造的来源不同,其元宝的品质也各异;这其中有少量的元宝含有金的元素,更多的是含有锡铅等低价金属物。如果元宝含有贵金属,银质良好时,依据肉眼鉴定,将价值高出其重量的评价法叫做"批申",例如:元宝银块的重量为五十两,因含有一两的金分,为此批申一两,其银块的评价表记为五十一两。如果银块含有低质合金,根据具体情况进行"批毛",也就是减价之意,以此扣除低价合金的分量,确定其银块的实质的品质。例如:对五十两的元宝银块,批毛一两五分,那么,纯良银的价格为四十八两五分。以上直行、批申、批毛这三种评价法,在商民的经济活动中具有很高的信用度。

"公估局"检定银块的手续费是在设立之初所确定下来的,不因市场情势所改变,下面是"公估局"所收取手续费的具体价格。

银块送检人	50两一个银块的检验手续费	10个以上的每个银块的手续费
钱庄或钱铺	20文	10文
普通民众	24文	20文

如果是碎银其数总计为50两的话,每50两其手续费为20文,一般民众为40文。碎银的公证印记与马蹄印不同,只墨押其量目(重量),之后加印局印,另外再以书面告知银块的检验结果,加盖"当时覆看去印不认"的朱印。汉口的公估局除本局外,还设一分局,其营业内容相同。

第六款　中国银行的组织形式及其营业状态

汉口的票庄由两人合资,钱庄、当铺由二三人乃至四五人组合而成。一般银行业所使用的工作人员及其名称大略如下。

a. 管事　管事是银行的总负责人,统辖银行的一切事物。负责银行业务的交易及银行内人员的任免,在管理上具有独断的权利,甚至不受股东的掣肘。

b. 副管事　副管事是银行的副经理人,协助管事管理银行的一般业务,规模较大的银行可设二三名副管事。

c. 管账　所谓管账专司账簿,管理现金出纳等银行需要记载的账簿。

d. 跑街　所谓跑街相当于信息员,巡回于街市各处,调查、打探客户信誉等方面的情况,此外,还刺探商情,为此经常出入茶馆、公所等场所。

e. 管银　所说的管银其职责主要是鉴别$银、两银的品质及有价证券的真伪等事项,如果没有多年经验,很难胜任此职务。

以上是银行的骨干人员,此外,还有杂役若干。

第七款　银行的行会及集会所

在银行的行业间设立类似于行会的同业组织,推选出二三名董事(或曰理事)管理行会内的公共事务。每月要召开一二次会议,根据需要还可随时召开行会成员会议,商定诸般商务。当岁始、端午、中秋三大节日,均举办聚会,以此促进、加深同行相互间的交往。董事对内负有裁断行内所有纷议之责,对外担当与外国银行的相关的事务交涉。

钱业公司　银行行会的成员每天都要到被称作"银行集会所"的钱业公司集会,协调、统一贷款的利息,统一上海汉口间的银行汇兑行情,并商议、确定墨西哥的$银及湖北圆银的市价和铜钱的市价。其商议的结果通常在这一天上午10点前对外发布。钱业公司分为两家:其中一家面向小钱庄,协调铜钱与洋银的市价;另一家面向大钱庄、票号,外国银行每天也要派员到场,主要商定银两的市价利息及各地的汇兑等情况。

第八款 外国银行

汉口所在的外国银行主要有:横滨正金银行分行、汇丰银行(香港上海银行)分行、华俄道胜银行(俄清银行)分行、德华银行(德清银行)分行、麦加利银行(渣打银行)分行、中国通商银行分行等。下面对其准备金、资本金等项揭示如下。

◎银行名称及资本金等

银行名称	英文名称	资本金	支付额	准备金
正金银行	—	2,400万圆	2,100万圆	1,130万圆
汇丰银行	Hongkong and Shanghai Banking Corporation	1,000万$		2,025万$
华俄道胜银行	Russo-Chinese Bank	120万镑	—	—
德华银行	Deutsche-Asiatische Bank	500万圆	—	—
麦加利银行	Chartered Bank	80万镑	—	132.5万镑
中国通商银行[①]	—	500万两	250万两	—

以上银行都是股份合资的组织形式,银行内部的管理模式与日本大同小异。只是有很多外国从事银行业的人士由于对汉口的本土的金融情况不甚了解,给银行的业务开展带来很多不便。为此,外国银行大都雇佣中国人为买办,其买办的工作为现金出纳、鉴定中国商贾的信誉、调查客户的金融信誉及银行有价证券的真伪等任务。外国银行业界间的联系不甚紧密,但都随时保持着应对中国银行商策的联系。关于汇兑市场,本无定规,然而多以上海分行的行情为准,以电报为沟通信息的手段。大致以此算定:汉口的97两,相当于上海的100两。

第九款 贷款、存款及利息

贷款形式 在贷款里分为短期和定期两种。先说定期,如果面对的商店是最有信誉的客户,其商店预算出一年之间所需的银额提供给银行,银行则以低于通例的贷款利息贷给店家,将此放贷形式称之为“预约贷款”。每年按期收贷,其时间在清历(阴历)十二月二十日至二十八日之间。此外还有以三个月为期限的短期定期贷款,称这种形式为“信用贷”,多是无抵押贷款,根据情况也有抵押贷款。

① 中国通商银行:此银行为中国人所开设,总行在上海,其银行的运营机制完全模仿外国银行,为此,可作为外国银行看待,据说目前业绩有所不振。

利息计算　利息按月计算，如果不能按时还贷，要写下欠贷证明书。贷款利息的利率一般根据银行的金融繁闲状况而定，没有固定的标准，大致上由每月六七厘到一分或一分二厘上下。当然，如果某商人与某银行有密切的合作关系，该银行与该商人可作特别约定，根据具体情况调整贷款利息的利率。如上所述，贷款利息虽有一定的标准，但可以因人而异有所变更。

在汉口银行一直有透支制度，其透支额度根据客户的信用度而定，最有信用度的客户，可无抵押贷款，可承诺十万乃至二十万的透支。对外国有信誉的商人亦是如此。对商人一般透支的年利率为八分至一成二分，银行业界间的通则为四分至八分。

存款形式　存款有定期和活期之分，活期存款额限定为100元以上，百元以下概不办理，活期存款通常无利息。定期存款的期限最短为三个月，其存款额与活期相同限定在100元以上。定期存款利息为每日一钱，如果提前支取不付利息。

第十款　汇兑买卖

在中国各地都能办理汇兑业务，将此称之为“汇”。如果所交易的钱庄与对方没有直接的约定时，通过票庄之手可与他店进行联络，从而完成汇兑。汇兑有即期付款(见票即付)和定期付款两种，上海10天，长沙、重庆各30天。汇兑的手续费根据当时汇兑的行情斟酌计算(手续费通常为2匁5分)，汇兑买卖行情好时，根据金融情况可进行“买汇”(购入汇兑的票据)，并付利息。中国银行善于从此项业务中赢利。

第十一款　庄票发行

庄票发行　庄票可分为银票、钱票两种形式。在汉口本地多发行钱票，所谓钱票就是由钱庄所发行的纸币，此纸币具有一定的流通力。其钱庄所发行的钱票并非经官衙许可获得发行权，相反官衙对此没有任何限制，各自可随意发行，并在市场上辗转流通，这可以说是在他国所见不到的奇观。首先所发行的票子是否有相应的通货准备、对其发行额是否有所限制等项，可以说存在很多疑点，根据所见所闻，在汉口的钱庄有可靠资本，且能诚实经营的庄家为数甚少，其中大多数虽说是钱庄的股东，但其资金不过千元最多也就是二千元上下的出资者，可以设想，如此小的资金规模，肯定经受不住冲击，当遇到经济变动，很可能即刻陷入闭店的不幸之境地。从其业务的种类来看，说是银行不如说是合资的“兑换店”更为合适。如上所述，由于资本金有限，不能大额贷款，由此所收益的利息也有限，当然很难从事有价证券的交易。为此，其业务只局限在铜钱和银货，或纸币与小银货的兑换上，所得到的收益是有限的贴水(兑换的手续费)及兑换差价。

庄票信誉 尽管钱庄有这些不稳定的因素，但其所发行的钱票却意外受到民众之喜好，其喜好程度甚至不劣于外国银行所发行的兑换券(兑换银圆的凭证)。在市场上，钱票的实际价格比银票的表面价格要便宜，即一张一串文(1000文)的钱票，在兑换铜钱时，只能换八百四五十文。市场上所流通的钱票其样式与形状无太大差别，其刻印甚为精细，宛如纸币。这些钱票都是钱庄委托在汉口的日本商社，在日本印刷的。

第十二款　中国银行与外国银行的关系

中国银行与外国银行之间所进行的交易大致是资金借入，较多的方式是信用借贷。也有对走俏商品进行担保的情况。借贷的期限多为短期，但也有像俄清银行分行那样有五个月期限的贷款。我国横滨正金银行汉口分行最长期的贷款为三个月，大都为一二周期限的短期贷款。

第二节
通货

第一款　概说

在汉口是采取以“洋例银”(以某数量为标准的纹银)为价格计算的标准，但在中国各地其银货的品质、形状、价格均不一致，就拿眼下来说，上海的百两相当于汉口的九十七两，并且其市场的行市不断变化，并不稳定。其实“洋例银”只是一个用于交易的概念性的表价银块，并不是本位货币。比较广泛流通的货币有墨银和圆银，还有作为补助货币而使用的在武昌和天津银元局铸造的小银币及香港小银币，然而，前述的小货币每日价格变动激烈，都不能作为价格的标准。为此，在商业交易中，对于银、铜、银块的价格，只能进行“实质交换”，为此给通商带来不便乃是不言而喻之事。

第二款　流通货币的种类

在汉口具有流通力的货币除小银币之外，还有以下六种。(1)＄(Dollar)，“＄”原本仅指“墨西哥银元”(墨银)，近来在各省都铸造重量、大小几乎与墨银相一致的银币，并且也同墨银一样广泛流通。为此，即使是中国的本土银币也用“＄”这一货币单位名称来表示。(2)外国纸币。(3)钱票。(4)铜钱。(5)马蹄银。(6)铜币。以上六种货币依据交易的种类及其交易的数量，都各有不同的用途，以下予以区别。

第一项　$银

所谓“$银”主要指这四种银币：(1)湖北省的一元银[1]，(2)江南省的一元银，(3)安徽省的一元银，(4)墨西哥的$银。

在以上四种银币中，最有信誉的是湖北银，排在最后的是墨银，主要由于各地对墨银仿造、变造太多，致使墨银信誉下降。江南银与安徽银在交易中多有使用，不会被拒绝接受。此外还有香港银、新墨银、北洋银等，一般来说在流通中都不愿意接受。

第二项　外国纸币

外国的纸币主要有五种：(1)麦加利（渣打）银行发行的纸币。有1$、5$、10$、100$几种货币单位，这其中5$、10$最流通。华俄道胜银行纸币，主要流通的纸币有：5$、10$币。(3)正金银行发行的即期付款的银券。(4)香港上海银行纸币，主要流通的纸币有：1$、5$、10$币。(5)法国银行印度金山银券，主要的纸币单位：5$、10$币。

在以上五种纸币中，最有信誉的是香港上海银行的纸币，在任何场合，不管做何交易都能流通。正金银行自1906年夏，在汉口开设分行以来，渐次呈扩大流通之势。法国银行印度金山银券很难流通。

第三项　官票

官票有二种形式：(1)凭票可兑换银元的“壹大元”，这种票为湖北省银元局所发行，是对应一元银币的凭证票。(2)“凭票制钱一串文”，此票为湖北官钱局所发行，是对应铜钱一千文的凭证票。

在以上二种官票中，最有信誉的是湖北省银元局所发行的能对应“$”的凭

---

[1] 湖北省的一元银：武昌银元局铸造的一元银币，银元局相当于日本的造币局。其图片为译者加。

证票，与其他外国纸币一样在流通中有信誉。该纸币是在 1899 年总督张之洞委托我日本印刷局所印刷的。进而，又于 1906 年向我印刷局订货，印刷同样纸币。后来所印制的纸币较之前者，纸质更加坚牢、色彩更鲜明，其形状稍小一些，为此携带更方便。湖北官钱局所发行的钱票也是前年委托我印刷局的印刷之物，较之钱庄（私立银行）所发行的钱票，更有信誉和市场的流通度，在铜钱一千文的兑换凭证中占据第一位。

第四项　钱票

分散在汉口、武昌、汉阳的一些钱庄都发行钱票，都是兑换一千文的凭证票，但由于各钱庄的信用度不一，其钱票的价值也有所不同。即甲钱庄的钱票可兑换铜钱 840 文，而乙钱庄的钱票可兑换 850 文，其间存在 10 文的差别。

第五项　铜钱

铜钱主要有五种：(1)乾隆通宝，(2)嘉庆通宝，(3)康熙通宝，(4)宽永通宝，(5)道光通宝等，除此之外还有很多种类。此货币虽然携带不便，但中国人认为此货币最有价值而乐此不疲地流通使用。使用者对其铜钱的年号、种类等均不过问，唯有关心铜钱的大小，其形越大越受民众喜欢，例如宽永通宝，最为民众所接受。

第六项　马蹄银

马蹄银主要有四种：(1)估平（元宝银），(2)荆沙（湖北制造并输出到其他省份），(3)它文，(4)河平文（不用于商业交易）。估平的百两银相当于“洋例纹”[①]的一百零二两零四分。每块估平银重五十两。

第七项　铜币

铜币为武昌铸钱局所制造，铜币的大小相当于日本壹钱铜币，因为铜币与铜有关联，为此，还将在其他章节里叙述，现以“洋例纹”为标准，与各种货币进行比对，以作参考。

◎以“洋例纹”为标准，与各种货币进行比对

货币种类	洋例纹(参照系)	兑换比率
墨银每一百 $	洋例纹	七十二两三匁
湖北壹元银每一百元	同	七十二两一匁
铜钱一串文每 1000 文	同	八匁一分八厘

① 洋例纹：计算各种货币的标准的单位，并不是“实质银”。

估平马蹄银每百两	同	一百零二两零四分
荆沙马蹄银每百两	同	一百零二两
它文马蹄银每百两	同	一百零二两零四分

第三节
度·量·衡

第一款　概说

清国的度量衡制度极其纷乱错杂，致使商业贸易迟缓，甚至给商贸带来很多阻碍。以下大略概述，可见其一般。

度量衡杂乱　所谓“度”可称其为尺，“量”称其为斛或斛子，“衡”可称其为秤或平。很多制作“衡器”之店都兼做“度器”，而“量器”则另外独立制作。大体上对度量衡的制作与贩卖没有任何限制，各店家都按自己的感觉行事，为此，出现粗杂各色的度量衡乃是不可避免之事。虽然是同一名称、同一刻度（尺度），但事实上并不一致、存在不小的差异。甲所使用的标准与乙及丙使用的标准都不尽相同。此外，行业、店铺都各行其道：绸缎商相互协定，采用私尺，谷米商也相互协定采用私斛，棉花商采用私衡，由此，由于繁复的度量衡杂陈于市，致使交易日益复杂、让人不知所从。

第二款　尺度

现今在汉口所实行的尺度虽然混乱不可名状，但清国的各地关税所使用的尺度则根据“英清通商条约”之约定而实行。即清国的1尺相当于英国的14.1吋，清国的1丈相当于英国的4码减3吋，以此为标准，清国的尺寸与日本的尺寸比较如下。

◎中日尺寸对照表

清国(中国)尺寸	日本尺寸
里	5町51间
丈(10尺)	1丈1尺7寸
尺(10寸)	1尺1寸7分
寸(10分)	1寸1分7厘
分	1分1厘强

以下是汉口常用尺度的种类，中、日、英对比表：

◎中日英尺寸对照表

清国(中国)尺寸	日本尺寸	英国尺寸
广东尺(用于关税)	1尺1寸7分	十四吋零九八
栏杆尺	1尺1寸5分5厘	十三吋八分
绸缎尺	1尺1寸4分	十三吋六分四
度尺(绸缎店尺)	1尺1寸7分弱	十四吋
裁尺(裁缝尺)	1尺1寸6分	十三吋八分八
木尺	1尺1寸5分5厘	十三吋八分
竹尺(竹器制造用尺)	1尺零8分	十三吋
街市小卖尺	1尺零9分	十三吋一分
广尺(出售用尺)	1尺1寸1分	十三吋二五

第三款　斗量

清国的量制和日本的量制比较如下：

◎中日量制对照表

清国(中国)量制	日本的量制
一勺	零勺五七三
一合	五勺七三一
一升	五合七勺三一
一斗	五升七合三勺一
一斛(五斗)	二斗八升六合五勺
一石(二斛)	五斗七升三合一勺

此外，在中国十六斗为一庾，十六斛为一秉。在汉口除以上外，还有其他容量单位。由于繁琐，故在实际交易中，多以重量加以确定。现今在汉口各商贾间，虽然使用标示容积的量器，其量器也分为一斛、二斗半、一斗、一升、五合等多种级别，但其进位颇为复杂，一升的十倍，不一定等于一斗的容量；五合的二倍，不一定等于一升的容量。这说明现行的斗量制还非常粗糙。现将汉口的容量种类揭示如下。

◎汉口的容量种类

名称	与公斛之比	与日本量器之比	说明
公斛	五斗	—	在康熙朝制定的标准斛，二斛为一石。
汉斛①	五斗	二斗九升八六二	用于谷米交易
樊斛	六斗六升	三斗九升四一七	也用于谷米交易，但主要在川江上使用。
衡斛	六斗七升五合	四斗零升三二	同上
杂粮斛	五斗四合	三斗零升一四	用于杂粮交易

① 汉斛是汉口固有的量器，樊斛为樊城所固有，衡斛在湖南省衡州所使用。

第四款　权衡

秤量的称呼主要有：黍、絫(十黍)、铢(十絫)、两(二十四铢)、斤(十六量)、引(二斤)、钧(三十斤)、担(百斤)、石(一百二十斤)。此外，还有被称为“银秤”的衡器，其单位有两、钱、分、厘等区别。在汉口衡器同样是繁复错杂，可多达几十种，就秤的使用状况来说，有同业者议定的标准，也有商家自己斟酌所制定标准，现就其主要者举例如下：

(1)曹平(也叫官平)　是政府所制定的商业用秤，在现今各种交易中所使用，成为评定其他各衡器的主要标准。

(2)库平　此乃用于纳税的衡器，官定的衡器之一。

(3)估平　所谓的估平就是相对于曹平的一种估算，即曹平的0.986的分量，相当于此秤的1.000；此秤的一斤，相当于曹平的十五两七七六。

(4)钱平　所谓钱平也是相对于曹平的一种估算，即曹平的0.985的分量，相当于此秤的1.000；此秤的一斤，相当于曹平的十五两七六。

(5)浙宁秤　此秤一斤相当于曹平的十七两。

(6)公议秤　此秤一斤相当于曹平的十五两三匁。根据杂货商的公议而确定。

此外，还有九九平、九八平、九七平、九六平等各种称谓的秤，都是相对于曹平而言。外国人所用的秤叫“洋秤”或行秤[①]，该秤的一百两相当于海关平的一百零五两，曹平的一百零一两。根据英清通商条约之规定，清国一担(100斤)相当于英国的133磅的1/3。清国的关税以此秤为标准，也有将此秤通俗地称之为“磅秤”。如将此与我国比较，其相对情况是：

◎中日权衡比较

清国(中国)	日本
海关平一担(100斤)	16贯目[②]
海关平一斤(16两)	160匁
海关平一两	10匁

再补充说明一下：清国一直沿用一担100斤、一石120斤的重量标准，但根据商品不同，其斤两也有所不同。“平”是计算金银重量的用语，“秤”则是计算货物时的用语。前者的“平”也可以指天平这一衡器。有关货币及度量衡的叙述，在本章里还不十分完备，只能待此后再进行补遗、修正，以求其精细。

① 行秤：主要是与外商交易时的中介商用秤。

② 贯目：日本的重量单位，1贯=1000文目(匁)，约合3.75kg。(译者注)

第九章

商业机关

第一款 商业的种类

货物集散 在中国商业的种类极多，正所谓三百六十行（根据商业买卖的种类进行区分）。由于汉口是内地货物的一大集散地，各种行业都云集于此地。其主要的行业，就是俗话所说的“八大行”，即：盐行、茶行、药材行、广东福州的杂货行和油行、粮食行、棉花行、皮行。这些货物从中国各地运来汉口，再经居住在汉口客栈的客商转手输送到中国各地。从四川运到汉口的货物有药材、桐油、漆油、橘子、木耳、生漆、丝麻、白蜡、黄丝等；从陕西运到汉口的货物有牛皮、牛油、羊毛、鸦片等；从河南运到汉口的货物有杂粮、棉花、牛羊皮、药材、桐油、牛油、皮油、麻油、黄丝、鸦片等；此外，湖南的米、茶等，江西、福建的药材、瓷器、麻丝、麻布、茶、水果等；上海及镇江的洋货、福广杂货、棉丝、棉布之类，汕头商人的砂糖、洋广杂货等，不胜枚举。现根据多方材料，大致概算出各商帮交易情况如下：

◎各帮的交易情况

帮名	交易的货物	大商贾数	平均每家交易额	总交易额
四川帮	药材、桐油、生漆、丝麻、白蜡、黄丝等	30 家	30 万两	1000 万两～1500 万两
云贵帮	木耳、生漆、桐油、白蜡、鸦片、木材等	30 家	30 万两	1300 万两～1200 万两
陕西帮	牛羊皮、羊毛、鸦片、牛油、生漆等	10 家	—	700 万两～800 万两
河南帮	大豆、芝麻、小麦等农作物，牛羊皮、药材、核桃、鸦片等	—	—	1500 万两
湖南帮	茶、米及杂粮等	—	—	茶：1040 万两 米及杂粮：1000 万两 其他：500 万两 总计：2540 万两

江西福建帮	茶、其他	—	—	茶:300 万两 其他:700 万两 总计:1000 万两
江南及宁波帮	棉花、海产品、米、帽子、丝绸等	60～70 家	—	3500 万两～3000 万两
山东及中国北部商家		—	—	700 万两～500 万两
潮帮、广帮及香港帮	海产品、黄白生丝、广货、桂皮肉、叶扇、夏布、荔枝、丝织品、象牙工艺、银制品、砂糖、蚕茧等	潮帮:30 家, 广帮:20 家, 香港帮:20 家	—	3500 万两
汉帮				
湖北帮	茶			

第二款　帮(商帮)

所谓的“帮”就是同乡商人相结合而形成的一个团体,并在这个商业团体的前面冠以乡里的名字,在汉口有名的“帮”即商帮,主要有四川帮、云贵帮、陕西帮、山西帮、河南帮、汉帮、湖北帮、湖南帮、江西福建帮等。这些商帮的唯一的商业机构就是会馆或公所(参看会馆及公所的条目)。上述所讲的八大行一年间的交易额概数如下。

◎八大行一年间的交易额

行名	行数(概数)	年间的交易额
盐行	10 家	400 万两～500 万两
米粮行	20 家	1800 万两左右
杂粮行	20 家	1800 万两左右
棉花行	10 家	800 万两左右
油行	10 余家	2300 万两～2400 万两
茶行		1770 万两
药材行		300 万两
广福杂货行		700 万两～600 万两

第三款　市场

作为市场虽然没有特定的规划,但依据运输之便、装卸之利,在汉水沿岸设置仓库的同时,自然而然形成市场。其主要的市场有:棉花市场、油市场、薪炭市场、米市场、杂粮市场等。米从湖南、杂粮从汉水上游、棉花从湖北一带、油从四川湖南一带通过民船运到汉口。货主通过“行”进行销售,下面例举各市场的销售场所。

1. 油市场　此市场位于汉水与长江汇合处汉阳地带的打扣巷的河街一带。年间常停泊的船数约 150 艘。

2. 薪炭市场　此市场位于集家嘴一带，与米市场相对。在此经常停泊的薪炭船大约有百余艘。

3. 米市场　此市场位于沈家嘴的汉阳地域，在此有 20 多家商务交易所。根据季节的不同，常有百艘乃至二三百艘的米船来往于此地与湖南之间。

4. 杂粮市场　此市场位于汉水上游的杨家河，在此开设 20 多杂粮行，来往于汉水上游各地的民船大约有二三百艘。

以上各市场并不是来自于事先有计划的市场区域规划，而是出于运输、销售的便利，根据多年惯习而形成的自发交易市场。没有特定的规矩，只有交易惯习。其通常的交易方法是：购买某一特定货物的商家，集中到此，可通过商行或寄宿在商行里的商人购货，也可到搭载货物的商船上购货。总体来说市场的交易属批发性质，其支付手段也多样，或用现金，或用庄票（民间小银行的有价票据），或根据信用度，以约定的票据结算。

第四款　会馆及公所

就一般商业来说，需要了解会馆及公所制度。所谓的会馆不论其业体如何，都是在一定的规约下，集具有信用的同乡人于一体并支配其个人商业行为的一种自治团体。所谓公所其特点是，不仅限于是否乡里，所联系是同行业的人士，通过此公所所制定的公约来约束与其营业相关的诸般问题。

在汉口会馆与公所没有上述所说的整齐划一的界限，在同一会馆内分别设立同一营业者的公所，例如：在四川会馆里有药帮和船帮这样的团体。这些团体掌管很多事物，其详细情况将在其他章节另行叙述。在此仅举与商业有关的一些公务，即：处理交通运输、度量衡、交易习惯、交易规定及市场行情等问题。特别是公所，由于参与者都是同行业者，其所处理之事不外乎本行业的相关事情。例如：对于米商来说有米的交易习惯、对棉花商来说有棉花商的通行做法，这些习惯或做法都是同行业人士经过多年交易所形成的惯习，又通过公所组织的作用，将这些默许的规定，作为潜规则固定下来。其实在汉口之地，会馆、公所只不过是大致上的区别，比如河南公所，说是公所，其实质都是由同乡所设立起来的机构；再如茶叶会馆乃是同业者设立起来的商业团体。也就是说会馆与公所的界限有时很模糊。下面将汉口的主要会馆和公所记录于此。

◎汉口的主要会馆和公所

会馆	长郡会馆	四川会馆	山陕会馆	浙宁会馆	施德会馆	潮嘉会馆
	茶叶会馆	湘乡会馆	徽州会馆	江西会馆	太平会馆	乡山会馆
	岭南会馆	白布会馆				
公所	河南公所	米市公所	船帮公所	麻布公所	汉帮公所	钱帮公所
	汇盐公所					

第五款　商业习惯

中国汉口可以说是商业习惯最复杂的地区之一，外人很难窥其内情。其复杂的原因可能来自商业的种类，或者来自当事者的国籍，或来自信用程度；由此造成商业习惯各异，不能以同一律来论定。比如计量货物的秤有几十种之多，用于有价支付的银，根据其重量和银的成色也有几十种。有关现金支付也有很多种类，有现金实付，还有区间支付，所谓的区间支付有在二周内支付、三周内支付、甚至还有六十天乃至三个月的支付。有关秤的种类及两的重量及汇兑方面的说明和比较，在金融及度量衡这一章里已作叙述，在此仅略述交易上的一般习惯。

货物买卖　在交易习惯非常复杂的汉口，在进行“交单”、“定单”、“成单”等的交易过程中，通常并不一定依据买卖的大小、信誉如何或口头及书面的约定，而是在买卖成交前，先就秤、平(天平)及支付日期等事项，双方进行确定，然后再谈买卖的合同问题。

货物交付　在约定商务合同的初期，就要确定货物交付事宜，按照汉口通常的交易的货物习惯卖主将货物送到买主所指定的场所。如果需要仓储的话，有关存货、提货所需的费用均由买主负担。诸如其他交付日期等可随时商定。

货款交付　货款支付通常都是按交易双方当初的约定实施，如前所述，有十日交付、二十日交付或一二周交付等各种形式，如果交付期限较长，按照市场的惯例，一般要支付按货款额所折算的每天的利息。但和外国人做生意就没有中国人之间做生意那样的灵活性，因为交易双方都考虑到风险，货款的交付期限一般在二周间。

中国人之间做生意之所以有灵活的付款方式和较长时间的付款期限，主要是交易双方比较信任，而交易双方的信任度又来自商人所属的会馆及公所的对商业行为的约束，各会馆、公所对不法经商都有严厉制裁的规定，使商人不敢轻易破坏规矩，如果破坏了规矩，在本会馆或公所内很难立足。

货款结算主要有定期结款的方式和用标有日期的庄票票据结款的方式。这一点要引起新来的外国商人的注意。以上仅就交易的一般情况而言，不同的货物有不同的交易方式，都有深入研究之必要。

第六款　买办制度

第一项　总说

买办制度在中国由来已久，不用说汉口，在中国各开港地的外商，不管是何业务，不管是英、美人还是德、法人都采用一种最便捷的经营方式，这就是买办形式。买办实际上具有雇佣承包经营人的性质。外商将买办作为自己的耳目、作为自己的手足，在业务上作为联系客户的桥梁并藉此扩张业务范围，甚至将业务的一半委托给所雇佣的买办，由此外商在买办的商业运作之下，所获得的利益也将大打折扣。此外，对于外商而言，他们并无法完全控制买办的商业行为，因为买办属于极为自由的被雇人，有很多买办在受雇外商银行的同时，将外商银行的名号冠在自己头上，将资金流于他用，进行其他（外商银行以外）的业务，此现象虽屡屡发生，却很难禁止。这样的买办虽然受雇于外商银行，但并没有忠实地履行受雇银行的商业交易，而是通过在雇主银行与客户之间的交易，赚取额外差额，或收取交易佣金，来谋求自身利益。

买办常冠以外商银行的大名，在中国人同行业间张扬自己的威势，最终发展到表面上忠于外商，而实际上，欺瞒雇主，暗地里与中国的客户结帮，将滞销的劣品纳入银行。由此，应看到洋行的营业不应该是买办的业务，买办的弊害可从买办收益的种类和数量中查知。至于雇佣买办之便利与雇佣买办之弊害，其利害如何，就现今而言，还难于断定。从外商普遍雇佣买办现象来看，至少说明买办是不可缺，或者说雇佣买办之便益大于雇佣买办之弊害。

外商雇佣买办主要基于二个原因：其一，外商不通晓自己所从事的商务及本地的商业习俗；其二，难于理解商用的各种衡定器具。为此不借助买办很难进行大的交易。日本洋行鉴于买办之弊害，三井洋行已废除买办制度，吉田洋行在一开始就没有雇用买办。下面再对买办作进一步叙述。

第二项　买办的起源

外国商人来到汉口，虽然发现有利可图的商机，如果不进行购置土地、置办店铺、雇佣员工、筹集资金等商业活动准备，仍不能开张营业。总体来说，中国人对外国人并不信任，新来的外国人首先要考虑的是直接取得中国商人的信任的方法。此外，要熟悉商贸的过程，即：通过何种方式进行货物买卖、其通货与英美相比是怎样一个兑换比率、常用的度量衡如何确定、厘金的征收法、本地物产的购入法、市场行情的真相、金融机构的状况及相关行业商人的状态等事情，这些都是自己面临营业时所必须要研究的情况。然而，这些事情非常繁复纷杂、实难了解，如若不花上一二年钻研工夫，很难知悉。于是，外国商人在营业之际，首先了解本地的资产家及名望之族，以寻求通晓本地商贾之人，进而为自己商业交易所用。这种情况如同外国的旅行者，聘请本地导游进行参观见物一样，实际上，买办与导游作用相同。很多中国商人通过买办之手安全地与外商进行交易。从另一个角度来说，外国商人利用买办的信誉，以买办的智识为指南，逐渐深入了解自己不熟悉的事务。当然，如果外国商人在一开始就熟悉本地语言、通晓本地商务之事情，就无需借助买办之力。如此说来，买办的出现完全来自因外国商人不了解本地语言、不熟悉本地商情而产生的市场之需求。

第三项　买办的性质

买办是一个复杂的存在现象，有多面性的工作性质。根据从买办与雇主签订契约关系而受雇于雇主，进而根据买办所从事的劳务来领取报酬这一性质来看，完全是一种雇佣关系。然而在业务上买办往往以自己的名义为雇主购进物品、进行贩卖，从这一点来看，买办又好像是批发商或者代购商（代办购物等事宜）；从买办介于雇主与中国商人两者之间，完成交易、借贷等商务，由此领取佣金（介绍费）这一点来看，买办又像是中介商；从买办预先领受雇主的商务任务，并根据自己的计划进行处理和完成这一点来看，又好像是承包商。总之，买办有多面角色。

买办原本作为雇主的雇用人，根据雇主的需求代办其一半业务的有偿雇员，现今，其性质完全变化，买办扩张其权限，以自己的名义开始交易。其结果作为其雇主的外国人完全与对方的中国商人相隔绝，交易能否成功完全取决于买办的意愿，进而买办以对自己有利的商务与中国商人相交涉。这样一来，雇主与买办、买办与中国商人形成了两个相并列的不同的契约关系。利用这两个不同的契约关系，买办在为雇主实施商务事宜的同时，在业务上扩大自己的权限，毫无妨碍地进行与雇主无关的完全为己谋利的商务活动。在火轮的运输业、银行业、商贸业等各行业，由于其业务的性质不同，其买办的性质及状况也略有所不同，但简言之，所谓的买办就是打着外商的旗号，以自己的名义赚取利润，雇主并付给其工资的承包经营人。鉴于买办对雇主的业务进行承包，其账目出纳及核算都是单另进行，与其说买办是雇员，毋宁说是独立的商人更为准确，为此对买办还像对待雇员一样付给工资，就有悖于承包的性质，现今对买办支付工资渐次废止，改为无薪俸，就是外商对买办商业行为有所认识的结果。

第四项　买办制度的利与弊

如前所述，买办虽是雇员的一种，但以自己的名义进行营业，必须要有从事商务活动的条件，故此，大的外国洋行在设置外国人办公事务所的同时，通常还要设置买办的账房，当然还要相应地配备工作人员，因为账房属另设机构，作为雇主的外商对买办所属范围的工作人员不过问，当然，对其使用人员的任免也完全由买办决定。

与中国商人交易直接由买办出面处理，为此，在中国人方面来看，似乎是买办在营业，而不是外商。外商之所以默认于此，给与额外权限，主要基于这样几点考虑：a. 利用买办从事交易活动可以灵活处理与中国的商人业务。b. 能稳固和密切客户的关系。c. 便于调停交易上的纷议。外国商人之所以牺牲一些金钱利益，设置买办制度大致也缘于此。此外，还有的外商在汉口话语不通，对地方不熟悉，具有很多无法克服的困难，只能通过买办从中解决，外商对买办所支付的代价，实际上也就是买办的收益。至于买办在交易中如何获得收益，下面再简述一下。

第五项　买办的薪俸

买办受雇于雇主（外国商人），替雇主代办商务而获得报酬，从雇佣关系来看，这是理所当然之事，但当所给付的报酬，不足以填补施展业务的经费，或者说，只计算了买办手下人员的工资，而未能考虑在业务支办过程中的花费及在交易过程中的运营费用的话，那么，就必然从别的方面来补充，买办的另一项收入就是在交易中所收取的佣金或曰介绍费。

第六项　佣金（介绍费）

在中国的生意场上，投桃报李是一个潜规则。如果给与交易对方以方便，对方必然会还以回报。对方所回报的好处若用金钱表示就是佣金，佣金可以说是中国生意场上的一种习惯。买办虽然受雇于雇主，并接受雇主的工资，然而当为雇主进行交易时，作为常例在交易额中提取一二分的份额作为手续费。这一点已在雇佣契约的书面上明确出来，对交易额的利益分配雇主亦表示承认。这样一来，介于雇主与中国商人之间的买办，当交易时，从雇主处得到相当的佣金的同时，也从作为交易对方的中国商人那里得到同样的佣金。例如：当为雇主购进（买进）货物时，买办先与卖方的中国商人签订买卖合同后得到佣金，进而将其买进的货物交付给（不如说是出售给）雇主由此再得到佣金。通过以上交易可以看到买办与卖主的合同、买办与雇主的合同，虽交易的是同一货物，却是两份不同的合同。由于买办处于外国商人与中国商人的中间环节，由此，在交易中，又会产生另一项收入，这就是买卖的差额。下面具体说明这一点。

第七项　订货价格与买入价格之间的差额

还以前项的购货为例，这其中欺瞒甚多且很难为外国雇主所察觉的是：买办的实际的购货价格通常会低于雇主的订货价格，这之间的差额就悄无声息地揣进买办的荷包。买办还有一项常被外国雇主所忽略的进项，这就是由于银平大小所产生的价格差，例如：以小银平百两购进的货物，对雇主可谎称用大银平百两购进的货物；在向雇主交付货物时，以大银平结算，这样每百两就会产生三四两的差价（银平有大小数种结算形式，各商家所用均有所不同。甲银平是百两，乙银平就是九十八两，而丙银平只相当于乙银平的九十六两。其名称比例等在其他章节另行记述）。

当然，不是买办在办理每项商务时，都能无遗漏地得到上面所说的各项收益。但银行的买办可获得类似于此的银行业所特有的交易利益。货轮会社、保险会社的买办根据行业的特点，莫不如此。如果买办与对方的中国商人结托欺瞒雇主的话，那么，买办将获得暴利，由此，雇主所得到的利益将可想而知。总而言之，对于外国商人来说，要权衡雇佣买办所得到的利益与由于雇佣买办不足以获利这正负两方面的情况。

第八项　结论

纵观我日本商人在中国内地开始事业之状况，不论从事何种业务，无不求助于买办的援助。当然，这其中也有不借助买办之力难于完成的业务，由于雇主对买办的业务难度未能准确地把握，进而造成雇主对买办不切实际的许诺，给买办带来极大的获利空间。也有雇主对买办监管不力，给买办造成很多获利机会的情况。总之，如果不理顺雇主与买办关系，雇主业务之扩展，即等于买办利益之增进。如果买办能竭力承办雇主业务，尽管雇主效益甚微，也尚可忍耐。如若买办旨在欺瞒，买办的商业行为只是利用外国雇主的大资本满足买办私欲，买办制度乃是终将废止之制度。

如果在中国开拓事业不利用买办就无法施行的话，那只能说明对中国语言不通、对中国事情不熟。要想在中国做到通熟，必定要潜心进行十年乃至二十年的研究工夫，从银平、度量衡、厘金征收法到本地土产购入、金融状况及各商人的营业状况等与交易相关诸项都能做到通晓，在此基础上，在本地商人之间广泛建立信誉和名义；以至于达到即使不利用买办，亦无任何不自由之状态，只有达到这个状态，我国在中国的企业才能持续发展起来，货物买卖才能如心所愿。然而，我邦有很多企业人士，到中国仅有二三年，带着对中国一知半解的知识转任回国，实在是令人遗憾之至。

将来应以中国为对象，不断派遣青年实业家，并且至少要有在中国某地度过十年星霜岁月的准备；以待将来取代中国买办，成为我邦在华的指导人。此计划应从今日始，培养青年实业家乃是当下之要务。

第七款　栈房(客商居住所)

综合商务办事机构　所谓“栈房”就是具有旅馆风格的建筑物,存在于汉口的水市(汉水的泊船地)附近,各府县的船舶常停泊于此。居住所多选在出行便利之处,由某地方的商人(十人乃至五十多人)共同出资建设。这个栈房并不简陋,而是一座旅馆风格的规模较大的建筑物。这个栈房的管理有多种形式:有的由一商人对其管理,并承包客商就餐形式;也有的客商在此购有单独住房,如同居住在自己家中情况;还有面向差旅人员对其提供万端便利的服务设施。在此住宿的商人可能来自同府或同县,但不一定是同业,或做生漆生意,或做药材、杂货生意……都杂居在此。这其中较多的是进出货的客商,即:卖掉自身带来的土产货物,买进棉线、棉布、杂货之类;还有在此常驻,从事买卖交易的商务人员,这些人以居住所为办公地点,为客商办理汇兑、票据等银行业务以及与货物收付相关的火轮会社业务及关税手续等。总之,商务需求在此都能得到满足,此地成为一个综合的商办事务机构。

兼营仓储业　在来到此居住的人员中,有些来自四川、山西、贵州等偏远之地的生产厂家的业务员或批发商的业务员,他们不了解汉口地方之事情,不通晓汉口地方之语言,如果每项事务都自己亲自去做显然有诸多困难,且还要支出很大的费用。于是,集具有共同情况的同宿在一起的业务员(十四五名),相互商定共同出资,聘请一两位通晓汉口事务者代办火轮、关税、银行等各项商务,其代办的费用由参与者(委托人)分摊,这样一来,每人所支付的代办费非常少。如前所述,在此居住的业务员中,有很多是从事交易买卖,为此在手头上必需要有一些现货,栈房应此之需,在栈房内设置一两个大房间,保管业务员及客商的物品或产品。这个大房间作为仓库的一种,征收价格较低的仓储费。

如果除去事务上的经费,仅以每人每月的栈房住宿费计算仅三两银内外,几乎都是实际费用的支付。栈房之所以能安守于此廉价收入,并非来自“栈房”为客商、为同乡人提供便利服务的公共心,而是基于以下考虑:来此居住的客商或业务员,基本上都是常住,短则半年,长则一年,为此房费收入稳定;此外,还有仓储等其他一些杂项收入,也是有利可图。

来此地常住的客商或业务员,大都以推销本地土产为主,以此角度来看,在此居住者又都是同业者,由于长期居住,相互往来,日益亲和,宛如一大家庭,由此相互建立信用关系,为今后交易建立良好基础。

如果对此模式稍加变更亦可适用于我邦商务,近两三年来,不断有人提出建立仿造于此的“日本客商寄宿所”,此意甚好,应尽快成为事实。

第十章 外国贸易

第一节 一般的输出入贸易

第一款　总说

汉口的贸易额在最近十年间，增长了一倍以上，即：1896 年总输出入额 6,000 万两，此后渐次增加，在 1900 年，虽因农作物歉收而一时减少，但此后，逐年顺当递增，当到 1904 年，已达 1 亿 4 千余万两的程度，第二年，也就是 1905 年，其贸易额虽受年成欠佳及汇兑市场变化的影响而有所减少，呈一时受挫之状，但其发展大势尚未改变。总而言之，汉口周边地区是重要农业产地，其年景好坏将直接地影响到输出额，间接地涉及农民的购买力，由此给输入带来波动，也在所难免。下面揭示近十年来的汉口贸易额。（以海关两为单位）

◎近十年间的汉口贸易额

年度	总输出入额	纯输出入额[①]
1896 年	61,569,553 两	44,306,493 两
1897 年	69,357,791 两	49,720,630 两
1898 年	70,792,128 两	53,771,445 两
1899 年	90,879,032 两	67,202,061 两
1900 年	78,490,422 两	57,050,639 两
1901 年	86,987,925 两	62,219,698 两
1902 年	100,321,823 两	73,811,178 两
1903 年	133,149,829 两	99,129,500 两
1904 年	147,904,658 两	107,449,374 两
1905 年	122,093,473 两	111,043,046 两

① 所谓的纯输出入额是从总输出入额减去再输出入额。

◎近十年间汉口的外国产品输入额

年度	总输出入额	纯输出入额	直输入额
1896 年	20,242,739 两	14,193,537 两	209,901 两
1897 年	22,768,620 两	17,172,351 两	174,941 两
1898 年	21,191,325 两	16,019,721 两	65,882 两
1899 年	29,797,757 两	21,666,827 两	440,461 两
1900 年	27,215,794 两	19,743,376 两	802,168 两
1901 年	36,045,860 两	25,685,954 两	2,141,491 两
1902 年	37,700,621 两	26,871,607 两	5,000,160 两
1903 年	55,045,515 两	36,829,444 两	7,757,647 两
1904 年	53,591,205 两	37,150,383 两	12,815,690 两
1905 年	52,112,260 两	47,510,919 两	26,411,934 两

◎汉口近三年间的贸易额对比一览表(海关两)

贸易种类	1903 年	1904 年	1905 年
从外国、香港输入	7,757,647 两	12,815,690 两	26,411,934 两
从中国各港输入	47,287,868 两	40,775,515 两	25,700,326 两
小计	55,045,515 两	53,591,205 两	52,112,260 两
外国再输出	1,091 两	200 两	8,833 两
向中国开港地输出	18,214,980 两	16,440,802 两	4,592,508 两
小计	18,216,071 两	16,441,002 两	4,601,341 两
纯输入额	36,829,444 两	37,150,383 两	47,510,919 两
内地产品①	—	—	—
由中国各港总输入	22,397,827 两	31,228,403 两	12,775,863 两
向外国输出	906,991 两	1,673,690 两	2,066,776 两
向中国各港再输出	14,897,267 两	22,340,772 两	4,382,310 两
小计	15,804,258 两	24,014,462 两	6,449,086 两
纯输入额	6,593,569 两	7,213,941 两	6,326,777 两
土产品	—	—	—
向外国输出	3,852,784 两	5,470,179 两	7,493,132 两
向中国各港输出	51,853,703 两	57,614,871 两	49,712,218 两
小计	55,706,487 两	63,081,050 两	57,250,350 两
总贸易额	133,149,829 两	147,904,658 两	122,093,473 两
纯贸易额	99,129,500 两	107,449,374 两	111,043,046 两

通过以上统计数字可知，贸易中的输出额比每年的输入额大；由此可以大致判断汉口终究是以原料或以半成品输出为主要目的的港口。

① 内地产品和土产品都是中国本土所产，前者指汉口以外的内地产品；后者指汉口地方的产品。

第二款　输出贸易

第一项　概说

◎最近两年间的重要输出品的数量及价额(海关两)

向外国输出的产品	单位	(1904 年)数量/价额	(1905 年)数量/价额
豆渣	担	—	89,240 担/92,810 两
白大豆	同	2,856 担/7,711 两	69,957 担/172,496 两
兽骨	同	7,280 担/5,096 两	14,059 担/9,569 两
猪毛	同	150 担/8,068 两	50 担/4,650 两
棉花	同	35,562 担/640,116 两	79,109 担/1,226,190 两
石膏	同	5,000 担/2,500 两	9,112 担/4,009 两
大麻	同	422 担/4,642 两	10,530 担/117,304 两
水牛皮	同	—/—	18 担/328 两
黄牛皮	同	—/—	—/—
生铁及铁矿	同	245 担/7,350 两	210,470 担/605,854 两
药材	同	—/—	—/646 两
五倍子	同	168 担/3,024 两	716 担/13,962 两
豆油	同	—/—	1,165 担/8,493 两
桐油	同	596 担/4,552 两	3,434 担/30,151 两
大黄麻(四川)	同	—/—	8 担/106 两
胡麻	同	600 担/2,400 两	9,517 担/40,066 两
山羊皮	同	4,672 担/3,148 两	—/—
树脂	同	—/—	1,330 担/12,635 两
生漆	同	—/—	1,584 担/86,106 两
红茶	同	200,199 担/3,471,451 两	175,043 担/2,821,693 两
硬茶	同	66,715 担/835,456 两	109,708 担/1,607,649 两
绿茶	同	12,602 担/126,020 两	27,993 担/246,338 两

◎汉口向中国国内各港的输出品的数量及价额

向国内港输出品	单位/两	(1904 年)数量/价额	(1905 年)数量/价额
细棉布	反[①]/两	37,239/152,680	60,435/257,453
棉丝	担/两	47,283/1,385,392	60,959/1,828,770
锑(安质母尼)	同	11,838/41,577	874/2,979
砷酸	同	7,032/61,178	6,701/53,206
豆糟	同	533,497/426,798	745,672/775,499
大豆	同	107,578/247,429	109,065/245,396
蚕豆	同	265,046/874,652	264,753/783,669

① 反：日本的布匹长度单位，共长 40 码。

白大豆	同	2,276,503/6,146,559	2,446,554/5,886,757
兽骨	同	40,831/32,309	53,766/36,790
猪毛	同	9,562/685,233	9,593/656,534
土茯苓	同	20,789/153,839	16,906/143,532
土布	同	9,663/405,846	11,966/42,989
煤炭	吨/两	83,226/699,098	72,422/588,067
棉花	担/两	364,168/6,554,844	172,794/2,678,308
染料	同	26,304/44,717	36,440/49,725
鹭羽毛	斤/两	10/1,653	13/3,485
木耳	担/两	14,303/786,665	15,034/789,586
石膏	同	290,891/145,446	278,838/122,689
麻	同	149,165/1,640,815	142,475/1,587,172
水牛皮	同	191,693/334,781	17,694/322,385
黄牛皮	同	113,388/3,401,640	65,643/2,034,933
生铁·未制铁类	同	68,116/93,002	317,483/593,693
铁器	同	54,804/189,734	1,357/5,184
干黄花菜	同	3,950/30,020	4,592/33,613
药材	—/两	—/941,360	—/1,050,207
麝香	？/同	1,312/23,534	1,210/25,022
五倍子	担/两	26,593/478,674	30,068/586,326
豆油	同	11,275/82,308	11,102/80,934
芝麻油	同	45,586/378,364	12,792/100,801
茶油	同	20,204/181,836	15,334/115,772
桐油	同	424,337/3,394,696	374,722/3,290,059
纸	同	48,469/365,492	69,524/415,419
大黄麻	同	865/11,851	323/4,293
米	同	2,150,110/5,590,286	1,141,461/2,132,776
三烧酒	同	25,924/186,653	21,018/134,095
莲子	同	24,735/259,718	24,612/234,098
芝麻	同	615,574/2,462,296	743,973/3,132,126
白生丝	同	132/45,850	159/59,784
黄生丝	同	3,443/1,105,203	3,751/1,350,622
蚕茧	同	—/—	116/2,888
丝屑	同	9,639/260,253	8,390/244,988
茧屑	同	913/25,888	1,709/42,749
毛皮	同	55,029/163,393	49,821/175,384
山羊皮	同	2,006,614/1,095,175	2,919/18,116
钢铁	同	1,955/9,895	682/3,997
钢器	同	—/4,746	—/—
树脂	同	181,850/1,818,500	146,314/1,389,983

红茶	同	144,411/2,504,087	115,334/1,859,184
茶砖	同	106,684/1,296,664	97,193/1,319,907
绿茶	同	250,104/2,501,040	181,041/1,593,161
烟草	同	85,869/515,214	140,408/1,020,766
烟草丝	同	68,581/1,028,715	76,296/1,162,751
生漆	同	11,528/449,592	12,362/671,998
白蜡	同	2,231/122,705	2,434/128,856
小麦	同	441,949/795,508	557,558/959,000
木板	同	268,240/214,595	292,493/191,612
材木	同	476,537/714,860	420,805/509,174
计		53,564,857	43,536,023

如前表所示，汉口的输出品主要是农作物，而农作物又与年景有很大关系。1904 年的年成好，取得了大丰收；但 1905 年，由于两湖及河南一带歉收，导致输出量减少；1906 年，农作物的收成继续不振，进而导致输出不畅。以下就三年来的农作物的主要输出品情况作简要叙述。

第二项　茶

在汉口的农作物的输出品中，占据首位的大宗生意是茶叶，在 1905 年，由于年景不好，所输出的祁门茶的头茬茶和二茬茶均比 1904 年有所减少，其茶叶的品质亦劣化。安化茶[①]亦然。羊楼洞的茶及通山的茶收成良好，而宁州茶获得丰产乃实出意外。如上所述，1905 年度，两湖及河南一带歉收，加之汉口茶的重要输出国俄国处于交战之中，对茶的需求量急剧减少。此外，还有运输困难、银行交易信用度不高、资金融通及汇兑不便等因素也造成茶叶输出减少。

1903 年度及 1904 年度茶的输出额为 1,030 万两和 1,090 万两，到 1905 年减少至 970 万两。进而，到 1906 年，虽然俄国结束了战争状态，但由于茶的收成欠佳，其输出额亦不尽人意。有关茶的问题在农产的章节里还有详细的论述。

第三项　大豆类

在日俄战争中，从中国牛庄所出口的大豆基本停止，直到 1904 年初，才开始出现由汉口大量输出的迹象。由汉口输出到日本的大豆与由牛庄输出的大豆相比，大体上无太大差别，汉口大豆的销售价格虽然稍高一些，但由于其原产地的价格比牛庄低廉，不一定能受到来自牛庄的商业竞争影响，由此，可稳固自日俄战争以来所建立起来的交易渠道。然而，略有遗憾的是，汉口的大豆在质量上较逊于牛庄的大豆，对于汉口来说，乃美中不足之事。

1906 年度的大豆情势如同茶等农作物一样遭到歉收之害，要想增加购买量，

① 安化：产茶地，位于湖南省中部的益阳境内的县。（译者注）

甚为困难。由于收成欠佳而导致大豆价格上扬，其市场价格甚至达到每担二两七八匁。（请参看农作物中的有关豆类的章节）

第四项　棉花

1906年度，中国棉花严重歉收，因此，美国大量廉价棉花入市，受此行情影响，中国棉花的输出量急剧减少。1904年为34万担，到1905年仅17万担；其市场价格在1904年每担为18两，到1905年下降到每担15两5匁，1906年与1905年相比，更呈下降之态势。（在农产章节里还有详述）

第五项　桐油

桐油为汉口输出之大宗。然而，近来出现将芝麻油混入桐油里的情况，致使来之不易的市场声价逐渐下降。这不能不说是件憾事。其实，桐油为中国所特产，他国无法与之竞争，即使不采用不正当手段，将来，输出前景也颇为看好。

第三款　输入贸易

第一项　概说

◎最近两年的重要输入品的价格、数量

由香港及外国输入	单位/两	（1904年）数量/价额	（1905年）数量/价额
细棉布	反[①]/两	44/106	1,702/4,156
平纹布	同	2,600/7,330	18,040/49,610
漂白细棉布	同	1,266/4,937	5,157/18,823
绫木棉	同	—/—	7,500/27,188
印染花布	同	20/44	67/151
朱红细棉布	同	50/123	—/—
棉织物	同	1,480/7,986	6,618/31,284
染色棉布	同	1,326/5,111	1,052/4,219
天鹅绒	码	5,968/1,208	43,050/8,610
棉线	担	3,282/81,074	3,364/87,709
粗毛织品	反	906/10,353	—/—
罗纱	码	1,240/1,860	2,549/3,824
羽绫	反[②]	1/9	—/—
哔叽	同	29/155	—/—
铜块	担	98,815/2,901,779	304,148/8,894,834
日本铜料	同	—/—	103,793/4,504,251

① 反：日本的布匹长度单位，共长40码。

② 反：日本对“羽绫”计算的长度单位，共长30码。

外国铜料	同	11,293/474,176	28,884/1,219405
铅块	同	6,721/38,310	7,906/41,111
锡块	同	—/—	67/2,881
马口铁板	同	29,263/175,578	45,120/261,696
水泥	同	30,005/30,005	36,497/36,497
煤炭	吨	61,972/328,452	56,026/280,130
苯胺	两	—/46	—/2,262
人参(美国)	斤	6,449/63,081	2,166/30,337
机械类	两	—/546,906	—/1,491,738
火柴(日本)	箩	131,756/27,010	131,394/28,133
缝针	毫米	20,200/4,101	31,750/6,064
石油	加仑	10,895,741/1,795,951	19,504,297/2,258,923
胡椒	担	4,003/89,255	1,753/35,596
铁道材料	两	—/2,056,101	—/1,468,321
铁道枕木	根	50,750/40,000	454,464/616,308
檀香木	担	18,052/146,221	12,390/113,988
苏木	同	5,415/13,538	6,252/14,692
海带	同	5,409/18,507	3,821/10,755
砂糖(褐色)	同	81,502/326,008	116,731/466,924
冰砂糖	同	19,177/137,116	21,519/158,165
精制糖	同	96,032/513,771	138,471/761,591
白砂糖	同	19,202/94,090	34,336/175,114
外国制茶	同	12,890/258,100	38,428/687,298

◎由中国内地各港输入汉口的外国产品①

由内地各港输入	单位/两	(1904年)数量/价额	(1905年)数量/价额
细棉布	反②/两	1,214,895/3,900,868	764,285/1,996,374
平纹布	同	251,220/814,532	171,022/521,362
漂白细棉布	同	724,843/2,825,430	447,369/1,637,868
绫木棉	同	217,237/798,366	283,042/1,000,367
印染花布	同	105,286/231,629	45,548/102,483
朱红细棉布	同	123,465/293,690	70,444/148,473
印度布	同	95,021/183,740	91,677/159,288
棉缎	同	432,582/2,322,264	266,619/1,267,510
染色棉布	反	11,688/44,965	8,548/34,283
天鹅绒	同	546,202/106,267	391,412/72,826
棉线	担	620,029/15,490,282	250,282/6,536,613
毛织物	码	14,485/174,023	4,280/40,446

① 以下所列仅是重要的输出品，并不能反映输入额的全貌，为此，不计入合计。

② 反：日本的布匹长度单位，共长40码。

粗毛织品	反	17,191/195,977	11,729/147,785
罗纱	码	214,451/304,954	119,924/172,363
羽绫	反	11,715/108,950	7,460/76,465
哔叽	同	38,164/204,177	15,270/83,222
小呢	码	186,509/111,905	60,803/33,442
铜块	担	10,877/308,743	118,064/819,895
外国铜料	同	458/19,449	6,877/274,444
日本铜料	同	—/—	33,212/1,408,788
铁丝	同	22,476/89,904	25,267/98,541
铅块	同	24,593/140,180	20,121/104,629
锡块	同	3,253/141,506	1,950/83,850
马口铁板	同	7,140/42,840	2,031/11,780
水泥	同	31,962/31,962	22,697/22,697
煤炭	吨	23,826/126,278	9,638/48,190
苯胺	两	—/564,570	—/376,468
人参	斤	15,740/130,940	8,001/82,723
机械类	两	—/145,742	—/280,787
火柴(欧洲)	箩	2,112/2,534	—/—
火柴(日本)	同	60,865/12,477	31,750/7,453
缝针	毫米	967,850/196,474	627,697/119,890
石油	加仑	8,776,235/1,559,981	7,131,590/984,313
胡椒	担	9,376/190,970	5,695/113,215
铁道材料	两	—/31,627	—/40,823
铁道枕木	根	—/—	200/340
檀香木	担	3,820/30,769	1,555/14,306
苏木	同	457/1,143	215/505
海带	担	160,150/515,650	131,411/353,964
砂糖(褐色)	同	28,948/115,772	30,626/32,504
冰砂糖	同	7,084/50,651	3,909/28,731
精制糖	同	27,963/149,602	24,104/132,572
白砂糖	同	30,718/150,518	26,563/135,471
外国制茶	同	—/—	—/—

◎有关汉口的主要转口输出品如下[①]

由内地各港输入	单位/两	(1905年)数量/价额	(1904年)数量/价额
细棉布	反[②]/两	128,125/342,126	474,327/1,415,467
平纹布	同	27,897/82,102	107,204/357,155
漂白细棉布	同	93,957/343,434	193,547/755,530

① 以下所列仅是重要的输出品，并不能反映输入额的全貌，为此，不计入合计。

② 反：日本的布匹长度单位，共长40码。

绫木棉	同	18,575/65,427	26,609/94,912
印染花布	同	7,680/17,280	26,994/59,387
朱红细棉布	同	10,575/23,372	44,174/106,958
印度布	同	715/1,581	7,000/16,290
棉缎	同	60,072/286,260	204,540/1,094,211
染色棉布	反	2,159/8,744	50,914/22,769
天鹅绒	码	62,434/12,593	185,670/39,367
棉线	担	24,003/623,574	331,379/8,384,809
毛织物	码	990/9,356	6,890/69,934
粗毛织品	反	1,332/16,783	3,250/37,050
罗纱	码	25,162/36,341	97,703/141,236
羽绫	反	1,220/12,505	2,845/26,459
哔叽	同	1,415/7,712	10,630/56,871
小呢	码	18,073/9,940	86,247/51,478
铜块	担	44,895/1,314,754	12,899/372,435
外国铜料	同	5,405/218,692	2,449/102,734
日本铜料	同	1,711/75,280	—/—
铅块	同	1,509/7,847	976/5,563
锡块	同	181/7,783	335/14,573
马口铁板	同	1,973/11,443	171/1,026
水泥	同	3,561/3,561	619/619
煤炭	吨	1,105/5,525	290/1,537
苯胺	两	—/29,957	—/156,318
人参(美国)	斤	640/6,354	15,409/48648
机械类	两	—/17,487	—/9,163
火柴(欧洲)	箩	—/—	—/—
火柴(日本)	同	25,625/55,963	20,250/4,151
缝针	毫米	46,830/8,945	271,475/55,109
石油	加仑	245,268/28,339	137,620/26,791
胡椒	担	315/6,691	3,029/63,235
铁道材料	两	—/—	—/2,794
铁道枕木	根	—/—	19,000/18,340
檀香木	担	1,575/14,490	3,918/31,736
苏木	同	479/1,126	224/560
海带	担	5,462/14,850	24,187/78,792
砂糖(褐色)	同	862/3,448	2,639/10,556
冰砂糖	同	808	5,939/3,186
精制糖	同	15,112/83,116	22,979/122,938
白砂糖	同	3,026/15,433	3,274/40,547
外国制茶	同	—/—	—/—

以下就三年来的重要输入品，作简要说明。

第二项　铜及铜料

1905 年，在输入品中，数额最大的产品是铜块和铸铜币的原料(没有刻印的铜币材料)。1903 年其输入额仅为 70 万两，1904 年也只不过是 320 万两，当到 1905 年时，在很短时间内其数额飙升至 1,550 万两。而其中大部分用于制造铜币，以此弥补湖北政府财政之困乏。1904 年度，位于武昌、汉阳的三所造币局，每日铸铜钱总计达到 2,000 万枚。至 1904 年底，北京政府为了防止滥铸铜钱，发出限铸令，对铸造量提出了限制，限定湖北省每日铸钱在 60 万枚以内，然而作为清朝政府的滥铸之通弊一直未能严厉控制。直到 1906 年的夏季起，铜的价格猛增，作为辅助货币的新铸铜钱的表价与实价之间的差额急剧减少，乃至于使铸钱利益大为减少，于是，1906 年，铜的输入受到顿挫，其数量减少到意想不到的程度。

第三项　棉布

1904 年的棉布输入量与前几年相比有所减少，其原因与输入棉线的情况相同，主要是由于本地方民众的购买力临时下降所致。另外还要注意到：本地人在购物的选择上，有宁肯要价高质良也不要价廉质次的产品的倾向。有关一般棉布及日本棉布产品的情况，将在其他章节另行评述。

第四项　棉纱

在 1905 年度，棉纱的输入量为 25 万余担，其价额大约为 600 余万两。若将此数量与数年前相比，呈明显减少趋势，其原因主要有两条：其一，农产品歉收，其二，农产品销售之后，所得铜钱价格贬值，以至于影响农民的购买力。而棉线的市场行情，居高不下，例如：16 支纱的上等货，每担价格在 30 两左右。由此，1906 年的棉纱市场难逃不景气之命运。

第五项　石油

尽管在汉口市区还普遍以蜡烛、马灯等为照明用具，石油的消耗量还是逐年增加；折算下来，其石油的输入额每年不少于 300 万两。如若汉口将来废除马灯，使用石油照明，其石油的用量将大为增加。对最近 5 年来的石油输入额统计如下：

◎最近 5 年来的石油输入额

年度(明治年份)	输入额(两)
1901 年(明治三十四)	2,107,713
1902 年(明治三十五)	1,568,834
1903 年(明治三十六)	2,848,196
1904 年(明治三十七)	3,329,141
1905 年(明治三十八)	3,214,897

如上表所示:每年多少有些增减,但总体呈增加趋势。在 1905 年,虽然出现"排斥美货"之运动,使美国石油输入受到阻碍,然,石油仍保持高输入额,未见减少。罐装与桶装(tank)石油共计 2,639 万加仑,其中美国产输入额:1,812,082 两,俄国产输入额:96,933 两,苏门答腊产输入额:708,889 两。即:与 1904 年相比,增加 700 万瓦(克);但到 1905 年下半季由于市场不景气,直到年末,在市上大约还有 1,100 万克的存货,但大体上石油交易境况看好。就其输入的数量而言,美国输入的石油最多,其次是苏门答腊油和加里曼丹油,再次是俄国油。由于俄国油的产地巴库[①]发生火灾,1905 年的输入额仅为 64 万克。加之使用者大都用上等的美国油或下等的苏门答腊油,位居中等的巴库油每年都有减少的趋势。

1904 年的市场行情是:箱装油为每箱 2 两 1 匁 6 分,桶装油每桶(平均每 10 克[②])为 1 两 3 匁 2 分;到 1905 年,箱装油和桶装油分别下降 1 两 7 匁 4 分和 1 匁 63 分;1906 年度,由于有前几年所积压的库存油,其输入量大为减少。

第六项　面粉(参照第五章第二节第九款)

在第二章里已述,汉口的本地居民以面粉为常食,为此对面粉有很大的需求。从传统来看,汉口多食本地出产的面粉,近年来,食用外国输入面粉的情况也渐次增多。近五年来,外国面粉输入到汉口的数量及价格如下所示:

◎近五年来,外国面粉输入到汉口的数量及价格

年度(明治年份)	数量(担)	输入额(两)
1901 年(明治三十四)	4,485	17,185
1902 年(明治三十五)	5,238	21,598
1903 年(明治三十六)	9,934	41,326
1904 年(明治三十七)	14,413	54,049
1905 年(明治三十八)	5,640	23,124

在外国的面粉里,美国面粉占 9 成,英国面粉占 1 成。此外,还有每月从上海、芜湖等地输入的 1 万袋机制面粉。如汉口工业的章节里所述,在 1905 年,建

① 巴库:在阿塞拜疆境内。(译者注)
② 原文为"10 瓦"在此翻译为"10 克",此数量与价格相比似乎有误。(译者注)

立了中西式面粉加工厂，采用机械加工面粉，由此，致使呈上升趋势的外国面粉的输入量大为减少。就在 1905 年这一年，外国面粉减少输入 5,640 担，折算价额减少 23,124 两。

第七项　砂糖

1. **需求情况**

近年来，在输入汉口的输入品中，砂糖成为重要的输入品之一，其输入额逐年增加。若回顾一下，在 1901 年度，砂糖的输入总量仅为 197,406 担，其价额为 1,045,047 两。随着航线的扩展和铁路运输条件的改善，其需求范围也逐渐扩大。到 1905 年度，达 334,011 担，其价额为 1,873,136 两。将来随着内地的铁路开通、运输费用降低，内地的农民将能得到价廉的砂糖，同时交通运输的改善也会提高农民的生活水准，由此带来对其他物品的消费。

历史上汉口砂糖均由中国的其他港口靠水路输入，铁路开通后，改变了原有的单一的运输路线，由于运输渠道的增加，汉口的砂糖的输入量也会随之增加。下面是 1901 年至 1905 年这五年间的砂糖输入变化表：

◎**五年间的砂糖输入变化表**

年度(明治年份)	数量(担)	输入额(两)
1901 年(明治三十四)	197,406	1,045,047
1902 年(明治三十五)	325,706	1,582,008
1903 年(明治三十六)	227,285	1,129,641
1904 年(明治三十七)	373,548	1,340,824
1905 年(明治三十八)	334,011	1,873,136

2. **日本砂糖的输入**

历史上汉口所输入的砂糖几乎为太古洋行和怡和洋行这两家英商洋行所独占，前者每年输入 20 万担，后者每年输入 8 万担。1905 年 8 月中旬，我日本三井洋行在汉口开始销售精制糖株式会社、制糖株式会社的产品；日本棉花株式会社汉口分社(日信洋行)于 1906 年 3 月，开始着手销售大阪制糖会社的砂糖，此外，半田棉花株式会社汉口分社(东兴洋行)也在这一年的 5 月初，销售大里精糖株式会社的产品，以此与太古、怡和两洋行争夺在汉口的砂糖市场份额。太古为了增强市场竞争优势将砂糖的每担价格下降 5 匁，日本的砂糖产品之所以能在汉口立足，主要来自砂糖价廉、供货充分以及制作精良之优势，然而，如若英商两洋行摆出竞争态势，以其雄厚资本和过去十几年间所积累的经验，继续降价，且提高产品质量，并将之推入市场，将会对日本在汉口扩大销路造成极大的障碍。

如上所述日本有东兴、三井及日信三家商社前后进入汉口的砂糖市场，眼下这三家商社与其说在与英商竞争，不如说是自己本国商社在相互间争斗，如果照此下去，日本在汉口的糖业销路实在令人堪忧。在此市场情势之下，我商社当业人员应认清形势、互通情报，以其果敢气度开拓销路，将英商驱逐出已占有的销售市场。

第八项　材木(参照第二章第三节第二款)

1. **输入量**

从中国内地输入到汉口的材木的状况已在“农产”这一章里详述过，在此主要叙述外国材木输入到汉口的情况。总体上，外国材木的输入量每年都有增加之趋势，其材木主要是西洋建筑用材、上等家具用材及铁道枕木用材等项。如第二章所述，湖南所产的材木其产量逐年递减，外国材木的输入量将来会逐渐增多，此乃发展之趋势。以下是近五年来外国材木输入一览，由此可窥其一斑。

◎近五年来外国材木输入一览

年度（明治年份）	数量/价额①	硬木方材	软木方材	硬木板	软木板
1901年（明治三十四）	同	25,960/7,788	—/—	—/—	431,708/10,361
1902年（明治三十五）	同	—/—	8,041/35,094	6,711/3,020	932,354/18,647
1903年（明治三十六）	同	11,598/5,335	—/—	131,798/60,627	2,055,244/41,104
1904年（明治三十七）	同	47,829/20,710	367,678/9,596	133,395/54,959	3,996,022/117,883
1905年（明治三十八）	同	5,475/1,681	890/1,113	30,852/13,020	2,626,179/67,755

2. **种类、用途及价格**

在上述的材料里，沉香木用于染料及药用，檀香木是祭祀神灵不可缺的材木。苏木用于红色的染料。其他还有硬质材，软木板之类，在此略说。红木大都是厚2～3寸、宽7～8寸、长1丈左右的板材，由新加坡、泰国经上海入港后运至汉口。红木木材呈淡红色，硬度低、易干裂，多用于窗、椽等的建筑用材及柜、橱、桌等家具用材，其价格为每尺6分银左右。杪椤木属硬质良材，由泰国运来，多用于栏杆、扶手及高级家具用材，其价格为每尺6分银左右。美国杪檀虽属于杪椤木种类，但比杪椤木出材要大，其用途与杪椤木材相同，其价格每尺也为6分银左右。洋松木(美国产)，可加工成为大型方材及板材的用材。输入到汉口后，主要用于西洋建筑的走廊、板壁、地板等材料，此外还有用于船舶的木质材料。作为大宗需求是京汉铁路的枕木用材。

① 木材单位是：硬方材、硬板材按立方尺，软方材、软板材按平方尺计算；价额按海关两计算。

日本木材　日本北海道的天盐松[①]及椴松具有广泛之用途，既可作铁道枕木之材，又可作建筑之材，然日本材木与美国松相比较，输入汉口甚少，颇令人引以为憾。如果将日本材木与美国材木在运费成本方面作一下比较，孰优孰劣就可一见自明，也就是说在地缘便利方面日本材木具有很强的竞争优势；但日本材木在品质上与美国的洋松材木相比还有一定的距离，日本材木的质量有待于进一步提高。北海道的天盐松及椴松被誉为软木材之王，此树树高杆直，是大型材木的材料。作为方材，其长度不劣于美国洋松；其木质并不脆弱，如果干燥得法也无产生龟裂之忧；只是长型材在耐久性和稳定性上劣于美国松。如果发挥其价格优势，完全可以与美国材相竞争。以下是在原价的基础上加上各种费用后运到汉口的价格，以此与美国松进行比较。

◎日美材木价格比较

	原价	运费	装卸费	税金	保险费	利息	收益	合计
天盐松	16 钱	14 钱	1 钱 5 厘	2 钱 5 厘	2 钱	5 钱	5 钱	42 钱 5 厘
美国松	—	—	—	—	—	—	—	5 匁 5 分～6 匁

通过以上计算可知，每 1 立方尺最少可获利 5 钱，在此基础上再加上 42 钱 5 厘的到货售价就是其大致的销售价格。如果将此换算成银两，大约是 3 匁 4 分～3 匁 5 分，而与美国松的 5 匁～6 匁相比较，天盐松只是美国松的半价。若委托中国人销售还可将收益增加到七八钱乃至八九钱的程度。如果销售得法，每 1 立方尺的材木大约可卖到 4 匁。即使如此获利也仍比洋松廉价 2 匁左右。

从用途来看，天盐松不能像美国松那样在船材的龙骨、栈桥、船舷等方面的用材上获得好评，但在西洋式建筑的地板、走廊、梁栋等方面的用材上，反而比西洋松略胜一筹。只是北海道的木材在干燥法上还不甚完备，为此输入到汉口这样的气候干燥的地方容易产生裂隙而不堪使用。以前从日本输入的枕木也存在此类缺陷。

普通硬木　随着建筑业的发展，对普通硬木的需求也随之扩大起来。1905 年其总输入额已达到 36,327 立方尺，与五年前相比增加了 29,616 立方尺。这些硬木大都是洋檀木、马梨树等，多使用于西洋式建筑物的门、窗、栏杆、扶手等处，此外，也用于家具及家用器具。日本所产的板屋枫(地锦槭)、楠木、天竺桂及北海道所产刺楸类都适用于家具和建筑材料。在汉口木材市场可见刺楸、白马梨等二三种日本硬木材料，但也存在一些问题，如：对北海道的刺楸用手锛[②]初加工时，就会看到在其切口处有微小裂纹；若加工成板材也难尽料，且其小裂纹也有碍于材木的耐久性。此外，即使短暂曝于雨露也易使此木表面受腐，受腐程度有时可达 1 吋余，而不堪使用。

---

① 天盐松：天盐是日本北海道的旧称，天盐松就是北海道松。(译者注)

② 手锛：锄状的平头斧，用于木材表面的粗加工。(译者注)

与日本相对，美国对木材进行了各种加工，其一，根据其用途加工成各种型号的方材和板材，然后将加工后的材木运输出口。其二，利用蒸汽泵之类的机械对木材进行渗透性干燥。通过此加工，即使是普通的美国洋松，其木材表面也呈小豆色或铁丹色[①]的颜色非常漂亮。经过加工后的木材不光外表美观，也极大地提高了木材的耐久性。为此，西洋建筑的屋内设施，如壁炉的边框及屋内的家具、器具大致都用此材木制作。其价格是：1寸厚1平方尺的材木为9分银，普通的美国洋松5分～6分，高级品要比普通的高出三四成。印度产的红木板材与洋松一样，整体呈淡红色，看不见自然的木色纹理，估计可能与洋松一样渗入防腐剂然后采用蒸汽泵之类的机械加工所致。

还有一种木材叫柚木，此木被称之为硬木之王。其价格昂贵，每一尺大约要1匁2～3分。以上所述的各种外国木材无论是板材还是方材都由大型木材加工机械锯割加工所成。其木材表面颇为平整，只要刨削一二次就可使用。不光有此之便，如前文所述由于进行充分的渗透性的干燥和防腐，即使在气候干燥的汉口也不产生变形、龟裂等损害木材品质的现象。为此，即使价格偏高，也有很好的销售市场，由于其他外国材有以上优于日本材的长处，眼下，我北海道所产的材木还尚未打开市场销路。

我北海道所产的天盐松、椴松都是优良软木，可加工成三四丈长的方材和二三丈长的板材；其中一部分木材，如果有很好的加工方法，也可生产地板用材。硬质的楠木材可加工成八九尺，乃至十二尺的方材和板材，如果能采用先进的干燥法和防腐法，无疑会有很好的市场销售前景。

洋松板材有厚1寸～4寸，宽5寸～1尺4、5寸等各种尺寸；长度有1丈乃至5、6丈等尺寸。其价格每1平方尺5分银。

中国湖南也出产优良的硬木材，但其数量甚少，不能适应市场之需要。美国的洋松及红木板材就是趁此之虚，打入了汉口市场。在1901年之前，在报关手续里并无软、硬木之分，笼统记录在Soft wood的条目之下，自1902年起，市场对洋松需求逐渐增加，此时价格为：二尺见方的大型材每尺7分银，一尺见方材每尺5分银。

株木是来自于日本的硬质木，但此木虽硬却很轻，为此可制作各种器具，特别适合于制作枪托，汉阳兵工厂每年大约需要4,000两的株木，其价格是每尺6分银。总之，在以上所述的输入的材木里，洋松所占的比例最大。

3. 木材经销商

外国木材经销商主要有清昌、顺记两家。清昌的木材货场在汉口港的下游；顺记在上海和武汉分别设有木材货场，上海的规模大，武汉的规模相对小一些。

---

① 铁丹色：日语原文为“紅殻色”，来自于荷兰语Bengala。

除此之外，还有瑞记（德国）、太古（英国）、宝顺（英国）以及日本的三井、大仓，从上海及本国输入外国木材，原本并不是这两家日本商社的本业，而是相机增加的销售品种。

第九项　枕木

枕木为重要的输入木材，应和普通木材相区别对待。

1. **输入量**

随着京汉铁路建设的进展，对外国枕木的需求也渐次增加。现今该线路已接近尾声，但今后的川汉铁路、粤汉铁路如果开工，对其枕木的需求将会大量增加，此乃不难预想之事。最近五年来枕木输入量如下所示：

年度（明治年份）	数量（根）	输入额（两）
1901 年（明治三十四）	221,911	221,911
1902 年（明治三十五）	349,792	412,946
1903 年（明治三十六）	108,860	106,883
1904 年（明治三十七）	50,750	40,000
1905 年（明治三十八）	454,664	616,648

2. **各国输入枕木比较**

最初京汉铁路的枕木均从美国及法国输入，自 1902 年 5 月起，日本北海道所产的枕木由三井物产会社汉口出张所（办事处）经办[①]输入到汉口。经此办事处所输入的枕木大约有 50 万根。其枕木的材料来自北海道的楢、刺楸类树木，原本并非良材，为此销售价格也比较低廉，其价格[②]几乎是美国所产枕木的 1/2，法国枕木的 1/3。

如果仅从价格这一点来看，使用日本所产的枕木在经济上比较划算，但如果从质量良否、耐久性如何为出发点来考虑，中国的使用者就会对日本产品有所权衡。枕木在重量及体积上都属于大型货物，若从运输的成本方面来考虑，从日本运输与从其他国家运输，其运输的成本必然会有很大的差异。仅从此点来看，其他外国的产品很难与日本竞争。但由于日本所输入的枕木在质量上实在是粗糙，很难与他国的枕木相比。日本的枕木不光在木材的材质上难与美国洋松相匹敌，在耐久性上也远远不及美国产品。日本的枕木几乎没有考虑到耐久性，即：对枕木没有进行任何增进耐久性的处理，几乎是从山里砍伐之后的原材运输。其中相当多的枕木都是“生木”，没有进行干燥处理，当从寒冷的北海道运到温暖的汉口时，干燥的空气和强烈的阳光使枕木产生龟裂，严重者完全不能使用。现今，三井物产会社所经营的枕木往往因龟裂原因而被中国方面拒绝使用。

① 1902 年前由京都的一位姓山田的商人，输入一些枕木。

② 日本产每根 1 两银（运到汉口的价格），美国每根 3＄，法国每根 6～8 法郎。

与日本的情况相反，其他外国枕木均进行防腐处理，以增加其耐久性，并且使用各种装置通过人工的方法改变木材的脆弱柔软的性质，使其变成硬质耐久的良性材料。这其中美国及法国所产的枕木，使用一种被叫做“木馏油”（杂酚油）的物质，以加压的方法渗入木材之中，以此达到防腐、耐久之目的，此项技术远非日本产品可比。

日本鉴于本国产品过于廉价，为增加其附加值，在京汉铁道铺设期间，在京汉停车场内，设立枕木防腐工场（Injection works），使用气压唧筒向木材浸润木馏油液体，每次大约费时 30 分钟，可加工 250 根枕木。因其机械比较简单，机械的价格在二万五六千＄左右。包括机械折旧、劳动人员工资、防腐的药费等项开支，其费用使每根枕木增加 10 钱～20 钱的成本。就算每根增加 30 钱，其枕木的每根价格也不会超过 1 两 5 匁，与他国产的枕木相比，仍要廉价 3～4 成，还有很大的市场竞争空间。

日本的枕木输出不是权宜之计，要有长远打算。中国将来还要建设川汉铁路、粤汉铁路及其他铁路，需要大量的枕木木材，眼下，中国木材非常匮乏，势必仰仗于日本或欧美各国。值此之际，我国的当业人员应购置设备，做好输出枕木之准备。

第十项　卷烟和烟草

一、需用状况

中国人对烟草之喜好由来已久，即使是路边乞食的穷人，也离不开吸烟用的烟管。自从香烟（卷烟）随西洋杂货输入中国以来，改变了中国民众只吸烟叶的状况，逐渐改为吸卷烟。但卷烟要比烟叶的价格贵很多，即使是汉口这样的大都市，尚未在民众中普及开来。在内陆城市其吸卷烟者仅限于上流社会，基本与普通民众无缘。可以预料，随着外国卷烟的大量增加，必然呈普及之势。现今，在汉口尚未形成诸如上海、天津那样的卷烟商圈市场，我日本烟草专卖局进入汉口，开拓汉口的卷烟市场乃正当其时，然而，也势必遭遇欧美纸烟业的阻力，进而产生激烈竞争。下面是最近四年来的卷烟输入统计：

◎最四年的卷烟输入统计

年度（明治年份）	纸卷烟输入额（两）	烟叶卷烟输入额（两）
1902 年（明治三十五）	33,373	5,203
1903 年（明治三十六）	53,081	16,513
1904 年（明治三十七）	86,605	13,509
1905 年（明治三十八）	29,383	12,740

二、汉口市场各种卷烟零售价格表[①]

◎汉口市场各种卷烟零售价格表

名称(牌)	英文名	包装	烟盒图案	有无烟嘴及数量	有无锡箔	数量	小盒零售
孔雀	Peacock	盒	中国美人	10 个	有	10 根	34 文
长刀	Pirate	袋	西洋美人	无	同	10	34
品海	Pin-head	盒	同	同	无	10	33
红将军	Dilkhorse	同	同	同	有	10	23
汽车	Autocar	同	同	10 个	同	10	23
球牌	Atlas	袋	同	同	同	11	35
蓝美	Sweet heart	盒	同	10 个	同	11	18
鸡牌	Roaster	袋	无	无	无	5	9
金鼓	Drum	同	同	同	同	5	8
双旗	Gurking Flag	盒	西洋军人	同	有	10	20
双狮	Two Lion	同	景色	竹制吸口 1 根	无	11	27
金雀	Lark	同	西洋军人	10 个	有	10	25
鹿牌	—	同	同	无	无	10	29
虎牌	Tiger	袋	无	同	同	5	8
蓝三星	—	盒	同	竹制吸口 1 根	同	10	29
彩三星	—	同	同	10 个	有	10	28
学生烟	—	袋	同	无	同	10	18
双如意	—	同	无	无	无	5	8
红三星	—	盒	同	10 个	有	10	27

三、中国人对卷烟的嗜好与需求

1. 价格

汉口民众的生活水准当然要比内地高，如果每一盒装卷烟价格在 30 文、或者 35～36 文的价位上其销路比较看好，吸卷烟者如前所述，多为中流社会阶层以上者，普通民众吸卷烟者绝无仅有。卷烟之所以未普及普通民众主要是输入到汉口的卷烟价格偏高所致。中国内地情况与汉口情况相同，其对卷烟的需求范围比较狭窄，从眼下来看，还是价格低廉的卷烟受欢迎。在汉口销路较好的卷烟有：34 文的长刀牌、孔雀牌，33 文的品海牌等几种。

2. 香味和数量

中国人无论何事，都注意细节，注重保护自己的利益，对卷烟莫不如此，喜好重量重、纸烟卷得结实、不容易熄火之类的卷烟。还因中国吸卷烟之人与日本人在饮食结构上有所不同，中国吸卷烟之人平日多食肥腻之物，加之多用胡椒、辣椒、鸦片等辛辣物，故对卷烟要求除有香味儿之外，还需卷烟能刺激鼻孔，让口唇略有灼痛感为佳。在中国的上层社会有一些吸埃及烟草，但这只是出于面子而

① 根据 1906 年 9 月份的市场调查制表，有关日本烟草专卖局的情况其后详论。

已，并非来自原本之嗜好。现今所销售的长刀牌、孔雀牌、品海牌基本具备以上所述的中国人之需求，为此，在市场上有一定的声价。

球牌、双狮牌每盒均11支装，之所以增加一支完全是投中国人朝三暮四之所好。如果增加一支，卷烟在加工时可卷得宽松些；减少一支（10支装）纸烟卷得结实些，并附有烟嘴；究竟生产哪种卷烟更合适，还尚待观察。我日本专卖局的凤凰牌卷烟也存在此类需要研究的问题。

3.包装和商标

如前表所见，在汉口市场上所出售的纸烟，盒装的有12种，袋装的有7种；总体而言，盒装的要比袋装的卷烟受欢迎。日本人选择盒装或袋装主要依是否携带方便而定，而中国人不同，常将吸完之后的空烟盒作为容器，装些日常小物件，为此，较之袋装卷烟更喜欢盒装的卷烟。此外，可将装入5支的袋装烟改为盒装烟，也可将5支装的卷烟开封零卖。

有关商标问题在此似乎无需多谈，然而，就日本专卖局所出售的卷烟而言，还有很多尚未引起当业者注意之处，有很多问题有待作进一步研讨。从细微处着眼，卷烟的商标并非小事，而与卷烟能否在中国打开销路的大事密切相关。在此不展开详论，只述二要点：

①关于商标　面向中国出售的卷烟，其卷烟的商标应简单明了，符合中国人的观物习惯，只要看到商标就能感知其中所装何物。纵令卷烟的商标的设计者独具匠心，设计出了不同凡响的动物或花草图案，然而购买卷烟者并不能马上判定是何动物或花草时，就会影响对这种烟牌的称谓，由此会淡漠对此烟牌的记忆，进而不会在市场上产生响亮的声价。现在美国的Lark牌卷烟的商标，随意印上一个让人不知所云的金雀，就是一个例子。我专卖局所出售的卷烟也有类似的情况。从大的方面来说，卷烟商标所使用的色彩，要用暖色；中国人对色彩的观察大体是趋暖色而避冷色。冷色不足以引起购买者的注意。如果更多地使用暖色调就会使商标鲜亮、有光彩，这正是中国人所喜欢的效果。

②喜欢动物　既然中国人有所喜欢的鸟兽、花草乃至文字，就会有讨厌的鸟兽、花草、文字。为此，在商标上要极力避免引起中国人不悦的设计。大体上中国人较之花草更加喜爱动物。花草类不清晰，不容易识别，为此，不适合作为面向中国的卷烟商标图案。

4.插入写真情况

插入写真（照片）可以引起购买者的好奇心，增进购买欲望，因此说，插入照片是很好的促销手段。目前所插入的照片有中国美人、西洋美人、景色中的美人最受欢迎，特别是彩色照片。目前我专卖局所插入的都是黑白照片，而其他如“孔雀牌”等的卷烟都插入了浓彩照片。最近，我专卖局也将黑白照片改为彩色照片。

5. 烟嘴和锡箔

汉口本地人吸烟者一般都携带烟嘴，其烟嘴有木制、玻璃、宝石等很多种。然而，携带烟嘴者只限于所谓的“高襟者”（上流人群），而大多数吸烟者并不携带烟嘴，为此，有附带烟嘴之必要。目前有像“凤凰牌”那样将竹制烟嘴代替纸制烟嘴的情况，此法并不可取。这因为：中国人常用卷烟待客，在待客时，由主人将卷烟嵌在烟嘴上，敬给客人吸用，而一般要准备三四支嵌有烟嘴的卷烟。锡箔的用处只在于引起中国吸烟者的好奇心，如果有效益，使用锡箔也未尝不可。

四、日本专卖局的卷烟

我卷烟专卖局进入一直属于英美烟草公司商业圈的两湖地区以来，截止到去年，一直未见良好畅销之迹象，实际上，岂止如此，而是逐渐失去当初刚进入汉口时的声价。这其中必有值得检讨之原因。

在由日本专卖局所销售的卷烟中，大和、朝日、敷岛[①]三个牌子是附带纸嘴的卷烟；云龙、凤凰、捷利、斯达、利利、蝙蝠六个牌子是无纸嘴的卷烟。带纸嘴的卷烟的需求量似乎逐渐有所增加，但吸此烟的人大都为从日本归来的学生等，除此之外，购买此烟的中国人甚少。下面再概述一下专卖局专门面对中国市场所生产的无纸嘴卷烟的状况。

○云龙牌卷烟　就汉口而言，在我专卖局所销售的卷烟中，除云龙牌外，其他均销售不畅；即使销售较好的云龙牌也有香味淡、不太符合中国人口味之憾。但总体而言，云龙牌与凤凰等牌的卷烟相比具有卷烟紧凑的特点，且“云龙”这一烟标名容易引起中国人的好感，在汉口本地逐渐获得声誉。然而，据零售卷烟的小贩说：“最近几批云龙烟，存在烟卷得松，质量较差的缺点。”值此云龙烟渐有起色之际，零售烟贩们的反应不能不引起我卷烟当业者的注意。今后如若能在卷烟口味、卷烟的松紧度上加以研讨，获得市场好评，乃是自不待言之事。

○凤凰牌卷烟　“凤凰”这一烟标名毫无疑问可投中国人之喜好，但袋装烟没有纸制的烟嘴，特别是如前所述存在卷烟不够紧密的缺点，尽管多装入一支烟促销（11 支），但仍未达到其预期的销售效果。与其装入松垮的 11 支烟，不如装入紧密的 10 支烟更能达到销售的效果。

○其他牌的卷烟　至于其他牌子的卷烟，诸如捷利、利利之类，首先，其烟标名中国人不懂其意。再如“捷利牌”的烟标画面，中国人不知是何植物，有人说是海棠花，也有人说是桃花，没人准确地知道是樱花。“利利牌”的烟标画面，中国人大都认为是在一支竹子上缠绕着牵牛花，而不认识这是百合花的图案。在如此不知所云的烟标的基础上，再加卷烟松散，容易熄火等缺陷，陷入无人问津之境，也是自然之事；“斯达牌”也同样存在上述问题。

---

① 日本崇神天皇的皇宫所在地，日本古国号之一。（译者注）

○关于图片　在卷烟里插入美人图片固然是很好的促销手段，着眼于此，将现今的黑白图片改为彩色图片，当然有道理；但图片仅仅是引起中国人注意，注意之后，还是其卷烟的内容在起作用。总之，我专卖局所销售的卷烟除云龙、凤凰之外，其他均有改革之必要。

从汉口的卷烟市场来看，日本的卷烟与英美的卷烟存在不同的发展阶段，日本卷烟因在市场获利不大，为此改进质量、寻找销路是当务之急；与日本相对，英美卷烟已在市场获得信誉，近来，在此基础上极力拓展市场、扩大销路。英美卷烟不光在报纸上做广告，在汉口各大街小巷也贴有漂亮的英美卷烟的广告，甚至英美卷烟的广告已贴在来往于上海至武汉间的火轮上。进而这样的火轮又转入湖南航线进行宣传。现今，日本将卷烟销售地已转向湖南地区，并在短期内投入400吨卷烟，但似乎缺乏如何打开中国内地卷烟销路的具体举措。

在汉口市场，日本卷烟的零售价（10根装），云龙牌30文、凤凰牌25文、利利牌30文，均低于孔雀、长刀、品海等牌的卷烟。为此，在价格上有一定的竞争优势，如果能在此基础上，改良卷烟的香味、斟酌其商标图案、讲究促销之法，应该说与英美烟草公司抗衡还是很有希望。但眼观当前时局，我日本卷烟不但与英美卷烟产品竞争乏力，与上海三星公司卷烟角逐也颇为困难。如果此状况任其发展，随时间推移，我日本卷烟将逐渐退出长江一带的市场。在第五章第二节第十三款里已详述，英商卷烟公司一直以来在汉口的德国租界地内开设工厂，将本地所出产的烟叶精选之后，运送到上海加工。最近英商（British Tobacco Company）又有新的商业动向，在原厂房的隔壁，建设了规模更大的烟叶加工厂，如果此厂投入使用之后，湖北省黄州、邓州一带的烟叶均会被英商收购，然后按照美国的配方进行烟叶加工。在不远的将来，日本卷烟将会遇到更强劲的竞争对手。去年在汉口开设的卷烟公司（Hankow Tobacco Company），以输入埃及烟草为主，进行卷烟烟叶（雪茄类）的加工。在卷烟烟叶中，菲律宾所生产的产品为多，主要用于清国官吏招待外国人之用，所输入的上等卷烟烟叶都以租界地的外国人为销售对象。

第十一项　机械类

在1904年度，机械类的输入额为68万元，1905年度，达到175万元。这些机械主要是对钢铁进行加工的新式机械，从德国等各西洋国家进口，这些新式机械均为汉阳铁政局所需；通过这些机械的输入可以预料汉口将会作为工业基地而发展起来。如果中国（汉口地方）不发生太大的社会变故，机械类的输入将来会持续增加。

第十二项　仿洋纸

现今的汉口，包括汉口在内的华中地区，出版、印刷业尚不发达；为此，对印刷用纸没有太大的需求。汉口各种杂品的包装用纸大都来自上海的华昌制纸公司所生产的产品。在此以前,中国人所使用的包装用纸都是粗制的黄草纸,至今杂物包装仍以此种草纸为主。使用外国的包装纸只限于西洋的杂货店。可以预料,随着汉口的经济发展,不光是包装用纸,印刷用纸也逐渐会有所需求,并且其需要量也会逐渐增加。现今在汉口已散见这样一些印刷业者。

店名	汉泰	泰升	维新	公兴泉	文华
地点	花樱	十大家	后花楼	一码头	花樱口

可以预料将来随着书籍出版、报纸发行及各公司、洋行对广告的需求,必然会以这些需求为依托,建立规模较大的印刷厂。现今已有此动向,政府的户部酝酿在武昌或汉口建设一家印刷厂。根据清国的办事效率来看,此印刷厂能否建立起来,还有待进一步观察。

第十三项 水泥

输入到汉口的水泥几乎半数用于铁道的工程建设,本地的中国人的房屋建筑尚未广泛使用水泥。但各国租界地的洋房等建筑伴随着石材、木材的大量应用,其水泥的用量也随之大增。如果粤汉铁路、川汉铁路一旦开工,其水泥的用量将会大幅度增加。根据海关报告的数据,最近5年间的水泥的输入量如下所示:

◎最近5年间的水泥的输入量

年度(明治年份)	数量(担)	输入额(两)
1901年(明治三十四)	20,544	22,319
1902年(明治三十五)	45,746	46,913
1903年(明治三十六)	85,740	101,514
1904年(明治三十七)	61,348	61,348
1905年(明治三十八)	55,633	55,633

水泥的需求与大工程密切相关,1898年,在京汉铁路开工的当年,其水泥的需求量就达到了5万担之多。所使用的水泥主要以唐山(开平)所生产的水泥为主。据中国人称:此地所产的水泥与欧洲的舶来品相差无几,由于此水泥在中国国内生产,为此运费低廉,眼下,欧洲及日本的水泥产品进入中国市场数量不大,现今,水泥的种类及其价格如下所示:

◎水泥的国别、种类及其价格

国别	商标名	单位	价额
中国	唐山牌	1桶	4$50分
英国	鹰牌	同	5两
同上	猫牌	同	3两8、9匁
美国	清洲牌	同	4两2、3匁
德国	锚牌	同	4两3、4匁

眼下鹰牌和猫牌的水泥销售较好，锚牌没有销路。水泥销售商主要有位于河街的顺记、震太品及位于黄陂街的柏记这三家店。以上三家年交易量在3,000桶～4,000桶之间。

第十四项　杂货

一、香水

在汉口所使用的花露水（Florida Water）乃是纽育（Lanman & Remp），即：林文蓝制品，广东货大都写有英文字或法文字，也有仿西洋的大阪货，其价格一般都在1＄以下。含有人造麝香的其量大约在1.5盎司（12g）的瓶装花露水基本都是广东货，每瓶可卖到80～90分；仿西洋的大阪花露水每瓶可卖到50～60分。

瓶装的花露水一般装在由黄板纸（马粪纸）或马口铁制成的箱子里销售，纸板箱或马口铁箱的表面贴有中国艺妓的美人图；此外，没有与花露水相关的商标和标识等级的标签。在汉口之所以普遍使用花露水，其原因是：在汉口无论街市或住户房内卫生条件都很差，时而有恶臭袭来，如不使用花露水之类的香料，其气味实难忍受。故此，只要生活略有宽裕，作为日常生活用品，都要购买花露水、樟脑、佛手柑等香料制品。换言之，也可将香料类看作生活的必需品。

在汉口春夏之际，不分阶层地位通常都将花露水滴入脸盆中使用，对于一贯喜欢节省的中国人来说，这不能不说是额外的开支，不过每瓶3、4＄这样高档花露水一般无人问津。

二、香皂

在汉口比较流行的香皂是刻有“茂生”字样的方形、淡红色的香皂，每块大约30分。因此牌比较畅销，市面有五六种“茂生”的仿制品。香皂的形状有：圆形、椭圆、长方形等，颜色有：桃色、淡黄色各色。汉口市民认为：香味浓，使用后在毛巾上仍留有香皂的余香为佳。在汉口所销售的香皂中，有一些大阪、名古屋等地所生产的粗糙的仿制品，这些产品只能以10～15分这样的廉价出售。

日本的这些产品从外表上看与“茂生”等无异，但如若放置五六个月，作为香皂成分之一的碱就会与脂肪分离，在外面生成粉状的结晶，特别是在秋冬干燥季节此现象更为严重。在汉口消费香皂者其生活都有些宽裕，为此，他们宁可多花点钱，也不愿买劣质品，为此，粗制滥造的劣品将逐渐失去市场需求。

三、牙粉

汉口的居民一般不喜欢“牙粉”，但日本所产的“雄狮牌”、“钻石牌”与其他别的品牌相比，尽管价格高一些，但由于质量好，仍然销售比较好，在汉口市场有一定的声价。可以与西洋货的“茂生”香皂相比美。牙粉如同火柴一样，如果能成为被认可的生活消费品，其市场需求量就会大增。但我日本产品往往在有市场需求之后，就会粗制滥造，特别是面向中国出口的产品。如此一来，必然会堵塞自己的销路，就此点来说，敦请当业者深思。

四、牙刷

在汉口市场上多见从日本及其他国家输入的牙刷，但无论其牙刷柄或刷毛的长度均不受中国人欢迎。眼下，所流行的牙刷为广东所生产的产品，其柄为骨质材料，刷毛长2～3分之间或更短一些、更硬一些，如此，中国人才愿意接受。其以鳖甲壳为柄、以柔软的细毛为刷毛的牙刷很难卖到高价，充其量也就是5分左右的低档价格。

五、漆器

在汉口市场上可以看到以金银、丝织物、竹木等为材料的工艺品，但很难见到漆器的产品。即使有其品种也极贫乏，不过是盆具、果盘、笔筒这二三种。其他大致都由陶器、马口铁制的器物代替。若究其原因，有以下几种因素：

1. 饮食类的器皿中国人多用陶器，主要是中国内地陶器丰富且廉价，不但饭碗、茶碗、碟、盘、钵之类用陶器，储物用的小柜、座具乃至帽筒、笔挂等均可用陶器制作；大可不必用价昂的漆器。另外，陶器与漆器相比不光价廉，还具有耐磨损、不剥落等优点，即使破损之后，也容易用“锔”的技艺加以修理，经过“锔”后的陶器，给人一种古朴的陈旧感，往往比新器更有风味。还有，汉口人喜食浓厚的油脂，若用漆器盛装，不用热水或草木灰擦拭就不容易清洗净，而用热水或草木灰擦拭很容易损坏漆器表面，中国人讲究实利实用，以此观念为出发点，自然亲近陶器，对漆器敬而远之。

2. 近来，德国对马口铁进行彩色印刷工艺，以此材料制成洗脸盆、漱口杯、小钵、茶碗、勺子、痰盂等器物，以此弥补厨房用具之不足。渐次，彩印的马口铁与陶器两分天下，蚕食或者说堵塞了漆器的销路。

3. 汉口本地所制造的漆器极为简单、粗糙，以本地作为名产的一种漆盆来说，仅刷一二道漆，并且在漆里还含有大量的桐油。这样的漆盆、笔筒之类，若作为日用品来使用，脆弱并不耐用；若作为工艺品来对待，又实在没有观赏价值。

六、金属锑工艺

近些年来，以金属锑为原料所加工成的日用品逐渐增多，就其中畅销品附表如下：

◎以金属锑为原料所加工成的日用品

品名	单价	销售对象
烟灰缸(还附有2、3支雪茄烟的放置台)	40分～60分	中国人
笔架(有三叉或四叉两种)	40分	同上
墨水盒(有黑色和红色两眼)	1元左右	中国人·西洋人
卷烟烟盒(可装无烟嘴卷烟10支)	1元左右	同上
花瓶(有大型和小型两种)	大型3、4元/小型1圆50钱	同上

七、雕刻的摆件及陶制花瓶

中国传统畅销品的摆件是观音像、狮子像之类，近来这样的摆件开始滞销。现今比较时兴的摆件是工艺复杂且不容易剥落的镀金、镀银类工艺品。总之，其摆件的题材较之人物更注重动物。陶制的花瓶每对四五元至七八元的价位最为消费者接受，流行的花瓶纹饰有植物为主的蔓藤式花样和火龙式纹样，蔓藤或火龙非常鲜亮地缠绕在花瓶的酮体之上，非常悦目，特别是火龙，镶有金边，看上去很气派。花瓶以小型器为佳，当花瓶的直径超过七八寸时，购者渐少。

八、匾额类

匾额类工艺品很讲究材料，一般有神代杉[①]、泥金画[②]、若狭漆器[③]三种，这其中以神代杉最受好评。其形状有两种尺寸[④]。大型的神代杉材料的匾额 2 元 50 钱左右，大型的泥金画 4 元上下，其销售对象是西洋人和中国人。此外，还有小型的神代杉材料的匾额和泥金画匾额，其售价分别为 40 分和 80 分，但市场走势不佳。若狭漆器类基本无人问津。

九、玩具类

输入到汉口的玩具很多，其中占比例较大的有依靠发条装置自动运转的火车、火轮类，东京产的军舰每个 1 元，火车 50～80 分。此外，还有偶人类，用泥土烧制的偶人比橡胶材料的偶人受欢迎。穿戴衣冠的娃娃也很走俏。

第二节 汉口与外国的输出入贸易

近年来，汉口与国外的输出入的贸易额有大幅度增加；特别是与日本贸易尤为显著，这是日本人所经营的海外航运业所带来的必然结果。1905 年，汉口与外国的贸易输出入额达 3,597 万两，这其中，与日本的直接贸易额达到 1,000 万两左右，几乎占到汉口对外贸易额的 1/3。

◎汉口与国外直接贸易比较表

国别	1903 年(明治三十六)	1904 年(明治三十七)	1905 年(明治三十八)
英国	515,172(两)	4,439,186(两)	7,503,135(两)
香港	2,766,585	2,733,521	3,318,005
印度	655,282	235,431	685,688

---

① 神代杉：长期埋置在水、土里的杉木，木材呈蓝黑色，木纹美丽，是工艺和装饰用材。(译者注)

② 泥金画：日本独特的漆器工艺装饰技法之一。用漆画好图案后，再用金、银、锡等的颗粒及色粉涂在上面以表现图案。从工艺上可分为平泥金画、磨光泥金画和泥金浮花画三种。此处所指的是平泥金画。(译者注)

③ 若狭漆器：日本福井县小滨地区出产的漆器。(译者注)

④ "尺八形"(303mm×242mm)和"四切型"(424mm×348mm)。(译者注)

新加坡	19,193	255,055	472,832
加拿大	2,264	584	2,032
美国	121,242	278,083	7,604,053
欧洲(除俄国)	1,358,353	5,280,701	3,230,021
俄国	4,358,954	101,398	1,274,376
日本	1,870,787	5,185,545	10,857,800
沙巴(Shaba)、苏门答腊	791,079	1,446,735	136,848
波斯、埃及等	29,639	3,320	432,543
加里曼丹	—	—	397,502
澳大利亚	—	—	47,639
菲律宾群岛	—	—	168
合计	12,488,550	19,959,559	35,971,482

通过上表数据可知,1905 年度,汉口与外国的直接贸易额,呈日、美、英、香港、俄之顺序。进而,再将输出与输入分别细化列表如下。

◎外国直接输入额的国别表

国别	1903 年(明治三十六)	1904 年(明治三十七)	1905 年(明治三十八)
英国	297,303(两)	736,783(两)	2,499,259(两)
香港	2,761,663	2,733,521	3,314,142
印度	655,282	235,431	685,688
新加坡	19,193	255,055	495,860
加拿大	2,264	584	2,032
美国	13,242	278,083	7,604,053
欧洲(除俄国)	1,311,123	2,851,097	3,050,709
俄国	6,742	101,398	2,839
日本	1,767,651	4,174,567	8,205,433
沙巴(Shaba)、苏门答腊	24,334	1,446,735	136,848
波斯、埃及等	1,975	2,436	4,762
合计	7,757,647	12,815,690	26,411,934

◎外国直接输出额的国别表

国别	1903 年(明治三十六)	1904 年(明治三十七)	1905 年(明治三十八)
英国	217,869(两)	3,702,403(两)	3,200,148(两)
香港	—	—	3,863
欧洲	47,230	2,429,604	164,170
新加坡	—	—	11,616
日本	103,136	1,010,978	2,561,850
亚细亚、葡萄牙、波斯	27,664	884	359,267
俄·敖德萨(Odessa)	1,630,837	—	662,963
西伯利亚	1,678	—	592,055

满洲①	1,106,890	—	—
达尔汗	1,619,549	—	—
合计	4,754,853	7,143,869	7,493,132

汉口向外国输出的产品，有红茶及茶砖之类，主要是面向俄国。以下是1905年度，百万两以上输出、输入的品名及价额。

◎输出品

品名	单额(海关两)	备注
红茶	2,821,693	
茶砖	1,607,649	
棉花	1,226,190	

◎输入品

品名	单额(海关两)	备注
铜块	8,894,834	
铁道材料	1,468,321	枕木除外
铜器类	5,723,656	
机械类	1,491,738	
石油	2,258,923	

在同一年度(1905)，百万两以下，十万两以上输出、输入的品名及价额如下。

◎输出品

品名	单额(海关两)	备注
白大豆	172,496	
大麻	117,304	
黄牛皮	393,579	
生铁	605,854	包括铁矿石
绿茶	246,338	

◎输入品

品名	单额(海关两)	备注
马口铁板	261,696	
铁道枕木	616,308	
檀香木	113,988	
砂糖	466,924	褐色
冰砂糖	158,165	
精制糖	761,591	
白砂糖	175,114	
煤炭	280,130	

① 满洲：日本旧时对中国东北地区的称呼。(译者注)

第三节
日本输入到汉口的贸易品[①]

第一款　概说

在1904年度，棉纱输入量较少，而1905年度，铜块的输入量大幅攀升。为此，反映在贸易额的数字是：1904年度的总输入额为1,167万两，尽管除去杂货等其他的输入品，1905年度的输入额还是达到了1,500万两。以下为重要的货物价额比较表。

◎重要的输入货物价额比较表

品名	1904年(明治三十六)	1905年(明治三十七)	1906年(明治三十八)
铜块	798,338两	2,589,674两	7,974,198两
棉制品	93,400	173,505	65,394
海产品	955,301	1,059,484	662,530
煤炭	656,834	454,730	328,320
火柴及其原料	172,799	161,174	140,772
洋伞	164,293	167,482	90,014
棉纺器械及附属品	151,778	145,743	76,607
棉线	10,157,380	6,701,040	4,991,204
仿洋纸	—	9,189	12,089
枕木	106,883	40,000	616,648
总输入品价额	13,640,222	11,793,479	15,124,406

第二款　输入到汉口的主要的日本产品

第一项　铜块

在1904年、1905年度，铜的输入量之所以大量增加，主要是设在武昌、汉阳的铜元局、银元局对铜原料需求大增之故。铜元局对铸钱原料的铜的需求量每月在1,500担，银元局每月需求1,000担；此外，汉阳兵工厂每月也需500担的铜原料，用以制造军械零件。然而，自1905年至1906年间，由于铜原料价格暴涨，导致日本铜原料输入的停滞。

① 日本输入到汉口的贸易品有两种情况：一、日本贸易品直接到汉口。二、输入到中国各港口，然后再输入到汉口。

第二项　棉制品

1905年，棉制品的输入量锐减，乃至造成不振之状态。有所需求的产品仅限于宽幅的细面布(16支纱)、斜纹布、印度布等。每匹重量在12磅(pound)以下的细棉布由于质地空松而导致所需甚少。日本所产的棉布虽然其重量在12磅以上，但从总体来看，其布面粗松，瑕疵很多，经纬线不一致，很难与英国所产的细棉布相比。斜纹布基本为美国产品所独占，1905年以后，日本几乎停止了此类产品的输入。棉花美国输入最多，由于日本的产品存在棉绒短等缺陷，销售不畅。1904年还有一定的输入量，然而，到1905年，其输入量大幅减少。印度布原本就与英国产品有较大差距，销售不畅乃是自然之事。此外，日本所产的丝织品、粗布也销售欠佳。日本的当业者有必要着力研究布料品质及染色之法(不褪色)。有关棉制品的论述在第二章第二节里较为详细，此外，在别的章节里也有所叙述，可结合起来考虑。

第三项　海产品

海产品一直是输入品中的大宗，如上表所示，在1904年还达到100万两以上，然而，在第二年的1905年，骤然减少到66万两。日本的海产品几乎都经中国商人之手经销，其所需数量及价格也都在中国商人掌控之中，为此，其需求的数量伸缩性很大，并且价格也极不稳定。日本商人曾谋求直接销售，取消中介代理，然而，却遭到中国此业商团的抵制，直到现今仍未获成功。有关海产品的论述在第二章第二节第三款里较为详细，请参看之，在此不另赘述。

第四项　煤炭

1905年，由于时局原因，运输船不足，煤炭输入与前年相比减少12万两。日本的煤炭主要由三菱、三井商社经销，在春秋之际的长江丰水期雇用航运在长江上的火轮船运输。可以预料，随着汉口工业的发展，对煤炭的需求也将会大幅度攀升。然而日本煤炭的销售劲敌是江西省萍乡煤矿，萍乡煤矿日产原煤1,300吨，除供应武汉的两个地方的燃料煤炭之外，还生产焦炭。近来萍乡的焦炭也有很大数量作为钢铁制造业所需的原料出口到日本。有关煤炭情况，还将在矿物这一章节里详述。

第五项　火柴

一、需求以及其种类

输入到汉口的火柴一直是日本所生产的产品，其市场份额几乎占到十之八九。然而，自1898年在汉口建立燮昌火柴厂以来，由于来自燮昌火柴厂的压力，日本火柴的市场份额逐年减少，就连一直在市场颇为畅销的日本良燧会社所生产的“猿猴牌”安全火柴，也受到挑战，蒙受巨大损失。总体来讲，与日本火柴的粗糙相比，燮昌火柴以其廉价的劳动力和独特的销售手段逐渐赢得了市场，近10年间，输入到汉口市场的日本火柴大约减少一半，其递减趋势如下所示：

◎汉口市场的日本火柴递减趋势

1896年:566,875箩	1897年:549,478箩	1898年:79,030箩	1899年:325,005箩	1900年:174,930箩
1901年:18,635箩	1902年:22,660箩	1903年:90,247箩	1904年:171,371箩	1905年:137,519箩

通过上表可知：在1896年，大约输入56万6千箩，到1897年就减少到54万9千箩，1898年锐减到7万9千箩，1899～1900年，其输入额稍微上扬，而1901年还是下滑到1万8千箩的程度。在1902年以后，虽有渐增之趋势，但1898年以来的总体趋势，日本火柴输入甚少，完全不能与1897年以前的输入情况相比。1904年度，汉口的外国火柴其输入额排名到19位左右，不及福州、九江等中国各港。

因汉口位居中国之中央部位，各种货物的输入额的数量都比较大，而唯独火柴输入量极少。1906年，汉口的纯输入总额超过5,380万两(海关两)，其中火柴的输入额仅有29,623两(海关两)，不到输入总额的万分之六。燮昌火柴公司为湖北唯一一家火柴厂，在湖广总督的特许下，受到清国官宪当局的特别保护，垄断了湖北省的火柴制造业，以雄厚的资本，大量生产品质好、价格廉的火柴产品供应当地市场。

二、火柴的市场价格(主要品牌)

◎主要品牌的市场价格

火柴商标	包装情况	每箱(100箩)/价格	每小盒价格
燮昌单狮牌	硫磺・小盒	每箱(100箩)/10两	3文
燮昌双狮牌	硫磺・中盒	同/12两5匁	4文
燮昌象牌	同	同/11两	4文
燮昌三猫牌	同	同/10两6匁	4文
燮昌三鸡牌	同	同/10两6匁	4文
良燧会社猿猴牌	黄磷・小盒	同/18两	3文
良燧会社双福牌	同	同/17两	3文
大阪会社蝙蝠牌	同	同/17两	3文
可炽热顺铜雀台牌	同	每箱(50箩)/12两	3文
燮昌双狮牌	安全・大盒	同/16两	4文
怡和猿猴牌	同	同/14两	5文
良燧会社双福牌	同	同/13两	4文
日本品鹊牌	同	同/13两5匁	4文
照明社童子牌	同	同/13两5匁	4文
福建天祥厂	同	同/11两	4文
怡和双虾牌	安全・小盒	每箱(100箩)/18两5匁	3文

汉口的火柴生产厂家(燮昌)与日本的火柴会社相比，劳银低廉，如在第二章的工业部分里所述：男工每月工资不过四五圆(公司包伙)。但燮昌公司的大部分生产原料都依赖于日本供应，为此，从原材料的价格来看，其成本要比日本高。燮昌公司与日本火柴会社尽管生产程序上有所差别，就整体而言，燮昌公司的生产成本要比日本的廉价。以日本的猿猴牌的黄磷火柴为例：每簩的生产成本为1匁8分5厘银，而燮昌的单狮牌硫磺火柴每簩的生产成本仅为1匁银，燮昌的生产成本要比日本低廉8分5厘银。

日本猿猴牌黄磷火柴的成本比燮昌火柴高出8分5厘银的原因是：日本的火柴厂家大都集中在大阪、兵库附近，从日本运输到汉口的运费是提高成本的因素之一。从日本输入的猿猴牌黄磷火柴，每箱(100簩)成本价为23圆，运费每箱1圆30钱，进口税及其他一些费用加起来为2圆80钱，合计为27圆10钱，如果将此换算为中国两，则为18两5匁，这只不过是汉口的到货价格。而燮昌的单狮牌硫磺火柴即使将成本价与销售价作同等看待，也仅为10圆。为此在市场上日本火柴无法避免地处于高价位状况。

三、品质比较

燮昌公司所生产的硫磺火柴有单狮、双狮、象、三猫、三鸡这五个商标。这其中单狮牌为小盒火柴，内装火柴60根左右，火柴杆为中粗、略带黑色的松木杆。表面看上去并不是很漂亮，但具有抗湿气、抗风力强的特点。日本所产的硫磺火柴，为了与成本低廉的燮昌火柴争夺市场份额，偷工减料，品质低劣，逐渐失去了市场信誉，乃至陷于在市场上销声匿迹之惨境。燮昌的双狮牌火柴(燮昌公司的安全火柴和硫磺火柴均用双狮商标表示)品质极佳，其火柴杆采用优质的纯白木材，且杆的粗细和长短都非常一致；每盒装110根，发火的药头附着牢固且发火快。与此相对比，我日本的火柴杆粗细不均，火柴杆漂白也欠佳，长短也不一致，每盒里总有一两根没有附着火药的火柴杆。在现今市场上，除猿猴牌之外，其他日本所产的火柴根本无法与燮昌相比。下面是火柴品质分析表。

◎日本火柴与燮昌火柴品质分析表

火柴商标/火药及盒装情况	火柴杆情况	每盒火柴杆数	发火药的情况
燮昌单狮牌/硫磺小盒	松木细杆、杆状不齐	60根左右	附药少，3、4根无药
燮昌双狮牌/硫磺中盒	松木中粗杆、其他同上	85根左右	附药少
燮昌象牌/同	杆比双狮牌粗	72根左右	附药稍多
燮昌三猫牌/同	相似于象牌	80根左右	附药少，2、3根无药
燮昌三鸡牌/同	同上	79根左右	同上
良燧会社猿猴牌/硫磺小盒	细杆、杆色泛黑	75根左右	附药中等，2、3根无药

良燧会社双福牌/黄磷小盒	同上，较猿猴牌要细	100 根左右	附药多
大阪会社蝙蝠牌/同	白杆杆状齐、杆色略泛黑	85 根左右	附药中等、无药数根、杆与杆粘连数根
可炽热顺铜雀台牌/硫磺小盒	同上	100 根左右	附药多
燮昌双狮牌/安全大盒	白杨细杆、杆齐、杆白色佳	100 根左右	药附着好，发火佳
怡和猿猴牌/同	白杨上等粗杆	63 根左右	附药好
良燧会社双福牌/同	白杨中粗杆、杆色泛黑	85 根左右	同上
日本品鹊牌/同	椴木细杆、杆状不齐	98 根左右	同上
照明社童子牌/同	杆中粗、杆色泛红	103 根左右	同上
福建天祥厂/同	松木细杆、杆色泛红	110 根左右	附药不匀
怡和双虾牌/安全小盒	杆中粗	45 根左右	附药好，但不防潮

四、结论

总而言之，日本所产的火柴曾在汉口市场畅销一时。然而，自从燮昌火柴公司建立以来，日本火柴在市场上的销售份额逐渐减少，甚至走向销声匿迹的地步，与此相对，燮昌公司的火柴销售市场逐渐扩大，最终几乎达到独霸汉口市场的程度。如果日本当业者放任此形势发展，而不采取措施，则日本火柴迟早会被逐出市场。诚然，日本所产的火柴如前所述，在运费及劳银等方面，与燮昌火柴公司相比存在着不利于竞争的因素；然而，不得不指出，日本火柴只要市场情势稍转、销售情势略为看好，就急功近利，粗制滥造，这一致命的通弊反复循环屡屡出现，导致损害日本火柴声价之后果。

为防止此现象继续发生，日本应采取两大举措：其一，将日本现有的几百家小规模的火柴工厂加以合并形成带有“托拉斯”组织形式的大公司。其二，在生产上尽可能采用机械，以实现跨越式发展（就目前而言，燮昌公司尚未采用机械生产火柴）。日本火柴之所以很难与燮昌火柴公司竞争主要原因还有质量问题，首先日本政府派员对生产质量加以适当监管，以防止粗制滥造；此外，通过政府斡旋与火轮公司特约合作以降低运输成本，还有在融资方面也能给与厂家支持。因为，日本火柴在汉口之地与中国火柴竞争，进而占领市场将存在很大的阻力。所以，可采用迂回之法，在中国的其他的主要港口，建立工厂以图其利。

总而言之，汉口的火柴市场竞争非常激烈。十几年前欧洲的瑞典火柴大量进入汉口市场，其后随着日本火柴的不断发展，日本的火柴产品以其价格优势逐渐取代了瑞典火柴。此后瑞典只输入少量的供外国人使用的安全火柴。现今，中国九江、上海、福州等地所生产的火柴也登陆汉口，然而，这些地方的火柴都不足以与日本的火柴产品竞争；日本产品的强劲对手仍是燮昌火柴公司。

目前在日本本土有极力反对将日本的生产厂家转移到中国的舆论，其理由是:将本可以在本国生产的生产厂家转移到中国,只能对中国有利,而造成日本生产企业的颓势。这种舆论在实质上只见其一、未见其二。在日本除樟脑制造业外,其他产品诸如纺织产品、火柴产品等根本没有建立起稳固的专利地位。在中国原料资源、劳动力资源都非常丰富,如果我日本不涉入其中,不在中国办厂兴业,中国人将会根据市场情况而自我完善之;加之,近来,在中国官宪当局鼓吹中国利权、鼓吹保护主义之论日渐炙热,如若我日本当业人士仅满足于国内工业,不奋进于中国市场,必然失去中国四百余州这个大市场。如果中国市场自我完善,达到自给自足之程度,日本将会失去进入中国市场之途。

仅就目前而言,中国虽有丰富资源和劳动力,但缺少优秀的经营管理人才,由此才导致目前的尚不发达的工业生产状况。目前是我国渗入中国的最佳时机,应大力在中国要地兴办企业,将商工利权掌握在我日本手中,这样做,我们可能暂时收效不大,但从长远来看,我们掌握了主动权。著者在中国宦游多年,这期间屡次与国内有识之士谈及此事,深感此事之紧迫和必要,为此,特设此章节对此以专论强调之。

第六项　洋伞及钟表

在日本输入中国的杂货中,尤以洋伞和钟表为重。对于洋伞来说,伞柄以珍贵木材为佳、伞骨以做工精细为好、伞形以有合适深度为宜。钟表以座钟为主,座钟与其说是实用品不如说是室内的装饰品更为合适。在中国的中流以上的家庭多有此摆设,鉴于此,在产品设计上要考虑到其工艺性和装饰功能。日本的怀表做工粗劣,在市场上还不能与欧美产品争雄。

第七项　轧花机械

棉花是湖北的主要特产,为此,作为加工棉花之用的轧花机械也有着非常好的需用前景。现今,日本的轧花机械已扩展到了汉口上游的沙市附近。中国人在汉阳已建立了轧花机械工厂,但其质量欠佳。在轧花机械里日本大阪中桐洋行所生产的轧花机械获得了市场的声誉,此轧花机械平均每台的零售价格为 30 元内外。

第八项　棉纱

曩时,棉纱在日本输入品中占第一位,其后,呈逐年减少之势。1904 年度,其输入的数量减少到为 42,070 担,金额为 3,456,340 两。输入的数量如此之少,其主要原因为受"日俄战争"影响,而导致我国纺织产品供应不足。另外,印度由于棉花歉收也造成输入量减少,与前年相比有 38,020 担的差距。继而,在 1905 年度,日本的棉纱的输入量与前年相比,减少 70,783 担,其金额为 1,719,836

两。普通的棉纱价格与前年相比每担价格提高 1 两 7 匁[①]。这主要是由于日本棉纱脱销和印度棉花歉收所致。外国棉纱特别是印度棉纱从前年开始一直保持高值，而在 1905 年度，印度棉线急剧减少，与前年相比只有 291,023 担，其显示出的差额为 7,380,163 两。

比较适合汉口本地人喜好的日本棉纱主要有摄津纺织的立马牌、福岛纺织的舟美人牌、仓敷纺织的三马牌、堺纺织的双喜牌等一些 16 支纱的产品，及岸和田纺织的戎牌、钟渊纺织的三环和蓝鱼牌、合同纺织的双鹿等 20 支纱的产品和 32 支纱的产品。以下是近 10 年来，日本及印度棉纱输入量的比较情况。

◎近 10 年日本及印度棉纱输入额的比较表

年次	日本产品	印度产品	合计
1896 年	3,589 担	206,109 担	209,698 担
1897 年	52,087 担	170,943 担	223,030 担
1898 年	77,315 担	152,601 担	229,916 担
1899 年	248,435 担	233,118 担	481,553 担
1900 年	233,495 担	164,802 担	398,297 担
1901 年	194,450 担	294,455 担	443,905 担
1902 年	198,359 担	291,118 担	489,477 担
1903 年	314,470 担	387,252 担	701,722 担
1904 年	272,400 担	349,224 担	621,624 担
1905 年	191,617 担	58,201 担	294,819 担

汉口对棉纱的需求量非常大，棉纱不光供应本地，还输送到长江上游的宜昌、重庆乃至西部四川、云南、贵州等地，以及以汉口为中心的湖北、湖南、河南、江西等省。

第九项　仿洋纸

日本所产的印刷用纸等在 1905 年度，其输入额为 1,271 担，金额 9,889 两。而在 1906 年度，其输入额增加到 1,481 担，金额达到 19,189 两。汉口随着报纸和出版业的发展，对印刷用纸的需求也会不断增加。此外，在西洋杂货店、绸缎庄等逐渐出现以外国的包装纸来代替中国土产的粗制的黄草纸的情况。可以预料将来纸业在汉口会有很大的市场需求。

第十项　枕木

日本所产的枕木在 1904 年度，大约输入 50,000 根，40,000 两左右的交易额，翌年，激增到 454,664 根，其交易额为 616,648 两。其中 9 成为日本北海道所产的枹栎、楸、栨木等材木。将来以汉口为中心铺设纵横铁路，对枕木的需求量

① 1904 年每担为：24 两 4 匁，1905 年每担为：26 两 1 匁。

也极为可观。日本虽在武汉的枕木市场占有一定的份额，但日本枕木的销售价格甚低，主要原因在于质量欠佳，由于武汉地区干燥，从日本北海道运到汉口的枕木多发生裂缝，从裂缝处进入腐败物质，导致枕木耐久性差。有关枕木问题已在本章的“第九项”枕木这一部分里详述，故在此略。

第十一项　漆器

日本的漆盒

漆器的输入情况大都在普通杂货贸易里叙述，但有关日本的小物件漆器输入状况还有必要专述一二。在日本杂货店里所陈设的日本漆器主要有以下几个品种：①手匣（放随身小用品的小匣），长方形、有三套。在蜡色的基础上绘上洒金的花鸟图案。每套价格在2～3＄不等。②信匣（装入信件、钱币、支票等贵重物品的小匣），长尺余宽4～5寸，在蜡色的基础上绘上洒金的花鸟图案，并配有锁具。③印匣（放置印鉴的小匣），长宽高均在3寸左右，蜡色洒金的花鸟、人物图案。④果匣（放入果品、点心之类），有圆形或八角形，其直径7、8寸乃至1尺2、3寸，匣高在3、4寸至4、5寸，一般有9个抽屉，也是蜡色洒金图案。信匣的价格在1＄左右，印匣80钱上下，果匣1.5＄内外。由于价格不是很贵，为此有很多粗制品，仅使用五六个月就出现漆面剥落现象，市场行销不是很畅，稍有实力的买主都转向宁波或广东产的装置小器物的工艺品。图便宜的买主倾向彩色印刷的马口铁材料的产品。

总之，日本漆器制品眼下在中国人中，尚未见很大需求。如果进一步斟酌其制品的形状、尺寸、洒金图案，即使价格高一些，只要品质有保证肯定会有相当大的市场。

第三款　近三年来日本商品输入表

◎棉制品

品名	单位	1903 年数量/价额	1904 年数量/价额	1905 年数量/价额
11 磅以上细棉布	疋	—/—	100/295 两	—/—
9 磅以上 10 磅以下粗布	同	820/2,460 两	100/300 两	—/—
11 磅以上粗布	同	9,080/30,327 两	3,920/9,996 两	1,220/3,536 两
12 磅 4 分之 3 以下绫木棉	同	100/335 两	3,600/12,060 两	—/—
12 磅 4 分之 3 以上绫木棉	同	1,560/5,398 两	15,825/49,849 两	—/—
32 吋宽 24 码长印度布	同	2,150/3,541 两	900/1,305 两	2,758/4,413 两
12 吋宽条纹棉绉	码	900/121 两	8,940/6,258 两	—/—
法兰绒	反	4,880/18,154 两	9,602/30,246 两	1,013/2,229 两
紫色条纹的吉野织布	码	68,298/4,781 两	94,673/6,627 两	182,616 两
无纹(无图案)棉绉	同	18,054/1,805 两	51,849/5,185 两	14,363/1,399 两
棉毛毯	张	6,790/6,790 两	5,281/3,497 两	4,656/2,793 两
素色手帕	打	880/352 两	10,719/4,287 两	11,400/3,420 两
图案花纹手帕	同	4,841/7,142 两	2,219/1,219 两	708/310 两
蜂巢织 18 吋 40 吋毛巾	同	13,750/6,462 两	13,256/7,291 两	9,357/5,146 两
蜂巢织同上尺寸大毛巾	同	10,133/4,053 两	710/411 两	—/—
棉线	担	314,470/10,157,381 两	272,400/6,701,040 两	191,617/4,991,204 两
丝线与棉线混织双子纹	斤	11,534/17,416 两	18,302/13,855 两	15,586/12,906 两
皺织①	码	53,064/5,306 两	83,219/8,322 两	26,400/2,640 两
各种毛巾	打	—/—	26,096/12,711 两	23,178/11,136 两

① 经纬纱张力不均而形成表面有凹凸感的织物，亦称“缩罗织”。(译者注)

◎海产品

品名	单位	1903年数量/价额	1904年数量/价额	1905年数量/价额
海带	担	184,479/487,024两	48,673/163,055两	—/—
长海带	同	—/—	100,210/300,630两	113,007/282,518两
海带丝	同	—/—	16,048/64,192两	21,004/72,093两
海带片①	同	—/—	628/6,280两	1,021/10,108两
鸡冠菜	同	—/—	1,500/6,000两	1,894/8,144两
鲍鱼	同	270/12,609两	98/4,464两	44/1,852两
黑海参	同	3,275/168,990两	2,838/127,710两	1,959/78,300两
干竹蛏	同	1,499/31,929两	2,194/39,492两	1,207/21,149两
江瑶柱	同	408/19,429两	324/14,952两	145/6,649两
干鳗	同	8,567/134,502两	11,549/173,235两	5,654/84,810两
干鱼	同	160/1,484两	108/1,000两	130/1,391两
鱼肚	同	197/18,990两	152/15,603两	155/16,562两
鲨鱼	同	—/—	114/1,790两	—/—
寒天(洋菜)	同	—/77,380两	1,418/77,990两	670/34,606两
干虾	同	844/23,464两	935/18,700两	513/9,747两
鲨鱼翅	同	17/1,190两	46/1,840两	63/2,300两
淡菜	同	248/3,410两	227/3,405两	227/2,463两
鲨鱼翅(精选)	同	363/60,621两	280/39,466两	212/28,938两

◎成品产品

品名	单位	1903年数量/价额	1904年数量/价额	1905年数量/价额
樟脑	担	151/7,973两	48/2,880两	20/1,255两
精制樟脑	斤	264/17,417两	149/5,960两	254/10,160两
粗制樟脑	担	94/3,769两	142/21,130两	340/4,591两
座钟	座	25,012/50,115两	35,952/69,196两	14,509/21,455两
轧花机械	台	5,739/83,493两	5,696/85,440两	1,927/28,905两
轧花机械配件		—/68,285两	—/60,303两	—/47,702两
漆器		—/—	—/2,366两	—/2,094两
火柴	箩	93,597/23,400两	192,621/39,487两	163,144/35,586两
仿洋纸	担	—/—	1,271/9,189两	832/7,546两
硫酸	同	10,812/52,439两	13,891/55,564两	9,361/32,296两
棉蝙蝠②	件	335,292/164,293两	418,704/167,482两	300,046/90,014两
怀表	件	—/—	—/—	7,724/25,664两

① 海带片：日语原文是“板昆布”。（译者注）

② 棉蝙蝠：日式棉袄。（译者注）

◎半成品及原料

品名	单位	1903 年数量/价额	1904 年数量/价额	1905 年数量/价额
钢块	担	38,198/798,338 两	87,637/2,589,674 两	71,444/2,061,159 两
八角(大茴香)	同	1,684/28,510 两	889/10,668 两	400/4,921 两
煤炭	吨	83,887/656,834 两	85,798/454,730 两	65,664/328,320 两
精选人参	斤	8/2,005 两	16,254/24,665 两	1,778/4,194 两
普通人参	同	323/33,213 两	4,842/5,868 两	3,303/4,930 两
火柴盒原料	担	6,659/14,874 两	7,141/16,067 两	12,065/27,146 两
火柴杆原料	同	61,510/123,020 两	45,641/84,436 两	44,594/78,040 两
推茸(香菇)	同	1,118/62,831 两	1,499/74,950 两	1,151/55,997 两
枕木	根	108,860/106,883 两	50,750/40,000 两	454,664/616,648 两
丹矾	担	—/—	1,104/12,693 两	835/9,595 两
硫磺	同	6,186/29,693 两	7,644/19,493 两	5,013/9,275 两

第四款　汉口对日本的输出品

在前文已多次提到过，位于汉口的长江除夏季的丰水期外，不能与日本直接通航，所有货物都要经上海中转。为此，出口到日本的货物，除直接通航所能得到的准确的统计数字之外，其他货物的出口只能得知大致情况。根据出口货物的诸般情况推算：汉口以棉花、豆糟、大豆类、鸡蛋等农产品及铁矿石、生漆等为主要的输出产品，其输出额大致在 845 万两。这其中，240～250 万两的输出额是直接通航的数字，其他均为经上海中转的数字，其具体的输出情况如下表所示：

◎1905 年对日本输出货物的数量・价额概算表①

品名	单位	直航	经由上海	合计	单位平价	总价额
棉花	担	60,000	150,000	210,000	15 两	3,150,000 两
牛皮	同	5,000	35,000	40,000	31 两	1,240,000 两
大豆	石②	60,000	500,000	560,000	2 两	1,120,000 两
棉籽	担	130,000	150,000	280,000	1 两	280,000 两
麻类	同	10,000	50,000	60,000	12 两	720,000 两
生漆	同	2,000	3,000	5,000	47 两	235,000 两
豆糟	同	85,000	200,000	285,000	1 两 2 匁	342,000 两
鸡蛋	个	—	20,000,000	20,000,000	5 文	100,000 两
铁矿石	吨	90,000	—	90,000	2 两 4 匁	216,000 两
生铁	同	3,145	—	3,145	26 两	81,770 两
猪毛	担	—	500	500	160 两	80,000 两
植物油	同	1,000	2,000	3,000	8 两	24,000 两
木蜡	同	—	50,000	50,000	10 两	500,000 两

① 本表根据 1904 年的贸易额推算得出，并不是确切的数字。

② 石：日本的容积单位，1 石＝130 斤。

菜籽	石	5,000	—	5,000	2两	10,500两
碎茧	担	—	6,000	6,000	27两	162,000两
废蚕丝	同	—	5,000	5,000	26两	130,000两
黄麻	同	5,000	15,000	20,000	4两	80,000两
石膏	同	3,000	10,000	15,000	1两	15,000两

上表是根据1904年贸易额进行估算所得出的数据，并不十分确切。汉口的每年总输出额为5,700万两，对日本输出仅占其中的850万两左右，显然对日本的输出量并不是很大。从发展的情势来看，汉口输向大阪、神户的大豆、豆糟其数量每年都有所增加，估计在二三年内，输向日本的输出额将会超过1,000万两。汉口的大豆和豆糟与牛庄相竞争，牛皮与朝鲜的产品相竞争，然而，铁、生漆、木蜡、苎麻乃是汉口本地之特产，将会一直保持其优势，持续进行与日本的贸易。

当前，日本与汉口的贸易总额为2,500万两上下，这其中，日本的输入量超过汉口的输出量，估计这只是一时之现象，一旦，汉口对铜的需求减半或停止对铜的需求，日本的输入量将会出现不及汉口输出量，而产生逆差。1905年贸易总额意外居高，完全由于日本的铜和枕木大量输入所至，铜和枕木大量输入掩盖了煤炭及其他一般输入品减少的情况。

第四节
土产品输出贸易

1905年度的土产输出总额为12,154,558两，比1904年度减少147,607两。其输出额减少的原因是：1905年年初，降雨加上寒流，而导致谷物、豆类歉收；此外，国内战争也是影响输出的重要因素。虽然1905年的下半年情况看好，但整体输出趋势不如去年。另外，由于抵制鸦片和排斥美国货币，导致茶叶出口减少，除粉茶、叶茶、砖茶外，诸如绿茶等均处于输出不畅之状；一般的普通商品输出亦不振。能获得输出利益仅限于粉茶交易和杂货交易。茶叶收成欠佳，除受降雨影响外，茶农错过采茶季节也是其欠产原因。

再谈一下茶叶的收购情况，当茶商预感到茶叶交易没有利益，就停止了给与茶农的预支款，并取消了茶叶购买合同。另外，在1905年度，茶叶行会也对茶叶包销商的资金借贷附加限制条件。总体上，茶叶交易随行就市，当祁门茶被认为质量良好，就会比宁州茶需求量大，随之其价格也会上扬。由于绿茶交易商比红茶交易商在市场上竞争困难且价格居高，为此，蒙受很大损失。到夏季的七八月，市场上茶叶的价格每担达到34两～37两，此时有的茶叶包销商认为还有价格空间，纷纷跃跃欲试；然而到八月底，茶叶的需求量迅速减退。到了年末，与年初相比每担茶叶价格降低5两乃至10两，尽管如此，茶叶商也不得不将手中的茶叶折本卖掉。

日俄开战以来，一直处于休业状态的汉口砖茶厂，于1905年7月重新开业，生产将中国茶和锡兰茶混在一起的砖茶，其年生产量约21,400担。每天的从业工人达700～800人。

1905年，湖南省稻米欠产，为此，禁止稻米出口。虽然在九月初开始解禁，但其稻米直接出口仅限于上海，在汉口大约只有74,764担的输出记录。大豆、豌豆输出急剧减少，1904年度输出334,301担，而到1905年度只有196,546担。芝麻输出也在锐减，1904年66,971担，到1905年仅有28,276担，其数量差竟达38,659担之多。其原因是在芝麻收获期，长江泛滥所致。

陶瓷器原料输出有所增加。麻类在1904年度83,802担，1905年上升到113,634担，其增加数量为29,832担。其增加原因是日本市场对麻类需求增加。1905年纸张输出量为156,043担，比1904年增加12,906担。在湖口（鄱阳湖）有一家造纸厂，准备生产包装丝绸用的包装纸，以此代替传统的以竹子为原料的黄草纸。但不知能否敌过价格低廉的西洋纸，其市场销售情况现在还不够明了。

第十一章

物产

第一节 总论

每年来自湖北、湖南、河南广漠原野的农作物和来自四川、陕西山区的农副产品大量汇集于汉口。进而通过汉口中转输出到国内外的其他地方。其交易额每年达到3000万两。可以预计，将来随着川汉铁路、粤汉铁路的开通及汉口本地民众耕耘之法的提高，汉口的交易额达到七八千万两也是极其自然之事。下面是1901年到1905年这五年间的汉口市场的年均输出额。

◎五年间的汉口市场的年均输出额

品名	交易额(两)	品名	交易额(两)
茶	7,000,000	棉花	3,920,000
牛皮	2,940,000	豆类	2,200,000
芝麻	2,110,000	稻米	2,000,000
黄线和白线	1,100,000	麻类	1,000,000
烟草	690,000	小麦	680,000
豆糟	530,000	生漆	530,000

如果在此数字基础之上再加上汉口及其附近地区的消费，其交易额的数量实在可观。以茶叶为例(后文还要详述)，由于茶园荒废和不良竞争其输出额逐年减少。其他农产品靠天吃饭，根据年成虽然不太稳定，但大体上每年都有所增加。对日本输出的产品主要有：棉花、牛皮、大豆、豆糟、生漆、碎茧、废蚕丝等项，棉花每年十四五万担，牛皮四万担，大豆五六十万担，麻类八万担，生漆五千担，豆糟三十万担，碎茧废蚕丝十一二万担，这些将来都增加之趋势。在各论里，将对主要物产分项详说。

第二节 各论

第一款 茶叶

第一项 产地及产量

集中到汉口的茶叶主要是红茶和少量的砖茶。其茶叶的主要产地在湖南、湖北、江西、安徽四省，其产茶面积横亘二万平方里。茶产地以湖南安化（安化县内）、湖北羊楼洞（蒲圻县内）、安徽祁门（徽州府辖区）、江西宁州（南昌府辖区）产量最多。其品质也比其他茶叶产地要佳。这其中宁州的茶叶每担 20 两～40 两，湖北产市场行情在 10 两～25 两之间。宁州祁门茶最上品，其次是安化茶，湖北茶再次之。

湖南茶通过岳州运到汉口，1900 年度其输出量为 239,005 担（每担平均 20 两），其茶叶额达 524 万两。湖北茶通过杨辛河、咸河、白港河以民船运到汉口。安徽茶通过九江、鄱阳湖运进汉口。以下表格所揭示的是各产茶的地名、所属府县以及在 1905 年 5 月 18 日～同年 12 月 18 日茶叶交易期间同外商的交易额及产量，但其中的产量数据从汉口中国茶商处探查得知，想必不一定准确。

◎茶叶产地、交易额等情况

茶叶产地	所属府县	产额（两）	与外商的交易额（两）
1. 湖北省			
羊楼洞	武昌府蒲圻县	24,000	23,940
羊楼司	同	4,000	1,085
通山	武昌府通山县	14,000	20,007
杨树林	同	4,000	—
崇阳	武昌府崇阳县	—	9,091
大沙萍	同	—	19,000
白霓桥	同	2,000	—
小沙萍	同	—	—
马桥铺及柏墪	武昌府咸宁县	14,000	—
龙港	武昌府兴国州	—	—
驳岸	武昌府	2,600	—
栗树坪	同	2,000	—
虎爪石	同	2,400	—
桃树凹及西乡	同	3,000	—
宜昌	宜昌府	10,000	7,121

2. 湖南省			
平江	岳州府平江县	2,000	18,199
长寿街	同	16,000	32,554
晋坑	同	—	—
高桥	同	80,000	28,289
临湘	岳州府临湘县	1,000	—
云溪	同	46,000	11,266
聂家市	同	—	31,640
白荆桥	同	66,000	—
安化	长沙府安化县	150,000	162,041
蓝田	同	24,000	7,286
浏阳	长沙府浏阳县	24,000	16,304
永丰	同	10,000	—
湘阴	长沙府湘阴县	10,000	—
醴陵	长沙府醴陵县	12,000	7,286
沩山	长沙府	20,000	2,173
湘潭	长沙府湘潭县	—	9,125
桃源	常德府桃源县	—	12,674
武陵	常德府武陵县	—	—
江南坪	同	—	—
楼底	同	—	—
3. 江西省			
宁州	南昌府	80,000	99,818
武宁	南昌府武宁县	—	1,085
吉安	吉安府	—	1,598
4. 安徽省			
祁门	徽州府祁门县	70,000	71,727

仅从1905年与外商的交易额来推断其产量，未免有些不太确切之感。然而经与在产茶地踏查归来的专家研讨，所得出的结论是其产茶量的2/3与外商交易，这个数据应是比较符合实际的。湖南、湖北两省茶叶总产额估计至少达到17亿万斤[1]。

湖南、湖北、江西、安徽四省所产的茶叶大体上可分为红茶、绿茶、粉茶、砖茶四种，这其中的粉茶是在生产红茶及绿茶时所产生的碎茶，进而可成为加工砖茶的原料。砖茶主要由俄国人所经营的顺丰、新泰、阜昌这三家生产，其产品销售到俄国本土及西伯利亚地区。

输入到汉口的茶或在汉口附近所生产的各种茶经由敖德萨(Odessa)、上海、天津、浦临等港口销售到世界相关国，这其中，经敖德萨路线所销售的茶叶占其

① 日语原文为「拾七億万斤に達すべき見込なり」，"17亿万斤"这个数字请读者斟酌。(译者注)

茶叶总量的一半。

第二项　种类及制茶法

汉口地区的茶叶加工主要有红茶和砖茶。红茶根据生产时期的不同可分为头帮茶、二帮茶、三帮茶、四帮茶(四帮茶又称籽茶)这四种类型。头帮茶所用的原料是在清明时节、谷雨之前所采摘的新茶,二帮茶在谷雨后10天,三帮茶在谷雨后20天,四帮茶是在三帮茶采摘后,又经一个月的时间所采摘的茶。为外商所看好、踊跃进行交易的是头帮茶和二帮茶,四帮茶与头帮茶相比,无论在香味上还是色泽上都大为逊色,其价格只为头帮茶的一半。砖茶分红茶、绿茶两种,红砖茶以红茶粉末为原料制作,绿砖茶则以绿茶的粗叶及其绿茶的粉末混在一起所制作。

红茶的制作过程如下:首先采下茶叶的鲜叶,然后将新鲜的茶叶曝于日下,待其干燥,再将干燥的茶叶放在木桶里"奄蒸"(使其发酵)。若在干燥期降雨时,可用炭火烤之,促其干燥。之后的工序是筛选,将奄蒸过的粗茶过筛,除去尘埃、茶叶末,然后将筛选后的茶叶再进行干燥,使其成为成品茶;最后装箱运输。

砖茶的制作过程是:将红茶或绿茶的粉末进行蒸制,待其茶叶粉末含有水汽时,将其装入四角或圆形的木质的模型里,以水压或气压加以压力,形成砖茶。汉口的砖茶经山西茶商之手,将其销售到蒙古等地。

第三项　与外国茶商的交易量和与中国国内茶商的交易量

1. 外国茶商及其交易量

◎外国茶商及其交易量

洋行名	国籍	单位	交易量				
			1902年	1903年	1904年	1905年	1906年
新泰	俄国	箱	54,788	57,172	110,541	78,364	106,378
阜昌	同	同	122,110	76,135	96,200	108,732	97,760
顺丰	同	同	98,449	85,979	69,805	73,889	80,322
百昌	同	同	52,201	51,507	52,279	57,839	16,483
源泰	同	同	8,188	15,064	20,474	15,810	3,504
协和	英国	同	41,738	45,493	51,833	67,216	102,847
天祥	同	同	84,736	96,716	110,637	102,574	81,518
杜德	同	同	17,013	9,698	14,324	34,456	25,861
天裕	同	同	26,700	35,129	34,381	33,196	21,916
宝顺慎昌	同	同	45,398	36,793	39,909	37,303	20,204
吕泰	同	同	6,300	7,681	42,864	57,110	12,126
怡和	同	同	14,290	19,564	13,815	29,661	10,676
祥泰	同	同	7,522	8,412	8,955	5,323	5,358

美昌	同	同	—	—	—	—	3,875
嘉乐	法国	同	23,057	46,821	12,244	46,407	2,084
公信	英国	同	270	3,308	3,782	5,070	1,521
巨昌	俄国	同	14,424	18,270	10,495	—	—
柯化威	英国	同	51,255	47,170	40,584	47,878	45,315
合计		箱	668,539	660,912	743,121	800,827	638,470

以下是近五年间头帮、二帮、三帮的汉口茶（湖南、湖北茶）和九江茶（安徽、江西茶）运到汉口的数量。

◎运到汉口的茶叶的种类、数量及交易量

类别	单位	运到汉口的数量及交易量				
		1901 年	1902 年	1903 年	1904 年	1905 年
头帮汉口茶到汉口量	箱	479,093	392,306	398,144	455,281	407,859
头帮九江茶到汉口量	同	183,153	198,136	179,298	195,834	171,584
二帮汉口茶到汉口量	同	59,650	102,800	171,351	141,200	72,892
二帮九江茶到汉口量	同	13,091	14,506	24,254	17,622	16,675
三帮汉口茶到汉口量	同	—	15,318	27,613	35,033	42,536
合计		734,987	723,066	800,660	844,974	611,542
头、二、三帮的汉口茶和九江茶的交易量	同	668,539	660,912	743,121	800,827	638,470
输入到上海的茶	同	64,021	62,154	57,539	44,143	72,476
合计	同	732,560	723,066	800,660	844,970	710,946

2. **中国的茶商及其交易量**

在汉口的涉外的中国茶商主要有两家：一是与外商直接打交道的洋庄，另一是与蒙古地区进行交易的口庄。口庄由常驻汉口的山西茶商所经营。下面就其交易情况揭示如下。

山西茶商　在汉口同时从事洋庄和口庄生意的茶商主要有：德巨生、三德玉、谦益盛、锦丰泰、德生瑞、天顺长、沅生利、兴泰隆、大昌玉、天表和、宝表隆、长盛川这 12 家。单独从事口庄业务的茶商有：巨贞和、大泉玉、大升玉、独慎玉、祥发永这 5 家。以上 17 家茶商每年与蒙古地区的茶叶交易量约为 8 万箱，其价额在百万两内外；此外，每年向张家口地区输入四五万箱。

洋庄　在洋庄的茶庄里又可分为经营两湖茶的茶商与经营两湖、祁门及宁州茶的茶商。如果将此细分一下，经营两湖茶的茶商有：熙泰昌、厚生祥、利贞乾、永昌隆恒生泰这 5 家，其每年茶叶的交易量大约在 50 万箱。经营祁门、宁州茶的茶商有：祥泰昌、天宝祥、永泰源、公慎安、和兴安、公慎祥、公顺祥、鸿源永这 8 家，其每年茶叶的交易量在 15 万箱内外。

第四项　汉口茶的输出量

以下提供 1893 年到 1905 年这 13 年的汉口茶的输出表，由此可窥知汉口茶输出之消长情况。

◎汉口茶的消长情况

年份	输出数量(担)	输出额(两)
1893 年	485,194	9,717,434
1894 年	502,497	9,849,651
1895 年	674,768	11,939,900
1896 年	467,753	10,535,312
1897 年	434,999	7,434,435
1898 年	477,387	9,230,671
1899 年	525,421	12,885,951
1900 年	468,549	10,429,612
1901 年	354,716	5,998,245
1902 年	396,763	6,053,727
1903 年	424,620	6,988,399
1904 年	449,727	8,923,816
1905 年	378,357	7,654,005

为进一步考察输出情况，现将汉口茶和九江茶的输出目的地做一下对比分析[①]。

◎1893 年两湖茶和九江茶对比分析表

国别	汉口茶		九江茶	
	数量(担)	价格(两)	数量(担)	价格(两)
英国	22,877	411,787	43,035	1,118,902
俄国	121,334	2,184,028	22,443	843,526
上海	218,548	3,930,612	47,216	1,227,608
向中国各港口输出	6	118	32	834

◎1904 年两湖茶和九江茶对比分析表

国别	汉口茶		九江茶	
	数量(担)	价格(两)	数量(担)	价格(两)
英国	106,641	1,817,526	31,079	903,334
德国	96,179	1,667,744	24,596	719,187
波兰	54	937	—	—
丹麦	51	884	—	—
埃及	51	884	—	—
向中国各港口输出	146,909	2,526,483	43,940	1,275,831

① 日语原文共有 1893、1894、1895、1896、1897、1898、1899、1900、1901、1902、1903、1904、1905 年这 13 年的对比分析表，为节约篇幅，仅列 1893、1904、1905 年的分析表。(译者注)

◎1905 年两湖茶和九江茶对比分析表

国别	汉口茶		九江茶	
	数量(担)	价格(两)	数量(担)	价格(两)
英国	149,885	2,416,146	53,439	1,811,582
欧俄	777	12,525	11	373
东俄	1,361	21,939	181	6,136
新加坡	733	11,816	40	1,356
埃及	22,287	359,267	2,018	68,410
向中国各港口输出	115,693	1,861,960	31,933	1,082,495

第五项　汉口茶的将来

1884 年中国所输出的茶叶的数量为二亿六千八百八十万斤(英国斤)，到 1904 年已减至一亿九千三百四十六万英斤。也就是说，仅仅 20 年间，中国的茶叶输出减少了 3 成。这其中，占中国茶出口大户的汉口茶输出数量锐减，1893 年汉口茶(包括九江茶)总输出量约为 485,194 担，其价额约为 9,717,434 两，但在 12 年后的 1905 年只有 378,357 担，其价额约为 7,654,005 两。而这并不是一时减少，而是自 1901 年以来，逐渐递减之数字。当然，去年和前年输出量减少明显与日俄战争(1904～1905 年)有关，然而，其他年份也呈下降之趋势必然另有原因，下面对此原因简要分析如下。

1. **出现竞争者**

截止到 19 世纪前半，欧美各国所需茶叶均仰仗中国供应，而后，印度、锡兰及南洋各岛也都大量种植茶叶，我日本国也对茶叶输出倾注全力。因此，一直被中国茶叶所占领的英、法、德各国，逐渐被印度和锡兰侵蚀，乃至达到过半的程度。加拿大的茶叶市场亦被日本占据过半。现仅就英国的茶叶市场进行调查，1893 年英国市场的需求总量为 65,912 担，而所输入的汉口茶仅占其中的 12,604 担，其总体趋势是中国茶输出英国的数额逐年减少。1842 年中国茶的输入量为 9,126,698 公斤，到 1903 年降到 4,194,002 公斤。现今中国茶的输出区域仅限于俄国。下面揭示 1893 年到 1905 年这 13 年间的汉口茶对英国和俄国的输出情况。

◎汉口茶输出英、俄情况

年份	输入英国的数量(担)	输入俄国的数量(担)
1893 年	65,912	153,778
1894 年	31,183	166,593
1895 年	24,479	200,048
1896 年	28,895	186,849
1897 年	28,854	116,510
1898 年	27,441	162,369

1899 年	45,790	182,218
1900 年	6	249,990
1901 年	61	183,627
1902 年	10,629	131,399
1903 年	12,604	203,609
1904 年	137,738	—
1905 年	203,324	788

从上表 1904～1905 年的输入英国数量可以看出：仅一年间，其输入量就从 137,738 担提高到 203,324 担，这是因日俄战争，汉口茶不便直接输出到俄国，而借助英国船作转手贸易，汉口茶到达英国后，再从英国销到俄国。

2. **中国茶制造粗劣**

中国茶输出量逐年递减，并不仅仅因为出现众多的竞争者，而是由于中国茶制造粗劣，多少年来毫无改进之故。此乃阻碍中国茶输出的重要原因。与中国相对比，印度、锡兰等国在茶的栽培及制造法上都得到很大进步，比较讲究土质的好坏、干湿程度、肥料的运用及采摘的时间等关系到茶叶质量的一些要素。另外又以机械辅以人工，在加工时，根据嗜好者的需求调节色、香、味。由此，印度、锡兰茶能够大量输出也是必然之事。

中国茶一直沿用旧法，不论天气如何，墨守于“清明”（阴历 3 月 13 日）、“晒阳”（阴历 3 月 28 日）、“烧炉”（阴历 4 月 8 日）几个固定的采茶时间。且没有机械辅助人工以提高采茶效率。茶叶管理也极其粗放，在晾晒的茶叶旁，小儿、猫狗自由游戏，时而有尿粪散于晾晒的茶叶之中。搓茶之手，没有很好清洗，手足之污垢难免不附着于茶叶之上。

在输出的包装上也很粗糙，中国茶一直以木箱运输，其茶箱分大、中、小三种，大箱 75 斤装、中箱 50 斤装、小箱 5 斤装。出口茶叶主要用大箱和中箱。该木箱的木料由福建及宁波产的枫树加工而成，其木料有黄色和黄白色两种，其木料价格无异。75 斤装的茶箱尺寸为：幅宽 2 呎～2.5 呎、长 1.6 呎、高 1.9 呎；50 斤装的茶箱尺寸为：幅宽 2 呎、长 1.4 呎、高 1.7 呎。75 斤装的茶箱的价格是 58 分，50 斤装的 36 分。箱中铺有薄铅板作为内包装，该铅板从英国输入。在茶箱的表面全部贴上中国产的橙色的色纸，继而在木箱的边角再贴上宽 2 吋余的蓝色色纸作为镶边。

中国内地的产茶过程，逐渐被知情人介绍到欧美，由此，中国茶逐渐失去喜爱清洁的西洋妇人们的青睐，就整体来看中国茶在欧美茶叶市场也渐失曾经有过的声价。面对以上之弊害，如果中国制茶的当业者能尽力改良，完全可以改变当前之状况。其实汉口茶乃至中国茶潜在的更大的悲哀乃是茶园的粗放采摘。

3. **茶园的粗放采摘**

湖南、湖北是中国茶的重要产地，现阐述一下两湖地区的茶园。茶园大都设在丘陵地的半坡地带，仅从两湖地区来看，平野之地的茶园甚少。茶树高1尺4、5寸乃至3尺余，中国茶农对茶树打理极为简单，几乎不施任何肥料，唯一的茶园管理就是除去杂草。对于七八年以上的老茶树并没有适当地进行清理，而以其自然状态任其生长，将此称为老茶（销售到蒙古的砖茶原料）。在头帮茶、二帮茶采摘之后的三帮茶，大都用铁制的并不锋利的镰状器具将残留茶叶一扫而尽，此法简单、容易操作，且不费时间和劳力，一天一位成年男工，可割茶300余斤。与采摘新叶相比，此法甚得利益；故此，现今此法大流行。现以羊楼茶园为例：老茶的产出量为2,000万斤，与此相对，普通茶仅产出150万斤。老茶的产出量虽高，但使用铁制镰状钝器的野蛮采摘法对茶树的损害很大，容易导致茶树枯死。如果对茶树不能及时补种，两湖地区的茶园面积必然逐渐减少。如果按照此法不加改进，可以预料到：不出10年，中国茶将面临悲哀之境地。如前所述，欲改变此状况，其有效的救治策略乃是从改良茶园开始，首先，限制对老茶树的采摘，并适当补充肥料。

中国茶出口减少，除以上几个原因之外，还有课税不当、交易不信等因素。总之，竞争对手强劲、制茶法粗劣、茶园管理粗放是其重要原因。而对以上弊害的改良并非三四年的时日所能改观。现今日本的红茶逐渐销售到俄、美等地，但其品质、产量都不能与汉口茶相匹敌。总之，日本的气候、土质并不适合生产红茶。近闻台湾适合红茶生产，现今已向俄国出售红茶。为此，如果切实抓住此时机，并采用合适的手段和方法，打开日本的红茶的销路应该说是大有希望之事。

第二款　豆类及豆糟

汉口地区所出产的豆类主要有黄豆、绿豆、黑豆三种。汉水及长江沿岸的广漠平野都是豆类的良好生长地。汉口地区的豆类产量很高，每年的豆类输出量不少于300万担。这其中黄豆即大豆为最多，其中有很大数量输入到日本。以下是近五年来，豆类、豆糟的输出数量和其价额。

◎豆类输出情况

输出年份	黄豆		绿豆・黑豆	
	数量（担）	价格（两）	数量（担）	价格（两）
1901年	573,936	860,346	120,036	180,055
1902年	144,159	2,118,601	350,591	774,259
1903年	1,655,532	3,255,799	271,750	587,038
1904年	2,279,359	6,154,270	372,624	1,123,081
1905年	2,516,511	6,059,253	373,818	984,065

◎豆糟输出情况

输出年份	数量(担)	价额(两)
1901 年	535,354	535,354
1902 年	308,634	308,634
1903 年	583,095	530,616
1904 年	533,497	426,798
1905 年	834,912	868,309

第三款　稻米

第一项　产地

湖北是中国中部的产粮区之一，在长江、汉水沿岸到处都是稻田，特别是黄陂、孝感诸县以土地肥沃而著称，在襄阳府、安陆府、荆州府、黄州府境内，亦有很多稻米产地。在武昌府江夏县青山所产的稻米品质最佳，为世人所赞美，但其产量不是很高。

第二项　产量

对于湖北省的稻米产量，很难知道其确切数字，但根据一些数据还是可以大致得知。湖北省的田亩总额为 594,400 余顷，湖北省向北京政府所上缴的田赋贡米为：每年 143,830 石。另外，湖北省人口约 3,500 万，如果以其口粮的 1/2 为食米计算，再以每人每日一升计(1 升相当于日本五合四勺)，一年间的食米总量至少在 63,775,000 石。经汉口所输出的湖北稻米的数额如下所示：

◎湖北的稻米输出情况

输出年份	数量(担)	价额(两)
1901 年	45,578	121,112
1902 年	1,097,582	2,733,894
1903 年	4,194,735	9,546,731
1904 年	2,474,966	6,379,686
1905 年	1,169,721	2,185,488

如上表所示，经由汉口所输出的稻米每年大约 220 万～230 万担，即相当于 92～93 万石。

第三项　输入到汉口的稻米

每年输入到汉口的稻米如下表所示：主要来自湖南和上海，输入到汉口的外来稻米油质丰富、品质上乘，受到汉口的商铺及居住在汉口的外国人的青睐。为此，其价格也要比湖北的本地米高出二三成。

◎湖北的稻米输入情况

输出年份	数量(担)	价额(两)
1901年	160,295	217,458
1902年	71,219	197,104
1903年	394,656	1,006,373
1904年	327,870	796,724
1905年	31,975	59,793

在此项里还应包括江西米,外来米输入到汉口后,经此中转又输出到其他各地。

第四项　谷米的交易量及其交易状况

在汉口米铺云集大约有几十家,不可能一一例举,现仅就其规模较大的米铺(米行)作简要叙述。汉口的米铺(米行)大都集中在汉水南岸,来自湖北及湖南各地的谷米输入到汉口的米铺(米行),然后经这些米商之手,将米输出到外地。这其中较大规模的米铺(米行)大约有20家。

◎主要米铺(米行)

万泰新	若和盛	李宏盛	莫恒新	义顺昌	隆懋盛
胡新盛	同盛新	元兴源	允泰丰	丰泰兴	允懋乾
振源鸿	兴和遍	恒升裕	宏升祥	永泰永	永福兴
益懋隆	永义盛				

米船到达汉口后,首先将谷米的样品送到所要交易的商行,交易商委派中间一方到船上对照样品进行实地查对,并初步确定其谷米价格。然后,由中间一方与货主、米商协商价格,如果三方不能达成协议,米船将到别处交易。通常的情况是:谷米船不卸货,作为米商也不过多囤货,更无米商到产粮地收购之现象。货主、交易商及顾客三者之间能够很好沟通,完全按照多年交易惯习行事,没有狡猾的商业欺诈手段,可以称其为“美风良俗”。

包括卸货后的仓储及所需手续费、税金等项为:①米业公所损输费,每担8文。②厘金税,每担24文。③交易商的中介佣金,每担30文。④仓储费,6个月间每担65文。货物卸货所需的费用从储藏费中支出,若交易商将货物转移到别处,其费用由货主承担(每担16文～24文)。如果谷米没有包装,散货存入仓库,估计会有鼠害、减量、污损等情况,作为惯例每担扣除5升米。另外,仓储费以6个月起算,即使货物的储存期不满一个月,也要按6个月的仓储支付。在米货交易时,作为米商的定例使用“洋例平”,在现银买卖时,使用九八六平、九八兑中、扣除一两六钱。故此,以96两4钱,可以换算为100两。但以票券买卖时,不用扣除银色或曰“扣色”。从湖南地方把米运到汉口,每担米大约需300文运费。从汉口运到上海每百斛[①]需1钱5分的关税及1钱的外装杂费。

① 斛:日本容积单位。(译者注)

第四款　麻

第一项　产量

运到汉口的麻主要来自四川、山西、湖南、湖北、河南。其每年的输入额经由汉口关税统计的数字，就有十五六万担。如果加上厘金局的出货和汉口本地的需求，估计在三十五六万担的样子。

◎汉口关税统计表

输出年份	数量(担)[①]	价额(两)
1901 年	154,523	1,004,400
1902 年	140,851	1,284,088
1903 年	162,137	1,681,321
1904 年	168,533	1,853,863
1905 年	174,278	1,904,017

第二项　种类及产地

汉口地区所出产的麻有线麻、片麻、青麻、大麻四种，其名称主要根据麻的颜色和形状而起名。片麻与青麻相当于日本的苎麻，其纤维细长且强韧，故能耐久。湖北麻大致应属于此类，此麻除作为织布原料外，用途极为广泛，也是输出到国外的主要麻种。青麻主要产于四川，湖北省也出产此麻。此麻外表颜色泛青，两端呈红黄色。然而，其光泽劣于线麻，且麻线长短不一。沅江麻产于湖南，其颜色为淡褐色，其纤维甚为强韧；为此，成为浏阳产的夏布的主要原料。中国的宁波商帮也经营此麻业，主要用此麻线制作网线。因为片麻的麻皮的纤维相连不分开，麻皮的幅比较宽且略带黄白色，外表非常漂亮，以陕西省兴安所产的片麻为上等；湖北施南出产的次之。大麻的英文名为 Jute，或称蠢麻。

在汉口的海关报关数据里，麻类均包括在 Hemp 的项目中，至于大麻(Jute)因为没有单列，不知其具体的产量。而在江西省大麻是其主要的麻种。直到 1904 年，汉口关税才将 Hemp 与 Jute 的条目分开，为此，能比较准确地得知大麻的产出情况。下面是大麻的输出表：

◎大麻近两年的输出表

输出年份	数量(担)	价额(两)
1904 年	12,335	55,508
1905 年	39,440	238,612

湖北省所产的麻如前所述，大部分为线麻，武昌、蒲圻、新店、施南府、神山、

① 此栏原文未注明数量单位，估计是“担”。(译者注)

嘉鱼、咸宁、葛城、黄州、黄石港、兴国、通中、太子庙等是其主要产地。质量以武昌、蒲圻、新店为上乘，神山、嘉鱼、咸宁地方次之。

◎湖北各地的麻产量

地方	产量(担)	地方	产量(担)
武昌麻	60,000	葛城麻	50,000
黄州、黄石港	40,000	蒲圻麻	50,000
其他地方	40,000		
			合计:24 万担

汉口麻的上市量大约 20 万担，出麻期受每年的寒暖、春雨影响，上市时间有早晚，但时间大约分为三期，头茬麻在阴历五月、二茬麻在七月、三茬麻阴历九月前后，头茬麻比较粗硬，三茬麻最好。

湖南产　在湖南省的沅江流域所出产的麻通常被称作“沅江丝”，在常德及平江附近所出产的麻呈淡黄色，韧性好且有光泽，其品位不亚于山西省及施南府所出产的片麻。只是湖南麻呈粗条状，与片麻的片状有很大区别。特别是“平江丝”较之丝麻更具优点，其麻长达 6 尺，平均也有 4、5 尺，短于 4 尺的麻很少，并且有光泽，不劣于日本的产品，但其产量较低，每年输入到汉口市场的，只有千担上下，大约在每年阴历八月新麻上市。

河南产　河南省所出产的麻有兴安丝、兴安片、永定丝三种，每年运到汉口的数量在五六千捆左右；可收获头、二、三茬。头茬新麻在阴历八九月间上市。

山西产　山西所产的麻以片麻为主，具体产地不详，每年运到汉口的数量在 1 万担上下。四川省多产青麻，其产地集中在绥定、培州、重庆、百子头、洋渡溪等地区。这其中百子头的麻最好。只是百子头的麻并非青麻，而是类似于白麻，其颜色如同丝麻一样有光泽。此麻的根部如同片麻呈片状，纤维比较长，平均不短于 6 尺，因为，每年只收一茬，每年到汉量也仅有三四百担，故此价格自然不菲。绥定府、重庆、洋渡溪等地所产的麻均可收获头、二三茬，在阴历八九月间到汉，其产量在 1 万捆前后。

第三项　苎麻的耕作法及收获

麻田耕作　苎麻以分根法的方式在秋天耕种，种植苎麻的土地要平整、多肥，其土地一般都没有井然的区划，只是在老株上分株后所移栽的新株在株与株之间相互保持 4 尺距离即可。分株后的新株在翌年春季发芽，当年秋天就可收麻。如此耕种的麻园，因为一直保留老株，虽历经二三十年，其麻株仍无衰势。据中国的麻农说：麻株其岁可达百年，但具体情况如何，不得而知。

麻田在当年秋天收获第三茬之后，于初冬时节，将牛马粪、人粪及枯草等腐败物大量施于麻田，此肥被严霜所盖，为此被称之为寒肥。继而在翌年开春麻株发芽时，再追以人粪，其后，不用再进行施肥管理，日常麻田管理只是除去杂草而已。

麻田收获 麻田的收获之法也颇为简便，首先，将一株20余支的麻秆用两手搂之而成一束，进而除去麻秆上的麻叶，然后取其麻秆中的1～2支，从麻秆的中间折断，用拇指和食指将麻秆茎夹住，先上后下地将麻秆茎和麻皮剥离。留残茎四五寸余（或用手折、或用脚踩），其采麻技术非常熟练和巧妙。采麻时常有小孩儿随其成人之后，以镰刀再割去残茎，此时，在麻株上可见1寸左右新发出的新芽。将由此所得到的“粗皮”（麻皮）适当成捆后运回，再将此“粗皮”马上浸于池中，浸水是取麻的关键环节，浸入水中的粗皮麻时间虽然不长，却可使麻皮的粗皮容易脱落，如果不马上浸入水中，麻皮的粗皮将很难去除。除皮的方法是：右手握麻刀，其拇指嵌有撸麻用的铁筒，以此除去“粗皮”，而得到“粗麻”。粗麻经甩麻（用力）、用木棒槌麻、用竹枝所制成的工具篦麻（多次梳理）等工序，使之成为有条理的粗麻后，放置在荫凉处干燥。

粗麻烘干 一般是白天制麻，当天夜里烘干。干燥设施乃是约2米见方的土窑，将粗麻垂悬于土窑之内，在其下置一火炉进行干燥作业，其火力及烘干时间均视情况而定。其火炉直径1尺许，高5寸余，呈研钵状。炉内放置用无烟煤所制成的煤球，此煤火大约可持续三四小时。如果所干燥的粗麻较多，则视情况再调整煤球若干。其干燥量大约是：四个劳动力一白天所加工的粗麻，可在土窑内悬挂14架。如果在晚上8点左右点火，大约在11点以后，煤火将逐渐减弱，可尽其余热延续到次日早晨。第二天太阳出来后，从土窑里按架出麻，其麻从架上并不取下，按其原样在太阳底下晾晒，此时，粗麻虽除去了一些水分，但却增加了一些黏度，如果用手抓一下，会感到麻与麻之间有些粘连之感。如此看来，进入土窑的加工制法，并非完全为了干燥之目的，毋宁说为了增加麻的色泽更为合适。如果不进土窑，而直接在太阳底下自然干燥，则麻色泛青。进入土窑七八个小时而加工出的麻，则颜色泛青白，一般将此青白色的麻称之为“线麻”。

第四项　麻商及麻的交易状况

在汉口从事麻业交易的商家主要有以下十几家。

◎主要麻商（麻行）

麻商	鼎盛	禧昌	怡昌	鸿昌	大昌	正昌	天康	顺昌
商铺地点	草纸街	同左	同左	同左	同左	同左	同左	同左
麻商	世昌	同兴泰	聚泰					
商铺地点	中码头	同左	同左					

在以上麻行里，世昌、同兴泰、聚泰三家只从事片麻交易。其他各家从事各种麻的交易。这些商家在从事原麻交易的同时也从事麻制品如夏布的交易。此外，位于流通巷内的同丰泰号、源泰号、昌记号这三家，分别在湖南、常德设有分店，主要经营原港麻，将收进的原港麻销售到宁波。

此外，从事麻交易的外国商家如下所示：

◎从事麻交易的外国商家

外国麻商	美最时洋行	瑞记洋行	万顺洋行	礼和洋行	宝顺洋行	和昌洋行
从商国家	德国	同左	法国	德国	英国	德国
外国麻商	立兴洋行	公兴洋行	永兴洋行	味也洋行	杜德洋行	三井洋行
从商国家	法国	同左	同左	德国	英国	日本
外国麻商	大仓洋行					
从商国家	日本					

在麻交易时，通常采用绿麻秤，此秤与浙宁秤没有太大的差别。在同业交易时以九八七平、九八七兑的银的成色为基准，与外帮交易不在此列。与外国商家的麻交易以洋例银为基准，一般都使用可在一二周内支付的洋例银的支票。

第五款 烟草

第一项 产地

集中于汉口的烟草主要来自湖北、湖南、河南，江西产较少。湖北的烟草产地主要集中在黄冈、均州、邓纽，这些地方产量高、质量佳。黄冈位于从汉口的汉水上溯 90 华里之地，此地所产的烟叶色黄、叶片薄、香味不浓，主要输出到德国。制作纸烟时，黄冈烟草只取其黄叶之色，为此需与其他烟草相混合。黄冈烟草每担 9 两 5 匁上下。

在湖北所产的烟草里，均州产的烟叶其颜色为深褐色、香味佳、且产量高，汉口的烟叶市场对此多有需求。均州的烟叶用又厚又重的草袋装运，每个草袋里又有若干捆，每捆大约七八斤，用粗草绳捆扎，这样一来，每个装烟叶的草袋足足有七十四五斤。实际上其烟叶的净重只有六十斤余，其余十四五斤均为包装重量。以毛重估算，按市场价每袋 5 两 5 匁内外。

邓纽在邓州附近，邓纽所产的烟叶有两种：一是细梗烟叶，此烟叶一般串起来干燥，烟叶不呈平整的片状；另一是类似于黄冈的烟叶，叶面扁平不起皱，将此叫做邓片。此邓片香味不佳，市场评价不高，但其产量高，其价格也较为便宜。细梗烟叶每担为 5 两，邓片为 7 两 5 匁内外。

第二项 烟草商及交易状况

在汉口从事烟草行业的店铺约有 300 余家。其规模较大的从事批发的店铺有：俞荣昌、彭大有、祥盛、震丰祥、集祥、同盛祥、晋丰等；主要的销售店铺是：卢瑞兴、大生、卢金泰、吴德隆、林东成、苏德茂、陈裕昌、卢恒茂、赖百昌、瑞隆、世昌等一些店铺。

烟叶交易一般都采取委托销售，按月结付。其手续费是销售价格的 1/4。现金交易时，打九八四折，即以一分六厘折算，与其他商业买卖无异。烟草店自家到烟叶产地联络货源，购进所需的烟草。

第三项　输出量

汉口的烟叶输出量如下所示：

◎近 5 年汉口烟叶输出表

输出年份	数量(担)	价额(两)
1901 年	101,616	607,666
1902 年	103,786	721,361
1903 年	84,615	523,774
1904 年	85,986	517,086
1905 年	141,040	1,024,798

第四项　烟叶的耕作法

烟叶栽培法如下：正月播种，在三月份移栽到大田，到六七月份开始采叶；将采到的烟叶悬挂于绳上进行干燥。采叶时先从根部开始采起，根部可采三四片叶片，梢部可采十一二片叶片，将此叫做“头叶”，将根部及枝部的叶叫做“二茬”，“头叶”的品质最佳。烟草作物高 2 尺 1 寸，一亩地大约可收获 145 斤烟叶。

第六款　生丝

汉口地方多产生丝，所生产的生丝有黄白两种；除供本地需用外，还有很大余地可供输出到外国。湖北的土质适合桑树生长，当阳县、东湖县、汉川县、黄州府、沔阳州、蒲圻县等地都是盛产生丝之地。如若改良栽培及制丝之法，其产量及质量还会得到提高。现今的生丝输出量如下所示：

◎近 5 年汉口生丝输出表

输出年份	数量(担)	价额(两)
1901 年	7,378	1,785,245
1902 年	4,211	1,085,182
1903 年	4,786	1,390,151
1904 年	3,574	1,151,053
1905 年	3,890	1,410,406

此外，输出 1 万担碎丝头及出壳蚕，收益不少于二十七八万两。

第七款　漆

第一项　产地及产量

在汉口集散的生漆主要来自陕西、四川、湖北、湖南等地。陕西的产地集中在兴安府、新安县，四川在万县，湖北在施南府、宜昌府的巴东县以及德安府的随州，湖南在岳州府的平江县、临湘县。每年由汉口输出的生漆达 15,000 担。

◎近 5 年汉口生漆输出表

输出年份	数量(担)	价额(两)
1901 年	12,302	467,476
1902 年	12,554	480,930
1903 年	13,238	510,684
1904 年	13,228	534,592
1905 年	16,023	842,845

所输出的生漆的大部分，有两个走向：一是输到上海、宁波、广东；另一是输出到日本。汉口本地对生漆的需求量并不大，大约只占生漆总量的二成左右。每年集中到汉口的生漆大约有 15,000 担，据中国业内商人估算：每年生漆的交易额可达百万两。

第二项　种类

人工栽培漆树很少，大都在野生的自然漆树上割漆。割漆时树皮的碎屑没有清理干净而混入漆中，为此，生漆里多渣滓。此外，也有弄虚作假者，他们将红糖的粘液或由金针菜(黄花菜)所熬出的粘液混入生漆里以此增加重量。适量混以红糖的粘液的生漆与纯质的优质生漆在外表上完全看不出来。以价格较廉价的每担 40 两的“苗点牌”生漆为例：据说每百斤里可混入 2 斤糖液。黄花菜广泛产于河南、四川、江西等地，黄花菜的黄花部分可供食用。生漆作假者将黄花菜熬煮使其产生粘液状物，将此兑入生漆中，在外表上与混入红糖的粘液的生漆无异。黄花菜的粘液不光兑入生漆中，作为造假手段也掺入桐油、精制桐油、柏籽油里。现今汉口市场的生漆每担价格是：毛坝牌 90 两、西点牌 80 两、晒点牌 80 两。此外，在汉口被叫做“描点牌”的质量粗劣的生漆，其每担价格在 40 两内外。

第三项　漆商及其交易情况

在汉口的漆商主要有万泰源、同泰、同源、简祥这四家。在汉口的日本东益洋行专营生漆生意，将汉口的生漆输送到大阪、静冈、名古屋、松江地方，每年的销售量在 1,000 担上下，估计还有增加之趋势。上面所述的四家中国生漆商铺都是中间商，在汉口联络生漆买主，在生漆产地沟通卖主，从中收取手续费。每当收漆季节很多买主就会溯江而上，来到生漆产地，同时也有来自生漆产地的漆农荷担来汉口，放在作为中间商的漆铺进行委托销售。按照惯例，货主所带来的货物的销售货款，要等到翌年的割漆时节才能结算，这期间售漆的货款将存在作为中间商的生漆商铺里。

具体的交易过程是：买方首先将要买的生漆放在盘秤上称重量，然后通过用火烘烤除去水分，而得到实重漆。假定其生漆通过烘烤去掉水分，所得实际漆的价值为5分6厘的话，然后将此乘2，也就是说，相对于1匁6分的生漆，其实际漆为1匁1分2厘。以此进行估算，可知在百斤的生漆里有11贯200匁[①]的实际重量。将此实际分量做成一个“11.2”的“肉子”，以此作为结算价格的单位。所谓一个“肉子”常以百斤的1/10计算。例如：在进行100斤的货物交易时，10斤，即在1贯600匁的生漆中，含有1贯120匁实重漆，将此作为一个“肉子”，作为换算单位。现假定一个“肉子”的价格为：6两5匁，那么100斤生漆（相当于16贯）的交易行情为6两5匁×11.2，所得的交易额是：72两8匁。一般将此作为行规价。

其实，行规所规定的价格仅是市场进行交易的表面价格，在实际的生漆交易时有很大的收缩性。例如：在出售生漆之前，买方要进行讨价还价，一般都将72两8匁这个市场公开价格进行打折，先打个“九六折”，然后在此基础上再打“八六折”，最后的交易价格是：60.10368两[②]。如果通过作为中间商的漆行，打折的情况又有些不同，具体的操作过程是：将作为市场公开价的72两8匁先打个“九零折”，之后再打“八六折”，这样打折之后的实价是：56.3462两[③]。通过漆行与不通过漆行，之间差额为：3两7匁上下，这个差额来自“九六折”与“九零折”之间的“零点六”的差额。这个差额就是漆行的“口钱”，即交易费。漆行所用的“银平”，在行业中被叫做“漆平”，比“洋例平”要大，每1,000两有6两的差别。所使用的秤虽然是160匁1斤，但与普通的天平有异，而实质是183匁，将此叫做18两3钱秤。

第八款　小麦

有关小麦在衣食住这部分里已述，在汉口及汉口的周边地区对面粉的需求量很大，其主要原因是湖北的平原地区小麦产量高，能持续供应市场。湖北的小麦，除供本省需求外，通过汉口市场的中转，输入到上海等地，每年的输出量大约在十七八万担。其输出量仅次于豆类和芝麻居第三位。下面是近五年来的小麦输出量。

◎近5年汉口小麦输出表

输出年份	数量（担）	价额（两）
1901年	3,859	5,789
1902年	219,738	395,528

① 此处的“匁”为重量单位。1匁＝1贯的1/1000，约3.75g。（译者注）

② 打折的计算过程是：72.8两×0.96×0.86＝60.10368两。（译者注）

③ 打折的计算过程是：72.8两×0.90×0.86＝56.3472两。而日语原文是：五十六两三匁四分六二，即：56.3462两，估计计算有误，请读者核对。（译者注）

1903 年	144,288	248,175
1904 年	441,949	795,508
1905 年	557,558	959,000

第九款　芝麻

芝麻是湖北省重要的输出品之一，汉水两岸是其主要产地。阴历九月开始在汉口上市，并向海外出口。其产量每年达 50 万担，最近 5 年间的输出量如下。

◎近 5 年汉口芝麻输出表

输出年份	数量(担)	价额(两)
1901 年	453,040	585,640
1902 年	669,916	2,498,786
1903 年	509,954	1,851,133
1904 年	616,174	2,464,696
1905 年	753,094	3,172,192

第十款　各种油料

第一项　概说

中国人常食用动物性和植物性的油料，这一点犹如日本人喜食味噌[①]、西洋人喜食黄油一样。由于在中国对油料的需求量大，在各地都可见榨油的作坊。这其中以传统的榨油方式为主，输送到汉口的油类大多来自蔡甸、沔阳、黄州一带。油料属于大宗生意，可以称其为八大商业交易之一。然其榨油手段可实在说得上简陋，一台旧式榨油机，每日榨油 80～100 斤，仅此而已。其旧式榨油机的出油率和产出的油糟完全不同于西洋榨油机，由于旧式榨油机的榨油压力小，为此出油率低，使大规模生产油料受到限制。下面是近两年间的各种油料输出表：

◎近两年汉口油料输出表

品名	单位	1904 年(担/两)	1905 年(担/两)
豆油	担/两	11,275/82,308	12,267/89,427
花生油	同	10,739/79,469	566/4,177
芝麻油	同	45,586/368,364	12,792/100,801
茶油	同	20,204/781,836	15,392/116,207
桐油	同	424,906/3,399,248	378,155/3,320,233
树脂	同	17,919/166,132	4,548/43,698
动物油	同	193,711/1,960,833	154,996/1,459,597

① 日本调味品之一，将大豆蒸后捣碎加曲发酵后制成。(译者注)

第二项　豆油

所谓豆油就是从黄豆中榨得，专供食用。黄州及襄河沿岸是黄豆的产地。每百斤大豆其出油率为 7～8 斤，精巧一些的榨油机可出油 12 斤左右。眼下百斤豆油的市价在 6 两银内外。

第三项　花生油

花生油来自于落花生，花生油在日本昂贵，在中国由于货源丰富，其价格与芝麻油没有太大的差别。上海附近是花生油的消费地，花生油的原料主要来自胶州。在汉口附近虽然也产花生，但其产量不高。湖北的花生油主要在沙洋，为此称沙洋花生油，每年输出量 1 万担左右，然而在 1905 年，仅有 560 担，眼下每斤市价 122 文。

第四项　芝麻油

芝麻油或称麻油从芝麻中榨取，是两大食用油（麻油和茶油）之一，虽然湖北全境都出产芝麻，但其芝麻产地主要在河南，具体在陈州（周家口）地区，其质量非湖北芝麻能比。芝麻是铁路运输的主要项目。运到汉口的上等黄色芝麻每斤时价 148 文。

第五项　茶油

所谓的茶油是从茶籽或山茶花籽中榨得，中国人所说的茶油一般是茶籽油与山茶花籽油的混合物。茶油主要作为灯油及煎炸点心果品用油，也用于梳理头发用油。湖南多产茶油，衡州、永州、平江是其主要产地。去年汉口各油行茶油交易数量如下。

◎去年汉口茶油交易量

油行名	数量（担）	油行名	数量（担）
汪怡昌	7,700	汪昆茶	5,500
荣昌	5,400	泰丰	5,000
源裕	3,500	春源	4,000

第六项　桐油和精制桐油

桐油从油桐的果实中榨出，湖南省的西部及湖北省的郧阳、宜昌、施南等地是桐油的主要产地。桐油所需甚广，作为涂料和防腐材料广泛用于船舶及房屋的房檐、椽、窗等容易受潮的建筑材料的表面防腐上，此外，还用于雨伞的伞面等。精制桐油在日本称“秀油”，其作用与普通的桐油相同，主要用于涂料和防腐，还用于纸灯笼的外表涂料。

在汉口集散的桐油(包括精制桐油),从上面所列出的"近两年汉口油料输出表"中可以看出其数量最多,在油类交易数量中居首位。1904年:其交易量在424,906担,交易额达3,399,248两;1905年:其交易量在378,155担,交易额达3,320,233两。从地方运到汉口的桐油大多混有尘埃、杂质等物,为此,各外商均在交易场设有油槽,用此油槽对桐油进行澄清,将澄清后的桐油装桶运走。此外,外商还在汉口设有榨油厂,只收桐籽自己榨油。为此出现了精制桐油比普通桐油更有利益的情况。随之而来,出现了油桐籽的原料价格竟然与普通桐油的价格大体相当的现象。即:以油桐籽每担3两2匁计算,其300斤原料可制油100斤,如按普通的桐油每百斤9两6匁的时价计算,两者几乎相当。然而桐油市场价格虽然有升有降,但普通桐油的价格大体维持在每担7两5匁内外,涨到9两的高价甚少。除特殊用途之外,普通桐油尽管有杂质仍有较好的销路。

第七项　皮油、木油、梓油

所谓的"皮油"就是从柏树的种子的外部的脂肪皮中所榨取的油脂,呈白色干燥的结晶体,是制造蜡烛、肥皂的上好原料。所说的"木油"就是从柏树果肉和种子中所提炼的淡黄色、不干燥的软质的凝结体,是制造蜡烛的原料。"梓油"从柏树的种子中榨取所得,呈暗黄透明的、不干燥的流质油,主要用于灯油。上面所说的"皮油"和"木油"在海关报关时,不做细致的区别,仅以Vegetable而概之,与之相应的翻译名称为树脂。根据海关的报关数据,近五年间的"皮油"、"木油"(其中还包括漆油)的输出量如下所示。

◎近5年汉口木油·皮油输出表

输出年份	数量(担)	价额(两)
1901年	215,796	1,683,209
1902年	202,888	1,589,118
1903年	198,690	2,041,113
1904年	17,919	166,312
1905年	154,996	1,459,597

以上有一半数量输出到上海,成为该地的制蜡原料;此外,还输出到海外。在汉口有十几家以外商资本开办的精制皮油场,这些厂家大量购入皮油(不购木油),将皮油放入溶油锅里溶解除去杂质等物,然后再将纯净的皮油注入带有边框的木模中(边框可以拆卸),待到冷却之后,可得到方形的、每块大约重30斤的固体皮油,然后包装后运输出口。里面用芦席打包,外面裹以粗麻布,然后以藤条束之。汉口主要的外商皮油加工场如下所示。

◎汉口主要的外商皮油加工场

皮油加工场名称	国别	皮油加工场名称	国别
瑞记洋行	德国	元亨洋行	德国
宝顺洋行	英国	华昌洋行	英国
禅臣洋行	德国	杜德洋行	德国
公兴洋行	法国	立兴洋行	法国

在外国洋行里，美最时、瑞记、元亨、宝顺这四家洋行所经营的货物最多。没有精制之前的皮油由于产地不同，价格也不一致。现就其主要产品的产地、价格等揭示如下。

·荆州货　所谓的荆州货其产地主要在四川、湖南，集中于宜昌、沙市，进而转运到汉口。荆州货品质最好，呈圆筒形，每个100斤内外，市场行情10两5匁，年产额为七八十万两。

·黄州货　此货主要产于湖北省南部，也呈圆筒形，只是比荆州货要低1寸5分左右。每个100斤内外，市场行情10两，年产额为五十万两。

·府河货　此货主要产于德安、京山、安陆、黄陂等地，呈正圆筒形，货品有轻有重，每100斤10两，年产额为百万两。

·孝感货　此货也呈圆筒形，每100斤10两，眼下利用火车之便进行运输，年产量约为三四十万两。

当前，皮油的市场价格根据质量不同而相异，上等货每斤135文，次等货每斤125文；木油的上等货每斤120文，次等货每斤110文。

第八项　漆油

在海关的报关的项目里，一直将皮油与木油统称为：Vegetable Tallow，将漆油作为皮油与木油的类似品称之为：Green Vegetable Tallow。漆油是从野生漆树及栌树的果实中提炼出来的，固体状，呈淡绿色的树脂。

漆油里所含的棕榈酸和脂肪酸远比皮油和木油要多。但漆油只不过是制造蜡烛、肥皂的原料，并没有发现有其他别的用途，为此，外商一直将漆油与木油等作同等油脂看待，经上海输出到海外。根据海关的报关数字统计：皮油与木油是大宗，漆油只占其中的一二成。

1. **各外商的购入量**

◎汉口的外商每年对漆油的购入量

洋行名称	购入数量(吨)	洋行名称	购入数量(吨)
美最时洋行	3,000	礼和洋行	2,000
瑞记洋行	2,000	禅臣洋行	1,000
和顺洋行	1,000	立兴洋行	200～300
宝顺洋行	100～200		

汉口外商购入漆油总数在 9,000 吨内外。由于外商大量购买,致使漆油价格上扬。中国厂家对漆油的使用量并不大,运到汉口的八成漆油均被外商购入。如果对到汉的漆油换算成担,大约十四五万担左右。

2. 产地和产量

漆油主要产于陕西省的安兴府,货物先集中到老河口(湖北省),然后顺汉水运到下游的襄阳,之后再经安陆、汉川等地到达汉口。在襄阳也有一部分经陆路到宜城,经石桥、荆门运到沙市,经长江迂回运到汉口。另外,四川万县也出产漆油,但其产量不大。市场行情为:上等货每斤 110 文,次等货每斤 95 文。

3. 交易及漆行

漆油和皮油一样,大约在每年的 10 月初出货,其交易一直延续到年末。漆油与皮油的溶解点不同,有二三家洋行,漆油交易一直持续到五六月,如果参照此例,除去酷暑的二三个月,一年间都可进行交易。在汉口的漆油交易行大约有三四十家,其较大的交易行如下。

◎汉口主要的漆油交易行

漆行名	福聚公	付源盛	刘益泰	丰泰永	罗荣昌
从商地点	半边街	同左	同左	广益桥	同左
漆行名	任和泰	正大昌	正大源	徐复泰	
从商地点	广益桥	同左	同左	江街	

这些商店在经营漆油的同时,也经营皮油、牛皮、小牛皮、山羊皮等业务,其经营对象主要是外商。这其中有五六家大漆行在老河口和沙市设有分号,专营原料业务。

4. 打包及搬运

外商所购入的原料呈不规则的小块,且其中多有沙土杂质附着于漆油块的表面。为此,将漆油溶解进行沉淀、除渣,然后将其凝固成一百二三十斤的正方形的块状物。用草席或芦席捆扎,再以粗麻布覆盖于表面,最后以藤条打紧。每块的包装费为 2 匁 5 分～3 分。上海的运到价的运费为每担 2 匁 8 厘(码头装卸另行结算,每块的装卸费 10 文～20 文)。税金 3 匁。

第九项　有关油的交易惯习

在汉口较大的油行有:怡昌、荣昌、鼎泰、泰丰、丰泰、泰源、裕源等,此外还有几家小油行。货物的购入分两种情况:一是由“单帮”运货来汉口。所谓的“单帮”就是在汉口当地没有店铺,作为货主将产地的货物运来汉口。另一是各油行分别在油料的原产地开设分庄,并设有榨油作坊,分庄将本地的油料作物购入到自己所管辖的榨油作坊,再将榨出的油运到汉口。

具有中间商性质的批发油行与外商进行交易的方法和其他中国商贸有所不同,首先所使用的秤叫“磅秤”,也就是被叫做十六两八的“司马秤”,这种秤其一百斤相当于一百三十七磅七，也就是天平秤的一百零五斤。交易所用的银两使用洋例银。现金买卖通常要打九九五折（千分之五的折扣），谓之“控现”。如果使用支票兑付（15 日期限内）不打折。批发市场交易与零售市场的交易相比，表面看上去似乎价格并不便宜，但实际上并非如此。因为批发市场所使用的两和秤都比零售市场的要大，其批发市场的具体价格是：桐油每百斤八两七匁、茶油每百斤九两一匁、麻油每百斤八两九匁。零售油行所使用的秤与批发油行所使用的秤完全不同，零售油行所使用的是九五秤（所谓的九五秤就是一百斤的重量，在天平秤上只有九十五斤，即比标准的天平少五斤），在银两上使用“九八五平纹”。以下是各类油的一百斤重量及每个石油罐的净重油的零售价格。石油罐的净重油是指：九五秤的三十斤等于天平的二十八斤半。

◎各类油的价格

油的种类	一百斤（九五秤）价格	一罐的价格
桐油	7 两 1 匁	2 两 1 匁 3 分
茶油	7 两 6 匁	2 两 5 匁 8 分
桐油（精制）	9 两 8 匁	2 两 9 匁 4 分
芝麻油	7 两 6 匁	2 两 5 匁 8 分
梓油	6 两 8 匁	2 两 0 匁 4 分
菜油	7 两 6 匁	2 两 5 匁 8 分

第十一款　麻绳（参看本章第四款）

第一项　麻绳的需求及输入额

麻绳主要用于船舶的帆绳、装卸担荷用绳和货物的包装用绳等，汉口本地对麻绳的需求量非常大。可以预料随着汉口商业贸易的发展，对麻绳的需求也会不断增加。眼下，除汉口本地自制的麻绳、草绳之外，也不断输入外国麻绳，以下列记近 5 年麻绳的输入情况。

◎近 5 年汉口麻绳输入表

输出年份	数量（担）	价额（两）
1901 年	1,011	20,220
1902 年	501	7,766
1903 年	661	10,180
1904 年	642	12,936
1905 年	545	10,711

第二项　所需用的品质及价格

汉口平均每年输入麻绳约 600 担，由于麻绳用处广，且输入数量有限，为此，必需依赖汉口本地的廉价麻绳。如前所述，在汉口附近地区苎麻、蠢麻的产量都非常高,且价格也便宜;平均每百斤 10 两银(武昌、蒲圻产每百斤 10 两,湖南产每百斤 12 两)左右。如果是蠢麻每百斤大约只有 4、5 两,中国人多用此麻制麻绳和麻线。蠢麻的纤维不如苎麻强韧,其麻绳都是三线捻,通常通过纺车两人纺绳;根据绳的粗细,可分为三股(所谓三股就是在一寸宽内并列三条,其他的不同的股与此同)、四股、五股、六股等不同的规格。

在汉口很少制造粗绳或次粗绳,为此,所需之品均来自外国或宁波、上海等地所生产的棕榈绳。另外,在汉口还大量使用竹绳,竹绳是利用楠竹的外皮丝所制成,也有许多不同的粗细规格,有捆扎木材所用的捆绳、船舶靠岸时用的缆绳等。汉口是船舶集中之地,对绳索的需求量很大,其船帆所用的帆绳均是麻绳。外来的绳索的输入量仅 600 担内外,其他市场所需之绳均以棕榈绳、竹绳替代。苎麻是上等的帆船的帆绳原料,除制帆绳之外,苎麻还制成网线输出到宁波、汕头等地。

第三项　汉口主要的网线交易行及从商地点

◎汉口主要的网线交易行

网线行名	顺记	柏记	韩永盛	萧宏大	刘兴泰
从商地点	河街	正街	同左	同左	同左

第十二款　白蜡

中国所产的白蜡来源于有白蜡虫的白蜡树,为此也叫虫蜡。在中国白蜡主要制作蜡烛,不过要在白蜡里加入牛油、柏油等物质。湖北省的德安府,湖南省的孟阳县、龙阳县、辰州府、绥阳县、永顺府是白蜡的主要产地。1905 年白蜡输出量为 3,219 担,交易额为 165,900 两。市场时价每担 35 两～50 两。

第十三款　麻织物

第一项　麻织物的需求和种类

在中国的华中地区对麻布的需求量甚大,这个地区的民众从每年的六月初到九月中旬,大约有四个月的时间,上下着衣均是麻布面料。中国人对麻布的需求用量远远超过日本。麻织品的布料分不同档次,既有表面看上去宛如丝绸一样的麻织品,又有普通的平织的麻织品。中国普通的麻织品与日本的麻织品不同,最大的缺点是不太注重工艺,除二三种条状图案和一二种花纹图案外,其他几乎都是原色漂白或单一染色。由于价格低廉,车夫、奴婢等下层民众普遍穿用此类麻布。从广泛的市场需求着眼,只有外国进口的棉布能同麻布相匹敌。此外,在武昌的马二乡、湖南省的一些地区还生产葛布。

从眼下的中国麻布市场来看，几乎不依赖于外国，甚至还向海外出口。日本所产的奈良麻布、近江麻布几乎没有输入到汉口的可能。中国麻布类的面料概以夏布称之，大批的麻布面料每年从湖南的浏阳、江西的广昌及广东的潮州运到汉口市场。进入汉口的夏布大多用汉口以西地方所产的苎麻为原料。每年汉口麻布的输出量大约在四五万担，可以推断麻布产地的生产量将是输出量的数倍。近来也出现专营供织造高档麻织品面料所需的苎麻麻丝的商家。夏布质量广东所产最佳，湖南浏阳产次之，江西省再次之，湖北苎麻产量甚少，且质量也无保证。

第二项　交易状况及交易商家

夏布的交易在冬春之间的季节。从事夏布交易的批发商家，叫“夏布行”，“夏布行”的经营范围仅限于夏布，不经营棉布等外国的产品。“夏布行”的业务范围有二：一是从名产地购入夏布，另一是将夏布批发给布铺。在浏阳、广昌等的夏布原产地没有可以称得上大型的织布厂，都是有二三台织布机的手工织布作坊。夏布行的收购人员行走于这些手工织布作坊之间用现金收购。各织布作坊的夏布质量、尺寸都有所不同，为此，要进行分类包装运输。每一包十疋，按上等三疋、中等三疋、下等四疋打包。在交易过程中，各夏布行与各手工织布作坊建立起特约的供求关系，并将这种供求关系维持多年不变。

如果夏布行与织布作坊关系密切，夏布行有时能通过赊销的方式进行融资；布铺也可以用15天期限内的有效的汇兑支票与夏布行进行夏布交易。在夏布的交易过程中，很少有布铺跨过作为中间商的夏布行直接到织布作坊收购夏布的情况。对汉口的主要夏布行列记如下。

◎汉口主要的夏布行

夏布行名	鼎盛	禧昌	怡昌	鸿昌	大昌	正昌
从商地点	草纸街	同左	同左	同左	同左	同左
夏布行名	元泰	顺昌	同兴泰	世昌	聚泰	
从商地点	草纸街	同左	中码头	同左	同左	

以上这些夏布行在经营夏布的同时还进行苎麻和蠢麻的交易。

第三项　输入税及运费

亚麻、苎麻、黄麻的麻线以及布帛的从价税[①]为5分税。其运费是：黄麻上海运到价每担3匁9分，苎麻上海运到价每担6匁2分5厘，夏布上海运到价每担5匁2、3分。

① 从价税：以课税物品的价格为基准来决定税率的征收方式。（译者注）

第四项 种类

如前所述，夏布普遍适用于男女衣裳，粗制的麻布可制作蚊帐。中国各种常用便服其长宽尺寸各异，如果问在布类织造上究竟以何尺寸为基准，在中国通常以能做"一件大袍子的料"为织布的基本尺寸。中国人的穿着最费布料就是长衫，即大袍子。一件棉袍的幅宽要 2 丈 4 尺。这一点同日本的"一反"[①]确定为二丈七八尺的基准尺寸相同。而夏布通常以中国尺 1 尺 2 寸～1 尺 4 寸宽、5 丈长为基准，大致相当于日本的一疋。湖南产的夏布其幅稍宽有 1 尺 4 寸，而江西产品稍窄。所有夏布的麻线不是捻线而是平线。其麻线的粗细度，由细到粗有 40 支～12 支各种型号。麻线越细其价格就越高，为此，细麻线所织出的布多为上层人士穿用，普通百姓多用 14 支～20 支的手工粗织夏布。

夏布颜色根据使用者不同而有所不同，普通民众均为漂白布，妇女、小孩儿多用绿、桃红、紫、蓝及淡蓝等色。老人多着灰鼠、蓝及黄色。夏布的布料除清一色的素色之外，还有白底兰花的图案，只是其染色甚为粗糙，不及棉布的印花图案。其他还有被称作蓝色柳条状的二三种条状图案。中国的夏布在织造、染色虽无特别值得赞美之处，但用手工纺制的麻线所织出的麻布不同于用纺织麻线所织出的麻布，手工麻线的织物不但有弹性而且还有耐水洗、非常结实的优点，明显优于用棉纱织成的布料。这成为在中国南方地区不论上下阶层都喜爱穿用麻布的主要原因。

第十四款 制鞋

◎在汉口日本人所经营的制革情况

牛皮种类	数量及单位	价 格
小牛皮	每张	4 元左右
茶利皮[②]	每平方尺	35 分左右
中厚牛皮	每百斤	100 元左右
羊皮	每张	1.5 元左右

在汉口至今为止，能称得上制革场的大规模的工场尚未出现(原来在武昌有一家，但没有运转起来)，由地方运到汉口的牛皮(上等牛皮)基本都出口，输出到日本及其他国家。然后这些国家又将牛皮制品返销到中国。在汉口仅能消化少量牛皮，以传统方式加工牛皮制品，然而，近年来这种情况发生了一些变化，在以汉口为中心的中国中部地区，加工一些军械用的皮制品及用牛皮做鞋底、鞋帮的

① 一反：日本的布匹长度单位，长约 2 丈 7 尺，宽 9 寸，基本是一套和服的原料。

② 日本明治初年，为了提高日本的制革技术，从海外招聘技术人员指导日本的制革业。茶利皮的"茶利"来自于外国技术人员名字。(译者注)

情况渐次增多。眼下制革业逐渐成为热门行业之一。在汉口的日本人所经营的制革场及其产品、价格等项内容如上所示。

以上除羊皮外，其制革原料几乎都卖给永兴（法国商人）制鞋厂及另外一二家鞋厂。这几家鞋厂都是近几年才开业，专门生产面向中国人所穿的皮鞋。从传统来看，中国人所穿的鞋的鞋帮主要使用缎子和天鹅绒面料，其鞋底大多是布鞋底（用多层废布浆实衲牢之物）。近年来，在上海渐次以穿皮鞋为时尚，在此影响下，1906 年初，在汉口街头可见穿皮鞋者，非常引人注目，穿者自我感觉也很好。为此，前面所说的几家制鞋厂订货很多，业务非常繁忙。皮鞋的售价虽然要比布鞋贵很多，但由于皮鞋具有时尚、结实等优点，不光受到上层人士的青睐，也受到中层人群的喜欢，由此，可以说皮鞋业前景看好。现今普通的矮帮皮鞋售价 2＄～3＄，高帮雨鞋 6＄～7＄。

总而言之，在汉口开办制鞋厂，利用本地的皮革资源生产面向中国人及外国人用的皮鞋，并开办皮鞋修缮业务，将是非常有发展前景的一项事业。

第十五款　木材

为了方便叙述，将有关木材的论述放在了农产这一章里，如果读者需要进一步了解木材情况可参看第十章第一节第三款第八项及第二章第三节第二款的有关木材内容。

第一项　种类及用途

杉木的直径粗细不等，细的 3～4 寸，粗的可达 1 尺 4～5 寸。粗大的杉木主要来自辰州、常德，从洞庭湖的湖西运到汉口，细小的杉木多来自衡州、长沙，从洞庭湖的湖东运到汉口。杉木是汉口木材市场的大宗商品，其数量大约可占到木材交易的四五成。杉材广泛用于房屋建造、造船等方面。其价格如下：直径 5～6寸，长 3 丈的杉材每根 3＄左右；直径 8～9 寸至 1 尺，长 5～6 丈的杉材每根 15～16＄左右。

松材是仅次于杉材的用途广泛的木材。大的松材可裁成松木板，小的松材可广泛用于木桩，也可用于造船（逊于杉木，有一定的用量）。在房屋建筑上用于房梁、天棚，也同杉木一样可做桌几等家用木材。码头上的木桩多为松木，松木桩较之杉木桩更为适合。下面是松木材的主要价格。

◎松木材的型号和价格等情况

松木材型号	尺　寸	单位	价格
长板	厚 1 寸×宽 6 寸×长 1 丈	张	180 文
面板	厚 1 寸 5 分×宽 8 寸×长 1 丈	同	300 文
油板	厚 2 寸×宽 1 尺 4～5 寸×长 1 丈	同	800 文
大型圆木材	长 1 丈 1 尺，直径 1 尺 4～5 寸	根	4～5＄

柏木与松、杉相比产量少，主要用于造船及高级建筑用材。另外也适合制作普通的桌几、柜橱之类的家具。作为造船材料主要用于船的外板。柏木的价格是：每根长 5～6 丈、直径 1 尺左右的圆材其价格在 25～26＄；每根长 4～5 丈、直径 7 寸～8 寸左右的圆材其价格在 13～14＄。

椿木其产量较少，为此相对来说价格也比较高，很少用于建筑材料。由于椿木质地坚硬，大多用于制作椅子、饭桌等家具；也是造船的好材料，中国民船多用此木做船舷，其价格以 1 尺（厚度每平方尺）5 分银计算，其他诸如樟木、楠木等贵重木材的计算方法与此相同。

樟木与楠木其材质大致相当，但樟木与楠木还是有区别，樟木有香气可提取樟脑的原料，而楠木没有香气；樟木与楠木都是木匠加工精细木制品的上好材料。在中国樟木、楠木是制作书箱、书架、饭桌的上等用材，这一点与日本相同。在造船上用于船首、船肋的材料。樟木其价格以 1 尺（厚度每平方尺）7 分银计算，楠木 7 分 5 厘银。

椆木大型材较多，其材质非常致密结实，类似于日本的槲木[①]，可作建筑材料的梁、门槛等。此外，可制作椅子、饭桌、桌几等家具用物；也可作为造船的材料，用于船首及船舵等。其价格每平方尺 6 分 6 厘银。株木的木质稍硬，与杉木的材质大同小异，用于建材及造船材料，其价格每平方尺 7 分银。檀木为白色的硬木，产量不高，主要用于车轴及车毂用材，其价格每平方尺 7 分银。栗木主要产于湖南省益阳，此木产量不高，多用于家具，其价格每平方尺 5 分 5 厘银。

孟宗竹（毛竹、楠竹）主要产于湖南省益阳县，多用此竹造纸。输入到汉口的孟宗竹可制作多种用具，如竹轿子、竹椅、篮筐编篓、竹笊、竹绳等物。上等每斤 6 文，下等 4 文。

第二项　产量及产地

汉口厘金局对木材没有准确的统计数字，为此精确地了解各种材木的数量、价格有一定困难。根据汉口当业的中国商人估算，每年对杉、松、柏、桐等建筑用材量，折算成交易额大约有 250 万两。樟、株、椿、楠等的器具用材大约 150 万两。木材多产自湖南及贵州，根据运到汉口的途径，一般将大型材叫“西湖木材”，将小型材叫“东湖木材”。“西湖木材”主要来自湖南省西半部和贵州省，而“东湖木材”主要来自长沙、衡州、水州、益阳等湖南省的东半部。

“西湖木材”的运输途径是：将木材组成小木筏经辰州、常德进入洞庭湖，在卢林潭附近再组成大木筏后，运到汉口；“东湖木材”同“西湖木材”的运输方式一样，也是进入洞庭湖以后再重新组成更大的木筏，趁夏季的丰水期，将木材运到

---

① 槲树：（Quercus dentata Thunb）柞栎树，还有橡树、青岗树等名。（译者注）

汉口。虽说如此，从贵州苗潭、湖南辰州、永州附近运出木材并不容易，到达汉口颇费时日，早则一年，晚则甚至要二年时间。这因为，其运输途径完全依赖于江湖，贵州、洞庭湖以西的“西湖木材”过沅江再经辰州、常德进入洞庭湖；洞庭湖以东的“东湖木材”经湘水进入洞庭湖，然后，“西湖木材”与“东湖木材”都必经越州，进入长江到达位于汉口的木材集散地鹦鹉洲。松、杉类木材属于“西湖木材”，而樟、桐、椿、株之类的硬木则大多是来自“东湖木材”。

第三项　木材商及其交易状况

鹦鹉洲距汉口约 4 公里，此地云集来自湖南等各地的木材商人，在此地设有供木材产地出货商休息之用的宾馆，木材产地的出货商与鹦鹉洲本地的木材中介商相互交流进行委托销售。出货商出手木材必须要通过本地的木材中介商，不得越过中介商直接与本地木材用户产生交易。总之，这些中介商都是缴纳了税金、领取了被称为“部帖”（营业执照）的官许商人。设在鹦鹉洲的常设宾馆有：常德宾馆、宾庆宾馆、长沙宾馆、辰州宾馆、永州宾馆、长衡宾馆等。

领取了营业执照的官许商人所进行的委托销售的手续费根据“西湖木材”与“东湖木材”的不同而有所不同。即：“西湖木材”按交易额每两收取三分银（卖价的 3/100），“东湖木材”按交易额每两收取二分一厘银（卖价的 2.1/100）。如前所述，在鹦鹉洲进行交易的木材商沿江岸地带各自设有专用的木材场，进行委托销售的木材中介商大多是长沙人，其主要的木材交易店号如下。

◎鹦鹉洲主要的木材中介商店号

胡恒升	周恭义	孙盛泰	胡合顺	王洪兴	常茂盛	白利顺
梅和顺	福星	徐恒顺	姚鸿盛	李源利	龚福顺	白永茂
杨顺兴	邓发茂	黄万彩	杆永元	罗同发	黄荣顺	王肇昌
李兴茂	周荣昌	用楚元	陈光裕	黄升		

这其中以黄万彩以下 10 家规模最大，不光得到官许，而且还有被称作“行帖”的特许券。持特许券者其纳税额分为三等，上等 1,000 两、中等 600 两、下等 300 两。

第四项　“西湖木材”与“东湖木材”的将来

在两湖及贵州等出产木材的腹地究竟能在何种程度上实现在采伐的同时进行造林尚属疑问，不过，从当前的汉口的木材交易现状观之，木材交易逐年减少乃是不争之事实。最终中国木材将不能满足中国市场之需求。近年，日本北海道及美国松的输入量日益增加并非偶然之事。在第二章第三节第二款里也有相关叙述，请参看之。

第十六款　织布(土布)

第一项　概说

近年来，由国外和中国其他地方输入到汉口的棉纱逐渐增多，在汉口扩大销路的促进下，中国内地的织布业也得到了相应的提高。然而内地织布所使用的机台仍是老式的织布机，耗时费力自不待言，由此，可以断定现有的生产状况必然阻碍织布业的发展。在中国，湖北、江苏浙江、福建、广东这四个地方被称为织布业发达之地。然而不能忽略在长江上流的荆州地区的织布业，荆州布经沙市或江口输往他地，其数量每年不少于十四五万担。另外，在汉口附近地区的织布业也颇盛行，除供应本地的需求之外，还有相当数量的织布产品通过厘金局直接销往他地。

第二项　种类及产地

在汉口附近地区，即武昌、江夏、汉阳、黄陂、孝感、黄州、天门一带，各乡土民众都有从事织布业者。其品位、名称都不统一，现就其主要织布种类概述如下。

◎汉口附近地区织布种类表

所在地区	织布的种类					
	织布名称	地点	织布名称	地点	织布名称	地点
汉阳	柏泉布	汉阳北乡	马鞍布	汉阳南乡鞍山	汉阳布	汉阳西门外
武昌	葛仙布	武昌葛田	丰布	武昌九丰		
黄陂	涝布	黄陂黄花涝	港布・嘴布	黄陂境内	横山布	黄陂境内
孝感	改机布[①]	红庄市				
黄州	景庄布	地点：在新洲、麻城、黄冈、黄安、宋埠等地所出产的土布的总称。				
江夏	京口布	地点：京口产，俗称外山布。				
天门	岳口布	地点：天门岳家口一带。				

此外，在汉口附近还有阳逻布、招贤布、来苏布等名称。其各布的尺寸如下所示。

◎汉口附近地区的织布尺寸

织布名称	尺寸(长×宽)	织布名称	尺寸(长×宽)
马鞍布	长(1～3丈)×宽(8寸～1尺)	汉阳布	长3丈(4～6尺)×宽1尺1寸5分
葛仙布	长3丈2尺×宽1尺0寸5分	丰布	长3丈4尺×宽1尺1寸5分
嘴布	长3丈6尺×宽9寸5分	横山布	长3丈(5～6尺)×宽1尺1寸5分
改机布	长3丈2尺×宽1尺0寸5分	景庄布	长4丈×宽1尺2寸
阳逻布	长3丈2尺×宽1尺1寸	京口布	长3丈4尺×宽1尺3寸

① 在红庄市一带，使用了改良以后的织布机，为此，称为“改机布”。

招贤布	长3丈×宽1尺1寸	石嘴布	长2丈(8～9尺)×宽1尺1寸
来苏布	长3丈×宽1尺1寸	岳口布	长4丈×宽1尺2寸

第三项　织布产品的买卖价格

汉口未经染色的各种织布产品的价格如下。

◎汉口未经染色的各种织布价格表

织布种类	织布的尺寸或等级和价格					
	尺寸·等级	价格(银)	尺寸·等级	价格(银)	尺寸·等级	价格(银)
涝布	上等每疋[1]	5匁1～2分	中等每疋	4匁8～9分	下等每疋	4匁7～8分
马鞍布	1丈	170～180文	2丈	270～280文	3丈	370～380文
汉阳布	每疋	480～490文	—	—	—	—
葛仙布	上等每疋	3匁1～2分	中等每疋	3匁	下等每疋	2匁8～9分
丰布	上等每疋	3匁	中等每疋	2匁8～9分	下等每疋	2匁7～8分
港、横山布	每疋	3匁左右				
嘴布	上等每疋	4匁	中等每疋	3匁7～8分	下等每疋	3匁4～5分
改机布	上等每疋	3匁1分	—	—	下等每疋	2匁7～8分
景庄布	上等每疋	5匁1分	中等每疋	5匁	下等每疋	4匁8～9分
阳逻布	上等每疋	4匁7～8分	中等每疋	4匁5～6分	下等每疋	4匁3～4分
京口布	上等每疋	5匁	—	—	下等每疋	4匁8～9分
招贤布	上等每疋	4匁	—	—	下等每疋	3匁8～9分
石嘴布	上等每疋	4匁3～4分	—	—	下等每疋	4匁3分
来苏布	上等每疋	2匁8～9分	—	—	下等每疋	2匁7～8分
岳口布	上等每疋	5匁7～8分	中等每疋	5匁4～5分	下等每疋	5匁

零售价格各商家都不一致，如果以织出的原布零售，其利润并不大。为此，布行委托布店，布店又委托染房对织布进行加工，染完之后的织布再返回布店零售，以此提高零售的利润。现将织布的花色样品（根据日本农商务省提供的样品）及零售价格记录如下。

◎织布的花色及在汉口的零售价格(铜钱)

织布的花色名称	每尺	印染价格	织布的花色名称	每尺	印染价格
玄青马鞍布	23文	4～5文	格子汉阳布	25文	—
冻绿涝布	28文	8～9文	血青涝布	28文	6～7文
单印花涝布	29文	7～8文	吊灰涝布	24文	4～5文
醉红涝布	44文	13～14文	葛仙秋布	24文	4～5文
宜都布	32文	—	樊城绿布	31文	10～11文
都冻绿布	42文	12～13文	京黄景庄布	22文	3～4文
玉粽丰布	22文	3～4文	莲青丰布	26文	8～9文

① 中国的“1疋”相当于日本的“1反”，日本的“1匁”大约相当于中国“14钱”。

京口马蚁布	30文	—	京口冻绿布	39文	8～9文
京口毛蓝布	36文	8～9文	葛白布	14文	—
岳口白布	19文	—	岳口白苏双印布	36文	14～15文
岳口银灰布	28文	4～5文	岳口板红布	39文	13～14文
岳口新绿布	30文	7～8文	岳口玄青布	52文	10～20文
岳口玉色布	23文	4～5文	岳口桂子红布	33文	11～12文
岳口蓝印双印布	34文	13～14文	岳口青灰布	26文	4～5文
岳口巴青布	42文	15～16文	岳口湖绿布	34文	8～9文
岳口海青布	24文	7～8文			

此外，还有一些花色品种，但都大同小异。另外零售量不大的织布品种在此忽略不计。

第四项　织布产品的工钱

各地支付织布的劳银各有不同，但其计算方法都一样。即按织布的尺寸结算，而非按劳动时日计酬。例如：织1疋涝布的劳银为铜钱100文，马鞍布2疋为100文。如果按此推算，上等织布的劳银每丈为20文内外，下等的每丈劳银为16文。

第五项　织布产品的使用状况

从织布产品的使用状况来看，岳口、涝布、景庄三种织布产品主要用于服装面料，由于这三种布的布质质地致密、美观、保暖，无论男女都喜欢用之。而马鞍布、来苏布大多用于衣裳的衬里或丧葬及一些杂用的用布。另外，从花色来看，岳口布最畅销，涝布次之，而京口布又再次之，葛布、丰布等布则位于最后。如前所述，宜都布质量尚可，然其价格偏高，为此，其销路不是十分顺畅。据闻：涝布多被广东、安徽两省的商人购入，而景庄布多销往云南、贵州、江西、南京等地，阳逻布销往安徽、芜湖、大通等地，葛仙布、改机布除与阳逻布具有同样的市场外，还扩大销售到河南、山西、陕西、四川、汉中等地。

第六项　织布产品的交易方法和商贾

鉴定　在织布产品产地进行收购时，一般采用零散的行走于各土布加工户之间的收购方式，在收购时，并不区分是何种土布，只是将零散的收购来的土布集中到一处，集中以后也不进行细致分类，只是将20疋乃至30疋结成一捆，大致标识一个笼统的名称，之后，陆续运到汉口等地。

首先受理收购来的土布的商家是布行，由布行转给布店，布店对结捆的土布进行开包，由专门的质量鉴定人员（每个布店都设一二名鉴定人员）对土布的质量进行鉴定和分类。其鉴定的项目主要有二项：一是将土布分为上、中、下三等，二是将原色布分为两类，一类运送到其他需要的地方，另一类送到染房，印染之后再进行鉴定，根据印染的花色、质量等确定其销售价格。确定后的价格写入“号牌”，布店根据“号牌”上的价格进行销售。以上评价或曰鉴定都有一定的规矩不能随心所欲。

交易 各布店大多根据“门市”和“客路”这两法来确定交易。所谓“门市”就是零售（1疋或2、3尺这样地销售），由零售获取“口钱”（利润）；所谓“客路”就是批发，与客商10捆、20捆进行交易。款项结算根据账面记载，每年结算二三次，如果相互能够融通，相对来说，在价格上要比“门市”要划算。另外，如果布店资本宽松及布店与染房关系良好也会有很多便利之处。例如：约定按铜钱结算的，也可按银的市场行情，以银结算，因为铜钱与银之间有差价，可赚得此差价。布店与染房可以讨价还价，可以提出八折、七折、甚至六折，如此一来，如果需要百两的染银，只支付80两、70两、甚至60两就可以成交。此外，布点与染坊也可签订印染合同，两者根据印染数量的多少，通过协商形成彼此互利之便。

布店所销售的织布产品价格，一般说来要受到布店的规模、管理状况、与染房的关系等因素的影响，为此，甲布店与乙布店在价格上略有差别也就不足为怪了。布店之间在价格上虽然有所不同，但这只是在一定框架内的浮动，各布店都不可忽视在大局上整体销售价格的走向，然后据此调整自己的价格。尽管市场上对销售价格没有作硬性规定，但这并不等于说没有行业的约束，根据上面所述的原因，各店家都没有出格的价格，亦不敢轻易破坏共同形成的市场规矩。

第七项　土布的将来

在地方上与土布相并列，有色细棉布的销售量也在逐年上升，在乡间我们可以看到：作为平日便服及耕作着衣，一般都是土布衣裳，但外出及出席庄重、喜庆的场合多穿洋布（细棉布）。这因为洋布的布料致密、平整、且有光泽，穿在身上觉得体面之故。特别在夏天，因为洋布轻薄，穿在身上感到凉爽、舒适。另外，洋布的价格与土布相比没有特别大的差别，也是洋布能进入中国乡间的重要因素。尽管洋布有以上优势，但在耐久、方便、再利用这三点上，很难凌驾于土布之上。例如：穿旧或穿破的土布可作为抹布、或成为男女都可用的鞋底材料，而洋布就无此之便利。且洋布不耐洗涤，每次洗涤对其质地和颜色都会有所损害。为此，在乡间出现这样的纺织女子，她们购买棉纱，然后根据自己的喜好织作土布。如果除去自己之用，还有剩余，可将此出售，可谓一举两得。但需留意的是：棉花生产的状况每年都会有所不同，而织布手法已形成习惯，需要一些调整。

总之，以往棉纱并不如现今（棉纱与棉纱之间有一些差别），也正因为如此，所织作的土布多少都有一些差异。近年来的织布由于其经纬纱都用棉纱，尽管在织布巧拙、机台大小及所织作的土布在长短、宽窄、厚薄、疏密、松紧等方面有一些差别，但从整体来说，各地方织布手法大体趋向一致，因而出项基本相同的织布，如果在此基础上再进一步改良与织布相关的要素，达到进一步的统一也并非难事。下面列出汉口的主要布店。

◎汉口的主要布店及经营地点

布店名	谦祥盛	葆和祥	王德秦	裕昌祥
从商地点	河街永宁街	黄陂街四宫殿下	同左	同左
夏布行名	晋昌源	庆余德	永隆庆	
从商地点	河街	郭家街	中街	

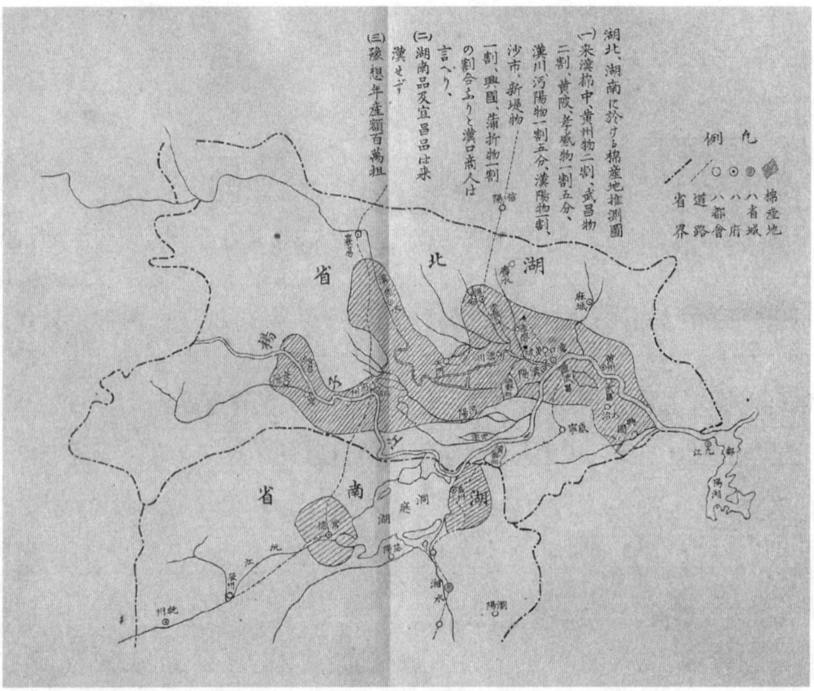

《汉口》原书棉花产地图表

第十七款　棉花

第一项　产地、产量及市场行情

输入到汉口的棉花主要来自湖北、湖南、河南三省，这其中湖北所产的棉花占其大半。湖北省的产棉区主要集中在汉阳、黄州、黄陂、孝感、沔阳、里河口、武昌、蔡甸、汉川、沙市、宜昌等地（请参考上图）。以下是近五年间的输出量及交易额。

◎近 5 年间的汉口棉花输出量及交易额

输出年份	棉花种类	数量(担)	价额(两)
1901 年	皮棉/籽棉	24,379/—	390,352/—
1902 年	同	133,361/—	2,133,778/—
1903 年	同	332,102/—	5,977,836/—
1904 年	同	399,720/—	7,194,960/—
1905 年	同	252,284/919	3,910,404/5,019

如上表所示:1901 年的输出量为 24,397 担,而 1902 年急剧增加到 133,361 担。在 1901 年前的五六年间,由于棉田多遭水害,棉花的输出量很少。例如在 1899 年,其输出量仅有 9,729 担,1898 年仅有 702 担。在湖北棉歉收这几年,湖北反而需要从外地调运,输入到汉口的棉花大多是经上海中转的通州棉,每年大约有三四万担的样子。自 1902 年开始转变输入状况,湖北棉向外地输出,每年持续输出 20 万担左右,其交易额在百万两上下。毋庸赘言,此乃湖北棉丰收所致。由于近几年湖北棉花丰产,除棉农自家用棉外,其余均输入到汉口市场,由于汉口纺织规模有限,不可能对湖北棉完全消化,过剩部分输入到上海等地。

下面概述一下汉口棉花输出量增加的原因:1. 由于 1902 年以前,棉花歉收,造成汉口棉花收购价格上扬,为了保持汉口棉花市场与上海棉花市场的平衡,汉口市场出现了未曾有的棉花收购价格,由此促进了棉农向汉口市场输入棉花,或准备扩大输入规模。2. 1902 年以后,棉农估计棉花会有比较稳定的收获,为此,扩大了棉花的耕作面积。3. 由于棉花销售价格看好,出现了卖掉皮棉,购进棉纱的现象。现今汉口棉花的输出量与各地的需求量的总数估计每年在百万担内外。

第二项　棉花的品质及耕作法

从整体来说湖北产的棉花纤维短、且较硬,其品质并非上乘。为此,除新洲、云梦的棉花之外,湖北棉需和印度的孟买棉及美国棉混用,否则不能细纺。特别是老河口所产的棉花,其棉花略黄,品质最劣。从棉花的种类来看,大多为红茎黄花,其茎高 2 尺 3～4 寸的样子。湖北棉农并不择类,在棉田里既有白花,又有黄花;既有青茎,又有红茎。

棉田　棉田多选在茫茫旷野之处,若有森林、山岳调节气候、不潴留降雨的水势,则地势更佳。如果棉田处于陡坡地,虽无潴留水势之虞,但暴雨易使棉田的肥料及沃土流失。如果棉田是粘质土,降雨之后棉田淤结,不能保湿;如果遇到二三天烈日,棉田又会因缺水而龟裂。因此说,天气状况、土质情况对棉田丰歉有着至关重要的影响。

播种　根据土地的不同,棉田的播种期多少有些差别,一般在阴历五月初,在麦田收割之后的基础上播种,棉田的耕作用水牛或黄牛。其下种量每亩 8～9

斤，大约在六月份开始施肥，其肥料大多是人粪尿、豆糟等有机肥，但也有完全不施肥的棉田。施肥的棉田每亩大约施豆糟百斤左右，豆糟提前要用水浸泡，使之成为粉状，施肥效果才好。除草在八月份进行，在雨后必要进行一次耕耘除草，除草后，再使用叫做"耒耜"的工具将土质松为粉状。收获期根据土地和气候的不同而有所不同，一般在阴历七月中旬至九月初之间；棉花产量各地区都有所不同，黄州、武昌一带，丰收的年景每亩 115～120 斤，德安府随州县附近丰产时 75 斤、歉收时只 40 斤左右。在京口、沙市、湖南的常德附近平均 80 斤内外，孝感、黄陂附近平均 90 斤左右。如前所述，棉田受气候、土质的影响而有所不同，总体上，大约亩产 80 斤上下。

棉花与籽棉的比例大概是 1/3 的样子。在百斤籽棉里，可得皮棉 34 斤，平均在 33.5 斤，即：在 300 斤籽棉里，可得 100 斤皮棉。

第三项　棉花的交易及交易的状况

在中国人所开的棉行里，祐泰、元兴元、益大、同春四家规模最大。日本棉商有三井、日信（日本棉花会社）、中桐、东兴这四家洋行。棉行所用的权衡是天平秤，1 斤的价格为 180 匁，即 1 斤棉 130 匁，因为斤两大的缘故，与天平秤进行比较时，相当于 180 匁之意。另外，也使用"磅"进行衡定，棉秤百斤相当于 146.5 磅。通常与外国人交易并不用"磅"，而是用其斤量与"磅秤"几乎相等的浙宁秤（司马秤）进行交易。此浙宁秤 1 斤棉 160 匁，其 75 斤相当于 100 磅，以此推算浙宁秤的 100 斤，应等于"磅秤"的 133 磅，棉秤（棉花秤）的百斤与浙宁秤的百斤有 13 磅的相差重量。

在银钱交易上使用"九九平估宝扣三兑"、"九九平估宝扣九七兑"，所谓的"扣三兑"就是从单位数里减去 3/100 之意。即：以九九漕平为经，九七估平为纬，取其"织平"之意。如果将此与"汉漕平"的百两相比较，相当于 96 两强，总归与九八平九八兑相同。

如果以现金交付时，买主可要求卖主打折，返给买主一些利益。之所以有如此的交易要求，主要原因出自棉商特有的结款方式，即：按传统习惯棉商在交易之后的四十五天再开具票据或支付现款。作为卖主的棉商当然希望能在四十五天后顺利结款，然而如果结款时间过长，卖主容易对作为购货商的买主的支付能力存疑，为此大多要求开具十五天内可以支付的票据。这样一来，买主就要要求卖主承担提前一个月交付货款的利率。通常是按照每百两 1 匁 2 分的比例扣除，实际上，在用现金或票据支付时，往往货主还要要求每百两扣除 1 匁 2 分的利率，计算下来，如果卖主要求买主提前一个月支付的话，卖主就要对买主返回 2 匁 4 分的利益（每百两）。

第十八款　牛皮

第一项　产地及种类

在汉口周边地区的农家多饲养黄牛和水牛，黄牛和水牛不光用于耕田，也用于食用。在乡间多有屠杀耕牛之事。由此，出现了牛皮交易。湖北的产牛地主要集中在汉阳府、黄陂县、黄州府、襄阳府、孝感县、樊城、沔阳、宜昌府、耕州、安陆这十个地方。此外湖南的长沙、常德、宝庆以及河南的信阳州也是有名的产牛之地。从牛的质量来看：河南产、四川产最佳，山西产次之，湖南、湖北产再次之。汉口地方所产的牛皮根据其品质，分为油皮、茶利皮、中厚、底象四种。

第二项　产量

在汉口牛皮作为各种皮革制品材料，其需求量每年都有所增加，输入到汉口的牛品不但能满足本地需要，而且还通过汉口输出到国外。出口到国外的数量增加非常快。下表是近 5 年间黄牛皮及水牛皮的出口数量。

◎近 5 年间汉口输出牛皮的数量

输出年份	黄牛皮·水牛皮	数量(担)	价额(两)
1901 年	黄牛皮·水牛皮	162,635	2,650,950
1902 年	同	136,776	2,986,926
1903 年	同	110,378	2,990,866
1904 年	同	133,081	3,736,421
1905 年	同	83,337	2,357,318

第三项　交易商及交易状况

在汉口虽然英、美、德、法各外国商人都经营牛皮，但德国所占的比例最大，几乎占到整个出口量的一半左右，此外英、法、美也占一定比例。在外商中加工、打包机械最完备、厂房的占地面积最大、交易量最大的洋行是美最时洋行，瑞记、宝顺、元亨次之。下面是经营牛皮的外商洋行明细。

◎经营牛皮的外商洋行及洋行所在地

外国洋行名称	所在国家	洋行所在地
美最时洋行	德国	在英国租借地内
瑞记洋行	同上	在德国租借地内
元亨洋行	同上	在英国租借地内
杜德洋行	同上	同上
禅臣洋行	同上	同上
和昌洋行	同上	同上
礼和洋行	同上	同上

宝顺洋行	英国	同上
华昌洋行	同上	同上
太平洋行	同上	同上
老和顺洋行	同上	同上
立兴洋行	法国	租借地以外的中国街
公兴洋行	同上	在英国租借地内
永兴洋行	同上	同上
拔维晏洋行	同上	同上
咪也洋行	德国	租借地以外的中国街
嘉利洋行	美国	在英国租借地内

以上各外国商人几乎都有被叫做"牛皮栈"的牛皮处理场,在此对牛皮进行干燥处理和打包工作。外国商人主要从汉口的中国牛皮中间商那里进货,从民间直接购货的情况极少。外商将买进的生牛皮喷洒药物,使其干燥,然后进行捆扎、打包,使之易于搬运。汉口的中国牛皮商,多集中在靠近屠牛场附近的广益桥一带,从事牛皮生意的店铺栉比相邻,大约有四五十家。这其中十家规模较大的店铺名如下。

◎汉口主要的牛皮中介商店号

涂复泰	注祥茂	复盛源	罗荣昌	杜复兴
徐华记	同昌顺	张顺兴	美最时东栈	华昌东栈

以上这十家大店铺都分别在宜昌、襄阳等地设有分号,广泛购进牛皮。以下所记的三十家店铺与前十家相比其交易额较小,在地方上没有分号,只是坐等地方民众携牛皮到汉进行交易。

◎汉口主要的牛皮中介商店号

鸿生昌	正大昌	汇源长	和昌	美最时新栈	天兴源
同兴发	咪也西栈	奎泰	德太昌	同裕隆	顺昌
正昌信	胡隼康	永兴生	张永顺	彭长泰	邓义兴
孙永泰	永泰祥	镒太祥	永光元	庆生祥	高和太
元生福	志太昌	张祥兴	同胜祥	万盛隆	义生
恒裕	源茂和	宏昌	义森和	元和	

以上这四十家牛皮商基本上没有以自己的名义独立经商,大多在自己的店号旁,以显著的标记标明自家店铺与某外商(英、德、法等)的关系,其目的不仅以外商装点门面,据说如此一来还可减免税收。在汉口从事牛皮生意的商人同经营其他行业的商人一样,也有自己的同业行会。根据需要,同业者聚集一堂商讨商规,规范市场行情,或者制裁同业的违规行为,以此谋求同行业间的协调一致。因为有行会的限制,很少出现擅自改变行会制定的价格,捷足先登、垄断市场的恶性竞争情况。以上所说的四十家牛皮商都具有行会的会员资格,此外,还有二三十家的小店铺,这些小店铺依附于某大店铺,看准某机会从大店铺购入四五张,乃至七八张牛皮做转手生意,这样小店铺都没有行会的会员资格。从交易过

程来看,到外商手里的牛皮必然要经过中国商人的数次转手,由于外商不能直接收购,只能依赖此交易形式。

第四项　牛皮的防腐及打包

从地方各处运到汉口的牛皮只经过"投干法"这样的简单的粗制,所谓"投干法"就是:将新鲜牛皮弃于地上,任其自然干燥。运到汉口的牛皮首先要将附着于牛皮表面的腐败、污秽之物剥去,曝于太阳之下一二天后,涂上一种药水,再曝晒,直至干如板状,然后以木棒敲之,使沙土、污物落下。所涂之药乃是一种硫酸类的毒药,其用法是:将 100 斤清水煮沸,投入 1 磅左右的药,再煮 1 分钟,就可使用。主要涂抹于牛皮里面,其目的是防止腐败和生虫。经防腐处理的牛皮干燥之后就可打包装箱。首先将牛皮叠成长 5 尺宽 3 尺的长方形,然后压入"井字形"的木框里,上下用木板或竹片固定后,用粗麻布裹紧,最后再用铁皮带捆扎三四道即可,也可用麻绳捆扎打包。其装箱、打包的费用(机械使用费、打包材料费、人工费等)总计每包(千斤左右)3 两银,从汉口到上海的运费每吨 2 两 2 匁,其税金每担 5 匁。

第五项　用途、时节、行情

每年运到汉口的牛皮十之八九被汉口市民及汉阳兵工厂所用。汉阳兵工厂不光制造枪炮弹药,还制造背带、皮带、弹药盒、背囊等之类以牛皮为材料的与兵器相关的附属品。汉阳兵工厂对牛皮所需量甚大,据说每年购入牛皮要花费 10 万两银。汉口居民所用牛皮制品为:长筒靴(雨天用)、皮包、皮椅、短皮鞋及各种鞋的鞋底。

牛皮的出货期大致在每年的十月初开始,直到第二年的五月份,约有八个月时间。除此之外的四个月,牛皮的出货量甚少。其原因是气候暖和容易导致牛皮腐败,而产生恶臭,故此夏季完全不做牛皮生意。另外,夏季乃是家畜对其脂肪的消耗期,为此,也不是屠宰的最佳季节。等到入秋,天气渐冷,家畜的脂肪也开始堆积而肥满,此时才是屠宰之季节,牛皮也在这时逐渐开始上市。

第十九款　矿物类总说

湖北省所出产的矿物主要有:煤炭、铁、锑、金、银、铅、石灰、盐、锰、白云石等,此外,还出产作为建筑材料的麻石即花岗岩、赤石(Red sand stone)等。矿产资源作为一项新知识在中国尚未普及,目前,中国人以自己之力难于勘探本国的矿产资源,另外在"利权回收"的舆论下,外国人又无法介入矿物探查。为此,至今未被发现和开采的矿产资源甚多。

第二十款　煤炭

第一项　产地及产量

集中于汉口的中国内地所产的煤炭大致分两种情况：块煤占五成，原煤及粉煤占五成。湖南省的煤炭主要产于衡州、宝庆、永州等地；江西省的煤炭主要产于萍乡，萍乡煤输出量最多。因萍乡属长沙领事馆所涉及的范围，又因萍乡煤炭通过湘江支流从湖南运来汉口，为此，很多日本人都以为萍乡煤矿在湖南。下面将划分给汉口日本领事馆范围内的中国几个省的煤炭资源情况简述如下。

江西省的主要产煤区：饶州府内景德镇附近的乐平县、德兴县、万年县、余干县，南昌府内的进贤县、丰城县，临江府内的清江县、新喻县，瑞州府内的高安县，广信府内的弋阳县，此外，抚州府及建昌府也有出产。

湖北省的主要产煤区：武昌府内的大冶县、江夏县、富水县，在与安徽省交界的地带也产煤炭，在岳州与汉口之间还有煤山，此外，在襄阳附近也有煤炭出产。

河南省的主要产煤区：郑州府内的禹州、南阳府。

内地的煤炭多以民船或以松材建造的小船运到汉口。因为煤炭经厘金局输入汉口，为此缺少准确的每年输入量的统计数字，根据各种资料推算：在1903～1904年度其输入量为30万吨，1905年比前年度增加二三万吨。假如每吨价格以5两计，1905年的煤炭交易额估计在150～160万两。以上是经过厘金局输入到汉口的数量，此外，还有经过海关(火轮)运到汉口的中国其他地方的煤炭。经过海关的输入的煤炭数量如下表。

◎近3年经海关输入到汉口的地方煤炭情况

输入年份	数量(吨)	价格(两)
1903年	527	4,216
1904年	13,334	102,538
1905年	17,787	129,399

经厘金局及海关运到汉口市场的煤炭，除供应本地需求外，还中转运到九江、上海、镇江等地，其具体数量和交易额如下，但仅限于火轮运输。由民船外运的数量不在此统计内。

◎近5年经汉口转运的煤炭情况

输入年份	数量(吨)	价格(两)
1901年	74,174	未详
1902年	68,440	未详
1903年	80,219	525,434
1904年	83,226	699,598
1905年	72,422	588,067

除萍乡煤炭、湖南煤炭外，湖北省及河南省的一些地方也出产煤炭，由于产量不高，只能满足当地对煤炭的需求，没有多少剩余能输入到外地。另外，在四川省的龙王洞出产无烟煤值得瞩目，此煤品质极佳，几乎可与英国的最上等的“加的夫”[①]煤相匹敌。但由于此煤运到汉口的成本太高，尚未能满足汉口所需，仅供航行在长江上游的火轮用煤。近来，位于直隶省的开平煤经上海运来汉口，以供京汉铁路之需，将来可通过京汉铁路本身的运输能力将直隶的煤运到汉口。

从煤炭的生成年代来看，中国所产的煤均是古生代煤炭，此煤蒸发少、碳素多，故适合生产焦炭。萍乡也生产与煤炭相关联的焦炭，目前，其焦炭的生产能力为每天200吨。该焦炭主要供汉阳铁政局镕矿之用。

第二项　价格

中国内地煤炭以萍乡煤为例，1904年，在汉口上等萍乡煤每吨市价6两4～5匁，下等煤每吨5两左右。1905年，无论是上等煤还是下等煤每吨都上涨3匁，上等煤价格在每吨6两7～8匁，下等煤每吨5两2～3匁。到1906年，由于日俄战争的原因，日本煤炭输送船告急，日本煤炭的输入量顿减，造成日本煤炭价格迅速上扬；中国内地的煤炭价格也随之上涨。截止到1906年的下半年，出现了上等的中国内地煤炭每吨8两、下等煤炭每吨6两的高价。

第三项　煤炭交易商及交易

在汉口做煤炭进出买卖的商人主要商家如下所示。

◎汉口的主要煤炭商及其经营地点

煤炭商名	裕泰[②]	合源	源泰	协源	源记
从商地点	泰公洋行内	同左	同左	同左	同左
煤炭商名	余地	协盛	性记	禅臣洋行[③]	顺记
从商地点	泰公洋行内	同左	同左	—	河街
煤炭商名	第泰洋行	泰记洋行	东升	盛记	
从商地点	河街	同左	同左	同左	

如前所述，集散于汉口的内地煤炭，数量非常大，但与此相关的煤炭货场及共用的煤炭装卸码头并不完全配套(连一家都没有)，例如：很多湖南的煤炭民船，满载着煤炭货物停泊在汉江沿岸，寻找买主。原来煤炭也同其他别的货物一样，货主(卖主)与需求者结成特约关系，根据需求量运进与此相应的煤炭，以达到供需平衡。但汉口的煤炭交易逐渐形成专门的销售对象，除对铁政局、兵工

① 加的夫(Cardiff)：日语原文为“カヂフ”，在此为音译。英国西南部靠近塞文河北岸煤田的工业城市。(译者注)

② 裕泰：上海煤炭商，在汉口泰公洋行内设有办事处。

③ 禅臣洋行：德国商，除煤炭外，还经营其他杂货。

厂、银元局等官营工场供应外，其他消费煤炭的客户很少。煤炭船的船主大多属于有闲钱者，他们在煤炭产地购进煤炭，然后运到汉口，在汉江上再慢慢寻找买主，这是一种非常不方便的交易方法。其他货物交易一般都设有会馆，船主及货主每天都住在会馆等待前来洽谈生意的买主，会馆起到了商务交易所的作用，这对于卖主或买主都很便利。

第四项　需求

汉口有二十多家诸如铁政局、兵工厂、砖茶厂、制麻局、纺纱局、织布局等这样的机械工厂，每年大约要消费十余吨煤炭。此外，汉口附近林木匮乏，薪柴及木炭的价格一直居高不下。为此，厨房及取暖所需的“柴煤”(大多将无烟煤与红土按比例混合，然后制成团块状，干燥后使用)，有很大的潜在的市场需求。如果对武汉居民的用煤量进行一下精细统计就可明了其中的潜含的价值。当今，汉口、武昌、汉阳三市的人口大约有百万，如果以每户十口人计，大约就是十万户，假定每户每月消耗1两银的煤炭，那么武汉市民每年用煤的金额大约120万两。再以每吨煤炭价格5两计，那么，就等于需要24～25万吨煤炭。可以预见随着武汉地区工业的不断发展，对煤炭的需求将会有大幅度增加。

第五项　外国煤炭的输入

输入到汉口的外国煤炭基本都是日本煤炭，也有少量的来自英国的“加的夫”煤，供在长江巡逻的外国军舰使用。汉口下游的军舰的燃料用煤都来自上海，输入到汉口的“加的夫”煤主要供在汉口至重庆间巡逻的小炮舰，其煤炭用量不会很大。日本的煤炭主要从门司港起运，其煤炭的种类为：快煤二成、粉煤三成，此外原煤占五成。运输时间集中在从春到秋长江丰水期这段时间，通过三菱、三井的日本到汉口的直航火轮运输。1904年的煤炭行情，一等煤炭8两，普通煤炭6两左右。1904年日俄战争爆发，导致煤炭运输船不足，致使煤炭价格腾贵。上等煤9两4～5匁，下等煤也要7两2～3匁。以下是近5年间日本煤炭输入统计表。

◎近5年日本煤炭输入汉口情况

输入年份	数量(吨)	价格(两)
1901年	36,596	292,768
1902年	85,844	686,752
1903年	83,887	656,834
1904年	85,798	454,730
1905年	65,664	328,320

第六项　日本煤炭的输入前景

日本煤炭运到汉口的运费每吨要 2.5 两～3 两。而中国内地的煤炭运到汉口平均每吨仅花费 1 两。加之中国内地的开采所需的人工费也比日本的要便宜,总体上中国内地的煤炭要比日本的每吨廉价 1～2 两。从煤炭的质量方面来看,在中国内地煤炭中也有品质良佳的煤炭,可以说毫不逊色于日本炭,但就总体而言,中国内地炭与日本炭相比,因含灰质太多,导致火力下降,为此,铁政局、砖茶厂等一些工厂倾向于使用日本炭。从目前情况来看,尽管日本煤炭价格比较高,但由于质量好,在工厂用煤上,日本煤仍具有压倒中国内地煤的优势。然而,在位于中国内地的湖南、江西等地仍有很多尚未开采的煤山,特别是在萍乡的东北部已发现了连绵的矿脉,此矿脉比日本北海道的矿脉更要丰富,如果将来沿此矿脉修建煤矿铁路,进行大量开采,其煤炭不但可以供应汉口,还可辐射到镇江、上海等地。毋庸赘言,江西煤炭必将成为与日本争夺中国煤炭市场的劲敌。

第七项　煤炭的开采现状

湖南萍乡已采用了新式的机械挖掘设备,能够进行大规模的煤炭开采。而汉口所辖的各地炭山至今仍沿袭旧法如故,没有任何改进,大多沿用"炭坑式"的挖掘方法。所谓"炭坑式"挖掘法是:先深挖竖井 100～120 呎,然后横向向纵深掘进 50～100 呎,之后再挖竖井、再横向掘进,一直行进到 600～800 呎的程度为止。采煤的工具也极其简陋,只是在坑道口竖起一个圆状的起重机械,用人工力量将坑底的炭物拉起。此装置犹如垂直升降机的原理,将一个装笼拉起,另一个装笼落下。两个笼可放入百余斤的重物,如果要除去坑底积水,可使用牛皮袋,将装水的牛皮袋放入笼中再运到地面。煤炭的坑道口为长方形,最大为 3～4 呎(宽)×15 呎(长)。一边引拉煤炭,另一边除水,中间为煤炭工人的进出口。如果坑道浅,就不备任何通风设备,如果坑道较深,则使用一种叫做"鼓风器"的用具,此"鼓风器"直径有一二尺,用人工驱动,恰似铁匠铺所使用的风箱。此"鼓风器"通过竹管向坑内送风。

旧式的煤坑不可能在年间持续开采,一般在旧历九月开坑,在十二初就能出炭,在第二年的二三月相交之际,停止采煤。从事采矿的炭工,在由春到秋这段时间,转移到农事。原来利用的炭坑,不再加以管理,任其水浸荒芜。煤炭在坑道口的交易价为每百斤 20 分,如果将坑道口的煤,贩运到市上,加上运费诸项,每百斤可买到 80 分。从坑道口运到集市,多用独轮车搬运。

第二十一款　铜

第一项　对铜的需求及外国的输入量

在中国要流通1文铜钱，就要铸10文铜钱，为此，对铜块的需求量非常大，每年都呈明显的增加趋势。例如：1901年，铜块的输入量为2,136担，1905年就增加到452,968担，增长了200多倍。这其中主要的原因是由于"武昌造币局"在1903年底增建工厂，从德国及英国购进新式机械；汉阳兵工厂新设"铜元局"，急需制造铜币所致。汉口对铜块的需求与地方相比有大幅度提高。直到1904年，中国的铜块输入主要来自日本，日本基本独占了中国的铜块市场。

由于时局的原因[①]，在日本国内对铜的需求也大量增加。这样就由日本独家包销中国铜块市场的状况转为缺货，由于对市场供应不足，导致铜块的价格上扬，由价格提高所带来的利润，又促使其他外国介入此铜块业。来自外国的铜块产品主要是美国货，这其中也包括一些英国货。这些来自美国的铜块，其铜的纯度大约只有99.4～99.5，而日本的纯度能达到99.8～99.9，由此引起中国造币局对美国货的不满。可以说，日本铜块有与其他外国竞争第一的实力。

第二项　产地

在汉口辖管的地区缺少铜资源，只是在湖北省的东境兴国州境内有少许铜资源。

第三项　铜币局[②]

1905年，铜币局开动65台旧式造币机、五六台新式印花机（Stamp machine），平均每天铸铜钱400万枚，平均每天需要550～560担铜块。工人分两班工作，白班10小时，夜班10小时，造币机器基本全负荷运转。每台每昼夜平均生产61,500枚铜钱。前不久，铜币局又增建新厂，引进40台新式印花机。

铜币局于1902年建立，开始铸造铜币，此铜币与我日本国的1钱铜币是同一样式，面值10文。铜币的成分按铜95%、白铅5%的比例配比。每1磅铜能铸造60～61枚10文面值的铜币。据说最近将铸造20文、5文、1文面值的铜币。作为铜币材料的白铅来自于日本或中国内地。

铸造铜币所获取的利益，一直归湖北政府所有，成为湖北财政的主要来源。

---

① 由于时局的原因：在此暗指"日俄战争"之事件。（译者注）

② 铜币局：清末湖北造币厂主要有三：一是铜元局，二是银元局附造（后与铜元局合并），三是汉阳兵工厂附设造币厂。湖北总督张之洞以银元局的名义，于光绪二十八年（1902年）在银元局附近新建铜币厂。此处所说的"铜币局"应是1902年新建的"铜币厂"，与前文所说的"武昌造币局"应是同一单位。（译者注）

为了扩大财政来源，逐渐导致滥造，进而引起铜币市价下落，并造成经济紊乱。于 1905 年末，北京政府下令限制湖北省铜币的铸造量，每天的铜币铸造量不许超过 60 万枚。进而，在 1906 年夏，再次下令湖北铸造铜币所获取的利益归北京户部所属，地方政府不许滥造铜币，并由北京户部派员监察铸造事务。北京政府的政令是否能够实行，严管造币究竟能延续到何时，均是不可预测之事。

第二十二款　铁

汉口的周边地区铁矿丰富，在湖北省内的兴国州、武昌府、大冶县，江西省内的瑞州府的万载县、南昌府的进贤县、九江府的德化县，河南省的汝宁府、信阳州等地都是产铁之地。此外，河南与湖北的交界的山系地带也产铁。这其中，最有名的是大冶铁山，大约有 1,000 万吨的铁矿石的储藏量(其铁矿石的含铁量为 65%)，可以说，大冶铁山是东亚乃至世界屈指可数的富铁矿。

大冶铁山位于长江下游 70 哩处的南岸，距离石灰窑 18 哩(此间有铁路相通)。现今，此铁山连同汉阳铁政局均归盛宣怀[①]管理。在此处，除铁山外，沙帽子山、狮子山、康山、下陆山皆产铁。这些山褐铁矿最多，另外，磁铁矿里还含赤铁矿。此处有矿夫 600 多人，均是附近的农民，随时雇佣从事采矿，每日劳银十四五分。采矿的方法是：先在矿崖上打孔，然后装进炸药，进行爆破。将爆破下来的铁矿，用铁锤击打成小块后，装入可以旋转的矿车，每次旋转均可将车中的矿石泻入货车中，货车满载后，即可运送到江岸的指定货场。日本若松制铁所每年都要购入 10 万吨的铁矿石，若松制铁所与三菱合资会社特约联营，在长江丰水期将铁矿石运回日本。大冶铁山除供应日本铁矿石外，还供应汉阳铁政局所需的矿石。汉阳铁政局每年用量 7 万吨左右，有渐次增加的趋势。此外，在大冶附近还有很多以旧式土法采矿的矿夫。

第二十三款　金银、盐等

在湖北除兴国州外，未发现金银矿产。盐矿产于应城。作为建筑用材的“麻石”，即花岗石产于江西省的南康府、庐山的南堤；赤石矿石产于江西省的武穴、九江附近及安乐县境内；石灰及锰产于大冶及兴国州；白云石产于大冶。

第二十四款　锑[②]

锑矿出产于湖南省，每年通过汉口输出到国外的锑的数量大约有 6 万担，其交易额有 14～15 万两。现将湖南省长沙府的锑矿提炼厂的情况揭示如下。

---

① 清末官员，官办商人，洋务派代表人物。(译者注)

② 本部分根据长沙领事馆报告撰写。

1. **湘裕公司**

湘裕公司是由湖南乡绅合资经营的公司，控股者为张祖同、朱恩缙等，其资本金为3万两。该公司至今已有七八年的历史，公司场所在长沙城的南门外。其设备为旧式提炼炉，提炼方法极不完备；眼下，共有6个炼炉，每个炼炉又有4个炼壶，即实际操作以24个炼壶进行提炼作业。每炉配5名工人，两班倒，昼夜不停工作；其炼壶在12个小时里有一次换班。其劳银情况是：工人领班每月洋银6＄左右。每炉每天出炉16次，每天制粗锑2,300余斤。

2. **大成公司**

该公司在南门外，系广东人合资开办。据说开办当初计划投入资本金5万两，后因资金不到位和中途撤资，导致生产不振。当下，资本金为3万余两。成立至今已6年，该公司共有8个炼炉，每个炼炉有4个炼壶，即投入使用的炼壶共有32个。每炉配6名工人，两班倒昼夜工作。将工人分为4班，按6小时一次进行换班。工头除每月20＄洋银外，公司还提供工作餐。小工每月除有3～4＄的劳银外，还有1＄80分的伙食补贴。每炼壶的提炼时间为2.5小时，按此比例一昼夜可炼9次。该公司的每天提炼量约5,800余斤。

3. **矿物总局与湘裕、大成两公司的关系**

矿物总局是统管湖南矿物的官衙，其总办名叫金还是位捐官，以候补道充任此职。矿物总局规定湖南省当地民众不许自由买卖本省所出产的锑矿砂，悉数由矿物总局统一销售。由此，矿物总局将收购的锑矿砂的一部分运到汉口同外国人交易；另一部分卖给湘裕、大成两公司进行冶炼。矿物总局与前述两家公司的交易关系采用以下两种互利形式。

(1)不论锑矿砂的时价高低如何，均以每吨20两的价格卖给这两家公司，两家公司以此原料进行冶炼。两家公司所获得的销售收益由矿物总局参与分配。即：首先扣除工人工资、其他杂项等生产成本。如果所得纯利为十，那么，矿物总局所得七成，余下的三成归公司所得。

(2)矿物总局以每吨45两的价格卖给这两家公司，至此，公司生产损得与矿物总局无关。

矿物总局为了实行以上两法，对锑矿砂资源进行了严格控制，矿物总局在锑矿产地驻有矿物总局所委派的督矿委员，对锑矿砂进行专购。交易达成后，由锑矿的矿主用民船将锑矿砂从产地运到长沙。然后，矿物总局将这些矿砂储存在由矿务局所管理的仓库里，根据两公司所提出的生产数量进行配给供应。

4. **两公司的业务情况**

大约在七八年前，长沙的这两家锑提炼公司，招聘了在日本工作过、熟悉锑提炼过程的广东籍的技术工人，在此基础上建立了锑提炼公司。其生产过程完全采用日本式的提炼法，对所采用的提炼法没有作任何改进。就其提炼法而言，还是陈旧的方式。由于提炼设备不完善，在锑渣中含有很多锑成分，不能提高对锑资源的充分利用。对含锑的矿渣也不能再回收提炼，只能丢弃。

此外，这两家公司工作效率都很低，年间能进行生产的月份，大约只有半年左右。例如：今年从四月中旬才开始生火着手生产，故不能取得更大效益。这两家公司所使用的锑矿砂以邵阳的锑矿砂为最佳，其矿砂的含锑量大约在八九成。新化产次之，其含锑量大约在 6.5～7 成左右。一个炼壶每次可装入 70 磅的矿砂，提炼出来的锑块大约有 50 磅左右。本年度锑矿砂产量较少，中国历本年一月以来至今为止，每家公司由矿物总局所配给的矿砂为 3,000 吨内外。

以上两公司所制的"锑块"都是粗制，其形状是长 8 寸、宽 4 寸 5 厚的长方形。湘裕公司炼制的"锑块"每块 12 斤，大成公司炼制的为 20 磅。这些"锑块"都是装箱运输，湘裕公司的木箱每个装入 168 斤，以 10 箱为 1 吨；大成公司的木箱每个装入 180 斤，以 9 箱为 1 吨。这些木箱都是长沙制造，每个造价 20 分内外。据说，两公司所用的炼壶有长沙产和日本产，日本产的炼壶可用 12 个月，而长沙产最多能用 6 个月。日本产的炼壶，如果按日本的市场价只需 2 钱，然而，从日本运到长沙其成本很高，大约每个要 1＄左右。据矿物总局总办金还所谈：矿物总局准备引进新式机械炼制"锑块"，其机械都是德国的专利品。此意向早在几年前已同湘裕、大成商定。现在的旧式炼制法浪费极大，在"锑渣"中还含有很多锑成分，非常可惜。但上述两公司以现今的状态对旧式炼法进行改良还存在诸多问题。为此，在德国的专利期限内，准备引入新机械，着手由本局炼制，云云。

总之，通过以上概略调查所得出的结论是：日本相关业内人士，完全可以涉足此业。当然，随着考察的深入，必能有更多的发现。

第二十五款　陶土

就陶土来说，不能以简言概之。下面分几个方面揭示湖南省醴陵的陶土及陶器制造业的情况。

第一项　湖南省醴陵的陶器制造业①

湖南省醴陵位于湖南省与江西省的交界处。自古以来，就以制陶而出名。近世以来，随着清朝制陶业的衰落，此地的制陶业也呈现不振之状态。现今，制陶者不乐业于制陶，空有良好陶土而未加以利用。仅制作一些茶碗、饭碗、碟盘之类的粗杂器皿，以此满足于湖南省的部分民众之需求。在湖南省中等以上的陶器器皿基本是江西省的制品，陶器店铺也几乎为景德镇所独占。由此湖南省的陶器的销路逐渐萎缩，将来优良的陶土原料，很可能成为制瓦原料。

① 长沙日本领事馆 1906 年 9 月 5 日报告。

在此状况下，去年有一位湖南人名叫熊希龄，在醴陵视察之后，倡导发展陶业，并游说时任湖南巡抚的端方[①]，提出在醴陵开设陶业学堂，购入日本制陶机械，聘请日本教官等主张。1906年春，聘请安田乙吉等二名日本人为技术人员，在醴陵开设陶器制作试验场，着手用本地陶土制作陶器，取得了明显的效果，引起了本地制陶业人士的注意；进而集资5万元成立"陶业有限株式会社"，以此发展本地的陶器制造业。就在今年夏天，委托安田乙吉回日本代购机械、雇用日本的制陶工人。此外"陶业有限株式会社"还制定了公司运营的规则等。

湖南醴陵瓷业制造有限公司章程[②]

第一章　总义

第1条　本公司依据在官立瓷业学校多次试验之业绩，以改良醴陵瓷业、向海外出口瓷器为宗旨。

第2条　因本公司设在湖南省醴陵县，故此称醴陵瓷业制造公司。

第3条　依照本公司规定的条例，向商务部提出登记申请，以享有一切利益保护。

第4条　本公司运营方式皆依据商业规则而定，与官衙习气无涉。

第二章

第5条　本公司购置机械，聘请外国技师以及转辘、模型、陶画、窑务等方面的技术工人，以谋求制造技术之改良。

第6条　本公司首先在醴陵建设制造工厂，当品种齐全之后，将在湘潭、长沙、汉口、上海建立销售点，以便开展输出业务。

第7条　本公司设总董（经理），该职务须持股1/3以上者，具有经营管理权。

第8条　本公司设坐办一人，该职位由总董委任，负责具体事务。

第9条　本公司设收支（会计）一人，负责工资、股金及股金利息计算等财务事务。

第10条　本公司设参议员数人，参议员在股东中选任，参议公司的一切事务。

第11条　本公司设各种职工技师，根据产品的生产情况可临时酌定。

第三章　股份及股票

第12条　本公司集5万元之资本，将此分为2,000股，即每股25元，自股金入账之日起，开始计息。目前，先发给持股者持股证书，待股票印刷出版后，以持股证书换取股票。

第13条　持股者自入股本公司后，不得随意退股。如果将股权转让他人，

① 端方：戊戌变法支持者。1902年湖广总督代理，历任两江总督代理、湖南巡抚等职。（译者注）

② "湖南醴陵瓷业制造有限公司"就是前面所提到的"陶业有限株式会社"。（译者注）

须向本公司声明，在公司登记的基础上，换给新的股票。

第 14 条　如果股票及利息簿不慎遗失时，在向公司陈述缘由并登记的同时，还需在报纸上刊登一个月的遗失广告后，经具有保证能力的保证人作保再向公司提出补发申请，公司对照证书发给新的股票及利息簿，原来的股票及利息簿作废。

第四章　利益

第 15 条　对于持股者每年将支付 1 分的利息。故此，发给持股者利息簿一册，每年年末持利息簿到公司办理利息事宜。其他诸如官吏、居住外地者、经营其他商业者等，可将利息簿送交公司，计算之后支付。

第 16 条　本公司年末总决算是从总收入中扣除总支出，在总支出中包括股东的 1 分的年息。所剩余部分为纯利。对于纯利的分配方案是：(1)10％作为陶瓷学校经费。(2)10％作为各事务员的慰劳金。(3)10％作为公司的发展基金。(4)70％作为股东的股金分配。

第 17 条　本公司制定年末总决算表，并将此表呈送各股东，以便验查。

第 18 条　以上各项仅作为公司创立的简便章程，故此，所遗漏甚多。待事业开始之后，再进行修正。(终)

正如公司章程最后部分所声明，眼下公司只是开始创立阶段，未能涉及或预测将来的生产量及销路。该公司有我日本技师及技术工人参与，加上优良的陶土资源，估计将来可以成为江西省制陶业的一面旗帜。以上内容仅根据与中国人交谈所得，公司内情尚未得知。将来可通过日本技师渠道了解更详细情况。

第二项　关于醴陵的制陶材料①

以下是我日本陶瓷技师安田乙吉的报告内容：距醴陵约 20 公里处的沩山是粗瓷的制造中心，在此地瓷窑约百余座，制瓷颇为兴盛。今年春天，本人受醴陵瓷业学堂的聘请来到醴陵。到达此地后，首先考察了本地的制瓷原料，结果有意想不到的发现，本地竟有大量的优质的制瓷原料。将来本地的瓷业公司所需的瓷石(瓷土)、釉土釉药、石灰、方解石、硅石、石膏等制瓷原料均可在醴陵周边 10 华里范围内获得，甚为便利；且以上原材料都蕴藏丰富。下面再对原材料作进一步揭示。

瓷石　醴陵的瓷石主要蕴藏在叫做瓦子山的地方。在此地瓷石蕴藏丰富，可以说整座山都是瓷石，采集瓷石并不需要挖洞开采，只需在山上挖掘即可。其瓷石蕴藏量无法估计，说取之不尽也不为过。本地的瓷石与日本的相比，虽在其性质上有所差异，但完全可以和日本天草及有田的瓷石相匹敌。本地所产的瓷

---

① 1906 年 9 月 7 日长沙领事馆报告。

石不耐火，主要是具有天然的黏着力之故。此地瓷石适合于精细加工，其性质远比日本的要好。目前，在生产地的交付价格为每百斤 20 分内外。

釉土 本地所用的釉土并不像日本那样来自长石，而是采用一种可以代替长石的釉土。经过试验，这种釉土具有良好的性能，且产量极为丰富。此种釉土也在瓦子山，若将此釉土混合以石灰或方解石的粉末可成为上好的釉土原料。其价格和瓷石大致相当。

石灰 在醴陵附近盛产高质量的石灰的同时也大量出产高质量的方解石，由于使用方解石比使用石灰更加方便和经济，在此地多用方解石。石灰的市场行情是每百斤 30 分，方解石是 40 分内外。

硅石 硅石各处都出产，可以说是取之不尽，且品质良好。与日本四国盐饱岛及伊予沿岸所产的硅石相比毫不逊色。硅石的主要产地在萍乡和株洲铁路沿线的白关铺附近，在铁路沿线如果察看铺设路基的石渣，就会发现有很多都是硅石材料。硅石价格每百斤约 30 分。

釉药 在醴陵所出产的釉药里最多的是蓝色的釉药，此釉药虽不及江西所产，但因产量丰富，不需要外地供应。从目前来看，在醴陵尚未发现着色药的原料，估计只能依赖日本供给。

石膏 在醴陵供模型所用的石膏产量丰、质量好。既不逊色于欧洲所出产的石膏，也不劣于日本的同类产品。此地的天然石膏的价格每百斤 40～50 分内外。

耐火砖 在醴陵地区制砖材料非常丰富，但耐火黏土甚少，为此，在本地制造耐火砖非常困难。萍乡附近出产耐火性泥土，将萍乡的耐火泥土与本地的黏土相混合，大致可以满足对耐火砖之需求。

综上所述，在醴陵地区有着非常丰富的制瓷原料，并且制瓷所需的原料都集中在距醴陵不远的周边地区，因此说，在醴陵发展瓷业具有着得天独厚的条件。然而，在醴陵及其附近地区对制瓷不思改良和进步，且作为中国人的特性，手指粗笨难以胜任精密、高雅的瓷器制作①。制瓷公司与制瓷学堂相联合，在培训制瓷学堂学员的同时，开展制瓷业。现今，如上所述，从日本购进各种制瓷机械，并聘请了有关瓷窑、绘画、模型、转辘的日本技术工人。

如上所述，安田乙吉在醴陵所发现的制瓷原料中，认为对硅石及制砖材料的利用最具前景。以上材料可以制成玻璃窗、玻璃瓦、玻璃器皿（在湖南玻璃及玻璃器皿使用较为普遍），日本可立足于湖南省利用本地资源建立玻璃制造厂，此外，砖瓦制造也很有前景。砖瓦不光用于房屋建筑，随着将来铁路的开通，砖瓦必将有更广泛用途。均值得我日本从事此业人士考虑。

---

① 此处透露出日本经济侵略者的本性和对中国技术工人的蔑视。（译者注）

第十二章
公益及公共机关

第一款　学校

现今在城乡各地仍然可见传统性的具有中国风格的学塾形式，对此暂不作叙述，着重介绍省城武昌的新学。在武昌有很多以传授近世科学知识为主的学校，此乃总督张之洞之卓识，热心教育事业之结果。张氏将教育和培养人才看作一日都不可松缓之事，尽管湖北财政筹款困难，但多年育英夙愿不改，终成当今教育之现状。在武昌传授近世新学知识的外国人，多是我日本人，现就有关情况概述如下。

1. 湖北农务学堂

本学堂有农学士一人、林学士一人及养蚕专业一人，共有三名教师执教。学生层次分预科班和本科班，预科班教授基础课，其修业年限为3年；本科班设有农学科、畜产科、林科、蚕科等专业课，修业年限为3学年。共有120学生，除官费生外，也有自费生。

2. 湖北仕学院

这所学院有法学士一人执教，其学校性质为培养、培训官吏人员所设，其学科有国际公法、法律、地理、美术等课程，修业年限为3年，约有60名学员，其学费为官费。

3. 湖北省方言学堂

本学堂有日本教员一名，主要教授外国语，兼修基础课。修业年限为5年，有170名学生，全部都是官费，毕业后，或去外国留学、或当官吏、或当教师。

4. 湖北省文普通中学堂

文普通中学堂与武普通小学堂（地方幼年学校）相对，大致相当于日本的普通中学，是为到其他专科学校进一步深造打下基础的学校。共有学生221名，由湖北省所派遣的学生都是官费，其他外省的学生则每年要缴纳百元左右的学费，不过，学生所在的省份一般都对学费有所补助。

5. 湖北警务学堂

本学堂除日本警视[①]一人外，还有数名日本警部巡查担任教员。本堂将学生分为三类：第一期学生、第二期学生及学员。第一期学生为培训班性质，学习时间为6个月，速成性地学习警察及有关法律方面的知识。第二期学生在第一期学生中择优录取，其学习性质为提高班，在原有的基础之上深化所学的知识。学员乃是具有官职的警务人员，在从事职务的同时，兼职学习。学员的修业年限为两年。第一期学生数为200名，第二期学生数定员为20名，学员的学习人数不定，除官费生外，还有自费生。

6. 武高等学堂

该学堂的第一年学习基础课，第二年转向军事学研究。修业年限虽为4年，但如果需要，可随时赴实地执行勤务。如果没有需要，即使过了结业期亦可在堂继续学习。学生数120名左右。

此外，在武昌还有两湖师范学堂、武普通学堂、陆军将校讲习所、军医学堂、陆军小学堂、武昌幼稚园等，以上教育机关均有日本人任教。还有五路高等小学堂（东西南北中）和60多所遍布武昌城内外的小学堂。在汉口还要准备官办一所商业学堂，这所学校由中国人经办，其经办人曾留学日本，是东京高等商业学校的毕业生。以下简要介绍武昌学校的种类及师资等情况。

◎武昌学校类别、名称及其中、日师资情况

所在地	官公私立	学校类别	学校名称	任教师资人数	
				中国教师	日本教师
武昌	官立	师范学堂类	两湖师范学堂	12名	2名
同上	同上	同上	武昌道师范学堂	11	1
同上	同上	同上	武昌府师范学堂	13	—
同上	同上	同上	湖北支那师范学堂甲堂	11	—
同上	同上	同上	湖北支那师范学堂乙堂	15	—
同上	同上	同上	同上丙堂（与乙堂同所）		
同上	同上	同上	同上丁堂（与乙堂同所）		
同上	同上	同上	同上戊堂	14	—
同上	同上	同上	同上巳堂	15	—
同上	同上	同上	同上庚堂	13	—
同上	同上	同上	同上壬堂（与庚堂同所）		
同上	公立	同上	湖南师范学堂	13	1（兼任）
武昌	官立	中学堂类	湖北文普通中学堂	20	2（兼任）
同上	同上	同上	湖北武普通中学堂	8	5人[②]
同上	同上	同上	民办普通中学堂		

① 警视：日本警察官的职级之一，在警部之上，警视正之下。（译者注）

② 5名教师中有3名为兼任教师。

同上	公立	同上	湖南中学堂		
同上	同上	同上	四川旅鄂中学堂	8	1(兼任)
同上	同上	同上	三江旅学堂		
同上	同上	同上	粤鄂实业中学堂		
武昌	官立	实业学堂类	湖北农业学校	12	—
同上	同上	同上	湖北商业小学堂		
同上	公立	同上	工业传习所(附手工试验厂)		
武昌	官立	高等小学堂类	东路高等小学堂	23	—
同上	同上	同上	西路高等小学堂		
同上	同上	同上	南路高等小学堂	18	—
同上	同上	同上	北路高等小学堂	13	—
同上	同上	同上	中路高等小学堂	24	—
同上	同上	同上	江夏县高等小学堂		
同上	同上	同上	湖南高等小学堂		
同上	同上	同上	四川旅学高等小学堂		
同上	同上	同上	两湖师范附属学堂		
同上	同上	同上	支那师范戊堂附属学堂		
同上	同上	同上	武昌道师范附属学堂		
同上	同上	同上	武昌府高等小学堂		
同上	同上	同上	民办高等小学堂		
武昌	官立	特种学堂类	湖北仕学馆		
同上	同上	同上	武昌警察学堂	9	4
同上	同上	同上	湖北陆军小学堂	14	8
同上	同上	同上	湖北方言学堂	21	2
同上	同上	同上	湖北军医学堂	16	1
同上	同上	同上	湖北存古学堂		
同上	公立	同上	湖北翻译学堂		
武昌	私立	私立学堂类	民办方言学堂		
同上	同上	同上	民办铁道学堂		
同上	同上	同上	方言预备中学堂		
同上	同上	同上	湖北预备中学堂		
同上	同上	同上	倡辨官绅女学堂		
武昌	私立	外国人办学类	文华书院①		
同上	同上	同上	博文书院②		
同上	同上	同上	武昌幼稚园		3人③

除以上列表之外，还有小学堂60余所。官立学堂的学生的费用，都由官费

① 文华书院：规模宏大，设施完备。

② 博文书院：设施稍备，与文华书院同，具有宗教性质。

③ 3名：为3名日本女幼教教师。

支出,公、私立学堂则要学生自理,其学费5元,伙食费3元。所谓学员主要是候补官吏,虽然都是官吏,但其官级并不一样,学堂按其官级支付月薪,例如:候补知县30元,巡检16元。外国人办学都是宣教士,学校的办学目的以传播宗教为宗旨。汉口的汉口博学院(London Mission Colleges)属于此类。

第二款　医院

汉口同仁医院为日本人所经营,其院长是预备陆军三等军医正。这所医院最初是为方便在汉口的日本人就医而设立,其后,不断有中国人前来看病,医院收入渐丰;现今医院已能够独立运营。除院长外,还有二名日本医士,就在最近,这家医院准备增设牙科部,主要为适应中国人求治牙病的需求。还有二家日本人办的小医院,目前还在发展中。此外,在汉口还有其他外国人办的医院,即教会医院。规模较大的有:伦敦教会医院(London Mission Hospital)、天主堂医院(Catholic Hospital for Europeans and Chinese)等。

第三款　教堂

欧美的传教士到中国传教,必须先在一个地方居住下来,然后,慢慢研究本地的语言、风土人情等诸项内容,传教士的到来,不可能不引起本地的议论或非议,但传教士以其坚韧的耐力及通过致力教育、体恤孤独、开展医疗逐渐融入本地社会。此外,传教士经常到一些一般外国人难以到达的地方去考察,研究当地的情况,并写成文字公布于世,这对文化传播起到了很大作用。在汉口可以看到很多西方的传教士在布教,布教以教堂为中心来展开,将汉口的主要教堂例表如下。

◎汉口教会名称及其英文名

教会名称	英文名称
大美浸礼公会	American Baptist Missionary Union.
内地会	China Lnland Mission.
宣道会	Christian & Missionary Alliance.
伦敦会	London Missionary Society.
苏格兰圣书会	National Bible Society of Scotland.
挪威路德会	Norwegian Lutheran Mission.
天主堂	Roman Catholic Mission.
俄国教会	Russian Church Mission.
望德堂	Spanish Augustinian Mission.
福音堂	Wesleyan Methodist Missionary Society.
大英圣书公会	British & Foreign Bible Society.
汉口圣教书局	Central China Religions Society.

此外，在汉阳还有大美圣公会(American Church Mission)，各教堂大约都有十几名传教士。最近，日本宗教界的"本愿寺"也准备在汉口开设办事处，以图在汉口开展宗教活动。

第四款　武汉地区的寺和庙

中国固有的宗教并不限于一种，各教派的规模，根据其信教人数有所不同，但仅以汉口来看主要的宗教有佛教、道教、儒教，近来耶稣教的人数有显著增加，以圣公会、福音会、内地会等广泛布教。在汉口有很多庙，相对于三所寺院而言，庙有26处。从武汉寺庙的布局上来说，汉阳与汉口相反，多寺而少庙。根据中国寺院维持法之规定，寺院有作为固定财产的田地。此外作为补充，还有信徒的布施、善款及香火钱等。下面是武汉三市的寺庙名称及所在地。

◎武汉三市的寺庙分布

1. 汉口的寺庙		
寺庙名称	寺庙所在地	补充说明
甘露寺	居仁坊堤内	
栖隐寺	闽会馆西边	
迴龙寺		明世宗御驾所到之所
大观音阁	居仁坊堤外	
老官庙	由义坊	
沈家庙	爽街	供奉闽帝
十方庵		赈灾救济之所
千佛庵		
禹王阁①	集家嘴码头	
关帝庙		庙宇庄严，据说是中国四大庙宇之一。
八角亭(指南禅林)		
四官殿	黄陂街上	
千花台	高公桥东	原来湖水环绕，今已荒废。
2. 汉阳的寺庙		
寺庙名称	寺庙所在地	补充说明
归元寺	西门桥外	寺中的五百罗汉非常有名。
栖贤寺	龟山尾西南	
兴国寺	四湾莲花堤	
玄妙观	西门外	
东岳庙	江边	
春秋阁	梅子山对面	
凤栖寺	同上	

① 这其中禹王阁、四官殿、栖隐寺为道教所，有的道士在别处置宅居住。

禹王宫	龟山顶	
祖师殿	同上	
晴川阁	龟山下	
月湖和伯牙台	龟山之东北	
3.武昌的庙阁		
寺庙名称	寺庙所在地	补充说明
曾公祠	蛇山	纪念曾国藩
黄鹤楼	黄鹤山	

第五款　社交场所

外国人居住地的社交场所后面还要提到，先说一下由日本人所经营的俱乐部。日本人俱乐部有会员70余名，俱乐部以促进和睦、增进同胞联系、共谋利益为宗旨，这是日本人设在武昌的唯一的社交场所(团体)。这个俱乐部附设有图书室、青年会，俱乐部还开设汉语、英语学习班；此外还聘请有识之士开展讲座，设立剑道、弓道的道场。最近在汉口建设了专为日本人所用的火葬场。

一般在汉口(武汉)的外国人都有俱乐部，其俱乐部根据外国人的国籍不同而有所区别，这其中有俄国俱乐部(Russian Club)、法兰西俱乐部(Cercle Ganlois)、德意志义勇兵集会所(German Volunteer Club)等，在同一职业之间还有海关俱乐部(Custom Club)。此外，根据喜好不同，也有其他同好性质的社交场所，如：高尔夫会(Golf Club)、赛马会(Hankow Race)、俄国歌剧会(Russian Amateur Dramatic Club)等。作为慈善机构还有育婴堂(Roman Catholic Orphanage)。

第六款　外国人的居留地

第一项　概说

如前所述，汉口借时势、地利之便，发展成为中国中部地区的商业中心，各种事业勃兴，内外贸易得到长足发展。在汉口最早建立租界地的国家是英国，继此之后，几年前，俄国、法国和德国也纷纷在汉口建立了自己的租界地。前不久，我日本租界地已竣工，原本准备扩张的面积，现今也将成为可能。临江的租界地地带，其护岸得到修整，沿江岸望去，大厦高楼林立、连绵数哩，夜晚其楼影映入江中，虽然日本在极远的东方，但身在此处，感觉不到远离故乡之感。

第二项　英租界

英租界建设最早，1861年，英国政府同清朝政府签订条约取得了在汉口的永久租界地。其面积 290,832 平方码[①],沿江长达半哩。英租界的地段紧邻繁华的中国街,是从事商业的好位置。40 年来,许多外国人在此居住,现今尽管各国已建设了自己的租界地,但搬迁到新的租界地居住的人甚少,主要的贸易商均在英租界内设置事务所。原定在英租界内不允许中国人持有土地和居住,但近来由于英租界进一步扩张了 247,000 平方码,沿道路已有住宅建筑,为此,允许一部分中国人在一定的法律约束下居住。

第三项 俄租界

俄租界与英租界相邻,1896 年开始取得租界权,其面积 247,000 平方码,沿江岸有 772 码的范围是三大茶砖的生产场地,由俄国人所经营,不分昼夜黑烟冲天(还有一砖茶制造厂在英租界内)。

第四项 法租界

1896 年法国在汉口取得租界地,法租界与俄租界相邻。其面积 137,000 平方码,沿江有 1/4 哩。在此开设各种洋馆店铺,由于法租界后面与大智门外的停车场相连,有运输便利的优势,为此,超过先设立的俄租界,出现了仅次于英租界的繁荣景象。(日本领事馆在此)

第五项 德租界

德租界是在 1895 年取得了租借权,其位置在法租界的下首,属于旧城外的地区。其面积居各国租界地之首,有 566,000 平方码,沿江长达 3/4 哩。租界由在汉口的德国人及有关商社经营管理,街道整理开发有序进行,以促进繁荣为要务。因为此地距离中国街市很远,为此,首开允许中国人在德租界内居住的先例,现今在租界内设置中国街,由于房租低廉、手续简便,广纳中国人在此居住,从而形成了"华洋结合"的新型的街市景观。

第六项 日本租界

在德租界之后,又建起日本租界地。日本租界时至今日时间尚短,但已进行了护岸工程、土地买入等开发措施。日租界地的面积 50,000 坪[②]。沿江有 250 丈(旧租界 100 丈,扩张的新租界 150 丈,纵深可达 120 丈)。在日本租界地内有华商燮昌火柴制造厂,有几千中国民众靠此厂生活。

---

① 码:英、美所通用的长度单位。1 码=0.9144m。(译者注)

② 坪:日本用于丈量宅地的面积单位。1 坪=3.306m^2。(译者注)

汉口日本领事馆①

第七项　汉口日本居留地条约书(旧居留地)

汉口日本居留地条约书于明治三十一年(1898 年)7 月 16 日，由日清两国委员会协商后签订，同年 12 月日本外务省在第 24 号告示上发布。其全文如下。

◎日本租界地自汉口镇德国租界地的北首起，其东界沿长江走向 100 丈；南界的东首起于长江岸边，沿德国租界地的境界一直到西而来的铁道线的地界为止；西界是以铁道线的地界为界；北界从成为东界北首的长江岸边起，一直到的成为西界北首的铁道线的地界为止；北界线与南界线平行，不得倾斜。所划定的境界内为日本专管居留地。居留地条约书签订后，日本将派员，设置显著界标。

◎以上境界内的道路、堤塘、沟渠、码头及其警察权皆归日本帝国领事馆所属。以上范围内的道路、堤塘、沟渠、码头由日本帝国领事制法、修筑。如果在道路、堤塘、沟渠、公共用地内有官衙、官地，将免除其土地使用费。如果是中国民间用地则要缴纳土地租借使用费，而不必缴纳租税。

◎以上境界内的租税由土地的使用者交付。租税法为：每亩[2]缴纳地丁银 1 钱 1 分 7 厘及漕米 2 升 8 合 4 勺，每石米可以折算为 3 两银。每年 4 月由日本帝国领事送交汉阳县，日本人尚未使用的土地的地区，由中国土地使用者缴纳租税。

◎在日本居留地境内的日本工商业者可依据此日本居留地条约书借用地皮建造房屋或店铺。如果日本人向中国的土地持有者借用土地时，所支付的土地

① 汉口日本领事馆图片为译者在 http://photo.blog.sina.com.cn 下载。

② 亩：日语原文为“畝”。如果是日本“畝”，约合 0.991 公顷。(译者注)

费，以过去的三年间的平均地价为标准，公平进行交易。由江汉关进行监督中国的土地租赁价格，不许擅自提高，也不许日本人强行降低价格。如果在日本人所要借用的土地内有官地时，在另行商议的基础上，给与更为低廉价格。在借用土地时，向日本帝国领事提出申请书，然后照会中国地方官，在实地勘察的基础上，制成地契三份，日本帝国领事对此加盖印鉴后有效。一张给与土地借用者，一张帝国领事馆保存，一张交给中国官衙存档。土地一旦借用，其土地根据日本居留地条约书之规定，对于借用者则属于永远借用，任何国家任何人都不得要求退出、转让。地契的形式已成定例，无需再议。

◎没有得到担保的中国人不得在我居留地内居住，或开设店铺、仓库等。违反者将受到处罚。如果是具有可靠的担保、且品行端正者允许在居留地内居住营业；但只是允许居住营业，不得借用地皮。如果出现形迹可疑、不安分守己、不遵守规则者，由中国地方官照会日本帝国领事，或由日本帝国领事照会中国地方官，在进行查证的基础上，交由中国地方官处理，但中国地方官不得宽恕或包庇。

◎仅限于借用土地者居住在借用地，如果其借用者因故其本人不能居住时，可以委托具有身份担保的亲戚、友人、店员、同业者代为管理。如若因不得已之事故，要求将借地权转让时，在转移之前，由日本帝国领事照会中国地方官更换地契。

◎在日本居留地内的现存的中国人的家庙、祠堂、会所、会馆及公众寺庙的土地占用费另行协商确定。如果在永久借用地区内有中国人的房屋、坟墓时，根据瓦屋、草屋分别估价，支付搬迁、移葬费。搬迁、移葬费一旦支付，须马上交出居住所的土地，并确定地面上的房屋搬迁期限。在搬迁前，中国的土地持有者正在进行土地使用，允许其本人或其家属居住耕作，但不许变更用途或再建房屋。自中国地方官发布告示之日起，在日本居留地内不得再建新坟置柩。将来如果日本人想在其他地方设置日本人的墓地，由日本帝国领事照会中国地方官协商之后确定。

◎在日本居留地设置以前，外国人向中国土地持有者借用土地，在此予以保留，按照他国的居留地之例处理，但由于我日本居留地区域狭窄，自本居留地条约书签订之日起，土地内的土地永久借用权仅限于日本人。中国的土地持有者对外国人不得以土地进行抵押、转让。其违反者交给中国地方官严加惩处。可以批准身份可靠的外国人申请在日本居留地内居住，但不得借用土地。

◎日本所开设的居留地位于汉口港通商区域内，如果建设码头，首先与江汉关协商，检查其地势，在保证对中国船及外国船通行无碍的情况下方可建造。

◎在日本居留地以内居住的中国人或没有派驻中国领事机构的外国人如要诉讼则由中国官吏受理，派员到日本居留地进行裁决。如果是日本人或没有派遣领事机构的外国人及其他外国人受到中国人不法行为的侵害而进行告诉时，还有中国人在日本居留地以内违反规则时，中国官吏与日本帝国领事或领事所派出的官员共同协调调查。如果中国审判官判决不公正时，由日本帝国领事照会江汉关监督复审。如遇重大事件，则由地方官处理，涉及两国交涉事件则依据条约解决。

◎针对将来外国居留地的开发及外国居留地的建设等事宜，如果别处有优惠政策，日本居留地同样予以均沾。

◎现今所确定的日本居留地的区域过于狭窄，将来如果日本居留地内商家过多，日本帝国领事根据情况酌情与江汉关监督协商购入丹水池以下地界，供日后日本建设制造厂之用地。如果丹水池以下地方的某处已被其他外国人所借用，可在丹水池至沙口地方，选择江岸水深、泊船便利之地代替之。主要原则以靠近铁道为主，其有关借地手续尽可能依据本居留地条约书执行。

（第一条所规定的居留地的地界在日本居留地条约书议定之后，进而我日本与中国再次协定地界变更事宜。西界起于汉口德国居留地的西界北端，由此延长直线 100 丈，无论南界、北界其西端，都要到达以上西界的两端。）

第八项　居留地内的外国人及商业机构

各国租界地内的住民均呈各国人杂居之状态，特别是英国租界地最有代表性。之所以如此，是因英租界时日已久，长期以来是汉口唯一的租界地带；且英租界占有地势之利，便于经商之故。根据 1905 年年末的调查报告：英租界内的外国人总数为 2,151 人，其中日本人 537 人（1906 年末增加到 1,030 人）、英国人 504 人、美国人 500 人、德国人 162 人，其他外国人为 448 人。从主要的商社来看，英国 32、德国 25、日本 18、美国 12 家，其他外国占 27 家。各国人所从事的行业、经营状况等揭示如下。

◎在汉口的外国商店及制造场情况

1. 银行

银行名称	国籍	所在	营业内容及状况
香港上海银行汉口分行	英国人	英租界	办理本港的进出货物，左右汇票利息的提高或降低。通过本行的买办对钱庄、钱铺进行融资业务。
法兰西银行汉口分行	法国人	法租界	
麦加利银行汉口分行	英国人	英租界	
华俄道胜银行汉口分行	俄国人	英租界	办理俄国人茶叶等业务的机构，也办理有关活期存款、透支业务等。
德华银行汉口分行	德国人	英租界	
横滨正金银行分行	日本人	英租界	
印度商业银行代理点	怡和洋行内	英租界	
中国国民银行	华昌洋行内	英租界	

2. **火轮公司**

公司名称	国籍	所在	营业状况
怡和洋行	英国人	德租界	火轮 3 艘，总吨数 7,230，信誉最好。
麦边公司	英国人	英租界	火轮 4 艘，总吨数 5,186。
太古洋行	英国人	中国街	火轮 4 艘，总吨数 6,750 余，信誉仅次于怡和洋行。
鸿安公司	俄国人	英租界	火轮 4 艘，总吨数 2,679。
美最时洋行	德国人	德租界	火轮 4 艘，总吨数 4,453。
瑞记洋行	德国人	德租界	火轮 2 艘，总吨数 2,290。

3. **输出入商**

公司名称	国籍	所在	营业内容等
顺昌洋行	英国人	英租界	本年开业，专营桐油、苎麻输出，纺织品类输入，兼营生命保险。
协和洋行	英国人	英租界	茶商，专营红茶，购进，输出业务。
天禄洋行	英国人	英租界	茶商，专营春季间的红茶，购进，输出业务。
克乐秋洋行	英国人	英租界	以前为瑞记洋行的雇员，从事牛皮交易，眼下从事杂货，眼下商贸不盛。
天祥洋行	英国人	英租界	专营红茶输出业务。
宝顺洋行	英国人	英租界	专营红茶、牛羊皮、五倍子、桐油、芝麻、杂货等输出。荷兰领事代理、兼营火灾保险业务。
隆泰洋行	英国人	英租界	茶商，专营红茶输出。
嘉乐洋行	英国人	英租界	茶商，专营红茶输出。
锦隆洋行	英国人	英租界	茶商，专营春季间的红茶，购进，输出业务。
杜德洋行	英国人	英租界	主要经营红茶、牛羊皮、桐油、皮油、猪鬃、芝麻、苎麻、五倍子、牛油等输出。
公兴洋行	法国人	法租界	专营杂毛、鹅毛、牛皮、杂货、羊肉、红茶输出业务。
瑞记洋行	德国人	德租界	输出牛皮、五倍子、桐油、杂货，输入石油。
茂兴公司	白人	法租界	输出杂毛、杂皮、苎麻、杂货，输入妇女化妆品、纺织品等。
良济公司	英国人	法租界	贩卖军需品，因打着英国国旗，故而称之为英商。输入纺织品及西洋杂货，输出麻、桐油、杂皮、杂毛、袍子、猪鬃、五倍子。
礼和洋行	德国人	英租界	输出桐油、五倍子、芝麻、苎麻、皮油、杂货、猪鬃、红茶及矿石。
巨昌洋行	俄国人	英租界	专营输出红茶。
万顺洋行	白人	法租界	输出牛皮、芝麻、桐油、五倍子、牛油、漆油、矿石、山羊皮等。
宝隆洋行	澳大利亚人	英租界	
嘉利洋行	法国人	英租界	输出杂货及牛羊皮，商贸不盛。
和顺洋行	澳大利亚人	英租界	输出杂货，商贸不盛。
利安洋行	法国人	英租界	专营野鸡、锦鸡的皮及各种禽鸟的羽毛输出。

咪也洋行	德国人	德租界	输出牛羊皮、桐油、苎麻、五倍子、芝麻、皮油、漆油、猪鬃、杂货等，输入石油。
源泰洋行	俄国人	英租界	专营红茶输出业务。
永兴洋行	法国人	英租界	输出牛羊皮、桐油、皮油、猪鬃、苎麻、芝麻、五倍子、生丝及杂货等。
元亨洋行	德国人	英租界	输出牛羊皮、桐油、皮油、苎麻、五倍子、红茶、芝麻、牛油及杂货。
百昌洋行	俄国人	英租界	专营红茶输出业务。
立兴洋行	法国人	法租界	输出牛羊皮、猪鬃、芝麻、苎麻、桐油、皮油、五倍子、红茶、生丝、杂货等。
履泰洋行	美国人	英租界	专营春季间的红茶输出业务。
百化威洋行	英国人	英租界	专营春季间的红茶输出业务。
新和顺洋行	澳大利亚人	英租界	专营春季间的红茶输出业务。
祥泰洋行	英国人	英租界	专营红茶输出业务。
瑞嘉洋行	澳大利亚人	英租界	专营杂货及各种禽兽的毛皮输出业务。
禅臣洋行	德国人	英租界	专营牛羊皮、桐油、皮油、猪鬃、苎麻、五倍子、红茶、芝麻、药材、牛油、漆油等输出业务。
美孚洋行	美国人	英租界	输入、贩卖石油。其油罐在日本租界内。

4. **各种店铺**

公司名称	国籍	所在	营业内容等
金龙洋行	丹麦人	法租界	贩卖西洋罐装食品、妇女化妆用品、外国人的日用品。
福利公司	英国人	法租界	系杂货商，上海的分店。
博记	意大利人	英・法租界	为外国人专设的理发店。
金通洋行	德国人	英租界	系杂货商店，贩卖西洋食品。
德利洋行	德国人	法租界	系杂货商店，贩卖西洋食品。
大罗洋行	法国人	中国街	贩卖洋酒、罐头。
梁记洋行	白人	法租界	药铺兼杂货店。
利威	法国人	中国街	钟表及贵金属商店。
亨达利	法国人	中国街	钟表及杂货店。
汇司公司	英国人	英租界	贩卖西洋食品及杂货。
屈臣氏药房	英国人	英租界	药品及医疗器材。
汉通	法国人	英租界	建筑图案设计及测量等。
阿斯托尔饭店[①]	法国人	法租界	汉口最大的宾馆
国际饭店	意大利人	城外	

① 阿斯托尔饭店：日语原文为“アストルハウス”，是上海一家饭店的分店。（译者注）

5. **各外国生产厂家**

生产厂家名称	国籍	所在	营业种类
瑞兴蛋厂	德国人	日租界	将蛋黄与蛋清分离,防腐之后装入罐中输出,用于染料及点心制造。
美最时蛋厂	德国人	英租界	加工内容同上
咪也蛋厂	德国人	德租界	加工内容同上
公兴蛋厂	法国人	法租界	加工内容同上
礼和蛋厂	德国人	英租界	
元亨蛋厂	德国人	英租界	
新泰洋行	俄国人	俄租界	砖茶制造厂,其每年生产量相当于300万两左右。
顺丰洋行	俄国人	俄租界	砖茶制造厂,其每年生产量相当于1,500万两左右。
阜昌洋行	俄国人	英租界	砖茶制造厂,其每年生产量相当于700~800万两左右。

6. **各外国保险公司**

保险公司名称	国籍	所在	营业种类
怡元洋行	德国人	法租界	火灾保险业
公平洋行	英国人	英租界	海上及火灾保险业
顺昌洋行	英国人	英租界	兼营生命保险业
宝顺洋行	英国人	英租界	火灾保险业

除以上保险公司外,汉口各火轮公司均兼营保险业。

7. **日本商业公司**

公司名称	开业年月	所在	营业内容及状况
大阪商船会社	1898—1	中国街	长江航运业,4艘船(上海汉口间),每周二班,2艘船(汉口宜昌间),每个月6班。
三井洋行	1902—4	英租界	输出入棉花、棉线、枕木、杂谷、煤炭等。
三菱公司	1902—3	法租界	在丰水期输入煤炭,供汉阳铁政局使用,输出大冶铁矿石到若松制铁所。
东肥洋行	1896—12	中国街	从事杂货。
吉田洋行	1902—1	同上	输出棉花、杂谷、棉籽,输入制棉机械及其配件。
中桐洋行	1901—8	同上	大阪中桐彦太郎在中国的分店,输入制棉机械,输出棉籽及麻类。
快安洋行	1902—1	同上	用中国的帆板送货物,沿长江各港都有分店。
日华药馆	1902—2	同上	药店
新兴洋行	1905	英租界	销售味噌、酱油、酒类,兼营土木业。
东益洋行	1898	中国街	输出漆。

湖南火轮会社分公司	1903	法租界	客货运输。
正金银行分店	1906	英租界	银行业
东亚制粉会社分公司	1906	大智门瀚澜里	生产面粉和销售面粉。
大仓洋行	1903	英租界	土木建筑、物产输出入。
日信洋行	1904	英租界	专营煤炭。
武林洋行	1904	中国街	物产输出入,输入纺织品。
松林洋行	1906	英租界	物产输出入。
富士造纸办事处	1907	英租界	输入、销售洋纸。
河井洋行	1906	德租界、华景街	日本和服店
作山洋行	1905	英租界	销售各种机械。
日隆洋行	1904	英租界	销售札幌麦酒及卷烟。
鸭川洋行	1904	英租界	杂货
华和洋行	1904	英租界	杂货
田中洋行	1903	英租界	杂货
泰信洋行	1906	龙王庙	
一二洋行	1906	同上	
八千洋行	1905	英租界	照相原料及钟表修理。
大石洋行	1905	大智门外	杂货
土田洋行	1905	德租界、华景街	杂货
松本洋行	1905	同上	杂货
山玉号	1907	中国街	杂货
鹿岛号	1905	中国街	杂货
东孚洋行	1906	中国街	杂货
东荣洋行	1906	中国街	杂货
东亚公司	1906	河街	药品及其他物产输出入。
荣升洋行	1905	中国街	药品
丸三洋行	1905	经堂街	药品
若林药房	1905	中国街	药品
奥村果子店	1905	德租界、华景街	点心生产及销售。
日德洋行	1906	中国街、江西巷	煎饼、杂货。
堤洗涤店	1904	德租界、华景街	洗涤业

第九项　外国租界地的管理及治安维持

管理　专管居留地的管理模式,以英国租界地为例,采取“租界地会议(Municipal Council)”的管理方式,这个“租界地会议”就是在租界地起管理作用的最高行政机构。这个机构负责制定租界地的管理规则,掌管警察、税收、资金调度等具体事务。“租界地会议”设置书记,负责处理日常事务。“租界地会议”由具有一定的资格的、通过选举方式产生的“租界地的会议员”组成。被选为“租界地会议员”的起码的资格是:1. 在租界内拥有 2,500 两以上的地产者。2. 每年有 500 两以上的房租收益者。3. 每年能缴纳 25 两地皮及房屋税者。"租界地会议"的会员每年要出席"租界地纳税者总会(General Meeting of Rate Payers)",并在"纳税者总会"上有权参加讨论相关事宜。"纳税者总会"的作用是:根据租界地(租界地会议)的规定纳税;制定租界地内的土地及房屋的课税价格;对在租界地内装卸货物的船只或通过租界地区域的货船课税。

治安 各租界地都设置警察维持治安。"租界地会议"设置警部、巡查,巡查多为印度人和中国人。目前,英国租界有印度巡查 42 人、中国巡查 45 人。俄国租界有"哥萨克"兵 9 人、中国巡查 21 人。法租界有印度巡查 12 人、中国巡查 42 人。德租界各有印度巡查、中国巡查 50 人。各租界的警察都三班轮换,站立街头执警,如果发现有违反规定者当即强行带走。如果犯罪者是中国人在该租界的领事馆内组成合议庭,由外方的领事或领事的代理人与中国官宪一同审理。如果该犯罪者在汉口有该国的领事机构,则引渡给该国的领事,自行裁决。巡查的工资、服装费用等项均由"租界地会议"支出。

第十三章

关税及邮政制度

第一节
关税

第一款　概说

1883年清国开埠18地，汉口属江汉关。其管辖区域远达洞庭湖口岳阳府。江汉关位于汉口河街，已形成显著的地界标志。现任税务司代理（Acting Commissioner）和副税务司（Deruty Commissioner）都是英国人。此外还有其他外国的职员45人，其中有1名代办员为日本人。最近10年间汉口关税收入总额比较表如下。

◎10年间汉口关税收入总额比较表

年度	价额（海关两）	年度	价额（海关两）
1896年	1,901,259	1901年	2,087,668
1897年	2,025,013	1902年	2,123,043
1898年	2,194,412	1903年	2,666,958
1899年	2,484,122	1904年	2,749,222
1900年	2,115,795	1905年	2,636,289

第二款　关税规则

有关船舶出入手续的重要条款，主要有1899年1月1日发布的“长江沿岸开埠地关税规定”。其主要内容如下所示。

1.船舶的货物装卸必须要到指定的停泊场。

2.搬运货物的小火轮要到海关登记备案。

3.平时货物装卸在日出至日落期间进行，星期日、节日装卸要经过特别批准，并缴纳一定的手续费。

4.船中所装载的货物要经海关检查。

5. 由外国输入的鸦片要收入海关仓库。

6. 火药类未经海关特别批准不许登陆。

7. 由外国输入的货物需要纳税时，须出具有关的货物票据，如果其货物票据不含运费及保险费时，除追缴从价税[1]之外，还要追缴相当于1成的货款。

8. 宜昌至上海或上海至宜昌间所运送的货物，因两地间不能直航之故，可原装在汉口中转。

9. 要向海关出示免税登记及纳税完了证明书。

此外，有以下手续还需详述。

一、货物输出手续

首先将货物委托给运输的火轮公司，拿到船积说明书[2]，将其所要运输的货物名称、个数(件数)重量、价格、标号等数据填入说明书；并将同一数据填入货运申报单里。然后到税关报关。当所运输的货物在税关获得到批准后，将货运申报单连同船积说明书一起送到位于火轮码头的税关出张所[3]。税关出张所在其船积说明书上加印后，归还给货运主。发货人持此加印后的船积说明书到税关检查所验货。税关检查所依据转来的货运申报单对货物进行验货，并注明对货物课税意见。之后，货运主据此，到税关的纳税处纳税，并领取完税单。凭完税单办理船积说明书的签字手续(注明已完税之意)。然后，货主拿着已办完签字手续的船积说明书到火轮公司，以此船积说明书换取船积证明书。

二、货物输入手续

收货人凭由发货人所发送过来的船积证明书到火轮公司办理对货物的确认手续，火轮公司确认后，再盖章以示已核对。收货人依据该船积证明书再填写输入申请书，然后到税关处办理纳税手续。当税关认为是可以输入的货物时，将受理输入申请书，并将此申请书转送火轮码头的检查所，并在其船积证明书上盖上确认章。收货人持盖章后的船积证明书到检查所送验，检查所将由税关转来的申请书与盖章后的船积证明书对查后，对所输入的货物进行检验，并签写有关输入税的意见，收货人据此到税关缴纳输入税。完税之后，凭纳税单、通关申请书(一般收货人或商家都提前备份)、船积证明书领取货物通过证。该通过证作为输入的证凭，可从火轮公司提取货物，亦可作为今后该货物再输出时的免税证明。

三、再输出手续

所谓的再输出手续就是将中国各地运到汉口的货物中转输出到国外的手续。首先到将地方的货物运到汉口的火轮公司，货主出示船积证明书，火轮公司

---

① 从价税是按照进口商品的价格为标准计征的关税。(译者注)

② “船积说明书”就是有关货物装船的说明书。(译者注)

③ 税务机关的派出机构。(译者注)

对船积证明书进行检印后，发给通过证，凭此通过证货主可委托该火轮公司将货物转运到再需要托运的火轮公司的码头。从委托转运货物的这家火轮公司拿到船积说明书，连同通过证和再输出申请书到税关报关。经税关对船积说明书和通过证验证（盖章）之后，到检查出张所接受货物检查。然后再回到税关办事处认定检查结果。之后，将船积说明书交给委托转运的这家火轮公司，换取船积证明书，这个船积证明书连同通过证一起保存，成为日后办理半税证的凭证。所谓的半税证就是在输出税的基础上再缴纳半税。若经监查所转运的货物果真输出到了国外，所收取的半税可以退税。

四、再输入手续

所谓的再输入手续就是将国外输入运到汉口的货物再中转输入到国内其他各地的手续。首先在船积证明书上取得运来货物的公司的印章，然后再附加中转托运公司的船积证明书和再输入申请书到税关报关。办理与其他的输入货物的同样手续之后，取得通过证、船积证明书、新船的船积说明书。总之，办理再输入手续或转运货物尽可能提高效率，缩短时间，否则将会遭致不测之损失。

五、厘金征收规则

在中国各处都设有“厘金局”，其征税法极为纷杂繁复，由此滋生诸多弊害，已为中国的国内外人士所共知。近来湖广总督张之洞对征税进行改革，以期达到一次性征税之目的，就在前些日子，张之洞派员到各地的厘金局调查征税实况，在此基础上公布“统损章程十条”，自 1905 年 6 月 22 日开始实行。下面概述新税之大意。

1. 保留湖北省的厘金征收处鲇鱼套以下 26 局及三查所，保留长江沿线、汉水沿线、内河沿线的大小 21 局。

2. 以往所征收的照票费（纳税书检查费用）、挂号费（申报费用）、灰印费（验证费用）、利子钱（停船费用）、提仓费（货物检查费用）等一律废止。

3. 宜昌（四川入口）、宝塔州、太平口（湖南入口）、老河口（陕西入口）、张家湾（河南入口）、武穴（江西入口）被规定为进口货物统损局，并兼管出口货物的统损。

4. 把金口、沌口、奖口、南卡、鹅公颈、当池口、蔡甸、清滩口的局作为由内河进入长江的统损局。

5. 把府河口作为内河上下水的过境统损局。以上各局为指定的纳税局，可选择申报，将原来的几个局分别征收的厘金，合为一次缴税。但如果发生逃税等不正行为，将课以 5 倍以上的罚款。

6. 如果到达指定的地点后，进而再将货物运到其他别处，按规定还须再征厘金税，但不再征收落地税。

7. 在汉口一直对过载货物征收厘金税，当作各局的通过厘金，即相当于征收一半的落地税，今后对通过汉口的货物按新规定一次征收厘金，过载厘金包括在一次征收的厘金里。

8. 在鹦鹉洲设专管竹木的、在长江埠设专管土布的、在河溶设专管丝绸的、在应城设专管石膏的、在黄石港设专管石料·石灰的、在安陆设专管上下水船只的统损局。在襄阳合并张家湾船厘局，各局对各物只准一次征税。

如此一来，将过去的多处征税改为一处一次征税，便利运输乃自不待言，通过此项改革还减少了收税官员，节约了开支，此乃一举两得之事。目前此项改革仅限于湖北一省，想必将来中国各省都会效仿之，湖北省可以称其为厘金制改革之先驱。

第三款　厘金局

下面揭示湖北省厘金局·厘金所的布局情况。

◎湖北省厘金局·厘金所布局一览表

厘金局·卡地点	级别情况	收税吏员的薪水情况
通省牙厘	总局	总办 1 人、会办 2 人(各 80 两)
金口	牙厘局	30 串
鲇鱼套	分局	20 串
法泗洲	分所	20 串
沙口	厘金专局	40 串
河口	专局	40 串
樊口	牙厘专局	70 串
纬源口	分局	24 串
黄石港	分局	24 串
羊楼洞	茶厘专局	
岛口	分所	24 串
崇阳	厘金陆所	40 串
通山	厘局	40 串
柏墩	水陆分所	30 串
通山杨芳林	分所	36 串
兴国富池口	牙厘专局	30 串
宝塔洲	厘金专局	40 串
汉镇	牙厘专局	专办 70 串、会办 32 串
石码头	分局	30 串
汉阳南岸嘴	稽查分所	30 串
鹦鹉洲	竹木厘金专局	70 串
坪坊	厘金专局	30 串
蔡甸	厘金专局	70 串
皇陵矶	分局	24 串

湖口	厘金专局	24 串
汉川	厘金专局	40 串
新堤	厘金专局	40 串
下巴河	专局	20 串
武穴	牙厘专局	70 串
新洲	厘金专局	36 串
应城岐亭	厘金专局	40 串
应城	膏关随税厘局	60 串
长江埠	牙厘专局	40 串
天门	牙厘局	40 串
岳口	厘金专局	20 串
沙洋	牙厘专局	40 串
河溶	牙厘专局	30 串
安陆	船厘局	60 串
荆州府属厘金①		70 串
太平口	分所	20 串
江陵郝穴	分局	10 串
宜都	分局	24 串
江口	分所	20 串
宜昌	水陆厘金专局	50 串
襄阳樊城	牙厘专局	70 串
辰家湾	分局	40 串
东洋湾	分局	40 串
南谭县属武安	分所	20 串
老河口	牙厘专局	70 串
郧阳	厘金专局	70 串
宗关	稽查厘金总所	40 串
下新河	稽查厘金总办	50 两
沌口	稽查厘金总所	40 两
县河口	分局	24 串
府河口	分局	20 串
黄花涝	厘金专局	40 串
黄陂县城	分所	20 串
孝感	厘金专局	30 串
黄州府鹅公头	厘金专局	50 串
河阳仙桃镇	牙厘专局	40 串

以上共计 60 处局、所，其他如货捐局及盐务局等情况不详。

① 荆州府属厘金的全称是：荆州府属厘金及荆宜施牙帖沙市专局。

第二节 邮政制度

第一款 中国(晚清)的邮政

第一项 概说

中国(晚清)的邮政机构设总税务司,由罗伯特·哈特监理。在中国的各开埠城市及重要的城市均设邮政,由税务官吏代为管理之。中国邮政物品通过中国的火轮或外国的轮船以及铁路运送到各地。中国在1899年4月加入万国联合邮政条约,1903年5月18日,日清邮政协商成立,根据日清邮政协商的协议,从日本邮局发往中国内地,或从中国邮局发往日本内地及日本邮局可以达到的邮递地区,一律按日本邮局的价格结算。

在中国一直将邮局作为私设之物,将信件或邮寄物委托给邮局寄送甚存疑虑,近年来,此状有所改善,邮政业的业绩逐年有所增加,例如:去年中国的邮政营业点比前年增加207个。前年的信件总投递量为6,500万件,去年信件总投递量为7,600万件;前年的包裹投递量为772,000件,而去年则达到1,000,000件;可以看出无论信件或包裹去年较之前年都有很大幅度的增加。汇兑业务的情况是:前年为50万两海关银,去年增加到82万两海关银。

第二项 中国中部地区的邮政业的发展情况

在中国的中部地区(华中地区)因为有四通八达的交通运输之便,邮政业比中国的其他地区发展要快一些。仅就前年与去年比较,就可明了其发展的状况。

◎10年间汉口关税收入总额比较表

邮局及邮寄业务	1904年度	1905年度
邮局	324处	381处
信件	1,200万件	1,400万件
包裹	161,000件	211,000件

汉口邮政总局所辖湖北省及河南各地,其分局多达113处。邮递路线长达8,200里(中国里)。邮件的邮递量达5,500,000件。由于境内人数众多,为信件邮递带来一定困难。下面概括一下邮政区域的分布情况。

◎河南省

1.河南汝宁府:複见、正阳、上蔡、遂平、确山、信阳州、罗山、明港、五里店、驻马店、新蔡

2.河南南阳府:浙川厅、镇平、泌阳、桐柏、邓州、内乡、邢紫关、赊旗、新野、裕

州、舞阳、叶县、源潭县

3.河南光州:光山、息县、固始、商城、乌龙集

◎湖北省

1.湖北汉阳府:汉川、孝感、黄陂、花园、蔡甸、沔阳、分水嘴、系马口、脉旺嘴、仙桃镇、彭市河、新堤、小河溪、肖家港、田二河、新口

2.湖北安陆府:天门、多宝湾、张截港、岳家口、旧口、皂市、京山、潜江

3.湖北武昌府:武昌县、嘉鱼、蒲圻、咸宁、崇阳、兴国州、大冶、黄石港、宝塔州、聂家市、羊楼司、羊楼洞、团风、金口、金牛、葛店

4.湖北黄州府:蕲水、蕲州、广济、武穴、宋埠、新洲、巴河、龙坪、阳逻、黄安、麻城、罗田

5.湖北襄阳府:宜城、枣阳、谷城、均州、丰乐、樊城、太平店、老河口、石花街

6.湖北德安府:云梦、随州、应山、长江埠、淅河镇、应城、广水

7.湖北荆州府:複见、沙洋、朱家河

8.郧阳府:无邮政投递点

第二款 日本邮政局

1899 年 9 月,日本在汉口开设了邮局,其位置在法租界内的日本帝国领事馆旁边,随着在汉口的日本居留民的人数不断增加,邮局的邮政事务也繁忙起来。去年上半年,邮政总额为 2,552 圆 13 钱 3 厘,截止到现在,增加 2,235 圆 45 钱,达到 4,787 圆 57 钱 3 厘。从信件业务来看,与去年上半年相比,受理 11,573 件,已投递 24,822 件,货款兑换增加 8,593 圆 14 钱 2 厘。1906 年 4 月 1 日汉口至北京间的京汉铁路开通,由此日本邮局开展了普通邮件和特殊邮件业务。邮件发出的次数因地点不同而有所不同,汉口到北京、汉口到上海每日一次,到长沙、宜昌则每周 3 次。汇兑业务平均每日 1,000 圆上下。所受理的钱币种类有日本币、湖北币、墨银及湖北票四种。

第十四章

铁　路

第一节

粤汉铁路(未铺设)

粤汉铁路贯穿于中国南部地区,与京汉铁路在汉口交会,通过此铁路连接800 哩以外的广州,使广东能通达到长江流域的富饶之地。粤汉铁路所计划的路线是:起始于汉口经咸宁、蒲圻县到岳州,通过长沙、湘潭、衡州、郴州进入广东省,再通过韶州府到达广州。早在四五年前,已由美国技师担任粤汉铁路的勘测工作,据说广州至三水的支线(30 哩)准备开通。

路权回收　此铁路的修建基于 1898 年 4 月的中国驻美公使伍廷芳与美国的美中公司(The American China Development Company)的一份契约,借 4,000 万美元的公债洋款,作为筑路基金,并由美中公司参与筑路工程。后因美方违反契约等缘由,中国民间议论百出,由广东、湖南、湖北三省的乡绅结成粤汉铁道权收回同盟,展开激烈的排外运动。最终于 1905 年 9 月,清朝政府责成张之洞以 675 万美元的价格收回既设铁路和将要铺设铁路的铺设权。张之洞竭尽其力筹集资金,甚至以烟土税作抵押,签订了向英国借款 150 万英镑的契约。

其后在具体的铁路铺设实施中,将铁路分为湖北、湖南、广东三段,各自划定区域分段铺设。在广东商民及湖南乡绅中都有热心于"民业论"的人士,在广东采取通过发行股票的方式,向一般商民募集筑路所需资金,据说已募集到了 1,200 万两白银。清政府看到民间对筑路有如此热情,责成张之洞考虑可否采用民营的运营方式。但湖北省的区段已确定为官营。

第二节

川汉铁路(未铺设)

民商集资　川汉铁路起始于四川成都,经重庆到达汉口。四川总督锡良排斥英法两国介入,主张依靠本国财力铺设这条铁路,1905 年此方案得到清政府敕准。该线路总长1,330余哩，其筑路经费需要5,000万两白银。其经费的筹措办法是：由发起人担任1,000万两，四川省内解决1,000万两，剩余的3,000万两从上海、广东等地募集，预期五年竣工。现今已经开始募集资金，作为线路铺设第一阶段（宜昌至万县）的勘测工作已经开始。聘请日本人担任勘测工作，并且将来担任施工任务。将来如果此铁路能够建成，无疑将四川的天然宝藏展现在我等外国人面前。由此，必将带动众多事业的开展。铁道的开拓补充了长江水运之不足，即等于扩大了长江水运的功能。如此一来，以汉口为中心的商业圈必将得到进一步的扩展。

第三节
京汉铁路

所谓的京汉铁路就是由汉口铺设到北京的铁路。由此，在以下篇幅里叙述中国的铁路的起源及现状。

◎京汉铁路大智门火车站[1]

第一款　起源

中国在本铁路建设之初，就有独自经营之目的，在湖广总督张之洞的督促下，于1895年开始进行该铁路的勘测工作。京汉铁路的建设费用极其巨大，终

① 图片为译者所加（选自百度历史图片）。

究不能依靠清国的官绅来完成，为此，直隶、湖广总督上奏朝廷提出以本铁路为担保募集外债的方案，于1896年10月20日得到朝廷批准，责成两总督全权处理募集外款、签订借款条约事宜。由此，于1897年3月在武昌同比利时的白耳义公司缔结借款条约。进而在本年7月在上海盛宣怀同这家公司签订第二次契约，终在这一年的11月，开始铁路的工程工作。或许由于工程进行中的问题，1898年6月27日在上海同盛宣怀公司的代表进行商谈，签订第三次契约。这就是现行的契约。在这份契约里（包括追加的条款）明确了铁路的布设与改修、建筑物的建设、维护及利用，以及铁路职员的任免、30年的营业代办权等项内容。根据此契约，盛宣怀公司在官督之后，开始督办此工程。现将契约之要义揭示如下。

1. 本铁路全长为1,300公里，清国总公司已筹措1,300万两，不足的部分向比利时的白耳义公司借款11,250万法郎，为5分之年息。

2. 公债的偿还期为20年，清国政府在1907年以前偿还其资金的全部或一部分。1907年以后，须偿还其资金的一部分或全部。资金全部偿还完了后，此契约无效。

3. 偿还金为在铁路运营所取得的收益中扣除运营费、铁路改造费等所剩余的资金。将此资金按期、按规定的本金利息汇入白耳义公司或白耳义公司所指定的银行。

4. 债权人即白耳义公司以卢沟桥及汉口间的铁道线路、还有支线及铁路材料作为资金偿还的抵押内容。

5. 在整个线路中，除卢沟桥及保定府区间之外，其余部分一概由白耳义公司承担筑造。

6. 条约签订后的30年，随着全线通车、工程完工，可适当选留白耳义公司的铁路管理人员，担任铁路的运营工作。并且准备好营运所需的车辆及各种工程器械（包括日常运营资本），并享有任用、罢免外国人及工匠之权利。

7. 除汉阳铁政局所提供的材料外，筑造、运转车辆及其运营所需的一切材料均由白耳义公司提供。

通过以上条款观之，清国当初之目的是想以铁路作为抵押，筹得筑路资金，然后取得铁路的自主经营权；实际上此愿望只能归于泡影。自铁路工程开始，包括铁路运营在内的经营权就已落在比利时，或者说落在了俄、法、比三国的掌控之中。

第二款　铁路工程的建设及全线路的开通

一、汉口至黄河区段

在张之洞的催促下，于1895年，着手于铁道线路的勘测，原定计划为经河南南阳府到达黄河。考虑到此线路有些迂回不甚理想，为此，决定线路略移向东方。翌年的1896年底，又对此线路进行勘测，确定为现今的线路走向。于1897年，又进行了更加详细的测量和设计，自同年11月起着手在汉口至溵口间铺设铁道路基。第二年的1898年，比利时的白耳义公司接手此工程。白耳义公司接手后，又进行勘测，将铁路建设工程部设在汉口。一方面筑造路基，一方面购置铁轨、枕木及架设铁桥所需的各项材料，筑路工程在逐步进行。

然而，在1900年，中国发生了义和团事件，在此事件的影响下，大约停止了4个多月的工程，严重地影响了原定的工期。到本年末，所铺设的轨道，只有90公里左右。转过年的1901年，在夏季又遭受洪水，在大智门到刘家庙之间的9公里处及汉口市街与汉口之间的4公里处形成13公里的溃口，强劲的洪水冲刷堤岸，进而冲毁了铁道的路基。为此，必须要重新建筑更加牢固的铁道路基。此次洪水后，以花岗岩石作为路基，由此，铁路线路又开始向前延伸。在这一年的12月25日铁路延伸到了广水，开通了汉口到广水的153公里的区间列车。当时每周只有一班车，一个月之后，就增到每周三班。

1902年，铁路延伸到东篁店与新店之间，即湖北与河南交界处的武胜关。在此开挖了幅宽375米，可铺设复线的隧道。进而，至信阳州之间的区段也告竣工。同年11月在信阳间开通了一日一班的列车。此年，湖广总督张之洞、湖北巡抚端方相携为视察线路而赴信阳。

1902年底，在大智门外设置了车站，白耳义公司将作业本部移至信阳。1903年春，在汉水沿岸的宗关，即在线路的南端，又设一车站，在距10公里处的江岸大车站，增建了事务室和锻造工厂。同年9月1日，在至确山县之间开始运转定期列车。1904年1月，驻马店（距离汉口已有313公里）区段完工，在信阳至驻马店间，每日一班的列车开始运转。

1904年5月1日，列车延伸到了郾城县，9月份将铁轨铺到了郑州，施工的作业部也移到此地。在黄河右岸凿通了200米的隧道，11月末轨道铺设已达黄河。另外，在距汉口455公里处的和尚桥处，向西铺设了一条到达陉山的60华里的支线，其目的是为了在陉山采取架设黄河铁桥所用的石材。自12月1日起，信阳至许州间开通了定期列车，在许州与黄河间也可见到装载建筑材料的列车。

二、卢沟桥及黄河区段

1900年完成了从卢沟桥到保定的146公里的铺设工程，翌年，在此段开通了定期列车。1901年末，轨道铺设到了正定府，1902年开通此区段的定期列车。1903年开通了北京到顺德间的定期列车。1904年轨道铺设到了彰德，同年6月开通客车，从北京一天半的时间就可到达此地。铁路铺设不断延伸，6月份到卫辉府、9月份到新乡县（亦称新香）、11月份到詹店、12月25日已达黄河左岸（此地距北京 663 公里)。此外,载运建筑材料的列车每天都往复在彰德与黄河之间。

三、黄河架桥

在冬季黄河落水之后,在河中可见沙洲,在沙洲间二三细流缓缓流动。但到夏季完全是另外一种景象,浊流奔腾淹没其两岸,黄河幅宽可达 10 华里。在此处架桥乃是清国人未曾有过的梦想。外国人也将此视为危途,在黄河上架桥实乃一大困难之工程。最初所设计的路线是经河南府过怀庆府,进而到达孟津船场,然而因此路线过于迂回而放弃。最终选定从荥泽县过武陟县到达荥泽口的渡船场的上方这条路线。1903 年着手准备架桥工作,在这一年已打下了 8 个桥基,桥基的深度为 2 丈;然而由于黄河的河心属于流沙质(Quiek sand)的地质结构,在丰水期间,强劲的水流致使桥墩倾斜甚至流失。其后不得不将桥基的深度增加到 5 丈。克服众多困难,终于在 1905 年夏季黄河铁桥落成,同年 11 月 13 日举行开通仪式。黄河大桥乃是世界上第一长桥,其桥长达 3.218 公里。该桥从两端开始架设,最后终于在 1905 年的 12 月 20 日全部完工,达到了能进行客货运输的使用状态。

第三款 轨道及铁道材料

京汉铁路所铺设的铁路线为单线,采用“4 英呎 8 吋 1/2 分”的轨矩标准。所需铁轨由汉阳铁政局制造,铁政局先后为京汉铁路生产 9 万吨铁轨,此外,还从欧洲进口铁轨 3 万吨。铁政局所生产的铁轨价格为每吨 6 镑八志四片,一码的重量为 75 磅。其他诸如架桥材料、机车、车厢、与机车修理的相关器材均从法、比两国输入。枕木使用日本北海道所产的楢、刺楸类的树木。火车所用的煤炭的情况是:黄河以南用日本煤炭,黄河以北日本炭与开平炭并用。估计一年以后,对煤炭的年需求量可达 55,000 吨以上。

第四款 客车及乘车费

客运车厢分上、中、下三个等级。上等厢通常以一个包厢的形式设置在中等车厢里,由于上等客甚少,为此,不一定每一节车厢里都有上等包厢。中等车厢里设置 5～6 个客室,客室旁设有通道,每室设置相对可坐 4 人的座位,在座位的上方相应地设置可以就寝的卧铺。在车厢中部设有暖炉,通过铁管向各室供暖。上等包厢在设施上与中等包厢无异,只是在上等包厢的坐席上铺有美国面料的坐垫。所谓的下等车厢是在中等车厢的基础上改造而成。即在车厢中间设置通道,在其两旁设置几十个可供两人坐的座位。其座位尚不能称得上完备。目前,客车的出发与到达的时刻表如下所示。

◎从汉口到北京的火车出发与到达的时刻表

○快车的出发与到达的情况

每星期三下午9点30分从北京发车，星期五上午10点到达汉口大智门车站。每星期六下午11点汉口大智门车站发车，星期一上午11点10分到北京。

○普通客车的出发与到达的情况

每天上午7点从北京发车，两天后的下午5点30分到达汉口玉带桥火车站。此外还有每天上午7点05分从汉口玉带桥火车站出发，两天后的下午7点25分到达北京火车站的车次。

○票价(单程)

·上等43＄50分　·中等29＄　·下等14＄50分

对旅客所携带的行李也有具体的规定，持上、中等车票的旅客可携带百斤物品，下等车票的旅客限制在50斤以内，除重量外，对物品的体积也有限制，大件物品不准带入车厢，只能存入行李的物品车厢里。然而，对另行存入行李车厢的物品并没有进行登记，而是在取物品时，各自拥入，自行寻找。由于混乱纷杂，难免不丢失物品。对所丢失的物品铁路局又概不负责，为此，在运营上很多方面需要改良。乘务员对旅客的行李检查极为严格，如果认为行李体积过大，竟然将旅客的行李投出窗外，态度如此恶劣，旅客都将清国乘务员视为蛇蝎。

另外，在中国货币使用并不统一，旅客在乘车时还需注意所携带的银币的种类，在黄河以南的车站及旅店只收受湖北银圆，其他银币一概拒收。在黄河以北的车站及旅店只收受北洋银圆及香港＄，对湖北银圆及墨银之类完全拒收。如此一来，从汉口到北京，旅客要计算好旅途费用，分别携带湖北银圆和北洋银圆(包括香港＄)。

现今黄河以南，铁路局及各车站所收受的银圆，最后统一归口到汉口的俄清银行；黄河以北，铁路局及各车站所收受的银圆，最后统一送交到北京。在同一铁路的线路上使用不同的货币，必定给旅客带来极大不便，这种情况为他国所罕见；然而，出于种种原因在中国却很难统一。作为权宜之计，在正定府以北的车站开设了银币托管，旅客可根据乘坐的距离按一定的比率办理铜钱兑换业务。此项举措无疑为旅客带来了方便，但在黄河以南未见与此相应的接轨措施。

下表已列出了从汉口到黄河间的各车站及从北京到黄河间的各车站的距离，另外，在货物运费表中，也详细地列出了与距离成比例的各地的客运乘车价格表，可以对比参看。

◎汉口到黄河左岸间及北京到黄河右岸间的车站及距离

汉口到黄河间车站	车站间距离(公里)	北京到黄河间车站	车站间距离(公里)
起始站汉口玉带门	0	起始站北京	0
大智门	5	卢沟桥	16

江岸	9	长辛店	21
溭口	22	良乡县	31
祁家湾	42	琉璃河	50
三叉埠	61	涿[①]	64
孝感县	74	高碑店	84
肖家港	88	定兴店	92
花园	108	固城	109
王家店	124	安萧县	122
广水	153	漕河	135
东篁台	166	保定府	146
新店	180	千家庄	158
柳林	196	方须桥	168
信阳	218	望都县	178
长台关	241	清风店	192
明港	257	定州	205
新店	274	寨西店	217
确山县	294	新乐县	253
驻马店	313	正定府	262
遂平县	332	枕头	277
西平县	358	元氏县	308
郾城县	380	高邑县	327
临颍县	408	临城县	343
许州	434	内丘县	364
和尚桥	455	顺德府	390
新郑	474	沙河县	403
薛庄	498	临洺关	423
郑州	520	邯郸县	442
荣泽	540	马头镇	457
黄河右岸	550	磁州	473
黄河左岸	553	丰乐镇	492
		彰德府	507
		卫辉府	不详
		新乡县	不详
		詹店	654
		黄河右岸	663

① 原文只有“涿”，潜植“州”字。（译者注）

第五款　货车及货物

货车分为封闭车厢（有盖车厢）和非封闭车厢（无盖车厢）。从承重来看有 15 吨装和 20 吨装两种车厢。其 20 吨的封闭车厢的尺寸为：长 29 呎 3 吋，宽 9 呎 2 吋；大号的非封闭车厢的尺寸为：长 29 呎 7 吋，小号的长 24 呎 9 吋。在定期的客运列车前连接 20 节～30 节车厢。货运列车为不定期，现今，汉口到许州间，特别是往复于郾城以南的货运列车每天可达二三次。从河南运往汉口的货物主要有：麦、大豆、芝麻、牛羊皮、药材、烟草等；从汉口运往河南的货物主要是：海产品、石油、棉线、中国纸、棉布类及其他杂货。另外，湖北沿线的车站也起到重要的物资流通作用，例如：通过三叉埠以北的车站将棉花运到确山、郾城，其数量每年可达五六万包以上，而这些棉花原本都必经汉口中转。三叉埠以南的棉花、大豆及广水附近的生猪、芝麻可便利地通过铁路运到汉口，从运送的农产品的数量来看不及河南省。

京汉铁路改变了中国的运输格局，原来汉口的砖茶通过水路到天津或大连湾，再通过东清铁路（中国东部铁路）运送到西伯利亚，而现在可通过京汉铁路便捷地运送到天津，进而再中转。位于汉口下游 4.8 公里的美国石油公司和 9.6 公里的俄国石油公司可通过公司内的私线与江岸车站连接，再通过江岸车站的隔日列车（油罐车）把公司的石油产品大量运送到河南地方。

第六款　厘金

火车运输开通之后，湖广总督与河南巡抚商议，制定了合同征税制。在汉口设置鄂豫厘金总局，随着铁路线的延伸，在主要的车站又增设了厘金征税分局。其征税率除鸦片之外，一切货物都确定为海关税的一半。如果在出发地一次性纳税之后，中途不再课税，但在到达目的地之后，还要缴纳落地税。另外，除落地税外，在出发地和目的地各纳 50％的厘金税的纳税方式，也给火车运输带来很多便利。最近，直隶总督及河南巡抚又制定协约，即：统一京汉铁路沿途各省的税制，由汉口到北京的货物，如果在汉口已纳 50％的海关税之后，在中途不再课税。此外厘金局规定可以铜钱缴纳厘金税，并对不同货物制定了用铜钱进行交付的税率额。以下略举以铜钱进行结算的应缴纳的农产品的厘金税额。

◎以铜钱进行结算的农产品的厘金税

农产品的品名	牛皮	羊皮	芝麻	大豆	土膏（鸦片）
单　位	每百斤	每百斤	每包（160 斤）	每包（180 斤）	每百两重
纳税额（单位：文）	326	760	70	60	1300

河南鸦片到达汉口后根据鸦片的重量，每两还要支付 84 文铜钱的厘金税。对外国产品的规定是：在向出发地的厘金局缴纳 2 分 5 厘的从价税之后，到达目

的地后，只缴纳落地税，此外无其他课税。为了方便货物运输，铁路检察员同厘金局吏员到车站的货场及公司私线上的仓库进行检查。如果没有铁路和厘金局的验印，任何货物都不许发货。由于实施了此项严厉的检查措施，随之大幅度增加了税收。去年，也就是 1904 年，湖北、河南两省所收入的厘金总额达 15 万两以上。这个收入是除去给仓库业者作为感谢收集货物的酬劳所剩余的金额。至于给仓库业者的份额，根据所了解到的情况，厘金局大概让利 3 成。也就是说，假定 1,000 文的厘金，仓库业者要得 300 文。此外，因湖北省对以上厘金具有监督权，为此厘金税的收入的 7 成归湖北省，3 成作为河南省收入。由于郑州没有成为开埠口岸，为此，天津至郑州间、汉口至郑州间，所直达的货物没有厘金税，在运输上会有很大的利润。

第七款　仓库业

外国垄断　大部分车站（停车场）都设在人烟稀少的旷野之地，尽管给人的感觉不太方便，但自车站建立以后，在其周围仓库业、旅店业逐渐发展起来，以适应客货运输的需求。在信阳至黄河间，有很多旅馆，大多数为湖北人所开设；黄河以北以顺德、正定或天津人开办居多。车站周边的仓库业为外国人所经营，其规模较大的货运仓库有：刘万顺洋行、汉口大成公司、普通有限公司、利运公司、玉成公司、怡和通公司、快安胜公司等。这其中刘万顺、汉口大成、玉成、快安胜四家为法国人开办，普通、怡和通两家为英国人开办，利运为德国人所开办；这些外国的货运公司通过聘请买办开展货运业务。这些外国的货运公司在各车站都有货场或曰堆栈，通过货场，运送本公司或其他客商的货物。据闻：法国人生意做得最好，因为与铁路关系密切，在运输上享受很多便利。与此相对，其他一些外国公司往往在运输上就会有所不便。这些经过仓库业者中转的货物，往往不能到达指定的地点，且如前所述，仓库业由以上六七家所垄断，中国人几乎没有再开设仓库业的余地。

利益分配　仓库业者除收受厘金局 3 成的利益分配外，还能享受来自铁路运费 5%的利益提成，即在百两中可提取 5 两的利益，将此作为对仓库业者收集货物的酬劳。仓库业者的工作流程是：仓库业者接受来自货主的委托之后，交付载货证明书、办理厘金手续、办理铁路运输费用后，雇用人力搬运，在这期间诸项手续由仓库业者承办，诸项支出也暂由仓库业者垫付。只有将货物运到指定的目的地后，才能收回垫付金，以货物登记证明提取货物。仓库业不光能为货主提供很多便利，并且还能对货物的丢失损毁负有责任。

总之，与铁路相关联的运输业及通过运输业所带来的利益，均由以上数家所独占。主要车站的货物营业所也由外国人所经办，有很多外国运输业者以买办的名义购入土地，如在郾城有一法国商人长居此地从事商业活动。面对此状况，我日本商人不能坐视观望，应以积极之态，寻找可利用之途，进而参与其中。

第八款　铁路沿途城市

在汉口至北京间，黄河以南有28处车站，黄河以北大约有50处。虽然停车处如此密集，但其中大多数车站都是孤立于旷野之中，离城市或村落近的也有四五里（华里），远的可能要二十多里。放眼望去一片寂寞光景，难以慰藉旅客之思乡之情。京汉铁路主要是以连接汉口至北京为目的，以此为出发点，考虑捷径及节省经费。如果举出沿途的重要商业城市则主要有：（湖北省）孝感、广水，（河南省）信阳、确山、驻马店、郾城、郑州、新乡、卫辉，（直隶省）顺德、正定、保定等。

湖北省　孝感县的车站距离县城十几华里，车站周围都是耕地，此处出产棉花、芝麻、大豆等。广水背靠山岳与河南交界，此地以出产芝麻、生猪为主。这两地渐渐以货物集散地而引人注目。

河南省　信阳出产稻米、小麦、燃料，在河南商业占有重要的一席之地。确山、驻马店乃是杂粮的一大供应地。郾城车站设置在距离沙河与醴河交汇处不远的罗湾河市场的附近。位于沙河右岸的郾城与罗湾市场隔岸相对，距离车站大约有几十华里，从地理上来讲毋宁称作罗湾河车站更为妥当。此地水路发达、舟楫方便，上游可达叶县地方、下游150华里可到周家口，经此，还可通过水路到达镇江。

周家口是当今河南最大的市场，被称为天下四大名镇的朱仙镇其商业地位已被周家口所取代，其繁荣的商业面貌尽失，已现出落寞衰败之态。周家口位于沙河和贾鲁河交汇处，沿广袤的河道两岸逶迤数哩都是往来的装载货物的民船。作为货物交流地的中心，春秋时节，吸纳其周边百哩的农家，将其所产的大豆及其他杂粮运到此地，不仅如此，周家口还是外国产品销往河南东南部地区的通道和南北产品货物的集散地，此地因货物集散而兴盛乃是自不待言之事。然而，现今对周家口造成最大影响的是：京汉铁路没有通过周家口，而是通过在其上游的罗湾河。罗湾河水运资源丰富、舟楫便捷，加之郾城又是传统的货物集散地，将来依靠京汉铁路的优势，与周家口逐鹿，进而夺取周家口的商业地位也未必可知。

郑州原本乃是中原的落寞寒城，但现今京汉铁路通过此地，且已在施工的开洛铁路在此交会，郑州已成为联结两古城的交通要道，将来必定会成为一大货物集散地。

新乡县在卫河河畔，通过河道下可通道口、上可达修武县，因为有此舟楫之便，在新乡县的北门外逐渐成为了民船的停泊所。新乡县依水道之利，虽稍显商业之兴，但终究不过是平原中的一座便利的县城而已，因铁路而繁荣经济才是促进本地发展的原因。从新乡县的地理位置来看：道口铁路位于其北门外，京汉铁路在西门外设置了车站，在其南方的1哩之地，道口铁路与京汉铁路相交会，这个点正处在汉口与北京的中间位置。新乡距离黄河以北的一大贸易地道口43.5哩，距临近山西的怀庆府约50哩，由道口铁路运来的货物放置在此地，由京汉铁路运来的货物转移到道口铁路，在此地利于向东西南北集散货物。再加上卫河的舟楫之便，此地与道口竞相繁荣发展起来乃是不容置疑之结论。

卫辉府是从开封到北京的必经之地，卫河从其西门外通过，因为有河运之便利，在其西门外商业稍许发达。但很难与道口铁路通过东门外[①]、京汉铁路通过西门外、进而两股铁路在此相交会的新乡县相匹敌。近来郑州至开封府之间的铁路将要完成，这样一来，都会选择从铁路进北京，舍弃到卫辉府的140华里土路和以渡船过黄河的不便路线。

直隶省 顺德为直隶省所辖，与河南、山西两省交界；为此顺德的边界贸易略有成色。但由于正太铁路的修建，与山西省的商贸业务被正定府所吸引，并围绕此地形成货物集散地。正定府在陆地上临近山西省的平定府，又依滹沱河与天津舟运相通，在历史上一直是山西省货物的集散地。现今由于京汉铁路以及正定府至太原府的正太铁路的修建（正太铁路以正定北面15公里处的枕头为起点），使这一地区乃至山西省的交通和货物流通都有了很大的改观。据说将来起于济南的山东铁路将到达此地，可以预料将来正定府地区将会更加发达。

纵观京汉铁路全线，将来有发展前景的四个地区是：郾城、郑州、新乡及正定。毋庸赘言，汉口乃是首要发展之地，汉口随着京汉铁路全线开通，近处吸收新乡以南的土产，并成为河南物资需求的供给地。可以预料伴随河南商贸的增长，汉口也必定得到同步增长；近几年汉口贸易额大增就是事实。现如今汉口的贸易额已出现仅次于上海、广东的盛况，外国租界日新月异、新建大楼不断出现，原本清冷的法租界一下变成繁华之地；这些都不能不说是由于京汉铁路深入到河南内地所带来的景象。如果再开通粤汉铁路，位于中国腹地的汉口则更得水陆要冲之便，其发展前景实难预料，西洋人将汉口誉为芝加哥也有了实质内容。

第九款　京汉铁路运费表

对行驶在京汉铁路的列车，不管是货车还是客车都根据列车的类别统一进行了编号。如几号车是一等品、几号车是三等品、几号车载运旅客等作了具体的标识，据此可明了运输货物的总类和运费。

第一项　客车的种类

〇1号列车为客车。

---

① 东门外：著者在前文提到道口铁路通过新乡县的北门外，在此又说通过新乡县的东门外。估计可能是指位于原县城东北1公里处的东关。具体情况请读者核查。（译者注）

◯2 号列车为包租列车(车皮)。

◯3 号列车为行李车厢、携带的兽类、自用车辆、人力车、棺柩、财币等。

第二项　普通货车种类

◯11 号车所装载的货物需要一等运费。

◯12 号车所装载的货物需要二等运费。

◯13 号车所装载的货物需要三等运费。

◯14 号车所装载的货物需要四等运费。

◯15 号车所装载的货物需要五等运费。

◯16 号车所装载的货物需要六等运费。

第三项　借入货车的种类

◯22 号车所装载的货物需要二等运费。

◯23 号车所装载的货物需要三等运费。

◯24 号车所装载的货物需要四等运费。

◯25 号车所装载的货物需要五等运费。

◯26 号车所装载的货物需要六等运费。

第四项　特别装载货物列车的种类

◯31 号为家畜、家禽类。

◯32 号为煤炭、砖瓦、盐、石块、沙砾、加工石块、天然石片等。

另外,对普通货物又有如下规定。

一、普通货物的运费

◎普通货物运费表

列车号	等次	每担的每公里费用	每吨的每公里费用
第 11 号	一等(贵重品、危险品)	$的 1 分 5 厘	2 角 4 分 9 厘
第 12 号	二等(1 立方法尺不足 200 斤)	3 厘 7 毛 5 丝	6 分 3 厘 3 毛
第 13 号	三等	2 厘 5 毛	4 分 1 厘 5 毛
第 14 号	四等	2 厘 1 毛	3 分 4 厘 8 毛
第 15 号	五等	1 厘 7 毛	2 分 8 厘 2 毛
第 16 号	六等	1 厘 3 毛	2 分 1 厘 8 毛

二、包租列车车皮的费用等

◎包租列车车皮的费用表

列车号	等次	运费及对运费的简要说明
第 22 号	二等	3 $(无盖)、3 $ 50 分(小型有盖)、4 $ 80 分(大型有盖)
第 23 号	三等	6 $(15 吨车)、8 $(20 吨车)

第 24 号	四等	4 $ 50 分(15 吨车)、6 $ (20 吨车)
第 25 号	五等	3 $ 75 分(15 吨车)、5 $ (20 吨车)
第 26 号	六等	3 $ (15 吨车)、4 $ (20 吨车)

所谓的包租就是不论距离远近，限于一次使用所需交纳的使用费用。所装入货物的运费如果是普通货物可根据其运费表算定。因为铁路是按车皮来收取运费，至于货物是否满载与所收取运费无关。另外，对包租车皮的交纳使用费的时间也作了规定，即到达指定运输地点后的 12 个小时内，必须卸载，如果超过所要求的时间，每过 12 个小时，就要补交滞卸银 3 $ 。

三、特别货物的运费价格

1. 第 31 号车装载家畜类，其运费的算定方法如下。

○每头骆驼按 20 个运输单位计算。

○每匹(头)骡马、母牛、水牛按 12 个运输单位计算。

○每头(匹)小牛、小马、驴按 5 个运输单位计算。

○每头山羊、绵羊、大猪(重量在 30 斤以上)按 2 个运输单位计算。

○每头中型猪(15 斤～30 斤)和小羊按 1.5 个运输单位计算。

○每头小猪按 1 个运输单位计算。

按照以上所提供的数据，当装载 51～100 个运输单位时可为 1 个满车皮，每公里的运费为 13 分 9 厘 2 毛；当装载 26～50 个运输单位时，可按 1 个满车皮2/3计价，即每公里的运费为 9 分 2 厘；如果不满 26 个运输单位时，可按 1 个满车皮 1/3计价，即每公里的运费为 4 分 6 厘。因为将 100 个运输单位作为 1 个满车皮，每超过 1 个运输单位按满车运费的 5/1000 加收运费。

2. 第 32 号车装载煤炭、石块等，其运费的算定方法如下。

◎装载煤炭、石块等的运费计算

公里里程	每吨	每 20 吨车皮
1～60 公里	2 分	40 分
61～140 公里	1 分 5 厘	30 分
141～200 公里	1 分 2 厘	24 分
每增加 200 公里	1 分	20 分

3. 第 33 号车装载杂粮等，其运费的算定方法如下。

◎装载杂粮等的运费计算

公里里程	每吨每公里	每 15 吨车皮每公里	每 20 吨车皮每公里
300 公里以内	3 分	45 分	60 分
301～400 公里以内	2 分 7 厘 5 毛	43 分 5 厘	55 分
401～500 公里以内	2 分 5 厘	37 分 5 厘	50 分
500 公里以上	2 分 2 厘 5 毛	33 分 7 厘 5	45 分

4. 对旅客携带货物的运费计算

○乘坐一、二等车厢的旅客可免费携带100斤重量的货物。如果超重按每斤每公里4厘8毛的比例收费。

○乘坐一、二等车厢的小孩儿(3岁以上)可免费携带50斤重量的货物。如果超重也按每斤每公里4厘8毛的比例收费。

另外,如果携带贵重物品,需向乘务人员报告。

○乘坐二、三等车厢的旅客可免费携带50斤重量的货物。如果超重按每斤每公里4厘8毛以上收费。如果在三等旅客所携带的行李里发现有新衣裳、新器物,对此将按照四等运费价格收取费用。

5.旅客的自用车、轿用费

○马车每台每公里6分。

○大轿子每台每公里8分。

○可拆卸的小轿子每台每公里1分5厘,不可拆卸的小轿子每台每公里3分。

○人力车每台每公里2分。

○自行车每台每公里2分。

○手推车每台每公里2分。

对以上旅客自用的车、轿收费,与旅客所乘坐的车厢等次无关。

第五项　各种货物所装入的车皮类别

◎各种货物所装入的车皮类别表

商品名称	普通货车号	包租列车号	特别列车号	商品名称	普通货车号	包租列车号	特别列车号
硫酸硝酸类	第11号	—	—	爆发油	第11号	—	—
酒精	同上	—	—	钟表类	同上	—	—
火柴	同上	—	—	火药材料	同上	—	—
军用器械	同上	—	—	古董类	同上	—	—
药夹	同上	—	—	宝石类	同上	—	—
炸药	同上	—	—	鸦片	同上	—	—
高度酒	同上	—	—	爆竹	同上	—	—
乙醚	同上	—	—	磷	同上	—	—
毛皮类	同上	—	—	焰火	同上	—	—
无烟火药	同上	—	—	细瓷器	同上	—	—
细陶器	同上	—	—	鸟的羽毛	第12号	第22号	—
火药	同上	—	—	箩	同上	同上	—
矿山用火药	同上	—	—	野鸭类	同上	同上	—
空箱	第12号	第22号	—	衡器类	第13号	第23号	—
麦秸帽子	同上	同上	—	染料	同上	同上	—
棉花(未轧)	同上	同上	—	饮料物	同上	同上	—

花卉类	同上	同上	—	蜡烛	同上	同上	—
灯笼	同上	同上	—	木炭	同上	同上	—
家具类	同上	同上	—	鞋类	同上	同上	—
黄杨树芯	同上	同上	—	白蜡	同上	同上	—
生禽类	同上	同上	—	胶类	同上	同上	—
空篮	同上	同上	—	脱籽棉	同上	同上	—
手拉面条	同上	同上	—	粗毡	同上	同上	—
植物类	同上	同上	—	马毛	同上	同上	—
皮制品	第 13 号	第 23 号	—	酒类	第 13 号	第 23 号	—
废蚕茧	同上	同上	—	书籍类	同上	同上	—
香料	同上	同上	—	药材	同上	同上	—
棉制品	同上	同上	—	蜂蜜	同上	同上	—
毛制品	同上	同上	—	花草席	同上	同上	—
丝绸制品	同上	同上	—	衣服	同上	同上	—
扇子	同上	同上	—	铜器	同上	同上	—
多股丝线	同上	同上	—	蛋类	同上	同上	—
棉线	同上	同上	—	工匠器具	同上	同上	—
油类	同上	同上	—	上等纸类	同上	同上	—
印刷纸类	同上	同上	—	洋伞	同上	同上	—
乐器类	同上	同上	—	生牛羊皮	同上	同上	—
火腿	同上	同上	—	熟皮	同上	同上	—
碳酸饮料	同上	同上	—	罐装石油	同上	同上	—
石油槽车	同上	同上	—	卷烟丝	同上	同上	—
草药	同上	同上	—	茶	同上	同上	—
鲜鱼	同上	同上	—	柳木	同上	同上	—
胡椒	同上	同上	—				
一般瓷器	同上	同上	—	玻璃	同上	同上	—
药的材料	同上	同上	—	酒类	同上	同上	—
精制硝酸钾	同上	同上	—	洋酒	同上	同上	—
生丝	同上	同上	—	米酒	同上	同上	—
猪毛	同上	同上	—	高粱类	同上	同上	—
硫磺	同上	同上	—	蒜	第 13 号	第 23 号	
砂糖	同上	同上	—	明矾	同上	同上	—
树脂	同上	同上	—	灌木	同上	同上	—
兽脂	同上	同上	—	雕刻材料	同上	同上	—
烟叶	同上	同上	—	栗子	同上	同上	—
铁钉类	第 14 号	第 24 号	—	杂粮类	第 14 号	第 24 号	第 33 号
贝类	同上	同上	—	制膏类	同上	同上	同上
网绳	同上	同上	—	大豆类	同上	同上	同上
棉布类	同上	同上	—	枣子	同上	同上	—

颜料	同上	同上	—	羊毛	同上	同上	—
蟹类	同上	同上	—	鲜干蔬菜	同上	同上	—
生皮	同上	同上	—	葱	同上	同上	—
屑皮	同上	同上	—	普通纸	同上	同上	—
罗纱	同上	同上	—	中国伞	同上	同上	—
面粉类	同上	同上	—	干鱼	同上	同上	—
铁丝	同上	同上	—	马铃薯	同上	同上	—
果实类	同上	同上	—	陶制品	同上	同上	—
野禽类	同上	同上	—	白米	同上	同上	—
种子	同上	同上	—	肥皂	同上	同上	—
食盐	同上	同上	—	磨刀石	第 15 号	第 25 号	—
芝麻	同上	同上	第 33 号	铜钱	同上	同上	
棉衣	同上	同上	—	粗草席	同上	同上	—
旧衣	同上	同上	—	铁器	同上	同上	—
生肉类	同上	同上	—	麦秸	同上	同上	—
扫帚	第 15 号	第 25 号	—	石材	同上	同上	第 32 号
竹	同上	同上	—	车轮	—	—	—
材木	同上	同上	—	新麻袋	—	—	—
薪材	同上	同上	—	块状硝酸钾	—	—	—
苎麻	同上	同上	—	石盘	第 16 号	第 26 号	—
黄麻	同上	同上		沙石	同上	同上	第 32 号
水泥	同上	同上	—	砖瓦	同上	同上	—
机械类	同上	同上	—	灰	同上	同上	—
金属类	同上	同上	—	煤炭	同上	同上	—
石灰	第 16 号	第 26 号	第 32 号	银	第 3 号	—	—
花岗石	同上	同上	同上	行李	同上	—	—
矿石	同上	同上	—	家畜类	同上	—	第 31 号
方形石	同上	同上	第 32 号	小车	同上	—	—
牛骨类	同上	同上	—	棺柩	同上	—	—
天然石块	同上	同上	第 32 号	有尸棺	同上	—	—
旧麻袋	同上	同上	—	轿子	同上	—	—
粗盐	同上	同上	第 32 号	手推车	同上	—	—
豆糟	同上	同上	—	贵重品	同上	—	—
土瓦	同上	同上	第 32 号	车	同上	—	—

根据以上表格所列出的装载货物的明细可以看出：第 11 号是只装载普通货物的车厢，而这些货物不能装入租借的车厢和特殊车厢。而对大豆、砂石、石材、白米等货物没有限制，均可装入上述所说的车厢。第 12、13、14 号车的货物仅限于普通车和包租车，不能使用特别车厢。

在以上文中已列出了关于货运的诸项表格，下面还将列出列车货运表，通过表格间的彼此参照，就可计算或推算出具体的运费价格。例如：用普通货车将百吨白米运送到500公里以外之地，查阅前表，白米可用第14号车运输，为四等运费。四等运费每吨每公里为：3分4厘8毛。在此之上乘以500（公里）和100（吨），就可得出其运费的价格。

第十款　火车运费表[①]

表1

663

第十四章　鐵道　第三節　京漢鐵道

吉距魯米突離	旅客運賃			貨物運							
	一等	二等	三等	一等		二等		三等		四等	
				擔	噸	擔	噸	擔	噸	擔	噸
	弗拾仙	弗拾仙	弗拾仙	弗拾仙	弗拾仙	弗拾仙	弗拾仙	弗拾仙	弗拾仙	弗拾仙	弗拾仙
10	0.40	0.30	0.15	0.15	2.50	0.04	0.65	0.03	0.40	0.03	0.35
13	0.50	0.40	0.15	0.20	3.20	0.05	0.80	0.04	0.55	0.03	0.45
14	0·50	0.40	0.20	0.25	3.50	0.06	0.85	0.04	0.60	0.03	0.50
16	0.60	0.40	0.20	0.25	4.00	0.07	1.00	0.04	0.65	0.04	0.50
17	0.70	0.40	0.25	0.26	4.25	0.07	1.05	0.05	0.70	0.04	0.60
19	0.70	0.50	0.25	0.29	4.75	0.08	1.20	0.05	0.80	0.04	0.65
20	0.80	0.50	0.25	0.30	5.00	0.08	1.25	0.05	0.85	0.05	0.70
21	0.80	0.50	0.30	0.32	5.20	0.08	1.30	0.06	0.85	0.05	0.75
22	0.80	0.60	0.30	0.33	5.45	0.09	1.35	0.06	0.90	0.05	0.75
23	0.90	0.60	0.30	0.35	5.70	0.09	1.45	0.06	0.95	0.05	0.80
24	0.90	0.60	0.30	0.36	5.95	0.09	1.50	0.06	1.00	0.06	0.85
26	1.00	0.70	0.30	0.39	6.45	0.10	1.60	0.07	1.05	0.06	0.90
27	1.00	0.70	0.35	0.41	6.70	0.11	1.70	0.07	1.10	0.06	0.95
28	1.00	0.70	0.35	0.42	6.95	0.11	1.75	0.07	1.15	0.06	0.95
29	1.10	0.70	0.35	0.44	7.20	0.11	1.80	0.08	1.20	0.07	1.00
30	1.10	0.80	0.40	0.45	7.45	0.12	1.85	0.08	1.25	0.07	1.05
32	1.20	0.80	0.40	0.48	7.95	0.12	2.00	0.08	1.30	0.07	1.10
33	1.20	0.80	0.40	0.50	8.20	0.13	2.05	0.09	1.35	0.07	1.15
34	1.30	0.90	0.45	0.51	8.45	0.13	2.10	0.09	1.40	0.08	1.20
36	1.30	0.90	0.45	0.54	8.95	0.14	2.25	0.09	1.50	0.08	1.25
37	1.40	0.90	0·45	0.56	9.20	0.14	2.30	0.10	1.55	0.08	1.30
38	1.40	1.00	0.50	0.57	9.45	0.15	2.35	0.10	1.55	0.08	1.30
39	1.40	1.00	0.50	0.59	9.70	0.15	2.40	0.10	1.60	0.09	1.35
40	1.50	1.00	0.50	0.60	9.95	0.15	2.50	0.10	1.65	0.09	1.40
42	1.60	1.00	0.55	0.63	10.45	0.16	2.60	0.11	1.75	0.09	1.45
43	1.60	1.10	0.55	0.65	10.70	0.17	2.65	0.11	1.80	0.10	1.50
45	1.70	1.10	0.55	0.68	11.20	0.17	2.80	0.12	1.85	0.10	1.55
46	1.70	1.10	0.55	0.69	11.45	0·18	2.85	0.12	1.90	0.10	1.60
47	1.70	1.20	0.60	0.71	11.70	0.18	2.90	0.12	1.95	0.10	1.65

① 说明：表1和表2是《汉口》一书的原表，此货运价格表从10公里开始，然后按1～2公里进行计价。从汉口到北京共有540公里，故此表格很长。在翻译此表时作了两点改动：①大约按20公里进行累加计算（细致部分可通过推算得出），②将旅客运费、货物运费、家畜专用车运费分别列表说明，以期达到简洁、明了之目的。（译者注）

表 2

賃				貨幣千兩	家畜專用車運賃				特別積雜穀類		手荷物擔
五等		六等			自一個至廿個	自廿一至五十個	自五十一至百個	百個以上減價	十五噸車	廿噸車	
擔	噸	擔	噸	兩							擔
弗拾仙	弗拾仙	弗拾仙	弗拾仙	弗拾仙	弗拾仙	弗拾仙	弗拾仙	弗拾仙	弗拾仙	弗拾仙	弗拾仙
0.02	0.30	0.02	0.20	0.10	0.50	1.00	1.40	0.01	4.50	6.00	0.09
0.03	0.35	0.02	0.30	0.13	0.60	1.20	1.80	0.01	5.90	7.80	0.11
0.03	0.40	0.02	0.30	0.14	0.70	1.30	2.00	0.01	6.30	8.40	0.12
0.03	0.45	0.03	0.35	0.16	0.80	1.50	2.30	0.02	7.20	9.60	0.14
0.03	0.45	0.03	0.35	0.17	0.80	1.60	2.40	0.02	7.70	10.20	0.15
0.04	0.55	0.03	0.40	0.19	0.90	1.80	2.70	0.02	8.60	11.40	0.16
0.04	0.55	0.03	0.45	0.20	1.00	1.90	2.80	0.02	9.00	12.00	0.17
0.04	0.60	0.03	0.45	0.21	1.00	2.00	3.00	0.02	9.50	12.60	0.18
0.04	0.60	0.03	0.45	0.22	1.10	2.10	3.10	0.02	9.90	13.20	0.19
0.04	0.65	0.03	0.50	0.23	1.10	2.20	3.20	0.02	10.40	13.80	0.20
0.05	0.65	0.04	0.50	0.24	1.20	2.40	3.40	0.02	10.40	14.40	0.21
0.05	0.75	0.04	0.55	0.26	1.20	2.40	3.60	0.02	11.70	15.60	0.22
0.05	0.75	0.04	0.60	0.27	1.30	2.50	3.80	0.02	12.20	16.20	0.23
0.05	0.80	0.04	0.60	0.28	1.30	2.60	3.90	0.02	12 60	16.80	0.24
0.05	0.80	0.04	0.65	0.29	1 40	2.70	4.10	0.03	13.10	17.40	0.25
0.06	0.85	0.04	0.65	0.30	1.40	2.80	4.20	0.03	13.50	18.00	0.26
0.06	0.90	0.05	0.70	0.32	1.50	3.00	4.50	0.03	14.40	19.20	0.27
0.06	0.95	0.05	0.70	0.33	1.60	3.10	4.60	0.03	14.90	19.80	0.28
0.06	0.95	0.05	0.75	0.34	1.60	3.20	4.80	0.03	15.30	20.40	0.29
0.07	1.00	0.05	0.80	0.36	1.70	3.40	5.10	0.03	16.20	21.60	0.31
0.07	1.05	0.05	0.80	0.37	1.70	3.40	5.20	0.03	16.70	22.20	0.32
0.07	1.05	0.05	0.80	0.38	1.80	3.50	5.30	0.03	17.10	22.80	0.32
0.07	1.10	0.06	0.85	0.39	1.80	3.60	5.50	0.03	17.60	23.40	0.33
0.07	1.10	0.06	0.85	0.40	2.00	3.90	5.60	0.03	18.00	24.00	0.34
0.08	1.20	0.06	0.90	0.42	2.00	4.00	5.90	0.03	18.90	25.20	0.36
0.08	1.20	0.06	0.95	0.43	2.00	4.00	6.00	0.04	19.40	25.80	0.37
0.08	1.25	0.06	1.00	0.45	2.10	4.20	6.30	0.04	20.30	27.00	0.38
0.08	1.30	0.06	1.00	0.46	2.20	4.30	6.40	0.04	20.70	27.60	0.39
0.08	1.30	0.07	1.00	0.47	2.20	4.40	6.60	0.04	21.20	28.20	0.40

◎汉口到北京的客运价格表

距离(公里)	一等	二等	三等
	10 分(计算单位)	10 分(计算单位)	10 分(计算单位)
10	0.4	0.3	0.15
20	0.8	0.5	0.25
40	1.50	1.00	0.50
61	2.20	1.50	0.75

82	3.00	2.00	1.00
101	3.70	2.50	1.25
121	4.40	2.90	1.45
140	5.10	3.40	1.70
160	5.80	3.90	1.95
180	6.50	4.40	2.20
200	7.20	4.80	2.40
220	8.00	5.30	2.65
241	8.70	5.80	2.90
263	9.50	6.40	3.20
280	10.10	6.80	3.40
300	10.80	7.20	3.60
320	11.60	7.70	3.85
340	12.30	8.20	4.10
360	13.00	8.70	4.35
380	13.70	9.20	4.60
400	14.4	9.60	4.80
424	15.30	10.20	5.10
446	16.10	10.70	5.35
466	16.80	11.20	5.60
489	17.60	11.80	5.90
511	18.40	12.30	6.15
531	19.20	12.80	6.40
540	19.5	13.00	6.50

◎**汉口到北京的货运价格表**

	一等	二等	三等	四等	五等	六等
	担/吨	担/吨	担/吨	担/吨	担/吨	担/吨
	10 分(基数)	10 分(基数)	10 分(基数)	10 分(基数)	10 分(基数)	10 分(基数)
10[1]	0.15/2.50	0.04/0.65	0.03/0.40	0.03/0.35	0.02/0.30	0.02/0.20
20	0.30/5.00	0.08/1.25	0.05/0.85	0.05/0.70	0.04/0.55	0.03/0.45
40	0.60/9.95	0.15/2.50	0.10/1.65	0.09/1.40	0.07/1.10	0.06/0.85
61	0.92/15.20	0.23/3.80	0.16/2.55	0.13/2.10	0.11/1.70	0.08/1.30
82	1.23/20.04	0.31/5.10	0.21/3.40	0.18/2.85	0.14/2.30	0.11/1.80
101	1.52/25.25	0.38/6.30	0.26/4.20	0.22/3.50	0.18/2.85	0.14/2.20
121	1.82/30.10	0.46/7.55	0.31/5.00	0.26/4.20	0,21/3.40	0.16/2.65
140	2.10/34.85	0.53/8.70	0.35/5.80	0.30/4.85	0.24/3.95	0.19/3.05
160	2.40/39.85	0.60/9.95	0.40/6.65	0.34/5.60	0.28/4.50	0.21/3.50
180	2.70/44.80	0.68/11.20	0.45/7.45	0.38/6.25	0.31/5.05	0.24/3.90

① 10：距离的公里数，与“汉口到北京的客运价格表”相同。（译者注）

200	3.00/49.80	0.75/12.45	0.50/8.30	0.42/7.10	0.34/5.60	0.26/4.35
220	3.30/54.80	0.82/13.70	0.55/9.15	0.47/7.65	0.38/6.20	0.29/4.80
241	3.62/60.00	0.91/15.00	0.61/10.00	0.51/8.40	0.41/6.80	0.32/5.25
263	3.95/65.5	0.99/16.40	0.60/10.90	0.56/9.15	0.45/7.40	0.35/5.75
280	4.20/69.75	1.05/17.45	0.70/11.65	0.59/9.75	0.48/7.90	0.37/6.15
300	4.50/74.7	1.13/18.70	0.75/12.45	0.63/10.45	0.51/8.45	0.39/6.55
320	4.80/79.70	1.20/19.95	0.80/13.30	0.68/11.15	0.55/9.00	0.42/6.95
340	5.10/84.65	1.28/21.20	0.85/14.10	0.72/11.85	0.58/9.60	0.45/7.40
360	5.40/89.65	1.35/22.40	0.90/14.95	0.76/12.50	0.62/10.15	0.47/7.85
380	5.70/94.60	1.43/23.65	0.95/15.75	0.80/13.20	0.65/10.70	0.50/8.30
400	6.00/99.60	1.50/24.90	1.00/16.60	0.84/13.95	0.68/11.25	0.52/8.70
424	6.36/105.55	1.59/26.40	1.06/17.60	0.90/14.75	0.73/11.95	0.56/9.25
446	6.69/111.05	1.68/27.80	1.12/18.50	0.94/15.50	0.76/12.55	0.58/9.70
466	6.99/116.05	1.75/29.05	1.17/19.35	0.99/16.15	0.80/13.15	0.61/10.15
489	7.34/121.75	1.84/30.45	1.23/20.30	1.03/17.00	0.84/13.80	0.64/10.65
511	7.67/127.25	1.92/31.85	1.28/21.20	1.08/17.80	0.87/14.40	0.67/11.15
531	7.97/132.20	2.00/33.10	1.33/22.05	1.12/18.45	0.91/14.95	0.70/11.55
540	8.10/134.45	2.03/33.65	1.35/22.40	1.14/18.80	0.92/15.20	0.71/11.75

◎汉口到北京的家畜专用车、包租车、行李车的货运价格表

	家畜专用车				杂货包租车		行李车
	1～20个①	21～50个	51～100个	100个减价	15吨车	20吨车	
	10分计	10分计	10分计	10分计	10分计	10分计	10分计
10②	0.50	1.00	1.40	0.01	4.50	6.00	0.09
20	1.00	1.90	2.80	0.02	9.00	12.00	0.17
40	2.00	3.90	5.60	0.03	18.00	24.00	0.34
61	2.90	5.70	8.50	0.05	27.5	36.60	0.52
82	3.80	7.60	11.50	0.06	36.90	49.20	0.69
101	4.70	9.30	14.10	0.08	45.50	60.60	0.85
121	5.60	11.20	16.90	0.09	54.50	72.60	1.02
140	6.50	12.90	19.50	0.10	63.00	84.00	1.18
160	7.40	14.80	22.30	0.12	72.00	96.00	1.35
180	8.30	16.60	25.10	0.13	81.00	108.00	1.52
200	9.20	18.40	27.90	0.14	90.00	120.00	1.68
220	10.20	20.30	30.70	0.16	99.00	132.00	1.85
241	11.10	22.20	33.60	0.17	108.50	144.60	2.03
263	12.20	24.40	36.60	0.19	118.40	157.80	2.21

① 个："个"是家畜货运单位，不是一头或一匹，前文有说明。另外，100个货运单位以上可减价，表中的价格是减价的价格。（译者注）

② 10：距离的公里数，与"汉口到北京的客运价格表"相同。（译者注）

280	12.90	25.80	39.00	0.20	126.00	168.00	2.36
300	13.80	27.60	41.80	0.21	135.00	180.00	2.54
320	14.80	29.60	44.60	0.23	143.3	191.00	2.69
340	15.80	31.60	47.40	0.24	151.50	202.00	2.86
360	16.60	33.20	50.20	0.26	159.80	213.00	3.03
380	17.50	35.00	52.90	0.27	168.00	224.00	3.20
400	18.40	36.80	55.70	0.28	176.30	235.00	3.36
424	19.60	39.10	59.10	0.30	185.30	247.00	3.57
446	20.60	41.10	62.10	0.32	193.60	258.00	3.75
466	21.50	42.90	64.90	0.33	201.10	268.00	3.92
489	22.50	45.00	68.10	0.35	209.70	279.50	4.11
511	23.60	47.10	71.20	0.36	217.50	290.00	4.30
531	24.50	48.90	74.00	0.37	224.30	299.00	4.47
540	24.90	49.70	75.20	0.38	227.30	303.00	4.54

◎汉口到北京的公里里程与货币钱两的对应表

公里里程(公里)	货币钱两(10分)	公里里程(公里)	货币钱两(10分)
10	0.10	280	2.80
20	0.2	300	3.00
40	0.4	320	3.20
61	0.61	340	3.40
82	0.82	360	3.60
101	1.01	380	3.80
121	1.21	400	4.00
140	1.40	424	4.24
160	1.60	446	4.46
180	1.80	466	4.66
200	2.00	489	4.89
220	2.20	511	5.11
241	2.41	531	5.31
263	2.63	540	5.40

附录部分

一、关于向中国中部地区出口纺织品问题

第一款　纺织品

纺织品是我国生产实用性工业产品中的大宗商品，其中尤以棉布最为重要，棉布是我国主要的出口商品。为此，有必要研究汉口纺织界的状况及汉口纺织业的发展，此乃当今的紧要问题。从眼下来看，我国纺织业在对中国出口的棉纱（作为织布原料）方面，取得了一定的成功。然而要想继续保持棉纱输出的市场份额不能说没有困难，所说的困难或曰挑战主要来自中国棉花原料的腾贵及中国纺织厂的不断发展和增加。以较长远规划来看，在失去棉纱的市场份额之前，必需要考虑作为棉纱善后的填补措施。也就是说，要在棉布加工上谋求主动。出于此目的，原来以输出棉纱为主业的日本生产厂家要及时调整生产方向，即将棉纱生产转向棉布生产。而生产棉布，主要取决于织布设备。当下，我国的织布机械急需改造，首先要废除人工织布，并改良织布机械。此乃我国纺织品输出、在中国纺织品市场与他国的舶来品相竞争不可回避的问题。现今在中国纺织品市场所出现的洋布、仿丝绸布及丝棉混纺布都是由精巧的纺织机械所织就，这些由精良的纺织机械所织出的布匹与中国固有的纺织产品及日本产品相比较，明显具有竞争优势，总结起来其优势有以下几点。

一、经纬线匀称的布面感觉

目前由 14 支、16 支纱所织成的粗制棉布，在布面上多有疏密不匀、粗细不均的现象，而用细纱（瓦斯纱）所织成的仿丝绸的布料全无这种情况。其细布的表面圆滑平整、无一处疵点。“圆滑平整”是中国人的审美心态之一，此外，细布可以通过瓦斯、滚轮等作用，使布面产生光泽，而这个“光泽感”更为中国人所青睐。细布所体现的优势都是粗制棉布难以做到的。

二、巧妙利用廉价的纺织纤维

当看到棉羽绸、棉缎子(仅用棉纱所织出的类似于缎子之类的面料)及铁线纱等仿丝绸面料时,似乎感到这些面料不是由廉价的棉纱或棉纱类的纤维所织就,实际情况并非如此,这些面料虽然使用廉价纤维,但却采用了巧妙的化学技术和织布机械设备,使面料出现光泽、质地的轻软及类似于丝绸的效果。这些都可以说是有效地利用机械、瓦斯、滚轮等一些科学技术的结果。

最近在布料市场,时而可见法国所产的丝棉混纺的面料,并将此面料称为"外国仿绉"。此布料同丝绸一样采用平织的方法,其经线用丝线,花鸟图案都用丝线,如此一来与没有光泽的布料的本色相对比,更显图案之亮丽;此乃对丝线经济使用的一个例子。此外,在布料设计上也是考虑到中国人的审美喜好,在价格上也有竞争力,让人感到意外的便宜。1 尺 6 寸宽(相当于 21 吋)的布料,其零售价格为 25 分左右。像这些外国货在批发进来时大约要便宜二成,可以估算出批发价格每尺在 20 分内外。像这样的混纺布,其种类何止一二种!常见到的还有"纹缎子"、"小纹绫"等,其织布的方法大致相同,即上文所提到的:采用平织的方法,突出布的地与图案的对比差。如果仅从表面来看,其华美程度完全可以和苏杭的丝绸相媲美,只是太过于华丽反而与真正的丝绸有所差距,此外,与真丝绸相比还有耐久性较差等一些缺点,毕竟是假丝绸,这些欠陷只能让人感到遗憾。苏杭的丝绸虽美,但其价也贵,每尺(13.2 吋宽)丝绸 50 分上下,从重量上来看每两丝绸要 5~7 匁。

三、具有可选性的多花色品种

外国舶来的仿丝绸布其销售对象主要是中国人,为此,其花色无疑都采用中国传统丝绸的花色样式。现今在市场销售的棉羽绸、棉缎子、混纺绉、铁线纱等品种毫无例外,都是如此。当然在众多的布料产品中也有采用与中国完全不同的织布方式的产品,此法与被叫做"蓆布法"的棉布织法相同。即,纬线比较粗,由于经线被拉紧,在布料表面出现类似于"草席"表面一样的纹样,俗称"凸纹布"。由于此布料具有不褪色、耐久性等特点,在中国多被用于男女小孩儿的服装用料,此布料大有压倒颇为便宜的花洋布之势头。与此相对照,2 尺 1 吋宽、30 码为 1 匹的、单面染色、质地较薄的花洋布,其每尺的零售价格为 7~8 分;此布(凸纹布)2 尺宽(28 吋)、30 码为一匹,每尺的零售价 13 分左右,价格略高。总而概之,所谓的纯外国风格的布料,主要有两大特点,或曰给人留下两大印象,这就是:不褪色和耐久性。在洋布里有很多品种,都有这个特点。目前,我日本还不能织出这样的布料,若究其原因不外乎机械设备不完善之故。

四、价廉是提高竞争力之关键

毋庸赘言,纺织品的竞争体现在四个方面:生产量要大、产品要好、价格要廉,并且还能够持续性地供应。以这四点来衡量,作为我国主要织物产品的"九重缎子”、“织女缎子”等终究缺乏综合竞争实力。如上所述，纺织机械不完善乃是其主要一难。因此说，纺织机械的改良是当务之急。

如上所述，机织品以其精美的织物，占据了一定的市场份额。那么，我国的棉布业应采取怎样一种态势？在谈及此问题之前，先简述一下棉布业的输出现状。如在贸易这一章节里所述：在外国输入到汉口的织物中，日本产品所占比例很小，所谓的机织物，大致只有漂白布（sheeting）、云齐织（18 支纱）等几种产品，大约占输出量的一半；另一半就是手工织物，其产品主要有：久留米织、紫条织、吉野织、瓦斯双子条纹织。特别是手工织物，无论在织布方式、图案还是布料尺寸上，都保留着日本产品的原本状态，并未研究中国市场之需求。例如吉野织已是日本六七年前的产品，如果将这样的产品作为日本织物的代表，与其他西洋舶来的织物相对照，只能贻笑大方。如果我国织物界的业内人士果真想将日本的织物推向中国，那么，就必须要在纺丝绸的织物上下功夫，提高丝光（Silket）工艺，考究对柞蚕丝、亚麻纤维、萱麻纤维的利用。

近闻汉口当局在武昌开设了制麻局，从日本购进了 30 台提花织布机（Jacquard weave），以丝线为经纱，以萱麻纤维为纬纱，创造了丝麻混织的新布种。当然，在染色及耐久性方面、以及在经纬两纱能否协调方面，还有待进一步观察；但汉口当局在极力采用新机械、使用本地的丰富原料、稳步开发有自家特色的新织物，这些举措都应为我邦织物界的业内人士所警醒，这些都是我邦业界难以企及的方面。当下，我国的细棉布、云齐布和棉绉类的粗棉布都有必要针对布料的长宽尺寸、耐久性、防褪色等具体问题加以认真研讨。关于中国人通常对服装所要求的尺寸，已在本书的“衣食住”这个章节里谈到过。因为这个问题很重要，为此，再补充性地强调一下。

中国人对布料的长宽尺寸通常是以一件“大袍子”、或一件“长衫”（长度到脚的筒式服装）所需的衣料为基准。其布料的幅宽 1 尺 2 寸（16 吋）、长度在 2 丈 4 尺（1 尺为 13 吋 2 分半）～2 丈 5 尺。就长度而言，大致近似于我国的“1 反[①]”。在中国 1 尺 2 寸的幅宽仅适用于一般情况，“长衫”背部的宽度常常达到 1 尺 4 寸，布店认为：作为夏季所穿的“长衫”的布料，在 1 尺 3 寸（17 吋 3 分）比较合适。为此，中国的夏布衣料（棉布、麻）大体上其幅宽设定在 1 尺 3 寸～1 尺 4 寸。如果是广幅则设定在 2 尺 4 寸（32 吋）。西洋舶来的宽幅棉布一般都在 32 吋～36 吋之间。然而冬装又有所不同，还要在 1 尺 3 寸～1 尺 4 寸的幅宽的基础上再宽泛一些。如果是中国高官的礼服，则要更加宽裕，即使是绸、绉之类，其幅宽大约也要在 1 尺 5 寸～1 尺 6 寸（20 吋～21 吋）。为此冬装所用的纺丝绸的混织织物其基本宽度尺寸应设定在 20 吋为宜。西洋舶来的洋布基本都是这个尺寸。

① 根据日本《单位の辞典》解释，1 反：宽 9 寸 4 分（35.98cm）～1 尺（37.88cm），长 2 丈 8 尺（10.61m）～3 丈（11.36m）。（译者注）。

当下，洋布的宽度尺寸颇多，主要有36吋、32吋、26吋半、20吋、46吋不等。这些尺寸并非无章，而是根据某种布料的用途而制定，也就是说，用途不同其布料的尺寸亦不同。日本输出的布料不可能完全依照西洋的标准，根据日本布料的用途，对其尺寸可作如下确定：宽幅细棉布为32吋～36吋；夏季用的布料，如纺丝绸织物类可设定为1尺3寸(17吋半)；冬季用的布料，如纺丝绸的混织织物及丝绸类可设定为1尺5寸(20吋)。

从长度来看：中国的25尺相当于10码，为此，纺丝绸的混织织物、丝绸类可设定为20码为1匹(2件大袍子的材料)；也可设定31码、32码为1卷。宽幅棉类可以30码或40码为一个单位(西洋布以31码或41码为1个单位)。此外，凸纹布、花棉布、宽幅棉布多为男女儿童布料，其尺寸设定在31码、32码较为合适。如前所说的紫条(名古屋产)、吉野织(吉野产)其尺寸可设定在幅宽18吋、20码为1匹。另外，紫条布要着重研究减少褪色及提高经纬纱的致密度问题。

棉绉一直以20吋居多，前不久，从东京输出以幅宽30余吋、长度20码为1匹的有图案的棉绉。现今尚未得到市场的信息反馈。不管怎样，总算有了按西洋布尺寸所确定的新品。总之，当下，棉布在中国市场是大宗消费，然日本尚未输出能与西洋棉布相抗衡的机械织造的产品。当务之急，日本要完善织布机械，并且还要寻找、开发能够合理利用的廉价的织物纤维材料。

第二款　日本丝棉混纺面料

近年来，从日本桐生、西阵等地大量向中国输出九重缎子、织姬缎子等丝棉混织织物。据说在中国北部评价尚可，在本地(汉口)自前年起似乎市场销售也有些起色。这无疑得益于我邦业内人士对织布之改良、对中国市场之研究，据说已经达到了不逊于西洋产品的程度。然而，经细致考察，事实并非如此，近来在汉口所见到的日本的缎子，所谓最上等之物，尚不能与西洋下等之物相匹敌。布店销售人士将日本缎子与外国的同类产品相比较，指出了以下一些缺点，现将其记录在此。

一、经纬纱空松现象

日本的织物产品最明显的缺点是质地疏松，如果将布料多搓动几下，就会看到经纱是丝纱，纬纱是棉纱，且棉纱会从丝纱的间隙中透出来。如用指甲刮几下之后，再将布料放在掌心中揉搓，那么，作为经纱的丝就会失去整合而起毛甚至散乱。之所以会如此，毋庸赘言，乃是织布水平欠佳而导致布料空松所致。丝棉混织织物在中国大都用于服装的外衣衣料，为此，一般都希望布料能具有坚牢、耐久的性质。如此疏松的布料不受中国人光顾，也不足为怪。在中国北方虽有一定的市场，估计也是由于价廉之故，如果价格少许变动，就会陷入滞销的被动。

二、质地轻薄、摩擦易损

在中国无论男女均以缎子面料做褂子、背心、外套、冬帽及女子服装的镶边。总之，此面料都暴露在外面，为此，耐磨损、坚固乃成为此衣料的首要的要求。如前所述我国的混织的缎子面料经纬纱组织不紧密，刮几下或揉几下，就会缎面失和，经纱的丝显露出来。如果纬纱为30支，那么可通过对综片(heald)的调整，使用25支或20支的经纱，以此增加质地的厚重感。

三、缺少弹性和张力

褂子、外裤都是中国人穿在外面的服装，如果在膝盖、肘部产生不规则的皱纹时，就显得极不美观。为此，对这些穿着在外的服装材料需要有诸如丝绸那样的弹性和张力。然而，我邦所生产的棉缎非常僵硬，把这样的棉缎抓在手里，再松开时一片皱纹，很不容易恢复原状。其原因很可能是上浆过多，以及对纬纱处理不好、掺进很多粗杂棉纱之故。如此质量的面料，除黑棉缎之外，其他产品均不受本地(汉口)民众的欢迎。与此相对，当下，最受欢迎的是法国产品，法国产品就无日本棉缎这样的欠陷，手感轻软，并具有丝绸那样的弹性，为此，不容易起皱。估计其纬纱所用的棉纱是瓦斯纱或者是棉纱与苎麻、亚麻混纺织后的纱。总之，法国产品对布料处理不采用上浆的方式。法国产品之所以轻软、有弹性，最重要一点是纱处理得好，除采用与麻类混纺的原因外，对纱进行化学技术处理也未必可知。

四、缺少光泽

如前所述，日本输出的产品主要有机织和手织两种。其手织的产品实在是难于找出什么亮点，故在此不述；日本的所谓机织产品也存在很多欠陷，如果将日本的产品与法国的产品放在一起比较，日本产品就会黯然失色，在光泽上逊色了很多。如若分析原因，不外乎纱的质量和对纱的处理上，由此使布料失去了光泽。欧美产品看起来漂亮，并不一定都采用了优质原料，而是巧妙使用机械，进行完善处理之故。就拿“棉羽绸”来说，日本把“棉羽绸”叫做“毛缎子”，虽称其为“毛缎”，而实际上，这种面料根本无丝，其经纬纱都用的是纯棉纱。这种面料在中层以下的中国人中非常有市场，作为平常服装的面料，对其需求量甚大。其布料的幅宽在22吋上下，每码的零售价格为45分～60分。此布料虽用棉纱织就，但非常有光泽，表面看上去与丝绸相差无几。通过对其产生光泽的原因进行研究，大体上有这样几个因素：首先其经纬纱整齐，且质地严密。在最后处理时，用瓦斯枪快速烧掉布料表面的细毛，进而用一种精巧的滚轮对布料表面加压。通过验布镜对布料表面细致观察，可见到微毛(细于毛发的毛)平整而有规律地呈平行直线状排列，可以推测并不是单纯的机械滚压，而是滚轮通过电的作用而产生的作用；如果不是这样，不可能产生如此平整且光亮的、肉眼察觉不到的效果。另外还有可能在布料的表面涂撒一层发光材料，然后施以滚轮压力，使其布料的平行直线固定下来;为此,如果不是用力揉搓或放在水里浸泡洗涤就不可能变形。还有在布料表面的平行直线上有无数细微的凹凸,这些凹凸在光线的反射和屈折之下产生光泽作用。目前我国还没有能织出如此光亮的布料的织布机械。

五、布料的颜色种类不丰富

中国人穿衣讲究颜色搭配,为此重颜色而轻视花纹图案。若生产上衣所用的衣料,就要格外讲究颜色。市面上主要的流通颜色有:元青(黑色)、天青(深蓝)、鸟青(深蓝接近黑色的那种鸟的羽毛颜色)、雪青绯(红与蓝相交织的颜色)、蛋青色或称湖色(类似于日本的水色)、银鼠灰、紫色(类似于日本的古代紫)、品蓝(藏青)、二蓝(比纯蓝稍淡)、荷花色(略带黄色的桃色),以上这些颜色是一年四季的流行色,不论男女均喜好这些颜色。

在中国民众中认为:深绿、赤色、牡丹色、桃色是不稳重的"俗色",亦称"下色"而加以排斥。与此相对,如黑色、天青、品蓝给人以庄重的感觉,将此作为"正色"而加以推崇。我邦以中国市场为对象的从事服装面料的业内人士尚未对中国服装颜色做认真考察,为此,很少有雪青、银鼠、蛋青、品蓝这样的颜色。且对缎子面料不太考虑耐洗涤问题,而更侧重于考虑如何防日晒。

六、布料的图案纹饰拙劣

近来日本也生产了有图案或纹饰的缎子面料,然而并不符合中国人的审美和喜好。我国的业内人士认为:"中国传统的用于服装的图案纹饰似乎并不是很多,大约只有十多种。且都在绸、绉、缎的面料上。"为此,径直模仿中国的图案纹饰进行生产,然后将产品销往中国。如此僵化看待中国的布料图案及纹饰,显然不符合中国市场之要求。总之,日本在服装面料生产上有诸多需要改良之处,与此相对,与日本产品相竞争的外国产品则具有诸多优良之处。眼下,在汉口口碑最好的外国产品是法国产品,法商立兴洋行建立服装面料陈列室已长达四年之久,经常邀请中国有关人士到此奖评、鉴赏,并请提出改良意见。正因为如此,时至今日才能生产出符合中国人审美的图案面料。这一点值得我国业内人士反思。现今汉口缎子面料的零售价格,素色面料:每宽 1 码为 1＄80 分,纹饰面料:每宽 1 码为 1＄50 分,是很有前景的市场。

第三款　丝织品

在输出的丝织品中着重叙述甲斐产的丝绸。总体来说带条纹状的甲斐丝绸在中国并不畅销,其原因是中国人喜欢素色的丝绸面料,不光是丝绸,仿丝绸、棉布类也有此倾向。总体来说中国人在外衣面料上不喜欢有条纹图案。因为这个原因从西洋舶来的棉羽绸及其他各种仿丝绸类只有素色面料和花纹(纹饰)面料。在汉口所见的条纹布仅限于做汗衫用的兰条布、宁波产的柳条布,还有另外二三种供小孩儿服装用的棉布。我国所产的甲斐绸多用于西洋服装的衬里，如果勉强用于服装面料，大概也仅限于儿童的外出服装和妓女的衣料这样一个狭窄的范围。原本以欧洲妇女为销售对象所考虑的"凸纹甲斐绸"，如果色彩漂亮，在汉口也能有一些销路。

如果从中国市场需求来看，应大力开发素色面料。在颜色上以鼠色、水色(淡青色)、小豆色、玉虫色(有金属光泽的红紫色)、橙皮色、绿色为佳；以光泽强为上品。在布织上平纹或斜纹均可，但以缎子样的织法更好。下面再谈甲斐绸的长宽尺寸和价格。

一、甲斐绸的长宽尺寸

普通产品的甲斐绸其宽度为1尺3寸或9寸3分，比中国服装所需的幅宽要窄。中国丝绸面料的宽度为1尺5寸内外，最窄的面料也不会小于1尺4寸。面向中国的西洋绸基于此，都比较宽泛地将尺寸确定在1尺6寸，没有比1尺6寸更窄的尺寸。如果是宽幅，可将尺寸确定在2尺2寸～2尺4寸之间。如果尺寸不合适，即使在花色上符合中国人的审美要求，也很难寻到买主。另外，布匹的尺寸长度不可能确定为20码，应是30码或40码中的一种。

二、甲斐绸的价格

根据样品价格表来看：甲斐绸每码3圆50钱，相当于每尺1圆以上。如果1尺8寸宽、且质量良好，在中国偏远内地销售尚可，然而这样的外国货在汉口问津者甚少。从汉口的市场行情来看：斜纹织或平纹织的薄绸比较畅销。如果将这样的薄绸改为通常幅1尺5寸宽，或宽幅的2尺2寸宽，就可大致达到汉口纺绸的程度(在尺寸上与纺绸无太大差别)。

纺绸为汉口夏日所穿用的丝绸。纺绸多为苏杭出品，其绸料耐洗涤、经久耐用。如果日本的甲斐绸以此为目标，在绸料质地上接近于中国的纺绸，那么，所售价格也应与纺绸无太大差别为好。现今市场上苏杭纺绸的价格是：1尺5寸宽的幅宽，每尺30分(零售价格在35分～40分)，每码在1$内外。

在日本大多将甲斐绸用于和服的衬里或洋服的衬里，而以中国为对象进行销售时，要有所改变，因为在中国多将此类薄绸作为夏天的外衣穿用。由此还要考虑到如同纺绸所具备的那样的耐久性。当然其弹性也是不可缺少的要素。要满足上述要求，其经纬纱都要使用柞蚕丝或者生丝。这样日本的甲斐绸才有望打入汉口的丝绸市场，但要在花色、尺寸以及织制上都要有所改良。同时其销售价格也不一定局限在30分之内。

二、关于汉口的土地及其用地问题

第一款　地　价

地价主要依据土地良否、便利程度来决定。上等水田每亩[①] 40 圆内外、中等 30 圆、下等 25 圆。上等旱田 30 圆。总之,汉口市附近的土地价格腾贵,其原因不外乎驻留在汉口的外国人不断增多,并且认为,汉口的土地将来有极大的升值空间,相互争相购买土地,从而导致汉口土地价格上涨。例如外国租界后方的田地,1 方面积的土地没有 30 两银子根本买不下来。

第二款　耕作物的收获率

以下是耕作物的收获量及产值。

◎耕作物的收获量及产值

农作物名称	每亩收获量	单价及价格	农作物的产值
棉花	20 斤	每斤 200 文	4,000 文
烟草	150 斤	每百斤 3,000 文	4,500 文
稻米	1 石 2 斗	1 石 4,000 文	4,800 文
芝麻	6 斗	1 石 5,000 文	3,000 文
大豆	8 斗	1 石 4,000 文	3,200 文

第三款　地主与佃农之间的关系

在汉口及汉口的周边地区地主所持有的土地数量较为平均,被称其为大地主的土地持有者不能说没有,但非常稀少。佃农在租借土地时,通常都不定期限。佃农所上交的地租是:每亩(中国亩)交稻谷 1 石。旱地铜钱 1,000 文。也有要求上交农作物一半的情况。如果佃农所租借的土地面积较大,由地主建造住宅,再将此住宅贷给佃农,这种情况一般都规定租借期,最长不超过三四年。

第四款　地　租

规定仅以钱、粮结算地租,一般将地积 360 方称之为“一石田”(也有将 300 方或 310 方称为“一石田”的地方)。规定“一石田”征收 1 钱 5 分(相当于日本的

---

① 亩:在此指中国亩。1 亩(中国亩)$=666.6\text{m}^2$,1 亩(日本亩)$=99.174\text{m}^2$。中国亩大约是日本亩的 6.7 倍。(译者注)

20钱1厘9毛)地租,而实际上,在具体实行中地主常常高出以上标准多额收税。

现将汉阳县地租概述一下:清朝初年丁数7,803,乾隆三十七年,增加新丁2,507;但新丁未计入征收计划内,仍按2,029两3钱征收。雍正七年进行改定,可随粮派丁。

汉阳县秋地138顷21亩,每年作为秋粮课税一次。上秋(上等秋地)26顷77亩半,每亩课税4升米;中秋地94顷23亩,每亩课税3升米;下秋地14顷23亩,每亩课税1升6合米。课米总计为158石2升。

汉阳县课地税田亩为2,283顷2亩6分8厘,对此每年课以秋粮和夏税。上等地税416顷19亩4分5厘,每亩课粮税1升4勺,麦税2升8合;中等地税151顷7亩2分2厘,每亩课粮税9合,麦税1升8合;下等地税1,091顷25亩9分5厘半,每亩课粮税7合1勺,麦税1升4合2勺。水乡田亩224顷49亩7分4厘,每亩课粮税5合3勺5,麦税9合6勺。

汉阳县田亩总计为2,775顷69亩2分,每年课米一次。进行分等课税,上等田1,237顷83亩6分9厘,每亩课粮税7升3勺9抄;中等田469顷45亩8分4厘,每亩课粮税3升5勺7抄;水乡田亩655顷95亩5分7厘,每亩课税6合1勺;极下等田87顷83亩9分7厘9毫,每亩课税1升6合9勺2抄。

共有塘堰414顷30亩9分,每亩课粮税1,134石5斗4升。共有山地3,363顷22亩1分,每亩课银10,006两。

第五款　土地买卖惯习

如果进行土地买卖或转让时,出售者必须要立一份买卖土地证书,一般中国人将此证书叫做“契”,出售者将签订好的“契”连同地券一起提交到道台衙门处登录备案后,方可承认土地所有权转移。清朝法规一直沿袭严禁外国人具有土地权,为此,外国人如果要取得土地必须使用“永远租借”或“抵押”的名义取得土地的使用权。

三、关于汉口水道及电灯公司的设立问题

第一款　关于设立水道、电灯公司的计划

长期以来,汉口住民的饮用水及其他用水只能汲取长江的浊水、或对浊水过滤后使用。显而易见使用这样的水源既不便利,又非常不卫生。中国官宪当局从中国的利权的角度来考虑,不愿意让外国人在中国人居住区(外国租界地以外的地区)铺设由外国人所经营管理的水道系统。为此,各外国租界地准备自行开

展水道事业。但所面临的问题是:其铺设水道设施的费用极其巨大,且效益回收渺茫;还有租界内的街道狭窄、曲折,给水道铺设带来很大难度;为此,外国人尚未着手水道铺设工作。

在前文已提到过的燮昌火柴公司老板宋炜臣联合16家中国绅商,以股份制的组织形式成立了汉镇既济水电有限公司。这家公司不光从事汉口中国街道的水道事业,鉴于汉口街道照明的不便,也经营汉口的街市的电灯事业。已在汉口的资本家之间,发布了征求股份意见书,征得汉口资本家的支持。

第二款　资本及对资本的分配

起业资金先确定为300万元,这其中的100万元由6名发起人在上海募集,50万元由另外的发起者在汉口募集,120万元面向汉口广大住民募集,剩下的30万元呈报湖北政府,向湖北政府募集。每股股票的价格为10元,每股股票每年有6分的利息。在上海所募集到的资金汇集到义善、源庄银行,汉口汇集到大丰庄银行托管。每年的利益分配方法是:每年的年末将所获纯利分为20份,1份为营业税、2份为事业扩展费、3份为公司工作人员的薪俸、剩余的14份作为股金按投资比例分配给所有的持股者。

第三款　工厂用地及公司组织

工厂设在汉口硚口玉带门旁,工厂落成之后,首先向黄陂街、河街及夹街供水、供电。公司管理人员由湖广总督任命,设监督官1名。其他从股东中选举董事长(总董)1名,持1,000股以上的投资者,可成为董事候选人,公司可设董事3人～13人。技师从外国招聘,公司下设庶务所、书记所、会计所、材料所、机械所这5个部门。本公司在汉口(除外国租界地之外)的业务范围除水道、电灯之外,还具有经营瓦斯灯的特权(其他公司、会社不得经营此业或通过协商决定经营此业)。

第四款　创业费、一年的收益及运营费

根据对汉口资本家所发布的“征求股份意见书”的内容,其创业费、一年的收益及营业费如下所示。

第一项　创业费预算表

◎创业费预算表

序号	创业费支出内容	支出资金(估算)
1	工厂及储水池场地铺设一万方的收购价格	4万元
2	低洼地的填埋工程	5万元
3	浊水潴留池、滤水池、清水储存池等的工程建造费	60万元
4	机械室、锅炉房、烟囱、煤炭储存场地的建造费	20万元
5	工厂内的大小水管、水门、水沟等的建设费	10万元
6	码头及铁井的工程费	5万元
7	江水汲取机、清水汲取机所用锅炉(3台)	
	6个发电机、修理机、煤炭搬运车辆等	40万元
8	大小铁管及水栓	50万元
9	小火轮2艘	2万元
10	储水塔(高10丈)1座	10万元
11	外国技师及技师住宅	4万元
12	杂费	20万元
13	锅炉、电线(45华里)、电灯泡25,000个	60万元
	合计	300万元

第二项　效益估算

汉口居住人口为70万，假设每人每天用4加仑水，每天汉口用水量280万加仑。现今每1,000加仑的水费为70分，每天可有1,960元的收入。估计每年就有705,600元的收益。电灯总计为25,000个，假设每月每灯收取90分电灯使用费，每年就有27万元的收入。故，水道、电灯两项合计每年共有975,600元的收益。

第三项　事业开始后每年的费用预算

◎事业开始后每年的费用预算

序号	费用预算内容	资金(估算)
1	水道、电灯两工厂每天消耗30吨煤炭(每吨以10元计)	10.8万元
2	外国技师和技术员的薪俸	1.2万元
3	雇用的劳动人员的工资	2万元
4	汲水人员的工资(挑水工)	2万元
5	股金的利息支付(按年息6分)	18万元
6	工厂铁管的修缮费	6万元
7	电灯的维修、修缮费	4万元
8	杂费	2万元
9	燃油费用	3万元
	合计	49万元
	剩余资金	48.56万元

第四项　对水电公司的几点看法

公司的预算大致如上所述。对此，简要提出看法：1. 汉口的中国街所居住的中国人全部能用上由水道所供给的用水，这绝非在短时间内所能完成，电灯照明亦然。2. 如前所述，中国街内的水道铺设及电灯布设需要巨额资金，且有预想外的巨大开支。3. 中国人经营事业往往监管不利，且有浪费、滥用之弊。如若不能提出严厉的禁止之法，事业能否成功，尚有可置疑之余地。

四、关于列国在长江上的竞争[①]

汉口概说　(前略)汉口自古以来之所以被称作“九省通衢”之地，那是因为长江的主流流经汉口，而注入长江的各地的河川水网又可通达中国十八省中的九省之故。英国人在汉口开设租界地已有 40 年之久，汉口俨然已成为欧洲之街市。继英国之后，俄国、法国、德国等国在汉口纷纷取得了租界地，并对租界地进行了卓有成效的经营活动。我日本终于在 15 年前，在汉口设立了领事馆，然而，与此极不协调的是并没有引起商人纷至沓来，在汉口仅有一家日商经营的商店，其实，说是商店，只不过是销售一些精奇眼药水的杂货铺而已。由于这种状况持之日久，最终导致领事馆闭馆。日清战争之后，清国在下关签订了“下关条约”，据此，在汉口取得了专管居留地，至此，在 1898 年末，日本国领事馆在汉口再开。开始从事原领事馆最初设定的在中国长江一带寻求我日本利权，尽管初衷如此，然，直至七年前，才开始进入角色。日本领事馆虽然迟设，但仍出现了一支与列强国相竞争的力量。在汉口，即在长江沿岸唯一的大市场与各列强国展开了尺土必夺、寸土必保的竞争。经过我国官吏、商人非凡、卓越的努力，终于使日本在汉口有了这样一个天地和形式。(展示地图[②])

如诸君所见，长江是这样自西向东流去。汉水在此处注入长江，由“汉水的入江口”之意而形成“汉口”这一称谓的地名。汉水这条河通向在当年义和团事件时，清朝皇帝、西太后避难的西安一带。请诸君再看：隔着汉水与汉口相对的地方是汉阳，在汉阳这个地方建有制铁所和兵工厂。与汉阳相对的是武昌，此处乃是湖北省的首府，张之洞的总督府就设在此处，在座的诸君中的同窗或前辈有人就受聘于此地。汉口、汉阳、武昌这三市鼎足而立，这其中的汉口发展最快。图上的这个位置是中国街，西方的英国最早来到此地，至今已经营 40 年有余，这一带是英国的租界地，紧邻英国的是俄国的租界地，下面是法国、德国的租界地。

---

① 这篇文章是著者 1906 年，在日本早稻田大学讲演中的一节，小标题为译者所加。(译者注)

② 原书里无展示的地图。(译者注)

下面这块地方，坐在远处的同学可能看不清楚，这就是日本的租界地(笑声起)。现在面积的确很小，但在不久的将来，要扩大一倍半的面积，图上的这一带就是准备扩张的日本租界地(拍手起)。在这里有一小块空地，空地旁是比利时的租界地。不过，这块地方还有争议，比利时虽然取得了租界地，但并没有得到清朝官宪的认可。比利时通过金钱的关系，取得了相当于租界地的使用权。现今有一家比利时的公司在此，全部由比利时人经营。比利时租界地的旁边是卢汉铁路的火车站，从火车站还修了一条支线到汉水，在临近汉水处还修建了供装卸货物、乘客上下的车站。现今卢汉铁路的火车站已改成京汉铁路火车站，成为纵贯中国南北铁路上的一个大火车站。现今起于广州、止于武昌的粤汉铁路受到热议，从图上看，武昌在这里(作者指着地图讲解，译者注)，这是一个交通非常不便的地方，据说粤汉铁路的大火车站将设在位于武昌下游的京汉铁路大火车站的对面。

从武汉的地理位置来看：从西藏深处流出的长江由西一直向东最后注入中国的东海；由北向南的京汉铁路纵贯中国的南北；武汉恰好位于东西水路、南北铁路的十字交汇处。日本染指汉口只是近七年之事，时日之短，令我国人感到遗憾，不过，我日本国之所以如此，也有其不得已之因素。如前所述，由于日本进入汉口较晚，无论租界地的地段或条件与其他列强国相比都有一定差距，尽管如此，也不能不接受挑战；在此心情之下，横滨正金银行在汉口设置了分行。

日本租界　现如今，无论是英国租界地还是其他国家的租界地都道路平坦、高楼大厦矗立，与此相对，由于诸多原因所限，日本租界尚未开始建设，租界内都是用竹子和苇席搭起破陋不堪的小屋(最近已有建设租界地的计划，首先在道路上)，在日本租界地居住人口甚多，从居住数量上来看，超过他国的租界地的居住人数，但并没有一个日本人，有感于此，我在新年之际，做了一首俳句[①]："新年伊始，未见国旗，唯有日本租界地。"(笑声起)日本租界地没有日本国旗这是当前日本租界的状况，虽令人遗憾，但却是无可奈何之事。不过，针对日本租界地建设有一种消极的观点认为：日本的租界地的建设虽有利于日本的利权发展，但终究会惠及他国租界和中国街市，其实大可不必悲观至此。

趸船建设　另外，在汉口发展还有一点略感欣慰，这就是与航海业相关的趸船码头的建设，趸船码头的重要性在哪里？在此简要说明一下：长江所流动的水，随着季节的变化呈现出丰水期和枯水期，这是生活在日本的日本人所想象不到的。我这里有一份有关长江水势的水文资料，自 1865 年起至 1900 年止的 35 年间，枯水期最低点在每年的一月至二月间，丰水期的最高点则在每年的七月至八月间。1865 年这一年，在汉口设置了海关，并将这一年的最低水位确定为

① 俳句：有 17 个音和使用季语的日本短诗。(译者注)

"零"。自设置最低水位的"零"位线至今已有41年，根据有数字可考的水文资料记载：长江水势有时达到零度以上50尺，有时在零度以下3尺。所谓的零度，即最低的水位线，以汉口前面的长江的最深处为准；这个最深处有负40余尺的深度。当夏季七、八月时，大水有时漫过护堤；这个护堤通常都有50尺以上的高度(建筑物都建在护堤之上)。冬季时节，江水减退到大致归零状态。由此得出长江水势的落差在50尺上下。由此可以推定，在春夏的丰水期，在长江江面可行使13,000吨的战舰。在枯水期即使是浅吃水的河船在下流航行也常常搁浅。对于把隅田川①作为大河来咏叹的东京人来说，的确难于想象长江的水势的状态。(笑声起)

因为长江有这样的水势落差，即使有栈桥、码头这样的设施，夏季到来船舶停靠处仿佛在天际，然而冬季来临船舶停靠一下子似乎又跌入奈落(地狱)之底。为此，靠栈桥这样的固定设施并不能完全起作用。必须要考虑水涨船高这样的设施，而趸船能满足随水势自由调整这样需求。可以说没有趸船根本不可能进行长江沿岸的船舶作业。趸船选定一处合适的处所之后，就可抛锚固锁了。然而，趸船在长江江面的的停泊位置，即水面权在列强国之间竞争尤为激烈。现在，在英租界每年的水面权每尺的使用费10圆左右(日本钱币)，但仍争相租借，取得泊位后，就可停趸船于此，船舶通过趸船装卸货物，此外，还要在货物集散有利的街市建设与装卸货物相配套的其他设施。日本的大阪商船会社在八年前，开拓了长江航线；现今有4艘火轮行驶在上海至汉口之间，有2艘火轮行驶在汉口至长江上游的沙市、宜昌之间。也就是说有6艘船常年行驶在长江之上。

商业竞争 令人感到愉快的是，大阪商船会社战胜竞争对手，在中国街最繁华、最便利的商业地段拥有最好的趸船船位。这个趸船船位是其他公司想尽办法都无法得到的优良泊位。然而，这个泊位终究是借来之物，既然是借，总要归还。为此，打算今后无论如何也要在长江下游的日本租界地内建设日本自己的趸船船位。为什么要"无论如何"呢？因为，一个趸船船位里每年有几百万圆的商业利益。我说几百万圆，诸君以为我在吹"法螺"②(笑声起)，说起来可能令诸君吃惊，汉口每年的来自贸易的利益达一亿四千万两。一两是多少钱，我简要说一下，67两银相当于金币100圆，也就是说，一两相当于一圆三十钱以上的价值。换算下来，一亿四千万两大约等于一亿九千万圆的价值。换言之，汉口一地的一亿四千万两，相当于日本贸易的2/5。上海为一亿八千万两，只比汉口多四千万两，希望在座的诸君要记住汉口这个地方。汉口的将来究竟如何发展，从地势来看，汉口沿长江下游600哩，到达上海；往上游行进，没有大都会。长江由西向

① 隅田川：亦称"大川"。日本东京都的河流，荒川的下游。在千住以南东京都内称"隅田川"。长25公里。为了防止洪水泛滥，开凿荒川、中川等溢洪道，形成纵横交错的运河，水运较便利。(译者注)

② 吹法螺：日本把吹牛、说大话，叫吹"法螺"。(译者注)

东，京汉铁路由北到南，此格局定会促进中国贸易之发展，而处于这个十字交叉口的汉口无疑将得到重要的发展机会。汉口将来在商业上得到进一步发展乃是自不待言之事，我想作为工业基地也会得到迅速的发展，如果以美国的产业布局来对比，汉口就相当于芝加哥的地位。

前文已提到"九省通衢"，所谓的"九省通衢"就是便利于商业交易，同时这也为工业加工奠定了基础。以汉口为中心的周边地区大都通过民船将粗加工的麻、漆等原料、棉或其他各种杂谷、农产品通过民船运至汉口这个中心区，再通过这里的工厂将来品进行半精加工或精加工。如此一来必将大幅度节约将粗制品原封不动运到上海的费用。

举例来说：现今从汉口输出到日本的棉花其数额非常大，对于日本来说汉口棉是继印度棉、美国棉之后的重要的棉花输入来源。现如今，棉花不以重量而以容积来计算运费；为此，在汉口有三四家使用棉花打包机械的工厂。棉花的原本形状是蓬松、松软，经过棉花加工厂加工使其成为致密、结实的物体，这样一来，既便于输出到日本等外国，又便于转手输出到中国的其他港口。以此为例，无论是麻还是棉，如果能对其原料进行加工，相对于汉口到上海有600哩的空间距离而言，通过对粗制品加工、提纯必然会减轻原材料的重量，由于减轻重量而减少运费开支。从这一基点出发来考虑，汉口就具备了成为工业基地的要素。

再举一例：汉口集散大量的火柴原料，同时汉口又有大量的闲散劳动力，却长期以来一直依赖日本或其他外国供给火柴。尽管如此，中国人终究有一天会产生自己生产火柴的想法。年老气锐的张之洞（笑声起）终于看到了这一点，采取垄断的办法，扶植与我日本租界地为邻的中国的火柴公司，稳步开展火柴产业，现如今已将日本的黄磷火柴驱逐出了汉口市场。在张之洞的奖励政策下，无疑会加快汉口工业基地建设的进程。以上仅就开港地汉口进行了讲解，下面再说一下武昌和汉阳。

汉阳与武昌 因为武昌与汉阳不是条约里的开港城市，为此，原则上不允许外国人居住或通商。但如果是教师职业或被中国政府所聘用的日本人则另当别论。现今有我的一位同窗前辈住在武昌，当然这是得到张之洞的特许，如果是我肯定不会让居住。现今，在武昌一家日本人开的杂货店都没有，拿张之洞俸禄的日本人男女老少都算在内，共有200人左右，这200人即使想吃日本的最平常的"福神腌菜"也必须到汉口才能买到。

为什么不能在武昌开杂货店呢？因为依据条约武昌不是开港地，仅此而已。我邦人士的日用品之类，只能到汉口来买或汉口的行商商贩到武昌销售。总之，武昌、汉阳属于非开港地，不经张之洞特许是不允许居住的。说起长江，很多日本人在头脑里涌现出隅田川这条"大川"，前面说过，彼江非此川，从武昌到汉口非常不方便，从武昌到汉口，相当于从东京到静冈这样一个麻烦的行程。武昌与汉口虽然隔江南北相望，但并不像门司与下关这样一个关系。彼处的长江弯曲向北流动，为此，冬季北风一吹，浊浪滔天，一般的渡船根本无法渡江。在天气晴好的时候，如果去武昌办事，也仍然很麻烦，首先自己坐人力车或马车到中国街，然后乘中国人准备的轿子过中国街，再后乘船到武昌；到武昌之后，再乘汉口随同而来的轿子，去往目的地；办完事之后再按原程序返回。这样一来，即使一大早出去，不到下午四点钟也回不来。如果是浊浪滔天那就更难渡江了，说起渡江困难，还让我想起一件事。那是去年的"天长节[①]"的时候，按照往年惯例，张之洞等官员在武昌举行招待会，宴请日本重要人士。然而"天长节"那天由于天气恶劣，没有日本人到场。为此，张之洞询问日本皇帝的诞辰日为什么没有日本领事馆的人员参加，下面的官员答复说，由于天气不好，不能从汉口过江到此。结果张之洞派自己孙子乘军舰到汉口迎接日本领事馆人员，到武昌参加招待会。以千吨军舰渡江，到武昌去吃"言问糯米团"[②]，在日本恐怕会认为是奇闻；事实上，汉口与武昌之间相隔似乎不远，但有时没有军舰就是无法逾越。

说到过江，还有一件趣事。湖广总督张之洞决不来汉口，不管发生什么事情都不来汉口，如果问为什么，那是因为汉口是开港市，已不是他的任地；基于同样理由因为汉阳与武昌不是开港市所以外国人未经允许不得停留。据说张之洞一直在武昌的总督府，如果没有北京的敕命决不过江到汉口。伊藤侯、西园寺侯来汉口，高田博士来汉口，总之无论谁来汉口，张之洞都不会过江来答礼。只是在离开汉口回日本时，再约定一个见面地点。例如，约定在总督府衙门见面，而当来到布政使衙门时，可能张总督随后就出来答礼了。如果对来访客人出于礼节必须要答礼时，一般让客人在自己的别宅等候，在那里答礼。

友谊与算盘　还回到前面说的话题，日本商船会社的情况如前所述；再说邮船会社，据闻邮船会社又增添 3 艘在长江上他国不能与之匹敌的 3,000 吨位的新船。这 3 艘新船加上商船会社的 6 艘船和邮船会社原有的船，共有 10 艘，以这 10 艘船的实力，在长江航运业这个领域与英、德、中展开竞争，估计还是有很大的胜算。业内人士认为：邮船会社新增的 3 艘船投入使用后，无论在吨位上、还是在船的数量及设备上日本都达到了一流。但有人认为，既然日英已签订同盟，那么在商业上也应该以合作的态度出现，在长江航运的利益上尽量避免与英国产生利害冲突，如果有可能也避免与德国产生冲突。众所周知，我日本国并不喜欢与他国发生冲突，原本日英所缔结的同盟条约乃政治上的同盟，现今将作为政治

① 天长节：天长节之名来自中国唐朝时唐玄宗皇帝的生日。后被日本采用，作为在位天皇的生日。（译者注）

② "言问"是日本明治时期卖糯米团的一家老店。在东京教北区隅田川对面的向岛一侧。东京人为了品尝老店言问糯米团，常常横渡隅田川去买，因为隅田川的川面很窄，渡川并不费事。著者在此说明：在日本渡隅田川和在汉口渡长江完全是不同的两件事。（译者注）

意义上的同盟引申到商业领域，并以政治意义上的同盟来压抑日英的商业关系，对此论难于苟同；在日英商业关系上日本不存在妥协的理由。再者英国在长江沿岸的一贯做法及英国对日本利益的对待法都不允许我们因日英同盟这一禁锢框架而对英国采取让步的态度。

例如：在英国租界地的前面有一个趸船的船位曾被日本邮船会社收购。就在英国租界地旁边的邮船会社在收购趸船之后，当然要利用趸船进行航运业务。但英国方面提出，不是英国船不许在英国租界地前面停留。从商业道理上来讲，既然是收购，此趸船的船位就应该归日本公司所有，如果非英国船在此不能停泊，等于趸船不能使用。为此，邮船会社采取了变通的办法，成立了一家打着英国招牌的“扬子江航业会社”，然后将趸船及其设备卖给了这家会社。然后打着英国国旗在英国租界地前面的趸船停泊，原以为经过如此改变不应该再出现问题，然而最终还是不许停泊，英国人再次拒绝是因“扬子江航业会社”乃邮船会社之化身。

实际上，即使打着英国国旗，如果不是善意地、实质性地让英国得到好处，终究还是不能取得英国租界地前面的长江水面的使用权。由于无法与英国达成协议，邮船会社以及新成立的扬子江航业会社忍受诸多不便与损失转而求助法国，达成在法国租界地前面的江面停泊的意向。从时间上来看，日英由于趸船所引起的商业利益摩擦，仅在日英同盟缔结之后的一二月间，似乎日英两国连蜜月都没度完，就引发了争论。毋庸赘言，对于日英同盟我们持赞成态度，或者说感到非常高兴。但不得不提出的是“日英同盟”与商业利益、或者商业实力的竞争完全是两回事，说得明白一点，商业利益的竞争实际上就是“算盘”上的竞争，有时不可避免地会出现方寸不让的局面。在政治上倡导某种“主义”，并以此来判定友方或敌方，即友国与敌国，实际上，其政治理想最终还要落实到“算盘”上，以“算盘”上的“算珠”是合还是否，来决定行动上的“握手”还是“反目”。也就是说，友情归友情，商利归商利，友谊和算盘是两回事。我日本商业人士之所以如此以竞争之姿应对，并非出于已愿，而是先进的列强国早已摆出竞争态势，作为落后方的我们出于自卫，必须要采取与之相对之决心。

前面我已讲过，目前日本租界地到处都是如同乞丐居住的茅棚，完全不能体现日本租界地的面貌。如果有朝一日，日本租界地达到了护堤严整井然、大道平坦纵横、大厦高楼林立的时候，某一外国公司请求租借日本租界地前面的江面的趸船船位，日本该如何回答？如果对日本没有善意地、实质性地让日本得到好处，恐怕日本也不会断然同意吧。因此说，单纯讲政治毫无意义，所谓政治最终体现在商业竞争上，这实在是现实世界无法回避的事情。（拍手起）

以上几篇与本书的一些章节有重复之处，但总体上汇集了一些有价值的通商资料，以供参考。

五、创业资料

第一款　作为工业基地的汉口(第一部分)[①]

汉口是农产品的一大集散地，同时也是很好的工业基地。以此评价汉口颇为适当，无过言之处。在以下报告里将涉及农产品的种类、年产量等；作为工业基地的要素，将涉及各种制造工厂、将来有发展前景的工厂的种类及原料供给等情况；还要谈到：制油业、制粉业、毛巾制造业、火柴制造业、制胶业、玻璃制造业、作为燃料的煤炭、职工的劳银等情况。

汉口类似于美国的芝加哥，为此，汉口逐渐被称为东方芝加哥，这种称呼肯定不是出于偶然，而是基于某一观察。那么，通过哪些方面观察得到东方芝加哥这一印象呢？恐怕大都从地理位置及交通状况出发，得出这样一个漠然的概念。本报告不从这一漠然的概念出发，而通过具体的问题点，即从工业基础上，换言之，不着重以转运发货的中心点的汉口，而是以远比转运发货及商业贸易更有价值的工业基地的汉口为考察对象来评价汉口；这样就可得到具体的、非笼统的相似于芝加哥的认识。以下是对作为工业基地汉口的诸项说明。

第一　原料

一、各种农产品的集散地

农产品货物主要集中在牛庄、广东、上海，然而这几个集散地并不是对农产品直接进行收购，而是经以营利为目的的商人之手贩运而来。虽然都是以转运发货的中心的集散地，汉口与牛庄等地的不同点在于：是直接地从生产者手里购入农产品，然后将购入的农产品分类集中于一处，汉口更像一个农产品的陈列市场。进入汉口的农产品因为没有经过商人之手，还不能称其为商品，只能称其为物品。不是商品的物品的价格基本上是在物品的原价的基础上稍加利益而已，显然这里面没有包括商人的手续费、诸项花销及利润计算等项；也就是说，在汉口可以坐等相当于生产原价的大量的农产品上门。下面是主要的农产品种类、年产量等数据。

① 著者1903年9月22日，在汉口日本领事馆的报告。(译者注)

◎主要农产品的种类、年产量等一览表

商品名称	单位	输出额	年产估算	产地	市场行情	摘要
兽脂	担	25,000	50,000	湖北、湖南、河南等	11 两	制蜡制碱原料
皮油	同	150,000	250,000	湖北、湖南、陕西、四川	12 两	制蜡制碱原料
漆油	同	100,000	200,000	陕西、四川	13 两半	制蜡制碱原料
芝麻	同	450,000	650,000	湖南、湖北	4 两	制油原料
菜籽	同	30,000	未详	湖北、湖南、河南	2 两 3 匁	制油原料
黄豆	同	833,497	1,500,000	湖南、湖北	2 两 5 匁	制油原料
小麦	同	150,000	300,000	湖北	2 两 1 匁	制粉原料
绿豆	同	85,000	100,000	湖北、湖南	2 两 4 匁	豆素面原料
花生	同	25,000	50,000	湖北、江西		制碱制油原料
棉籽	同	83,924	100,000	湖北	1 $	制油、燃料、饲料
核桃	同	15,000	30,000	河南、山东	3 两 5 匁(带壳)	制油原料
茶	同	450,000	700,000	湖南、湖北、江西、安徽	按市场行情	
棉花	同	200,000	300,000	湖北及湖南一部分	17 两	粗线
大麻、苎麻	同	200,000	350,000	四川、山西、湖南、湖北	4 两/12 两半	麻布、麻绳原料
猪毛	同	13,500	15,000	陕西、河南、四川	120 两	刷子、肥料
鸡蛋	个	18,731,500	20,000,000	湖北、湖南	鸡蛋(每千个 6 $)、鸭蛋(每千个 8 $)	
鸭毛	担	5,666	7,000	湖北、湖南	20 两	织物原料
鸡毛	斤	286	300	湖北、湖南	5 两	织物原料
石膏	担	337,200	未详	湖北		陶器、涂料、塑像原料
牛皮	同	169,700	200,000	湖北、湖南、河南、山西	黄 32 两、水 24 两	皮带、皮鞋原料
牛皮屑	同	379	2,000	汉口	3 两～9 两	牛皮胶原料
铅矿	同	40,000	未详	湖南、贵州、云南		
锑矿	同	55,500	未详	湖南、湖北		
生山羊皮	张	1,024,800	1,200,000	陕西、四川、山西等	60 两	柔皮原料

绵羊皮	同	200,000	250,000	湖南、陕西、山西		毛皮原料
各种毛皮	同	194,000	200,000	湖南、湖北、四川、陕西		毛皮原料
白蜡	担	11,394	20,000	四川、贵州、湖南	60 两	制蜡原料
黄蜡	同	1,300	1,500	未详	45～46 两	制蜡、制药原料
锡矿	同	266	未详	湖南、云南		
桐油	同	280,852	300,000	湖南	8 两以上	涂料称秀油、桐油在 9 两左右

在上表中所列出的皮油、漆油、兽脂以及白蜡都是制蜡、制碱的好原料，且产量大，是制蜡业和制碱业的基础；芝麻、菜籽、豆类、花生、核桃都是榨油业，小麦、绿豆、莲藕是淀粉业，棉花、苎麻是纺织业，猪毛是制刷业的兴业基础。汉口本地既可以对原料进行深加工，如果有利可图也可作单项的转手输出贸易。从眼下来看，汉口的加工业尚未充分发展起来，估计是由于兴业条件不具备或销售渠道受到阻碍所致。对以上所述的各项加工业不敢断言都能成功，但有些项目完全可以一试，我邦业内人士曾遇到过条件很好的项目，但却畏缩不前，这样的情况岂止一二件！当然，对日本出口课税（造成产品价格提高）等也是阻碍我邦兴业的因素。近来，经常听到他国及日本的一些人士准备涉足榨油业、牛皮胶制造业、制粉业等有丰厚回报的行业，这说明已看到汉口加工业将要发展的趋势，将来情况如何，需观察和等待时机，但不管怎样，了解汉口已开设的工厂及其工厂的生产状况是在汉口兴业的重要前提，下面将此方面的信息记述如下。

二、汉口已开设的工厂及起业的注意要点[①]

◎汉口已开设的工厂及其相关情况一览表

工厂名称	每日生产量	产品销售地	职工人数	国籍情况
汉阳铁政局	生铁 130 吨、轨条 300 根	中国国内	2,300 人	中国
汉阳兵工厂	未详	同上	3,400～3,500 人	同上
武昌织布局	棉布 300 匹	同上	1,900 男工	同上
武昌纺纱局	16 支、14 支纱 300 袋	同上	1,400 男工	同上
燮昌火柴制造厂	硫磺火柴 160 箱	同上	2,000 人左右	同上
阜昌砖茶厂	未详	俄国	1,300 男工	俄国
新泰砖茶厂	未详	同上	1,000 男工	同上
顺丰砖茶厂	未详	同上	1,000 男工	同上
武昌缫丝厂	208 台缫丝锅	中国及国外	800 女工	中国

① 该小标题为译者加。

亨达利锑炼制厂	休止	海外	未详	
火药厂	未详	中国国内	未详	中国
汉阳毛巾厂	总计 2,000 打	同上	100 人左右	同上
制胶厂	未详	同上		同上
美最时蛋厂	60,000 个鸭蛋	外国	1,000 女工、40 男工	德国
礼和蛋厂	50,000 个鸭蛋	同上	800 女工、35 男工	英国
元亨蛋厂	35,000 个鸭蛋	同上	500 女工、20 男工	德国
永兴蛋厂	35,000 个鸭蛋	同上	400 女工、20 男工	法国
瑞兴蛋厂	40,000 个鸭蛋	同上	600 女工、30 男工	德国
和顺蛋厂	35,000 个鸭蛋	同上	400 女工、30 男工	澳大利亚
东福锑炼制厂	1 吨内外	上海	20 人	日本
制麻局	未详			中国
砖瓦制造厂	汉口、汉阳各 1 处，生产量未详			

总之，铁政局、兵工厂的与武昌、汉阳古朴街道毫不协调的几根大烟囱代表着武汉的工业状况。除铁政局、兵工厂外，还有武昌四局及砖茶厂、火柴厂这样几家企业。其他还有一些厂，只不过借用制造厂之名，并无多少实质内容。从制造需求来看，一是以中国国内需求为目的，另一是以输出外国为目的。无论哪一种都是以本地的土产为加工原料（火柴厂除外），如：树脂、兽脂、油类原料、制粉原料、玻璃制造原料及制革原料等。就目前而言，还停留在对土产原料的直接输出上（主要向海外输出），如：皮油、漆油、芝麻、小麦、牛皮、羊皮等，也就是说尚未以土产原料为生产资料建立加工厂，对生产资料进行深加工。之所以如此，就目前来说，其关键点在于：直接输出生产原料所获得的利润高于建立制造业输出产品所获得的利润。

制造业与转运发货的贸易业不同，对于制造业来说丰富的生产原料只是制造业的要素之一，如果以此为着眼点建企业，最终容易导致困境；对于制造业另一个不可缺的要素是，必须要有销路，也就是说必须要明白谁买你的产品。例如：利用本地丰富的树脂、兽脂、油类原料、制粉原料、玻璃制造原料等资源，生产蜡、碱等产品，但必须要考虑到所生产的产品是在中国国内销售，还是供给本国（日本）需求，这是首先需要确定的生产方针。就眼下而言，各国的趋势是：各国为了保护本国的工业发展，对输入的原材料课税较轻，对制造业所生产的产品则课税较重。由此，在汉口的外国商人大都以输出生产原料为主。如若在汉口建立制造业恐怕其着眼点要尽量放在对中国销售上，或某一区域的销售上，例如：制碱业就以长江流域的中国人为对象而设立；其他诸如制油业、制粉业亦然如此。上面的表格已列出了原材料与生产产品的大致关系，请参看之。

第二　高回报率的制造业

一、制油业

中国人爱吃动物性、植物性的油类，如同日本人爱吃味噌和西洋人爱吃黄油一样。食用油在中国需求量甚大，为此，在中国各处都有油房，即用传统的方法榨油。运来汉口的食用油主要产自蔡甸、沔阳、黄州一带，食用油属于大宗生意，被列为汉口八大商品之一。虽说如此，其榨油方法实在是落后，一台榨油机一天只能榨油 80 斤～100 斤，中国传统的榨油方法由于榨油的压力不够，其出油率远不如洋式榨油机。并且生产的产量也低。如果通过改良榨油机械，达到在短时间内大量出油的效果，必定会降低成本，从而提高市场竞争力。

二、制粉业

湖南、湖北地区的住民自古以来以吃稻米为主，但同时也像日本一样喜欢面食。特别是普通民众常食面粉做的包子、馒头之类的食品。此外，花样繁多的点心类也都是以面粉为原料，因此说，在两湖地区面粉有着广泛的需求。另外，四川、山西、云南等中国内陆地区，原本以为常食稻米，而实际上面粉及大麦也是被广大民众作为日常生活所食用的必需品。日本人食用面粉大都以小豆作馅，做成点心食用，而面粉对于中国的中部地区来说，几乎成为了稻米的替代品，超过了日本民众对面粉的使用量。中国的面粉供应地主要在湖北及河南的平原地带，小麦的生产量很高（大麦很少）。这两省所生产的小麦除供应本地区的需求外，还将剩余的小麦在汉口集市上交易，转手销往上海、芜湖（在芜湖、苏州有机制的面粉厂）等地。以下是近五年内汉口小麦的输出表。

◎近 5 年间的汉口小麦输出表

输出年份	单位	数量（担）	价额（两）
1898 年	担	67,036	114,153
1899 年	同	321,940	421,741
1900 年	同	272,180	433,888
1901 年	同	3,859	5,789
1902 年	同	219,738	395,528

虽然年景的丰歉有所差别，但总体来说平均每年输出 16～17 万担，如按厘金局的统计数字计算，其输出量还要更大一些。小麦是继芝麻、豆类之后第三项大宗输出的农产品。眼下已成立了二三家用大型制粉机械进行制粉的加工厂。在此之前，都是主要采取传统的用石臼舂麦的制粉方法，且各农家以自给自足为目的，根据自己的需求加工，很少将加工后的面粉作为商品销售到其他地区。近来，在汉口出现一些洋面粉，由于其价格不菲，除上等点心店使用其面粉外，购者甚少。下面是中国国内的面粉与国外面粉的价格比较。

◎中国国内面粉与国外面粉的价格比较表

加工方式	单位	批发价格	零售价格
中国国内机械制粉	50 磅	2 圆 50 分	2 圆 70 分
中国国内手工加工	1 担	2 圆 50 分(下等品 4＄)	4 圆 60 分
外国面粉	50 磅	3 圆 10 分	3 圆 20 分

通过以上价格相比较，外国面粉终究难敌中国国内所生产的面粉。一般来说价格差主要是因产品的质量而形成，但外国面粉价高的主要原因来自运费。如果一旦在本地建立面粉厂，使用本地所产的小麦原料，生产出高质价廉的小麦面粉，并以此占领市场，也并不是没有可能。然而，外国人在汉口建立面粉厂，首先要遇到一个不得不考虑的问题，那就是小麦供应的不确定因素。在汉口地区春天收获的农作物，丰歉不定，有很多不稳定的因素。作为春作物的小麦其供应价格受丰歉影响也有很大的变动。在前面的所列出的小麦输出表里就可看到这个问题。总体说来，汉口地区的春季气候不太适合春作物的生长。每年的二月中旬至三月初，进入霖雨期，在长达三十天的时间里，很少有好天气，这不光影响小麦的生长，特别是小麦进入开花期后，还将影响小麦的丰歉；如果仅以小麦为原料，面粉厂就会直接地不可避免地受到不可预料的损害。为此，面粉加工厂的业务范围不能仅限于制粉，要扩大业务范围，即开发加工其他农作物的能力，以此弥补单品加工所带来的缺陷。在开发加工其他农作物时，特别要注意对秋作物的开发，例如：绿豆、豌豆(春作物)、莲藕等，如果春作物歉收，可由比较稳定的秋作物来补充。这样就可保持生产的稳定。

绿豆和小豆一样也是富有淀粉的豆类，输入到日本的绿豆，基本都成为代替小豆的制粉原料，这一点为日本的制粉业和汉口的绿豆输出业者所熟知，为此，一直保持着较大的交易额。汉口本地的居民很少像日本那样将小豆、绿豆制粉做成食品的豆馅。小豆与绿豆相比产量较少，绿豆在夏季作为解暑的食料外，还将其发芽作为食材使用。下面列出近五年汉口绿豆的输出量。

◎近 5 年间的汉口绿豆输出表

输出年份	单位	数量(担)	价额(两)
1898 年	担	40,148	72,266
1899 年	同	118,165	184,337
1900 年	同	103,114	154,671
1901 年	同	85,527	128,291
1902 年	同	300,494	670,101
平均	同	129,490	

通过上表得知，平均每年大约输出 129,000 担。由于豌豆的输出量在海关年报上，没有确切的数字，估计大致与绿豆相当，不过是白色豌豆。

综上所述，对其原料大致有所了解；毋庸赘言，原料因需求者不同而相异。

面粉面向中国国内相关省份销售，而作为制馅、制粉材料的绿豆则面向日本销售。制粉业并不需要像纺织、织布那样的大型机械和职工灵巧的手工技术，由于对工人的技术性要求不高，可以得到丰富的中国劳动力资源，此外，也比较容易制定生产计划。通过以上分析，在汉口当地，较有前途的加工业，首先应是制油业，其次是制粉业。另外，有一点值得注意，在汉口加工业快速发展中，也容易引发一些矛盾。例如：前不久，汉口的四五名官吏合资由日本输入洋式布料抛光机器，想以此代替传统的脚踏（用人工的方式驱动凹形石片）的抛光生产方式，并准备将洋式抛光机器安装在位于汉口边隅的硚口的某一地方，得知此消息的600多名传统抛光工人，担心被洋式布料抛光机器夺去饭碗，拥到建设工地，采取暴力破坏行动；后被汉口城的400多名城兵镇服下去。类似于这样的事件，也值得我邦起业人士考虑。

三、玻璃制造业

汉口附近乃至长江沿岸多石灰岩山脉，伴生有硅石等同性矿物，在黄陂附近发现硅石蕴藏丰富，在湖南又发现有大量的铅矿。从制造玻璃的主要原料方面讲，远远优于中国的其他地方，据闻在汉口已有二三家中国企业准备从事玻璃制造。从当下来看，汉口地方对玻璃的需求还处于起步阶段，对玻璃的认识还很幼稚，对外来玻璃问津者甚少。由此，不少人认为，开发玻璃制造业还为时尚早。但我们要看到，在中国高档住宅里已有用玻璃板制成玻璃灯（祭祀用），一些商店的橱窗、拉门也有使用玻璃的现象，总体来说，在商业上还有所需求。输入到汉口的玻璃的价值每年大约在10万～15万两。有1呎2吋×8吋、3呎6吋×2呎4吋等各种规格，但厚玻璃很少。这些玻璃并不完全用于汉口本地，其中相当一部分通过汉口转手销售到陕西、四川等地。可以预料中国对玻璃的需求将会不断增加。

四、毛巾制造业

在汉口的本地居民无论身份贵贱，皆用毛巾洗脸、擦汗。特别在湖南一带，最早进入市场的外国产品就是毛巾。擦汗是毛巾自不待言的用途，此外，毛巾还用来待客，在餐馆客人进店首先递上一条热毛巾（浸入热水后拧干之毛巾）擦脸，到戏院看戏亦然。为此，在城市上下阶层，包括人力、车夫都少不了毛巾。在输入湖南的杂货里，毛巾占据重要的位置。输入湖南的毛巾主要有日本、英国产的外国产品和汉阳生产的产品。现将汉阳的毛巾生产厂家的情况记述如下。

◎汉阳已开设的毛巾厂情况

工厂名称	职工人数	每月生产量	组织形式	机械设备
自新工艺厂	40名女工	1,100打	合资	30台
成章	15名女工	600打	个体独资	10台
承记	未详	未详	个体独资	2台

顺昌	未详	未详	个体独资	4台
同康	12名女工	未详	个体独资	8台
锦彪	20名女工	未详	个体独资	12台

这些工厂所生产的产品，均不及日本及其他的外国产品，均用经纱16支、纬纱20支织就，外表看上去虽不美观，但却比较结实。因为没有经过很好地漂白，毛巾表面有很多黄渍。尽管如此，由于价廉、耐用，反而比日本产品更畅销。其毛巾的规格主要有以下三种：

①长3呎、宽1呎4吋，两端有红蓝线装饰。

②长2呎4吋、宽1呎2吋，两端有三条红线装饰。

③长4呎、宽1呎2吋，两端有三条蓝线装饰。

前两种为洗脸用，第三种为劳动者夏季工作时擦汗之用，这种毛巾由于宽大，似乎可以代替汗衫的作用。以上各规格毛巾产量低，且品质粗糙，但由于价格便宜，尽管外表不及外国货美观，在汉口仍有一定的市场。毛巾如同火柴一样都是家庭的必需品，一旦满足消费者的需求，就会不断地订货。汉口的一些中国企业界人士经过考察，准备在武昌建立毛巾厂。

五、火柴制造厂

汉口以西的内地，主要用硫磺火柴。中国的火柴制造厂除汉口一家外，在长沙有一家、四川重庆有二家。就火柴市场的整体而言，求略大于供，为此，日本的硫磺火柴能陆续进入中国的火柴市场，现今正逐渐打开销路。所谓的销路就是寻找新的需求区域，扩大了需求区域也就等于扩大了火柴业务，代之而来地促进生产量的增加。在业务扩张中，长沙火柴厂陷入困境收支不能做到平衡。为了救急，想出了发行钱票(有100文、200文、300文三种)的办法，总算取得了一些效果，挽回了一些颓势，现今这家工厂还在运营中。

基于以上市场情况，就总体而言硫磺火柴的市场销路看好，还有一个市场动向值得注意：安全火柴也已逐渐进入湖南市场，被一部分消费者接受，并取得好评。可以说向湖南销售安全火柴将是一个不错的商机。可以预料这两种火柴(硫磺火柴、安全火柴)都有一定的市场销售空间，问题是日本火柴以哪种形式进入市场，即是从日本本土输入产品为好，还是在中国当地建立火柴厂为佳；对此如果不做深入的利害比较，则不能得出确切的结论，但可以这样说：在汉口本地已有中国人建立的火柴厂，从外国进口的原料已有稳定的渠道，现今火柴厂已取得了很好的效益，如果再建一家火柴厂与之抗衡其命运可能不难推测[①]。

以上所列举的几种制造业，从其产品的销售情况来看，都比较符合市场的需求。此外，因为树脂、兽脂类的原材料非常丰富，对制蜡、制碱业有利。现今在汉

① 著者的意见是：再建火柴厂有一定的商业风险。(译者注)

口，仁太洋行有一家制碱厂，每天生产4担，共24箱。其销售价格是：化妆用每个7分银，洗涤用每个4分银，洗涤杂用每个长1尺、宽1寸半，售价1匁7～8分银。面向中国人销售的产品原本就廉价、粗糙，如果以汉口为中心再向偏远的内地销售，其产品的质量就会更差，完全不能与外来的同类产品相比。由于需求者少（在中国一般农户不使用肥皂，而用皂角树的皂角洗涤衣物），工厂所生产的数量也少，厂房及加工产品所用的器具都极其简陋。其生产原料主要是牛油，职工人数16名，据说光绪二十六年建立。在汉口中国人不太使用高级肥皂，化妆及洗涤都用廉价品，估计厂家所生产的产品也是投其消费者所好。尽管如此，粗放生产能否持续下去，不得不让人怀疑。

六、日本及其他外国输入的产品

原来汉口市场对日本的洗涤用品多少还有些需求，而现今几乎不被使用；其原因还是出在质量上。日本洗涤用的肥皂含水分太多，在汉口的暑热天气里，使油脂和碳酸钠分离，破坏了肥皂的外观感觉，为此评价不佳。在汉口走俏的洗涤用品是美国的茂生洋行、丰泰洋行、祥茂洋行所生产的产品。由于有市场销路，其产量有不断增加的趋势。

七、对蜡烛产品等的综述

在中国蜡烛是祭祀和敬佛不可缺少的物品之一，有着较为广泛的市场需求。现今西洋蜡烛和中国蜡烛竞相开拓其销售市场。但从整体上来说，西洋蜡烛的产量还不高，且在上海的蜡烛制造厂未见显著的生产业绩，为此，还很难与中国的传统蜡烛市场相竞争。因此说只要汉口本地民众在喜好上没有改变，或者说没有形成追求时尚之风气，则在汉口当地开设制蜡、制碱业都为时尚早。虽说如此，如果了解在汉口起业的条件，或采取合适的合作方法，仍有很多制造业可以涉足。例如：染织业、漂白加工业、布料增光业等不胜枚举。

以上着重讲述了加工原料以及适合汉口本地的制造业的情况，还着重强调了制造业的两要素，即原料来源和市场需求。此外，对创业来说还要熟悉驱动生产的动力情况。

第三　动力

在汉口除本地已开设的机械工厂外，传统的农业耕作及制粉、制油等加工业均以黄牛、水牛做动力。如果使用机械制粉、制油必须要改变传统的动力方式，或用汽力、或用电力。可以说利用动力的难易程度及方便与否，决定着工业地的价值并左右着工业地的发展。得水之处，以水做动力；得煤炭之处以汽（锅炉）为动力；汉口之地能够廉价得到湖南、四川所产的煤炭，以汽为动力应有广泛的应用前景。然而，当下中国所产的煤炭还不及日本煤炭的质量，为此，进行大火力建设将受到限制。如果使用日本煤炭，需要不断保持良质煤的供应。不过，当四川通航实现之后，以质优多产而著名的龙王洞的煤炭必可顺畅到达汉口。令人遗憾的是，汉口虽然位于长江沿岸，但由于河床倾斜不大，为此流速不快，且夏冬两季水量增减变化显著，以江水为动力甚为困难，这一点，作为工业地来说是一个缺陷。

第四　职工劳银

◎汉口工厂职工的工资等情况

工厂及工种名称	职工人数	日・月工资	摘　要
兵工厂枪身工种	700 人	(月)高 40＄、低 16＄	机械 400 台
同上弹药夹工种	80 人	(月)高 25＄、低 12＄	药夹就是包有火药的铜管
同上子弹工种	200 人	(月)高 30＄、低 12＄	
同上炮身工种	500 人	(月)高 40＄、低 16＄	
同上炮机部工种	200 人	(月)高 35＄、低 25＄	
同上炮弹药夹工种	80 人	(月)高 25＄、低 12＄	
同上炮弹工种		(月)高 30＄、低 16＄	
同上锻铁炉工种	100 人	(月)高 16＄、低 8＄	锻铁炉 32 台
同上炮身锻工	60 人	同上	锻铁炉 20 台
同上修机锻工	36 人	同上	锻铁炉 12 台
同上模型工	120 人	(月)高 23＄、低 18＄	用土砂做模
同上熔铜工种	70 人	(月)平均 16＄	
同上雷管夹工种	100 人	(月)高 24＄、低 12＄	装填、运送火药
同上枪炮台工种	200 人	(月)平均 10＄	
同上动力部工种	80 人	(月)平均 18＄	负责工厂的动力机械
同上各工种的见习工	500 人	(月)高 3＄70 分、低 3＄	
铁政局熔矿炉	80 人	(月)高 35＄、低 12＄	熔矿炉
同上修机工	200 人	(月)高 36＄、低 12＄	
同上火车修理工	40 人	(月)高 28＄、低 12＄	
同上锅炉工	40 人	(月)平均 20＄	
同上熔钢炉工	400 人	(月)高 30＄、低 12＄	贝塞麦炉熔矿工和铁轨制造工的熟练与否有所差别
纺纱局		(日)27～28 分	同上
织布局		(日)32～33 分	
火柴制造厂			前章已述
砖茶制造厂	3,300 人	(日)平均 20 分	夏季在蒸锅前劳动强度大，每人每天 1＄
缫丝厂	800 人	(日)5～25 分	分捡蚕茧工 5～15 分，缫丝工 20～25 分
毛巾厂	100 人	(日)15 分内外	
蛋厂女工	4,000 人	同上	
牛皮栈晒皮工	不定	(日)平均 20 分	
漆油、皮油装箱工	不定	同上	

◎汉口搬运工等力工的工资等情况

力工的种类	计算方法	日工资	摘　要
火轮船船内的力工	每百吨 6 $		一般将搬运的力资交给承包的老板，由老板具体分配给力工。
出入库的搬运工	1 工 10～20 文		所谓的 1 工就是：1 人搬运 100～150 斤的力资。
土木建设的土块搬运	每次 30～70 文	每人 140 文	每次为 2 人份，根据道路、距离而有所不同，具体由承包老板分配。
道路修建的土块搬运	同上	每人每天 130 文	

在汉口没有像日本那样的被称作“上组”[①]的力工搬运会社，当然也没有确定的工作范围和类似于力工承包人的组织形式。很多力工云集在码头、仓库等处，只要谈好价钱就可以工作。但在力工相互间有约定俗成的工作范围，不得侵犯他人的工作领域，这一点虽和日本有相同之处，但不如日本那样有明确的工作范围和管理人员。

在中国很多公司里都设有力工包工头，当包工头接受公司的承包的工作后，可随意在街上雇请苦力担夫，这时的包工头等于临时老板，公司支付搬运费之后，搬运工作的完成情况由包工头负责，由包工头酌情雇佣力工和分配力资。此外，还有一种包工形式：在火轮公司、货运仓库等地需要固定的搬运人员，由包工头常年包下一些力工，无论寒暑节假都不能中断搬运工作。由于承包的搬运费是确定的，为此，如果在暑期过长的年景，不得不提高力工的工资的情况下，承包头的承包费将会受到损失。

包工头使役力工时，通常采用两种力资的结算办法：一种是兑付现金（铜钱），另一种是与日本相同的由船到库或由库到船的“始发终收”的以筹结算的方法，所谓的筹也就是三四寸的竹片，竹片上刻有公司名、仓库名、使用者名等内容，将此作为装卸货搬运货物的计数代码。

各地大致相同，力工最高的工资在夏季和正月，特别是正月，一般来说商家休业、力工休息，火轮公司等是装卸工最为缺乏的时期，因为中国的包工头与力工不像日本那样有稳定的合同关系，如果包工头与力工事先没有规约，那么，就得完全悉听力工的意思。

总之，汉口劳动力的力资大致行情是：熟练的男工每日 20 分、熟练的女工每日 15 分、从事普通搬运的力工平均每人每天 15～20 分。将来随着外国租界地的土木工程、铁道铺设和各种制造厂的建立，对职工和力工的需求将会不断增加，对各工种所支付的力资也会随之增加。

① 上组：1867 年创立的搬运株式会社，专门从事港湾、仓库等的货物搬运。（译者注）

第五　结论

总之，无论从原材料供应、产品流通、动力燃料的获得来看，汉口不光是转运发货的集散地，作为工业基地看待亦是比较准确的观察眼光。我邦商人在商业买卖上的锱铢必较、微利必争，辛苦劳碌、苦心经营之状，并不逊于中国商人；但在资本投资上还略输中国大商人一筹。不能不将此引为憾事。我日本商人将来如何开拓涉华事业，首先，从大的方面着眼：中国的铁道铺设乃涉及国家政略，火轮航路乃一国之重要的商业利权，进入这样具有垄断性的行业，并非任何商家都有可能，有其特定的涉入条件和范围。我邦众多商企人士虽崇尚科学之力、善用机械之术，然而并没有、或不甘心于将此特长用于开拓中国的内地工业市场。

纵观中国商业之情势，开拓中国的内地工业市场并非迂策，而是极有前途之事业。日本的商业大多集中在中国的上海，然而在上海的几十家的日本商企中，有市场信誉、能开拓商业贸易并能得到收益的日本商企只不过四五家，天津亦然、牛庄亦然。而有实力的日本大商人对具有广阔市场前景的长江流域均采取观望之态度，投资者甚少。被称之为企业家、实业家的有能力的资本家对中国内地的商工事情知情者寥寥可数。为此，尽管可投资的事业很多，但常常是错失良机、拱手无为而已。涉入中国内地的人士往往是一些没有资产的青年，单骑孤旅，游走于海外，决心要做出一番事业，最后只能赢得泡影一样的虚荣；还有满怀梦想的游览者，他们花着高昂的船费和不菲的住宿及旅行费用，所看到的仅是肤浅的中国外观表象；还有无资产的企业家只抱着投机的侥幸心理来考察，当然，这些都不可能产生殖产兴业的效果。

现今在汉口，各种企业已渐显勃兴之端倪；在制油业、制粉业、肥皂制造、火柴制造业等领域都等待着我邦大资本家来投资兴业。可以预料汉口之发展不会停滞，如若现在失去投资之机会，等于将大好商机拱手让给其他的外国投资者，这样，不出 10 年，汉口将成为其他外国人的制造业的天下。

第二款　作为工业基地的汉口(第二部分)[①]

报告的主题内容：在汉口有发展前景的制造业，主要谈：1. 玻璃，2. 砖瓦，3. 火柴，4. 轧花及纺织，此外，还涉及汉口棉花对我邦纺织界之影响，最近 10 年间的苎麻输出、麻袋输入情况、汉口工业发展及我商工人士的对策等方面的内容。

在此之前的领事馆的报告里讲述了作为工业基地的汉口的发展状态及有希望的制造业，还有外国制造业竞相进入汉口的发展趋势。上次演讲至今大致只有半年时间，但制造业如所预料的一样发展非常迅速，这半年来，在武昌建起了

① 著者 1904 年 3 月 24 日，在汉口日本领事馆的报告。(译者注)

砖瓦制造场、建起了皮革加工厂，另外，在武昌官方的支持下计划已成熟，准备在武昌开设以江西省的硝砂、湖南省的苍铅为原料的玻璃制造厂；现今已聘请一位德国技师，并由官方派遣一位秀才到比利时学习玻璃制造技术。汉口及汉口周边地区如此兴业热潮并非完全由官方所推动，民商亦有很高的积极性；有能力的民商纷纷购入新式西洋机械，试图开展较大规模的制造业。例如：采取与日本合作的形式开始火柴制造业（从现今来看，完全由中国商人起业还有一定的困难），还有以锅炉为动力的轧花厂，与日本合资的纺织厂等。除此之外，榨油厂、制粉厂必定也在将要开发的实业之中。下面对几项热门的开发项目作简要分析。

第一　玻璃

原本在汉口本地只有板状玻璃（平玻璃）、灯罩、玻璃油壶、玻璃扣子等二三种玻璃制品。近年来，随着石油输入量的不断增加（最近 5 年间平均每年输入 14,427,460 加仑）及对石油及石油产品的需求量不断扩大，与石油产品相关的玻璃灯、玻璃油壶之类需求量也在不断增加。这类产品一部分来自国外，一部分则由汉口本地生产。由于来自国外的玻璃制品在运输中容易造成破损，导致销售价格过高；由此，为本地的玻璃制品的生产提供了时机；然而，本地的玻璃制造业极为薄弱，仅有四五家以回收玻璃碎片为原料的个体玻璃加工作坊。这样的加工作坊加工能力有限，不可能满足巨大的市场需求。为此，由官方出面，与有志于此业的商企人士相谋，计划以硝砂为原料大规模生产玻璃制品。

第二　砖瓦

砖瓦制造也是有前景的制造业。眼下汉口的租界地的楼房建设需要大量的砖瓦材料。不光如此，凡到过中国内地的人士都会看到，内地的居民的住房都是土坯垒成，如果涉及民房改建，所需材木、砖瓦的数量将会极其庞大，如果材木受到限制，对砖瓦的需求更会增加。长江沿岸是水成岩的沉积地貌，其土质属致密的黏土型，非常适合制造砖瓦。现今在本地已有三家规模较大的砖瓦制造厂。

第三　火柴

自去年起，已有几位日本人来汉口，考察汉口的火柴制造业，这几位业内人士在日本国内均有火柴生产厂，所生产的火柴在中国南部有一定的销路，为了扩大销路，需要寻求新的销售市场。就整体而言，近 10 年来，日本火柴输入逐年减少，将前年的输入额与 1896 年相比，仅相当于这一年输入额的 1/25，轻便杂货虽然每年都有增加的趋势，但火柴输入却在减少，其根本原因在于，在长江沿岸已建立了多家火柴制造厂，如果连同汉口在内一共有 7 家（上海 2 家、九江 1 家、长沙 1 家、重庆 2 家）。如同汉口的燮昌火柴厂，随着其制造技术的不断熟练，不断扩展其业务范围，并以日产量160箱(1箱7,200盒)的产量迅速占领内地的火柴市场。终于导致不依赖外国火柴也可的市场局面。

前年从日本所输入的火柴盒和火柴杆的数量分别为：38,545担和719,124担。这与燮昌公司成立第二年的1898年相比，前者大约增加了10倍(原来是：3,800担)，后者增加了35倍(原来是：20,000余担)。这就是日本火柴输入中国减少的根本原因。所输入的火柴杆一小部分用于长沙，长沙和重庆主要用中国本地所产的松木，陕西、山西多用白杨木。尽管采用日本所输入的火柴原料，但所生产的产品粗糙，与精致的日本火柴相比，孰优孰劣一见自明。然而，尽管如此，中国火柴却能年年扩大销路，若究其原因，其一：由于特免厘金税，在运输上非常便利。其二：由于在中国本土制造，为此可以减少制造费用、运输费用。即在中国当地(消费地)制造，胜过在日本本土制造，换言之，与其直接输入成品火柴，不如输入原料在中国当地制造更容易获利。

燮昌公司所使用的原料从日本兵库输入，其火柴杆为下等的红色火柴杆，其制造法并非上乘，然而，因为没有其他的竞争者，独自垄断市场，牟取暴利。据统计，去年纯利已达6万两，燮昌公司与官衙达成协议在汉口当地20年间不许中国人的同行开业。因为对外国人没有限制，现今已有二三位中国人与我日本商人合作，准备以日本人的名义开办火柴公司。以上诸业都有开拓前景，乃是自不待言之事。当下，可以着手进行的行业是有动力驱动的轧花厂和纺织厂。

第四　轧花厂和纺织厂

在汉口截止到四五年前，还以通州棉为主，经常看见溯江而上的运棉船。而前年，汉口突然向外输出13万担的棉花，去年向上海输出棉花量达30万担。汉口棉花如此之多，主要是棉农争相种棉之结果，而棉农种棉的积极性在于：与四五年前相比，棉花的收购价格成倍增长之故。按当前形势来看，将来汉口必将成为继通州之后的另一个大的棉花交易地。汉口之所以能对棉花有如此加工能力，与日本大量输入轧花机械有关，近两年，日本输入到汉口的轧花机械大约有5,000台之多，在汉阳形成了轧花基地。如果进一步使用“引擎”作动力装置，那么还可大幅度提高轧花效率。

毋庸赘言，纺织工厂也是伴随着棉花产出而发展起来的加工业。目前，在汉口已有一家官办的官纱局，但其工作效率并不高，每月都有一些亏损。当然，亏损原因是多方面的，既有不善管理、技术不熟练之原因，也有所加工的原料与机械不配合之因素，还有汉口天气过于干燥的气候原因，以汉口的气候来看，对14支、16支纱影响不是很大，但对细纺却有很大影响。从整体来说，中国人对熟练的手工加工工作或制作某工艺品尚能取得成绩，对这一点，中外人士都有目共睹。但对运转大型机械，从事大规模制造业生产能否取得成功，不能不让人持观望态度。从中国人在汉口运营企业来看，除燮昌公司（个人资本）在经营上稍见成效外，其他大都因为经营管理上的原因而进退维谷。以有名的武昌四局中的制麻局来说，去年聘请了二三位外国技师，至今还没有投入生产，据说正在进行机械调试，只有一二台机械投入了运营。以此为例，目前在中国的纺织业还缺乏运用、管理机械的技术人才。当然，如果我日本人运作将另当别论。

现今中国人创业热高涨，我邦人士要抓住时机，不放过中国人与我商谈合资、合作的机会，如有可能应尽力而为之。最近有位日本人士想将在日本不用（淘汰）的机器运来汉口，以机器入股与中国人合资经营，这当然是很好的想法。如前所述，制麻局的荒废实在令人不可思议。在汉口从原料上来说得天独厚，既有苎麻、大麻，又有苘麻，且市场上又急需帆布、装运货物的麻袋等，究竟是何理由导致制麻局到现在都未有产品出现？实在令人不得其解（与来汉口视察的日本商工局长森田先生的谈话）。作为参考，现将近10年来，苎麻的输出量和麻袋的输入量揭示如下。苎麻价格每担12～16两，大麻4～5两。

第五　近10年来苎麻输出情况

◎汉口近10年来苎麻输出一览表

年度	单位	数量	价额（两）
1893年	担	109,848	742,652
1894年	同	100,894	877,235
1895年	同	128,680	704,073
1896年	同	128,680	977,967
1897年	同	126,526	997,134
1898年	同	122,295	986,631
1899年	同	151,431	1,095,892
1900年	同	143,121	938,498
1901年	同	154,523	1,004,400
1902年	同	140,851	1,284,088

◎汉口近10年间中国国内国外的麻袋输入额对照表

年度	单位	外国输入量	国内输入量	合计
1893年	条	—	3,221,275	3,221,275
1894年	同	—	1,400,647	1,400,647
1895年	同	—	780,218	780,218
1896年	同	—	169,081	169,081
1897年	同	—	444,198	444,198
1898年	同	—	1,030,901	1,030,901
1899年	同	—	2,659,378	2,659,378
1900年	同	—	2,441,251	2,441,251
1901年	同	—	2,175,722	2,175,722
1902年	同	3,670,685	784,140	4,454,825

如上表所示，苎麻主要来自宁波、广东等地的产麻区，主要作为夏天衣服的面料。集中在汉口的麻织品还有以手纺麻纱所织出的面料。其部分麻纱可输出到日本越后①，作为麻织品的原料。总之，由于麻纱强韧，适合于麻纺、麻织，近几年在汉口棉纺、棉织也得到迅速的发展，新增很多与此相关的工厂。可以预料不出10年时间，汉口将成为有一定规模的棉花加工基地，辐射到周边地区，达到供应中国内地棉纱、棉布的程度。

汉口的棉纱、棉布的发展肯定对日本有所影响。近5年间，平均每年由汉口输出到日本的棉花19万担(相当于日本的6万袋)，印度棉21万7千担(相当于7万袋)。现在每年都有所增加，但今后总的趋势是数量减少。日本的棉制品原料主要来源于美国棉、印度棉和汉口棉，由遥远的外国进口原料，然后加工成产品，如果将这样的产品与在原料本地所加工的产品相比，两者必然会有所差别，前者处于销售价格上的劣势(与森田商工局长交谈时所感)。据踏查河南人员所言：河南由于交通不便，购入棉纱的数量极其有限，其价格与长江沿岸相比相差甚大；估计随着京汉铁路的开通，河南棉纱的输出将会有所增加。可以预料，随着粤汉铁路的开通，加强了与南方内地的联系，对棉纱的需求将会进一步增加。

总之，由于汉口纺纱、织布业的发展，造成我棉花制品的一时减少，但从整体中国市场来说并非没有回旋余地。当下恐怕要花六七年的时间来扩大新的销售基地，完成销售布局。日本棉制品销售大概要在10年之后才能出现回暖迹象。此时，我们要研究日本的纺织品在中国内地面对中国同行应采取怎样的竞争态势为合适这一问题。另外，我国纺织业应采取两点对策：其一，我国的纺织业要通过合资、合并、改组，以此生产出物美价廉之产品。其二，将在日本国内不能产生效益的工厂的机械转移到中国(包括汉口)，寻求与中国商人合作。眼下，针对汉口即将到来的工业发展情势，最好的竞争举措是：在其他外国人尚未感知、尚未采取具体行动之前，建立起适合于我日本纺织业的布局。前面已讲述了适合在汉口开设的各种制造业，在此，再强调一下，当今急需尽快涉入纺织业与火柴业。下面提供有关此业的原料及其产品的价格。

◎有关汉口纺织业和火柴业的产品、价格一览表

产品名称	单位	价格
武昌棉纱(16支和14支)	1捆	82两～84两
武昌细棉布(40码)	1疋	4两2匁～4两6匁
硫磺火柴(燮昌)	7,200箱	12两～14两
汉口产油壶	1个	150文
玻璃灯罩	1个	30文
漂白棉布(手工织)	尺	20文左右(零售)

① “越后”日本旧地名，现今的新泻县的大部分地区。(译者注)

棉花	担	17 两～19 两
火柴盒	箱(70,000 组)	14 两左右(到货价格)
火柴头药品	1 箱用量	1 两 2 匁左右
玻璃碎片	1 担	白色 2＄,蓝色 1 弗 20 分
外国棉纱	1 包	84 两～95 两

第三款　来汉口进行商业考察者的资格及其对日本起业困难原因的几点分析(设立官办商品陈列场之必要)[①]

报告的主题内容:鉴于目前从日本来汉口准备创业或经济考察的人员缺少考察方法、流于走马观花、游山玩水之状况,通过近 20 年的外国人与日本人创业之比较,针对创业困难的原因着重讲以下几点:1. 对汉口的商工情况不通。2. 缺乏创业人才。3. 缺乏对汉口商业习惯及商业准器的了解。作为鼓励措施建议建立官办的商品陈列场的劝业场所(类似学校的组织),本讲演也将讲解商品陈列场的性质、目的和意义。同时还涉及政府对创业利息的补助问题。

随着汉口经济日益繁荣,我邦商工人士跃跃欲试准备在汉口做一番事业,为此,来汉口考察的经济界人士自去年以来不断增加,估计已达百名以上,我邦来汉口的考察者远远超过欧美的经济考察人数。考察者不分时间、场合,且都手持笔记,做认真精细记录之状,故此,引起本地中国人的反感,甚至有二三家工厂谢绝参观。在来汉口的考察者中,不乏在日本有信誉的资本家人士,考察也不能说不细致,但具体实施起来,其成业者不到 1/100, 那么,不能不对你所精细调查的内容有所怀疑。以下先讲一下 6 年来,外国人在汉口的创业情况,将外国企业与日本企业做一下对比。

◎6 年来外国人在汉口创业情况一览表

企业的国籍	企业数量	营业范围
英商	4 所	输出入业 2 所、小卖店 1 所、蛋厂 1 所
美商	6 所	宾馆 1 所、石油业 1 所、输出业 1 所、输出入业 2 所、机械输入业 1 所
德商	8 所	输出业 3 所、蛋厂 4 所、石油业 1 所
法商	5 所	输出业 3 所、银行业 1 所、蛋厂 1 所
日商	6 所	输出入业 4 所、小卖店 1 所、旅店业 1 所

如果将 20 年来,英、德、法、俄、美、澳、比等全部的外国企业计算在内,共有 54 家。日商仅有 8 家,从营业内容来看,能与其他外国企业相比较,有说得过去规模的也仅有四五家而已。除日本外,其他各国与本土相距遥远,且交通不便之状况甚于日本,然而其考察结果却卓有成效,看起来同样是考察,其他外国的考察法与日本的考察法,不能不说两者有很大的差别,以此着眼,我邦考察人士所

① 著者 1904 年 4 月 9 日,在汉口日本领事馆的报告。(译者注)

得出的绳墨规矩就值得怀疑了。

我邦人士所见甚多,然实质创业没有效果,与此相对,欧美等国所见甚少,却能稳步开拓事业。这两者之差别究竟在哪里?总而概之,大致有以下几点。

第一 要通晓汉口的土地情况

有些初次来汉口的考察者,所见之事都甚觉稀奇,为此,在笔记上大书特书。而外国人考察有专门之目的,即:本地市场所需的必需品及如何改良这个市场所需的必需品。为研究这个题目,有些外国人常驻长江沿岸,少则五年,多则二十几年,详细了解这一市场信息。在汉口创业者大多是在上海或香港常驻之人士,集多年专项调查之后而起业。而日本的考察者大多是怀着创业的愿望,在汉口走马观花五～七天,然后带着认为详细的资料回到日本。而实际上,他们所带回的资料连对汉口普通的了解都够不上,指望这样的考察者创业乃是甚难之事。为此,前来汉口进行商工考察应具有一定的资格,这个资格就是在上海或汉口本地已经具有店铺,积五～七年调查经验者。近三年来,在汉口重新起业的日本人只有七年前在汉口开业的福岛漆行,准备在今年年内,在汉口再开一家卷烟制造厂(以本地出产的烟叶为生产原料)。

第二 要有得力的创业人才

当和来汉口的考察者谈起创业之事,或与本地的日本商人谈起开拓业务、向湖南长沙等地设立分支机构时,几乎异口同声的一句话是:对到汉口创业、或到外地设立分店并非没有认识,只是没有合适的管理人才,或者说没有可靠的人员可以依托。本人对此言也有认同感,到国外开展工商事务,或管理国外工商事务的人员,起码要具备三项条件,即:1.熟知当地的语言,2.了解当地的工商运作,3.廉正、正直的人品,这三项基本条件,缺一不可。

大凡我日本的企业资本家,派人到外地分店执掌业务,都会莫名其妙地紧张,怀疑所派遣的人员有不廉、不正之行为,并且对此感到惴惴不安。出于这个理由,我日本商人对开设分店持非常谨慎态度。故此,汉口本地的吉田洋行采取低薪培训的办法,先将有培养前途的人员派到上海店铺学习三五年,让其熟悉中国语言,店家也进一步考察其人品和对本企业的忠诚程度。吉田洋行是有远见的,要开拓事业首先要培养人才,培养人才不是可有可无的工作,必须要纳入具体的计划之内,如果不这样,不可能得到可用的人才。其他外国商家,大体上也遵循此法培养人才。我日本商家仅有二三家有这样的计划,不能不让人感到惋惜。当前是急需人才之时,可先从日本中国语言学校的学生中遴选,然后,派遣到实际的工作岗位学习三五年。从长远考虑,要想满足涉华的商业之要求,最好官办一所商品陈列场学校,以此为基地培养人才。以下在谈官办商品陈列场学校之前，再说一下创业难的另一个主要因素。

第三　要熟悉中国的商业习惯和使用的商业准器

根据改订条约所要求的条件，清朝的货币及度量衡制度迟早要实行统一，但使用如此复杂的准器和由此所形成的商业惯习，不花上五年、七年的时间不可能做到统一。在汉口银平称“兑”和“扣”，不同的商业行当，使用不同的银平和秤；金钱和计量物的计算，更是难解，实际上在这复杂的计算的背后，有着商业欺瞒的秘诀。例如：外国洋行所使用的交易银平为“洋列纹”；秤是“司码秤”，其实“司码秤”就是“磅秤”。其钱与重量换算是：160 匁为 1 斤。中国的洋行买办使用中国的固有的秤购入，而直接与中国人进行交易的外国人仍然依据中国固有的准器。

由于此准器如此错综复杂，某商店在开业一年之后，投资者才明白其中的奥秘。我日本商业人士如果不对如此复杂的准器作为知识认真研究的话，很可能对创业造成阻碍。

以上所述三条乃是我邦创业要解决的三要素。对其解决的最好办法是设立官办的商品陈列场学校，只有这样才能从根本上解决问题。

第四　官办的商品陈列场

一、陈列场的性质

关于陈列场的性质概述起来有以下几点：

1. 陈列日本的工艺品。（根据需要也可陈列汉口的一些产品）

2. 担任陈列场各部的委员须是商店的老板、商馆的经理等在本地具有实地商业买卖的有经验者。或者由普通商业学校毕业生、汉语学校毕业生及商业实习生充任。

3. 赋予各部的商业委员以一切商业交易之权利。具体是：接受中国商人订货、到所管辖的中国官府办理相关的商业手续、联系日本制造商发货等事宜。

4. 陈列场由领事馆负责管理。由领事馆介入管理，能准确判定利益，并能迅速、详细地得知汉口对日本产品的需求状况。

5. 强制性地要求陈列场的工作人员参加汉语的夜校学习，另外，酌定招收一些本地的中国人为场员，藉此与日本场员切磋业务、研学语言。

6. 陈列场的经费来自商业交易的提成，场员的工资相当于日本实业实习生的待遇。

7. 场员的实习年限暂定 3 年，根据需要还可延长。陈列场为官办有其利、也有其弊；陈列场并非完全以赚取利益为目的，主要是通过这样一个场所培养人才、认知工商业交易。故此，暂定为官办。

二、陈列场的目的

关于陈列场的目的概述起来有以下几点：

1.培养精通汉语和商工业业务的专门人才。本陈列场与其说是培养在中国创业的人才，毋宁说是商品陈列学校更为合适。

2.本陈列场可对所陈列的日本商品进行精细研究，针对中国市场提出有效的改良意见。

简言之，本陈列场可达到一石二鸟之目的：其一，培养精通汉语和商工业业务的专门人才，其二，有效地进行商工贸易，也就是满足在中国创业的第一、第二项之需求。陈列场的场员将来可成为日本企业家之手足，亦可自己创业办厂、办商业。为此，在对场员的遴选上以热衷于对中贸易，并以现今已担任商人的助手，且已从事商业工作者为重点。在我国的实业家中致力于对中贸易、志在中国办厂者绝非少数，当将愿望转化为行动的第一步，首先就是培养将来可作为依托的年轻人。据我所知的土仓氏、森村氏、左卫们氏即是持此思想者，他们常以没有商工培训基地为憾；如若陈列学校一旦投入运营，定当将其有为的门下送到此处培训，以奠定将来对中事业发展之需求。

三、陈列场的效果

陈列场所带来的明显效果和利益是促进对商品质量等的改良，使之更加适合中国市场。通过陈列场将消费地和制造地两者联系起来，让销·产迅速地交换消息，使新式、有创意的商品不断进入市场。陈列场并非日本首创，在地理上德、英、法等国距本土比日本更加不便，陈列场便成为这些国家的商家交换消息的最佳场所，也就是说，借陈列场之地将汉口这一消费地与本国的制造厂商直接联系起来。

日本商家直到现今为止，基本上沿袭旧习，仍靠中国的一些中介商将商品推入汉口市场，因为中介商有中介商的角度和所考虑的问题，中介商大多选择价格便宜的商品订货，这样一来导致日本商品日益追求廉价，致使产品质量日益粗劣。日本的紫条丝绸、漆器等传统商品质量之所以下落，不能不说有此原因；日本杂货在长江沿岸口碑日渐低落，与此商业交易方式也不无关系。此陈列场之发端意在革除当今商业交易之弊害，使消费地与日本商家直接联系起来，将适销对路的商品推入市场。领事馆介入此管理，也便于向世界正确发布日本商品消息。如上所述，不管是将日本商品推入中国市场或扩大销路，还是日本商人在中国创业设厂，依托官办的商品陈列场这样的商业学校组织乃是最佳的选择。前面只是对陈列场的性质进行概略介绍，建立陈列场的意义实际上远非如此。

陈列场交由官办有诸多不便之处，等陈列场的大体组织骨架建立起来之后，再请笃志实业的日本商业人士负责具体承包商业运营工作。日本政府对陈列场的出资者根据出资额每年补助4～5分的利息，以此鼓励日本商业人投身此业。

第四款　汉口最近的发展状况及将来的发展趋势①

报告的主题内容：针对汉口将来的发展趋势日本需要建设的设施，具体内容将涉及：第一，租借地经营，第二，各种工厂新设，第三，汉口近10年来的贸易趋向，第四，日本商人所经营的商业种类等。

汉口因京汉铁路的开通和湖南航线的通航，进出货物更加繁忙，乃至去年汉口的贸易额在中国各港口中仅次于上海居第二位；汉口不光在贸易方面，在实业上也得到长足发展，国内外商家和官方企业争相投资于汉口，乃是不争之事实。玻璃制造、制粉业等都相继开业，由此，汉口更加体现出其工业基地的优势。曩时，本人曾以"工业基地的汉口"为题做过讲演，其主旨是抓住机遇，率先进入尚未开拓的、有利的工业制造业之领域。

日俄战争之后，作为贸易基地、同时也作为工业基地的汉口不但没有受到战争的影响（日俄战争），反而战争给汉口带来了发展的契机；汉口较之战前发展得更快，其发展速度快得让人有些意外。这一年间，值得特书之事，大致有以下几条：1.来汉口投资的外商显著增加，2.新店铺频频开业、制造厂未受影响地在各处新设，3.其他各项新设施不断增加等，按此发展不出四五年，其发展的效果就会凸现出来，下面再简要罗列一下战后的汉口的各项事业的进展情况。

第一　租界地的经营

一、后花楼街新扩建，所扩建的部分是英国租界地与中国街相接的部分。

二、英国所扩建的租界地已开始了基础建设工程。

三、俄国租界地已经开始修建主干道路，并增加仓库业及官衙建筑物。

四、比利时租界地的护岸工程已经开始动工，并已开始了租界地内的基础建设工程。

第二　新建的制造工厂

一、玻璃制造厂（在武昌金沙市）

固定资本20万两，其机械全部从德国购进，并聘请德国技师1名，主要生产平面玻璃、镜子、杯盏等玻璃器皿。

二、砖瓦厂

如前所述，在汉口本地和长江沿岸到处都有质量较好的黏土，利用此资源，一处由法国人和中国人合资开办的砖瓦厂已在玉带门车站上首、汉阳火药制造厂的对岸破土动工。此外，还开设了两家附属于火药制造厂的砖瓦厂，这两家砖

---

① 著者1905年8月1日，在汉口日本领事馆的报告。（译者注）

瓦厂有几十个砖窑，大量生产赤红色的砖瓦。在汉口周边地区共有5家规模较大的砖瓦厂：武昌官办的1家、汉口沙口附近由外国人所办的1家、汉阳3家。这其中，汉阳火药厂附近的丘陵地带的黏土是优质的制砖原料，有着很好的发展前景。在长江上游还将要建设二三家砖瓦厂。普通的建筑所用的红砖每一千块价格在8,500～9,000文。

三、和丰机械面粉有限公司

和丰面粉公司位于汉口硚口上游10华里处（距离大智门火车站大约有25华里）的汉水河岸的罗家店。今年四月，已建成了四层楼的工厂一栋、仓库一栋（分为原料仓和成品仓）、住宅楼一栋。这家面粉公司是英国人和一位安徽籍的中国商人合资经营，其资本金（流动金和固定金）共计75,000两。土地和地面建筑费用15,000两、机械费用30,000两（英国制造的旧式机械）。1天（24小时）的生产量为500袋面粉（1袋50磅），分为三个级别，一等面粉质量最佳，比美国面粉还要纯白。一等品的市场销售价为2＄30分、二等品为2＄20分。

作为原料的小麦，其时价每125斤为2两2匁半。从小麦的质量上来说，与日本的小麦没有太大区别，但在汉口所购入的小麦其沙粒、粉土甚多，其比例大致可达1.2成，甚至还有拇指大小的石块（据说是有意混入）。从税收来看，除收取厘金税之外，还要支付小麦运输船的吨税。通过与汉口海关交涉，采用华昌洋行的驳船运输，这样可以免税。然而，当面粉上市时，又要收取厘金税，后来的交涉结果是：免除此税亦可。

四、日信洋行棉纺工厂（筹划中）

五、电灯·电力股份公司

英国人计划组建"电灯·电力股份公司"，其资本金为130,000两，每股50两，共计2,600股。任何国籍的人士均可成为本公司的股东。其公司在英租界的中央地带，眼下，正在准备安装机械。准备在各国租界地及中国街铺设电缆，此举当然要经过各国租界地同意，德国租界地对此没有确切的回应，据说已上报在北京的德国公使馆等待批复。

除以上项目外，湖北当局也有一些起业计划，主要有：1.罗纱纺织厂，2.造纸厂，3.水泥厂，4.制革厂等。以上四厂乃由张之洞督办，斥资200余万两，由官商合办。

1.罗纱纺织厂在武昌武胜门外的营坊口，其建厂的土地已被政府征用，土地、机械等项的固定投资为50万两，流动资本金为30万两。

2.造纸厂的厂址未定，固定资金和流动资金计划总计为50万两。

3.以大冶石灰窑为基础，建立起了规模较大的水泥厂。大冶盛产泥炭、石灰、石膏及煤炭，有着良好的原料来源，在此建水泥厂可以充分满足汉口、武昌土木建筑所需的水泥材料。该厂的固定资金和流动资本金共计20万两。

4.制革厂位于武昌保安门外的天平架，该厂的机械设备已安装完毕，运转资金50万两。

此外，有的外商开办火柴厂，分取燮昌公司所垄断的利益；有的利用汉口本地多产的棉花资源，开办纺织厂；有的从事榨油业，计划将上等油糟运送回国；有的办起了船渠公司，看准了不断增长的修船业务；还有以数量多达几万艘的民船修造业为目标，建起了民船修造厂。总之，随着汉口的经济发展，上述的各行业早晚都要在市场上显现出需要补充的发展前途。

汉口以动力交通工具为依托，形成了转运发货的大的贸易市场，同时因此地具有丰富的各种农产品、各种纺纱用的纤维、兽皮、兽毛等制造所需的原料和煤炭等制造业所需的基本要素，作为工业基地发展起来乃是自不待言之事；然而汉口的发展速度和发展规模仍让人有些出乎预料。参看现今已有的企业例子，表明中国人已掌握了基于股份制形式的大公司的经理法。

目前，汉口以动力机械为驱动力的纺织业等还处于失败状态，但当中国人一旦醒悟以自己的能力不可能经营大规模的制造业工厂时，热心于实业的中国的有识之士就会将目光转向西洋，当理性地移入健全的外洋思想后，必将会形成欧式的实业公司，到那时不光纺织业可以运转起来，发展其他实业也如探囊取物般地容易实行。以下是近10年来的汉口贸易额。

第三　近10年间汉口的贸易趋势

◎近10年间汉口贸易趋势表

年度	外国产品贸易总输入额(海关两)	总贸易年额(两)
1895年	19,154,764	61,790,324
1896年	20,242,739	61,569,553
1897年	22,768,620	69,357,791
1898年	21,191,325	70,792,128
1899年	29,797,757	90,879,032
1900年	27,215,794	78,490,422
1901年	36,045,860	86,987,925
1902年	37,700,621	100,321,823
1903年	55,045,515	133,149,829
1904年	53,591,205	147,904,658

从上表可以看到，在贸易渐进的10年间，外国产品输入额大约增长了一倍半以上。另外，10年间由汉口输入到各地的土产的集散额具体数据如下所示。

◎近10年间由汉口输出入年额表

年度	输入年额	输出年额	合计贸易额
1895年	17,306,668	36,611,312	53,917,980

1896 年	17,877,269	33,663,403	51,540,672
1897 年	22,008,789	38,581,270	60,630,059
1898 年	18,647,152	42,802,730	61,449,882
1899 年	23,617,880	53,009,436	76,627,316
1900 年	19,167,667	46,074,326	65,241,993
1901 年	21,569,423	43,780,963	65,350,386
1902 年	21,394,903	56,907,930	78,302,833
1903 年	22,397,827	71,510,745	93,908,572
1904 年	31,228,403	87,099,512	118,327,915

所谓的输出年额就是由汉口本地直接输出的或转手输出的产品，主要有：稻米、牛皮、羊皮、油类（桐油、茶油等）、红茶、树脂、棉花等项。其输出量有逐年增加趋势。在这些农产品中与日本加工关系比较密切的产品主要有牛皮、棉花、大豆、苎麻等项。总之，这些土产原料在世界市场上，大概居于 2～3 等这样一个品位。这些产品与土地、气候关系甚密，容易受到自然条件的影响。并且这些产品都是沿用传统，未曾见到对种子、耕作法等加以改良。顺便说一下，在三四年前，有一位外国人在汉口的农务学堂试种稻米、棉花等农作物，最后未见其结果。

第四　日本商人所经营的商业种类

近二三年间，日本商业在汉口得到迅速发展，但与在此已有 40 年之基础的英国商业规模相比，仍有彼主我客之感觉。由于我国租界地尚未得到充分建设，我国的商人还散在中国街及他国租界地内，不免有寄人篱下之感。但从整体来说，在如此短的时间内，我邦人员及商人的数量都得到了迅速增加，此乃进一步发展之根基。进入汉口主要是为了竞争在中国之利权，而利权之竞争在于贸易通商，通商的先导就是交通机械，即火轮船。我日本商船会社和湖南火轮会社以其完善的设施一跃列入先进的国家的行列，也为将来发展奠定了基础。现将日本的火轮状况与其他国作一下比较。

◎日本与各列强国在中国水运状况比较表

国别	船只数量	吨位	国别	船只数量	吨位
中国	6 艘	7,042	德国	6 艘	6,744
英国	14 艘	19,558	日本	8 艘	10,000

以上仅就水运状况进行了比较，英国两大船运公司（怡和、太古）和招商局在长江的增水期，增加开往广东、香港的航海线路。近期以大阪商船会社为嚆矢，开通了日本到汉口的海运与水运连通的直达航线；直接将汉口的棉花、稻米运输到日本，同时日本的棉纱也大量运到汉口；无论是输出还是输入其数量都较之以前有大幅度增加。去年的 5 月 31 日，神户至汉口航线开通，带来了贸易上的盛况，由于货物很多，不得不分多次运输。大量由汉口发往日本的货物主要有：大

豆、豆糟、棉花、牛皮等产品。由于是直航，不需要在上海中转，由此降低了运输成本，给供货商带来了很多方便。眼下投入的运营船为2,000吨以下的火轮，每半个月为一个班次。

◎直航航线的运费表

品名	单位	价格①	价格②	品名	单位	价格③	价格④
明矾	担	2钱6分	2钱9分	大豆	担	2钱7分	2钱9分
金属锑	同	2钱6分	2钱9分	棉花	同	8钱5分	8钱7分
压缩棉	顿	4两	—	生漆	同	9钱	3钱9分
糟类	担	2钱7分	2钱9分	桐油	同	7钱3分	7钱6分
牛皮	同	6钱2分	6钱5分	树·兽脂	同	5钱6分	5钱8分
压缩苎麻	同	6钱4分	6钱7分	石膏	同	2钱4分	2钱7分
压缩苘麻	同	6钱2分	6钱5分	棉籽	同	2钱5分	2钱7分

本航线的开通等于开拓了一个日本对汉口贸易的新纪元，加速了汉口本地的原料与日本产品的低成本的交易。由此极大地扩大了日本的贸易范围，也就是说得到了一个大的贸易市场。湖南航线的开通和随着汉口发展联结起河南的京汉铁路的开通，使杂谷、牛皮等的运输更加方便。从水运上来说，日本的海运与湖南的火轮航线也联结在一起。

如以上所述，随着汉口经济的发展，我日本的交通工具经我邦商人的努力也随之没有遗憾地发展起来，我贸易商、供货商在近一年的时间里，利用方便起来的交通工具迅速开展其业务。日俄战争后，在汉口开设商业机构及商业店铺的种类如下。

◎日俄战争后在汉口开设的商业机构和商业店铺

名称	营业种类	营业场所
日信洋行	棉花、杂谷输出，棉纱输入	汉口河街
东兴洋行	同上	花楼街一码头
大仓洋行	牛皮、铁矿输出，军械输入	英租界第三码头
华和洋行	日本杂货零售与批发	花楼街一码头
鸭川洋行	同上	同上
八千洋行	照相器材、钟表及其他杂货	同上
大石商店	日本杂货零售	大智门外
大谷公司	煤炭购进	汉口河街
作山器械厂分厂	机械类购进	德租界华景街
旭洋行	烟草及药酒零售	—

① 由汉口出发到大阪门司、神户港。

② 由汉口出发到横滨。

③ 由汉口出发到大阪门司、神户港。

④ 由汉口出发到横滨。

奥村商店	日本点心生产和销售	德租界华景街
照相业	—	华景街、花楼街各 1 处
钻井业	—	大智门
和记洋行	委托销售业	中国街
旅店和料理店		共有 5 处
制鞋和修鞋业	—	大智门外

如果将以上所列出的商业机构和店铺与日俄战争前所开设的商业机构相加起来共有 40 多家，现将原来开设的商业机构和店铺补记如下。

◎日俄战争前在汉口开设的商业机构和商业店铺一览表

名称	营业种类	营业场所
大阪商船会社	上海至宜昌间的水运和日本至汉口的海运	汉口马王庙
湖南火轮公司	由汉口至长沙、湘潭	同上
三菱公司	输出铁矿石，输入煤炭、铜块	法租界
三井洋行	输出棉花、麻、稻米，输入铜块、棉纱、煤炭、枕木等	英租界一码头
吉田洋行	输出棉籽、稻米，输入杂货类	汉口河街
中桐洋行	输出棉花、稻米等，输入轧花机械及其配件等	同上
东益洋行	输出生漆及卷烟制造	汉口市街
新兴造皮厂	牛皮、水牛皮制造	同上
田中洋行	日本杂货零售	大智门外
钦记洋行	杂货输出入	汉口市街
日华药馆	药品销售店	同上
快安洋行	杂货业	华景街
东福洋行	同上	汉口市街
料理店		大智门外

以上制造厂及店铺等的年营业额（输出入及生产量）总计 1,000 万两上下。总的发展趋势是：已有的商业机构和店铺不断扩大，一些新项目也在筹划之中。例如：印刷出版业、精米加工业（在汉口只有糙米加工，至今还没有精白的白米加工）、设立商品陈列场、民船制造修造业、船渠会社、火柴制造厂等。

以上所提及的商业发展计划都是切实可行的有利益之事业，应抓紧时机尽快投入实际工作，否则他人必定染指于此。如果开展新的业务，首先要增加人才，近来来汉口的日本人有不断增加的趋势，其他国家亦然。根据最新调查在汉口的外国人数如下。

◎最新调查的在汉口的外国人国别和人数表

国别	人数	国别	人数
英国人	433 人	俄国人	92 人
美国人	385 人	比利时人	87 人
法国人	60 人	日本人	450 人
德国人	127 人	其他	192 人

今年的上半年，来汉的日本人增加80人，加上在领事馆登记的部分超过100人，如果截止到去年末，在汉口的日本人就有500人左右，与同一时间的其他外国人相比，其在汉口的人数占第一位。在汉口的日本人数（他国人数亦然）之所以如此激增，主要有以下几条因素：其一，汉口是长江大港，在地理上具有交通、贸易之便。其二，汉口是稻米、棉花，特别是棉花的主要市场。其三，因为受时局的影响，日本与中国北部的贸易不畅，日本所需的大豆、牛皮、豆糟都转向汉口。另外还有一个原因，汉口货物的实际价格逐渐被我日本商家所知。

第五　汉口的发展趋势和日本与之相对所采取的规划措施

在此之前就"汉口的发展趋势和我国与之相对所应采取的措施"之问题，已做了较具体的论述。就整体而言，日本输入到汉口的产品大部分是铜块、煤炭、枕木等具有原料性的粗大产品，而所能见到的能体现日本工艺水平的日用产品甚少；欧美各国不具备像我国这样的地理优势，但能发挥其特长，输入棉制品及小杂货类的日用产品，经过多年经营，在汉口已有好评。若以此为着眼点，日本不能与欧美相匹敌，没有能代表日本工艺水平的为中国人日常所用的大宗产品。这实乃有违于贸易之宗旨。为此，讲究方法，提高日本日用产品的生产能力，乃是当务之急。

要提高日本日用产品的生产能力，就必须要对中国的喜好、风俗做细致入微的考察，而其研究、考察的最佳捷径，如前所述就是创办大规模的商品陈列设施，以此为基地吸纳有志于商业之青年，在此研习中国语言、考察商务。我国商界、实业界如果不能致力于此，只能说明我国目光短浅。创办大规模的商品陈列设施是能够伴随汉口经济发展而发展的重要举措。如果有此基地，我国的商业、实业的资本家各自可将有为青年派到此处学习，学成之后，可成为资本家之手足来执掌商业。

另外，有能力的日本资本家们可在汉口成立"汉口企业组合"（汉口企业协会）这样的组织，共谋其商业之利益。据闻在中国与韩国之间已建立了"清韩企业组合"（中朝企业协会），此外，还有一些类似于此的"合资协会"，但对建立协会的目的、如何进行运作和管理等现今尚不明了，只能引以为憾。

如前所述，欧美离汉口甚远，但却能将符合中国市场需求的自家产品输入到汉口。之所以能如此，不外乎对中国风俗人情的毫无遗漏的细微考察，且能坚持多年，甚至长达几十年的观察和研讨。我国的企业家及其有为的青年助手如果不能效法于欧美的方法，不可能在中国开展有前途之事业。日本与中国有其地理优势，来往便利，为此，在汉口的居留人数多于欧美国家；然我国在汉口的人数虽多，但就与产品相关的对中国喜好风俗方面的研究却远不及欧美，可以说相差甚远。总之，纵观汉口商业之发展，我日本当前急务在于：其一，我邦有识企业人士建立起商业协会，其二，建立起研讨中国商业和培训有为青年的设施机构，再次强调，舍此无他！

六、在中国的帝国领事馆所辖区域

◎日本在中国的领事机构名称及管辖区域

日本在中国的领事机构名称	领事馆所管辖的区域
奉天帝国总领事馆	黑龙江省、吉林省、盛京省中的属于牛庄、安东两领事馆的管辖区域
吉林帝国领事馆	吉林省中的奉天及属于哈尔滨帝国领事馆所辖的地方
哈尔滨帝国总领事馆	伯都讷厅、五常厅、宁古塔及其以北的吉林省、嫩江以东的盛京省、黑龙江省
安东帝国领事馆	盛京省中的安东县、岫岩州、宽甸县、通化县、怀仁县、临江县、集安县、
牛庄帝国领事馆,	盛京省中的复州、营口厅、盖平县、海城县、锦州府
天津帝国总领事馆	直隶省、山西省
芝罘帝国领事馆	山东省
上海帝国总领事馆	江苏省中的松江府、太仓州、通州、镇江府、淮安府、徐州府、海州、扬州府、江宁府，安徽省、浙江省中的宁波府、台州府、绍兴府、温州府、处州府
苏州帝国领事馆	江苏省中的苏州府、常州府
杭州帝国领事馆	浙江省中的杭州府、嘉兴府、湖州府、金华府、衢州府、严州府
汉口帝国领事馆	湖北省中的汉阳府、武昌府、德安府、黄州府，河南省中的彰德府、卫辉府、开封府、陈州府、许州、归德府、南阳府、汝宁府、光州，江西省中的九江府、南昌府、饶州府、广信府、南康府、建昌府、抚州府、临江府、瑞州府
长沙帝国领事馆	湖南省，江西省中的袁州府
沙市帝国领事馆	湖北省中的荆州府、荆门府、襄阳府、安陆府、施南府、宜昌府、郧阳府，河南省中的怀庆府、河南府、陕州、汝州
重庆帝国领事馆	四川省、陕西省、甘肃省、贵州省、云南省
福州帝国领事馆	福建省中的福州府、延平府、建宁府、邵武府、福宁府
厦门帝国领事馆	福建省中的兴化府、泉州府、永春府、汀州府、漳州、龙严州，广东省中的潮州府、嘉应州、惠州府，江西省中的吉安府、南安府、赣州府、宁都州
英领香港帝国领事馆	香港政厅管辖地，兼辖澳门政厅管辖地，兼辖广东省中的广州府、南雄州、韶州府、连州、肇庆府、罗定州、高州府、雷州府、廉州府、海南岛，广西省

七、在中国各地的帝国领事馆领事[①]

◎日本在中国各地的领事馆领事一览表

领事地机构	级别	姓名	领事地机构	级别	姓名
安东	领事	冈部三郎	上海	总领事	永泷久吉
牛庄	领事	洼田文三	南京分馆	主任副领事	船津辰一郎
奉天	总领事	荻原守一	苏州领事馆	事务代理外务书记生	大贺龟吉
辽阳派出办事所	主任副领事	速水一孔	杭州	领事	高洲太助
铁岭分馆	主任副领事	天野恭太郎	汉口	领事	水野幸吉
新民府分馆	主任副领事	新国千代橘	长沙领事馆	事务代理外务书记生	宫村季雄
长春分馆	主任副领事官辅	柴田要治郎	沙市领事馆	事务代理外务书记生	本部岩彦
吉林	领事	岛川毅三郎	重庆领事馆	事务代理外务书记生	池永林一
哈尔滨	总领事	川上俊彦	福州	领事	高桥橘太郎
天津	总领事	加藤本四郎	厦门	领事	濑川浅之进
芝罘	领事	小幡酉吉	汕头分馆	主任外务书记生	藤井元一
(字迹不清)	领事	上野专一	英领香港	领事	田中都吉

① 根据1907年7月调查。